LA VIDA SEMPITERNA

Todos los hombres saben que deben morir. Por eso sería importante que entendiéramos . . . nuestra salida de este mundo. . . . Es razonable suponer que Dios haya revelado algo al respecto, y es un tema que deberíamos estudiar más que cualquier otro. Debemos estudiarlo día y noche, porque el mundo ignora su condición en cuanto a este asunto. Si tuviéramos el derecho de demandar algo de nuestro Padre Celestial, debería ser conocimiento sobre este importante tema.

—JOSE SMITH
(*Historia de la Iglesia*
Vol. VI, p. 50.)

LA VIDA SEMPITERNA

Duane S. Crowther

ISBN 13: 978-0-88290-185-5

Library of Congress Catalog Number: 81-80953

Published by Horizon Publishers, an imprint of Cedar Fort, Inc.
2373 W. 700 S., Springville, UT, 84663
Distributed by Cedar Fort, Inc., www.cedarfort.com

Printed in the United States of America

10 9 8 7 6 5 4 3 2 1

Printed on acid-free paper

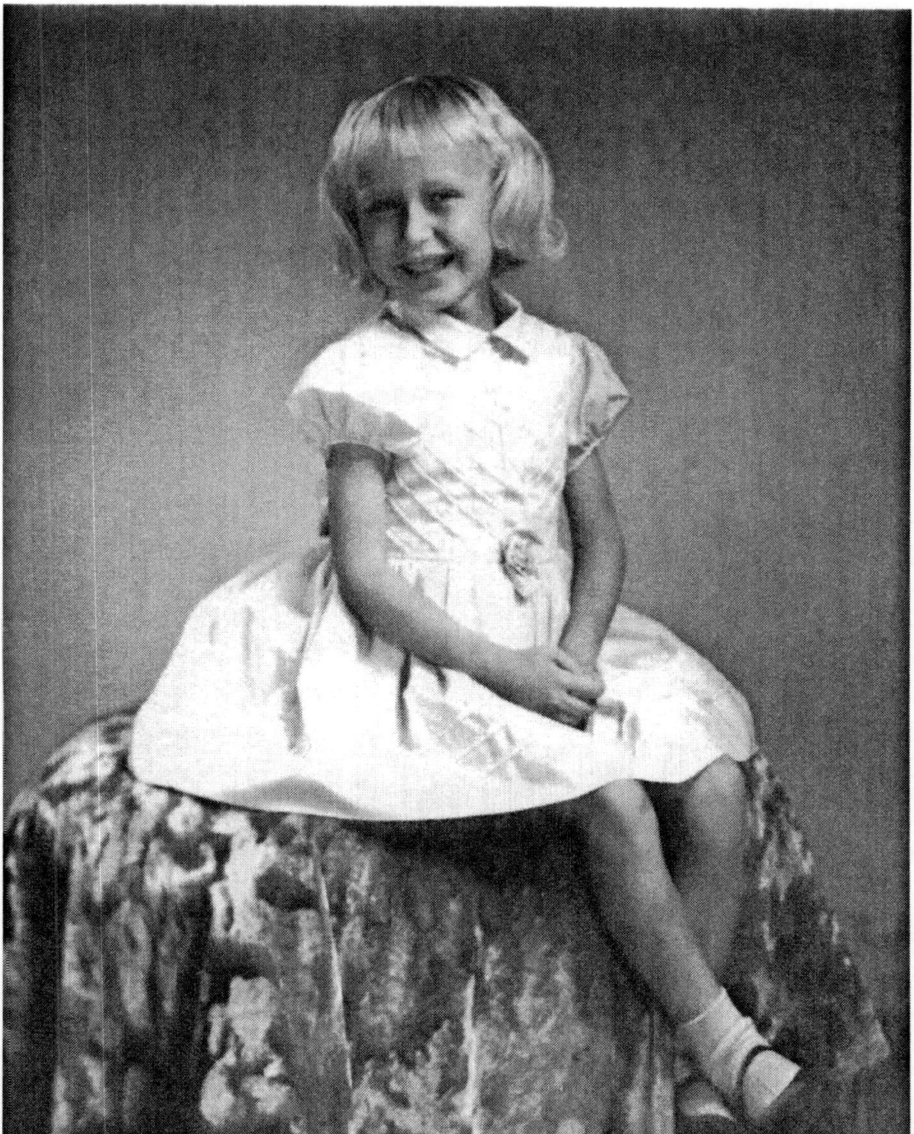

Noviembre 10, 1961 Septiembre 5, 1966

Este libro es dedicado, con eterno amor, a nuestra hija

Laura Jean

quien trajo dulzura y gozo a nuestro hogar,

y cuya muerte motivó este estudio.

AGRADECIMIENTO

Quiero expresar mi gran aprecio, a todos los que me han ayudado en este proyecto, porque su ayuda y sugerencias han sido de gran valor. Ruth Gregory, Ronald DeMille, Dorothy Murphy, Mary Ellsworth, y Jaynann Payne proveyeron fuentes de información de otro modo inaccesibles para mi. La hermana Bertha Purser, bibliotecaria del Instituto de Religión de Logan, Utah, ayudó con referencias difíciles. Mi padre, Don Q. Crowther, leyó y asistió con el manuscrito. Loretta Merrill, Helen Porter y Bruce Christiansen pasaron incontables horas leyendo pruebas y brindando ayuda. Su ayuda y amabilidad son muy apreciadas. Gracias se deben también a quienes escribieron lo que se cita en esta obra, por sus esfuerzos pioneros en preservar relatos de gran valor, y por su cortesía en brindarlos para su publicación. Muchos otros han mostrado interés y han dado ánimo al proyecto, y me han puesto en deuda por su amistad y cuidado.

Arturo y Genevieve De Hoyos pasaron innumerables horas en el proceso de preparación, traducción, y pruebas del manuscrito en español, con la ayuda de Edith Garaguzo, Alan Lambson, Edelmira Lambson, y Victoriano Morales. Sin su ayuda este trabajo hubiera sido casi imposible.

El investigar los mensajes sobre la eternidad me ha acercado más a mi esposa Jean, y mis hijos Don, Scott, Laura, Lisa, David, Billy, Sharon, y Bethany. Su amor y sus oraciones me han traído gran gozo. Mi esposa es una "hacedora de la palabra, no sólo oidora," y ella ha pasado muchas horas escribiendo a máquina y corrigiendo el manuscrito, por lo cual siento gran agradecimiento.

Pero más que todo agradezco y doy gracias a mi Padre Celestial, quien verdaderamente "da buenas dádivas a los que piden." Que este libro sirva para darle a El honor y gloria y para traer muchas almas a Su reino.

Duane S. Crowther

TABLA DE MATERIAS

INTRODUCCION

Si Pudieseis Contemplar Los Cielos

"Si pudieseis contemplar los cielos durante cinco minutos aprenderíais más que leyendo todo lo que se ha escrito sobre el tema."[1] De este modo el profeta José Smith lanzó un desafío y estableció una meta que ha sido aceptada y lograda por muchos Santos de los Ultimos Días, que han visto el paraíso, han vislumbrado los espíritus en prisión, han visto los sufrimientos del infierno, y la gloria del día grandioso de la resurrección. ¡Algunos hasta han contemplado la gloria de la exaltación y la ciudad celestial de Dios! El Profeta sabía que era posible y así lo enseñó a sus seguidores, diciendo: *"Les aseguro a los miembros que la verdad, en relación con estas cuestiones, puede ser conocida a través de las revelaciones de Dios mediante Sus ordenanzas y en respuesta a las oraciones."*[2]

Propósitos de Este Libro

Esta obra no es una colección caprichosa de poesía consoladora y fraseología funeraria. Es un análisis cuidadoso de las experiencias de docenas de personas dignas de confianza, quienes habían muerto y regresado luego a la vida; y de relatos de otros que han sido visitados por espíritus de individuos fallecidos. Es una recopilación de revelación tras revelación que hablan de la vida gloriosa que aguarda a los justos. Es mi testimonio de que la vida continúa más allá de la tumba y de que Dios permite a los mortales conocer mucho del gozo de la vida futura.

El objetivo de este estudio es cumplir con siete propósitos:

1. Testificar que la vida continúa más allá de la muerte, que en los mundos futuros hay una continuación de la personalidad, que existe un plan de salvación divino que da sentido a la vida y a la muerte, y que las alegrías y recompensas de la eternidad son tan gloriosas que el hombre debería trabajar con valor en esta vida y en la venidera para merecerlas.

---

[1]Historia de la Iglesia 6:50, 9 de octubre de 1843. En las referencias del capítulo 1 se explican varias de las referencias de la Introducción.

[2]*Ibid.*, p. 51.

2. Dar testimonio y proveer evidencia de que muchas veces Dios ha dado conocimiento a los líderes y miembros de la Iglesia de Jesucristo de los Santos de los Ultimos Días con referencia a las etapas futuras de la vida.

3. Demostrar que la información revelada por Dios en los últimos días está en armonía con las escrituras y que muchas de las revelaciones aquí citadas se apoyan mutuamente debido a la amplitud de sus interrelaciones.

4. Proporcionar un modelo para que aquellos que reciban manifestaciones y revelaciones sobre los temas aquí tratados puedan comparar y vincular sus experiencias con otros.

5. Clarificar ciertas áreas de ambigüedad existentes en las enseñanzas de muchos de los miembros con relación a algunas partes del plan de Salvación.

6. Proporcionar consuelo a quienes se encuentran confusos y con incertidumbres acerca de la muerte y lo que le sigue.

7. Proclamar que hay un Dios justo y bondadoso quien está guiando la tierra y las vidas, oportunidades y destinos de quienes en ella moran.

La Ley del Testimonio

Este libro presenta muchos conceptos que provienen de tres fuentes:

1. La palabra revelada de Dios como se halla en las escrituras.

2. La palabra revelada de Dios tal como ha sido expresada por Sus profetas.

3. La palabra revelada de Dios tal como ha sido manifestada a miembros dignos de la Iglesia. Esto es algo nuevo porque hace más que mencionar las citas que durante tanto tiempo se han venido repitiendo en la Iglesia: presenta la evidencia de testigos oculares que realmente visitaron el mundo espiritual y pueden dar testimonio personal de la vida en el más allá. Sus palabras no son meras opiniones ni deducciones lógicas sino que están basadas en hechos. Sus testimonios son completos, armoniosos y verdaderos.

A medida que el lector escudriña estas páginas, encontrará nuevas ideas agrupadas alrededor de evidencias básicas en las cuales un testimonio verifica al otro. El Señor ha establecido la ley divina por la cual puede ser identificada la verdad diciendo: *"En la boca de dos o de tres testigos consistirá todo negocio."*[3] El lector deberá juzgar por esta ley la veracidad de estos testigos y sus testimonios, así como por la recepción de las indicaciones del Espíritu Santo porque: *". . . por el poder del Espíritu Santo podréis conocer la verdad de todas las cosas."*[4] El lector astuto descubrirá que las manifestaciones personales citadas no crean conflictos ni con las escrituras ni con las palabras de los profetas. La palabra revelada del Señor, a través de todos los que la reciben, integra una unidad armoniosa.

Como en mis otros esfuerzos literarios hasta la fecha, en esta obra me he empeñado en presentar evidencias más que en dar mi opinión personal. De hecho, a medida que recogí y analicé las evidencias, algunos de mis puntos de vista personales cambiaron. Mis opiniones sólo aparecen como un compendio de la documentación presentada. Se invita al lector a que en lugar de decir: "El hermano Crowther dice . . ." cite a José Smith, Brigham Young, Orson Pratt, José Fielding Smith y otros a quienes se hace referencia. Lo que vale es el conocimiento de estos hombres como profetas, y no el mío como recopilador y analista de sus palabras.

Revelación Personal, Llave al Conocimiento de la Eternidad

José Smith enseñó que:

> "Todos los hombres saben que deben morir. Por eso sería importante que entendiéramos las razones y causas de nuestra exposición a las vicisitudes de la vida y de la muerte, y de los designios y propósitos que tuvo Dios al enviarnos al mundo, y dejarnos sufrir y morir aquí, y nuestra salida de este mundo. ¿Cuál es el objetivo de nuestra existencia mortal y luego de nuestra desaparición y muerte? *Es razonable suponer que Dios haya revelado algo al respecto, y que por eso, es un tema que deberíamos estudiar más que cualquier otro. Debemos estudiarlo día y noche, porque el mundo ignora su condición en cuanto a este asunto. Si tuviéramos el derecho de demandar algo de nuestro Padre Celestial, debería ser conocimiento sobre este importante tema."*[5]

El creía con todo su corazón que los miembros de la Iglesia deberían saber acerca de los grandes temas de la eternidad, y ansiaba decirles

[3] 2 Cor. 13:1. Véase Dt. 19:15.
[4] Moro. 10:5.
[5] HC 6:50, 9 de octubre de 1843

más. El proclamó el tema al que se refiere este libro cuando dijo: *"Les aconsejo a todos que prosigan hacia la perfección y que sondeen en profundidad los misterios de la divinidad."*[6] El estableció la norma cuando dijo: "Todo lo que quiero es obtener la verdad, pura, simple y completa."[7] Y él indicó a sus seguidores como hacerlo cuando dijo que "La mejor manera de obtener verdad y sabiduría es . . . acudir a Dios en oración y *obtener instrucción divina."*[8] Su admonición estuvo dirigida a toda la Iglesia, y este libro es un testigo de que los miembros—no sólo profetas y apóstoles, sino también presidentes de estaca, obispos, líderes y obreros del Templo, y fieles miembros laicos de la Iglesia—han tomado en cuenta su desafío y han obtenido manifestaciones divinas. Los miembros han seguido la senda delineada por el Profeta, que "Cuando entendemos la personalidad de Dios y sabemos como llegar a El, *los cielos se abren, y se nos revelan.* Cuando nosotros estamos listos para ir a El, El está listo para venir a nosotros."[9]

No Como Doctrina

Brigham Young enseñó que: "Cuando algún hombre publica o predica sus puntos de vista personales, no debería decir que son las opiniones de la Iglesia."[10] Este libro presenta mi modo de ver, basado en las evidencias disponibles. A medida que las evidencias aumentan, mis ideas se desarrollan. Escribo como un individuo y no como portavoz de la Iglesia de Jesucristo de los Santos de los Ultimos Días y los conceptos aquí expresados no son declaraciones oficiales de doctrinas de la Iglesia. Indudablemente las enseñanzas expresadas en este libro a veces exceden el presente radio de alcance de las doctrinas de la Iglesia concernientes a la vida futura.

Los tópicos presentados aquí se ajustan a la ley de los testigos. Los he revisado cuidadosamente y creo que son verdaderos. Ciertamente es apropiado que los miembros de la Iglesia estudien estos temas porque "si hay algo virtuoso, bello, de buena reputación o digno de alabanza, a esto aspiramos."[11] Se invita al lector a que examine cuidadosamente estos informes, y como dijo Pablo: "Examinadlo todo, retened lo bueno."[12]

[6]HC 6:363, 12 de mayo de 1844.
[7]HC 6:476, 16 de junio de 1844.
[8]HC 4:425, 2 de octubre de 1841.
[9]HC 6:308, 7 de abril de 1844.
[10]Matthias F. Cowley, *Wilford Woodruff—History of His Life and Labors* (Salt Lake City, Utah: Bookcraft, 1964), p. 449.
[11]El 13º Artículo de Fe
[12]1 Ts. 5:21.

La evidencia es histórica, no científica. El químico o el físico nunca tendrán las llaves de la vida después de la muerte, a menos que les sean reveladas. Esas llaves reposan en los relatos de aquellos que se han aventurado en el mundo espiritual y luego regresaron. Su significado se encuentra en el ámbito de la religión y no en el de la ciencia. Las cosas del espíritu se disciernen espiritualmente.

Cómo Fue Escrito Este Libro

Conocer al autor y la historia de un libro es una gran ayuda para el lector. El material de este libro ha sido recogido y estudiado durante muchos años. Así como la doctrina de las profecías de los últimos días atrajo mi atención por mucho tiempo, así también quise saber qué deparaba el futuro al otro lado del velo. Durante mis años de misionero, y luego trabajando como estudiante graduado en el Colegio de Instrucción Religiosa de la Universidad de Brigham Young, durante mis tareas como instructor y director de Seminarios, y durante mis años de investigador y autor, he estado interesado en toda fuente de información concerniente a la vida espiritual y al futuro del hombre en su estado resurrecto. En 1963 y 1964 empecé formalmente a recoger información sobre esos temas. Pero fue recién a principios de julio de 1966, cuando supe que mi hija tenía leucemia, que comencé a dar forma a esos materiales en este manuscrito. Desde entonces he estudiado, escrito, orado y buscado información con un afán conocido sólo por aquellos que han perdido a un ser querido. El deseo de conocer las verdades eternas es la fuerza compulsiva que me ha motivado.

Es mi deseo y anhelo que por medio de los mensajes de este libro, muchos encuentren esperanza, gozo y entendimiento. Y en tiempos de tristeza creo que darán a otros el mismo consuelo y solaz que me dieron a mi cuando perdí a mi hija.

DUANE S. CROWTHER

CAPITULO I

ENTRADA AL MUNDO ESPIRITUAL

A TRAVÉS DE LOS SIGLOS EL GÉNERO HUMANO HA LAMENTADO Y llorado a sus seres queridos muertos, sin tener conocimiento de su suerte. La humanidad ha tenido que reconocer su incapacidad de ver más allá del velo de la muerte. Hemos permanecido indefensos, confundidos y temerosos ante la certeza de que todos los hombres debemos de volver al polvo de la tierra. Hay ciertas preguntas relativas al futuro que han estado reclamando una respuesta:

¿Sigue existiendo el hombre después de la muerte?

¿Mantiene su personalidad e identidad?

¿Adónde va? ¿Qué hace?

¿Qué aspecto tiene?

¿Cómo es el experimentar la muerte?

La humanidad ha formulado estas preguntas a través de todas las edades desde los días de Adán. Ni los hombres de ciencia, ni los filósofos, ni los poetas han podido contestarlas. Indudablemente, el conocimiento humano no ha sido suficiente para despejar estos enigmas.

Alusiones Bíblicas a Visitas al Mundo Espiritual

Las buenas nuevas de Cristo comenzaron a disipar estas sombras de incertidumbre y desesperación en el meridiano de los tiempos. El Maestro prometió la vida después de la muerte cuando proclamó que: "El que oye mi palabra, y cree al que me envió, tiene vida eterna; y no vendrá a condenación, mas ha *pasado de muerte a vida.*"[1] Su promesa, al principio rechazada como vana por los incrédulos, llegó a ser una fuente de gozo y esperanza para ellos cuando vieron que El realmente tenía poder para levantar a los hombres del sepulcro. Imagínense el asombro y la admiración de la gente cuando se manifestó el poder del Señor al restaurar la vida al hijo de la viuda de Naín:

---

[1]Jn. 5:24.

> Cuando llegó cerca de la puerta de la ciudad, he aquí que llevaban a enterrar a un difunto, hijo único de su madre, la cual era viuda; y había con ella mucha gente de la ciudad.
>
> Y cuando el Señor la vió, se compadeció de ella, y le dijo: No llores.
>
> Y acercándose, tocó el féretro; y los que lo llevaban se detuvieron. Y dijo: Joven, a tí te digo, levántate.
>
> Entonces se incorporó el que había muerto, y comenzó a hablar. Y lo dio a su madre.
>
> Y todos tuvieron miedo, y glorificaban a Dios diciendo: Un gran profeta se ha levantado entre nosotros; y Dios ha visitado a su pueblo.
>
> Y se extendió la fama de él por toda Judea, y por toda la región de alrededor.[2]

¡Qué emoción deben haber sentido las agitadas multitudes cuando oyeron al joven describir su visita al otro lado del velo!

Varios meses después, a 35 kilómetros de allí, Jesús nuevamente demostró su poder sobre la muerte al reclamar el espíritu de la hija de Jairo, un líder Judío:

> Entonces vino un varón llamado Jairo, que era principal de la sinagoga, y postrándose a los pies de Jesús, le rogaba que entrase en su casa;
>
> Porque tenía una hija única, como de doce años, que se estaba muriendo. Y mientras se iba, la multitud le oprimía. . . .
>
> Estaba hablando aún, cuando vino uno de la casa del principal de la sinagoga a decirle: Tu hija ha muerto; no molestes más al Maestro.
>
> Oyéndolo Jesús, le respondió: No temas, cree solamente, y será salva.
>
> Entrando en la casa, no dejó entrar a nadie consigo, sino a Pedro, a Jacobo, a Juan, y al padre y a la madre de la niña.
>
> Y lloraban todos y hacían lamentación por ella. Pero El dijo: No lloréis; no está muerta, sino duerme.
>
> Y se burlaban de él sabiendo que estaba muerta.
>
> Mas él, tomándola de la mano, clamó diciendo: Muchacha, levántate.
>
> Entonces su espíritu volvió, e inmediatamente se levantó; y él mandó que se le diese de comer.[3]

---

[2] Lc. 7:12-17.

[3] Lc. 8:41-42, 49-55.

Quizás a esta niña se le permitió contar los prodigios que había visto, porque está registrado que "sus padres estaban atónitos"—aparentemente estaban tan asombrados que Cristo "les mandó que a nadie dijesen lo que había sucedido."[4]

Dos años después, nuevamente el Salvador reprendió a los lazos de la muerte y sacó de la tumba a un hombre que llevaba cuatro días muerto. Con el llamado de Jesús "¡Lázaro, ven fuera!" este querido hermano de María y Marta se levantó y salió de la tumba, "atadas las manos y los pies con vendas y el rostro envuelto en un sudario."[5] ¿Acaso es sorprendente que el Maestro haya podido decirle a su hermana: "el que cree en mí, aunque esté muerto, vivirá?"[6] ¡Imagínense los relatos que Lázaro habrá podido narrar acerca de sus experiencias durante esos cuatro días vividos en el mundo de los muertos!

Consideren también el relato que debe haber hecho la mujer llamada Tabita de su visita al mundo espiritual, después de ser devuelta a la vida mortal por el apóstol Pedro. ¿Qué habrá visto mientras su cuerpo quedaba en la recámara durante las horas en que los mensajeros corrieron de Lidda a Joppe de donde regresaron con su amado líder?[7]

Y ¿qué habrá contado Eutico, el soñoliento joven de Troas que se cayó de la ventana, de su breve visita al mundo espiritual? Murió como resultado de la caída y fue restaurado a la vida por el apóstol Pablo.[8] ¿Serán sus relatos como los del hijo de la viuda de Sarepta que fue devuelto a la vida por Elías después de haber pasado preciosos minutos en la vida más allá de la muerte?[9] O ¿fueron como el testimonio del hijo de la Sunamita cuyo espíritu fue más allá del velo y luego regresó a su cuerpo? Mientras estuvo muerto, su madre cabalgó más de 80 kilómetros en una asna para traer al profeta Eliseo desde el Monte Carmelo para que pudiera restaurar la vida de su hijo.[10]

Aunque la Biblia da evidencias cuidadosas de personas que

[4]Lc. 8:56.
[5]Jn. 11:1-44.
[6]Jn. 11:25.
[7]Hch. 9:36-42.
[8]Hch. 20:6-12.
[9]1R. 17:17-24.
[10]2R. 4:18-37.

regresaron de la muerte, no nos da ninguna referencia de sus experiencias en el más allá. Sin embargo fija un precedente importante y establece la credibilidad de los relatos de otros que fueron y volvieron del reino espiritual. También en los últimos días ha habido muchos que han ido al mundo de los espíritus y a quienes se les ha permitido regresar. Aunque muchas de esas experiencias no fueron registradas, muchas otras visitas al mundo espiritual fueron escritas en registros que se pueden conseguir y estudiar.

Este libro es un estudio y análisis intensivo de estas experiencias, junto con los mensajes de las escrituras y de los profetas de los últimos días, que marcan el camino por el cual el hombre debe viajar de la muerte a la vida eterna.

Recepción en el Reino Espiritual

Una experiencia familiar entre aquellos que se han aventurado más allá de los confines de la mortalidad es la de ser recibidos y saludados por su ángel guardián. Así fue la recepción que tuvo Peter Johnson, misionero Mormón que estuvo en el mundo espiritual durante una hora y media a principios de septiembre de 1898:

> No puedo decir exactamente como, pero lo cierto es que mi espíritu dejó el cuerpo. *Me di cuenta que estaba parado en el aire aproximadamente a un metro y medio de altura y vi mi cuerpo en la cama.* Aunque estaba en una nueva condición *me sentía perfectamente natural,* así que comencé a hacer observaciones. *Moví la cabeza, me encogí de hombros, palpé con mis manos y me di cuenta que era yo mismo.* También sabía que mi cuerpo sin vida yacía en la cama. Estar en este nuevo medio no me parecía extraño, porque me daba cuenta de todo lo que estaba sucediendo y *percibía que en espíritu era el mismo que había sido en el cuerpo.* Mientras meditaba acerca de esta nueva situación algo atrajo mi atención, y al darme vuelta observé a un personaje que dijo: 'Tú no sabías que yo estaba aquí.' Contesté: 'No, pero veo que estás aquí. ¿Quién eres?' *'Yo soy tu ángel guardián. Mientras estuviste en la tierra te seguí constantemente.'* Le pregunté: '¿Qué harás ahora?' Replicó: *'Voy a informar de tu presencia. En tanto, tú permanecerás aquí hasta que vuelva.'*[11]

Una experiencia similar fue la de Henry Zollinger quien estuvo varias horas en el mundo espiritual después de ser aplastado por una máquina en agosto de 1920:

> Mi espíritu dejó mi cuerpo, el cual vi que yacía bajo la máquina, y *en ese momento estaban a mi lado mi ángel guardián, mi madre y mi hermana Ann.* Mi madre había muerto el 31 de enero de 1918 y mi hermana a la edad

[11] Peter E. Johnson, "A Testimony," *The Relief Society Magazine*, Vol. VII, No. 8, pág. 451, agosto de 1920. Peter Johnson se enfermó inesperadamente de malaria el 8 de agosto de 1898. Durante el mes siguiente empeoró con rapidez y finalmente su espíritu dejó al cuerpo.

de 4 años. Pero vi que *su espíritu estaba completamente desarrollado en estatura* y también parecía muy inteligente.[12]

Heber Q. Hale, quien fue al reino espiritual el 20 de enero de 1920 describió como vio su cuerpo cuando su espíritu lo dejó, la sensación de proximidad del mundo espiritual, y como fue recibido inmediatamente por un comité de recepción:

> *Pasé al mundo espiritual atravesando un velo muy fino a una corta distancia de mi cuerpo.* Esa fue mi primera experiencia después de irme a dormir. Parecía darme cuenta de que había pasado por ese cambio llamado la muerte, y así lo mencioné en mi conversación con los *seres inmortales con quienes entré inmediatamente en contacto*. . . . Mi primera impresión visual fue de *lo cercano que está el mundo de los espíritus del mundo de los mortales. Para los ojos de un espíritu recién llegado era pasmosa la inmensidad de esta esfera celestial.*[13]

[12]Henry Zollinger, "My Experience In The Spirit World," manuscrito inédito en posesión de su esposa, residente de Providence, Condado de Cache, Utah. El hermano Zollinger explica así su experiencia en el mundo espiritual:

> El 7 de agosto de 1920 estaba moviendo una máquina de heno bajo un cable eléctrico. La máquina se enganchó en el alambre y recibí una descarga eléctrica que me arrojó por el aire yendo a caer bajo la estructura de la maquinaria. Los muchachos que estaban conmigo, viendo la situación, hicieron que los caballos se movieran. Pero en el proceso, quedé atrapado de tal modo que no pudieron rescatarme hasta que recibieron ayuda.
>
> Los muchachos que estaban conmigo eran Henry Merchant, un jornalero, mi cuñado LeGrande Stirland, y mis dos hijos Lyman y Ray. Todos ellos dijeron que yo estaba muerto. LeGrande se llevó a mis muchachos y Merchant fue hasta la casa más próxima a buscar ayuda y llamar por teléfono a un médico. Permanecí tirado allí aproximadamente una hora, hasta que llegaron los doctores Eliason y Wallace Budge quienes inmediatamente me levantaron y me llevaron al hospital.
>
> Después que LeGrande calmó a mis hijos un poco, vino a verme de nuevo y me vio respirar. Entonces tomó mi sombrero, fue al río y trajo agua para mi cara y manos hasta que los doctores vinieron. Mientras mi cuerpo estaba bajo la máquina, cuando pensaban que había muerto, tuve una experiencia en el mundo espiritual, la cual quiero relatar.

[13]Heber Q. Hale, "A Heavenly Manifestation by Heber Q. Hale, President of Boise Stake of the Church of Jesus Christ of Latter-day Saints," manuscrito inédito. Con relación a las circunstancias en que ocurrió su visita al mundo espiritual, el presidente Hale escribió:

> Permitidme decir como introducción, que entre las doce del medio día y las siete y media de la tarde del 20 de enero de 1920, mientras me encontraba solo en un cuarto de la casa de mi amigo W. R. Ronson en Carry, Idaho, me fue concedido recibir esta gloriosa manifestación.
>
> Durante las horas mencionadas no tuve conciencia de nada de lo que sucedía a mi derredor, con la sola excepción de lo que experimenté en esta manifestación. No me moví en la cama, ni me perturbó ningún sonido, lo cual no es común en mí. No sé ni me preocupa como puede llamarse mi experiencia: sueño, visión, aparición o translación de mi espíritu al mundo espiritual. Sé que vi y experimenté las cosas relatadas en esta manifestación celestial y que fue tan real como cualquier otra experiencia de mi vida. Y esto, para mí al menos, es suficiente.

El fino velo que separa la mortalidad del mundo espiritual, visto por el presidente Hale y otros, es a lo que aparentemente se refirió la difunta madre de Harriet Salvina Beal cuando acompañó a su hija en una visita al mundo de los espíritus. La hermana Beal escribió: "Luego dejamos la tierra y flotamos por el aire, una al lado de la otra. Cuando llegamos a un cierto lugar mi madre me dijo: '*Ahora contén el aliento hasta que pasemos, porque el aire es demasiado liviano para los mortales.*' (Cora Anna Beal Peterson, *Biography of William Beal*, manuscrito inédito en posesión de Ronald DeMille, de Smithfield, Utah, pág. 7.)

Ella Jensen es otra persona que relató su experiencia de tres horas y media en el mundo espiritual. La hermana Jensen en ese entonces era una joven de quince años que estuvo varias semanas enferma de escarlatina, murió, y volvió a la vida el 3 de marzo de 1891. Al cruzar el velo se encontró en un cuarto largo donde halló a sus parientes y amigos fallecidos:

> Tan pronto como vislumbré el otro mundo, *ansié ir allí y toda inquietud y preocupación se alejaron de mí.*
>
> *Entré en un pasillo amplio.* Era tan largo que no veía el final. Estaba lleno de gente. . . . Caminé por el cuarto encontrando gran cantidad de mis familiares y amigos. Era como recorrer las calles de una ciudad en medio de una multitud en la cual sólo se puede reconocer a unas pocas personas. . . . *Todos parecían ser perfectamente felices.* Mi encuentro con cada uno de los que conocía fue muy placentero. Finalmente llegué al extremo de esa larga habitación, abrí una puerta y pasé a otro cuarto. . . .[14]

En una visión nocturna se le mostró a Lorenzo Dow Young, hermano de Brigham Young, el proceso de la muerte, el mundo espiritual y el reino celestial. El describió la proximidad de los muertos a sus seres queridos, y la inhabilidad de aquellos de comunicar su cercanía a los que observan con tristeza sus restos mortales:

> Tuve una visión o un sueño extraordinario. Imaginé que moría. En un momento estuve fuera del cuerpo, *plenamente consciente de que había hecho el cambio. De repente un guía o mensajero celestial apareció a mi lado.* Yo pensaba y actuaba con tanta naturalidad como cuando estaba en el cuerpo, y *todas mis sensaciones eran completas tanto sin mi cuerpo como con él.* El personaje que estaba junto a mí *vestía del blanco más puro.* Durante unos momentos permanecí en el cuarto donde yacía mi cuerpo. Mi hermana Fanny (quien vivía conmigo al tiempo de tener este sueño) y mi esposa lloraban amargamente mi muerte. Me condolí de ellas por su tristeza y deseé consolarlas. *Me dí cuenta que estaba bajo el control del hombre a mi lado. Le rogué que me concediera el privilegio de hablarles, pero me contestó que no podía permitírmelo.* Mi guía, ya que así lo llamaré, dijo: 'Ahora vayámonos.'[15]

Aparentemente los que mueren y no reviven tienen la

---

[14]LeRoi C. Snow, "Raised From the Dead," *Improvement Era*, Vol. XXXII, No. 12, págs. 973-974, octubre de 1929. "Ella" era en realidad el sobrenombre de Mary Ellen Jensen, nacida el 3 de agosto de 1876, quien se aventuró en el mundo espiritual el 3 de marzo de 1891 después de padecer fiebre escarlatina. Después de haber muerto, mediante la ministración del sacerdocio del Presidente Lorenzo Snow y Rudger Clawson, fue vuelta a la mortalidad. Ver también el relato de su regreso de la muerte en *Young Women's Journal* 4:164-165.

[15]Lorenzo Dow Young, "Lorenzo Dow Young's Narrative," *Fragments of Experience*, (sexto

responsabilidad de velar por sus cuerpos hasta que sean enterrados. Esta fue la instrucción dada a Peter Johnson y puede ser la explicación de porque los parientes vivos a veces sienten antes y durante el funeral la presencia de sus seres queridos muertos.

> Cuando regresamos al lugar donde yacía mi cuerpo, *se me informó con énfasis que mi primer deber sería el de velar mi cuerpo hasta después del entierro,* porque sería necesario que tuviera este conocimiento en la resurrección.[16]

La Entrada al Mundo Espiritual es una Experiencia Gozosa

Es importante reconocer que la muerte es una bendición, una experiencia gozosa que a menudo sirve como un alivio placentero a quienes estaban sufriendo en la mortalidad. Los casos registrados de aquellos que han dejado sus cuerpos para entrar al mundo espiritual, están casi completamente libres de referencias a problemas o dolor en el proceso de separación. Por el contrario, sus experiencias pueden ser resumidas en la declaración de Ella Jensen, quien relató que:

> *Prácticamente no sufrí al dejar el cuerpo,* pero al volver a la vida el dolor fue casi intolerable. No sólo eso, sino que meses y aún años después ella experimentó nuevos sufrimientos y dolores, y desórdenes físicos que nunca antes había tenido.[17]

Heber Q. Hale recordó lo siguiente mientras hablaba con sus guías en el mundo espiritual:

> Observé que les *desagradaba nuestro uso de la palabra 'muerte' y nuestro miedo de ella.* Ahí usan otra palabra, la cual ahora no recuerdo, y sólo

---

en la serie de libros Promotores de la Fe, Salt Lake City: Juvenile Instructor Office, 1882), págs. 27-28. De su visión, recibida alrededor de 1828 en Watertown, Nueva York, Young más tarde escribió:

> Llámese sueño, visión o como se quiera, lo que yo vi fue tan real para cada uno de mis sentidos como cualquier otra experiencia que haya vivido. Hoy en día, después de transcurridos cincuenta años y muchos cambios, la recuerdo con claridad y detalles.

Debería tenerse en cuenta que muchos que pasan más allá del velo de la muerte, no están seguros de si su espíritu dejó el cuerpo o si estaban soñando o recibiendo una visión. Un caso típico es el del apóstol Pablo quien habló de sus visitas al "tercer cielo" o "paraíso." En su relato dice que hizo esos viajes, pero comentó, "si en el cuerpo no lo sé; o fuera del cuerpo, no lo sé; Dios lo sabe." (2 Co. 12:1-4)

[16]Peter E. Johnson, *Relief Society Magazine, op cit.*, Vol. VII, pág. 452. A él se le permitió conocer este procedimiento porque sus guías creyeron conveniente mostrarle en qué consistía el resto del proceso de entrada al mundo espiritual. Esto era para ayudarle a decidir si permanecía allí o retornaba a la mortalidad.

[17]LeRoi C. Snow, *Improvement Era, op cit.*, Vol. XXXII, pág. 975. Debería observarse que mientras el paso de la mortalidad al mundo espiritual parece ser un procedimiento fácil, puede resultar mucho más difícil y hasta doloroso para un espíritu adulto el entrar en el cuerpo pequeñito de un niño aún no nacido, en el vientre de su madre, al tiempo del nacimiento en la mortalidad.

puedo dar un significado aproximado, por la impresión que quedó grabada en mi mente, llamándola *'Nuevo Nacimiento.'*[18]

A Jedediah M. Grant, consejero en la Primera Presidencia de la Iglesia, se le permitió aventurarse dos veces en el mundo espiritual, antes de su muerte. El narró sus experiencias a Heber C. Kimball, el otro consejero en la Presidencia, quien a su vez las contó en el funeral. El presidente Grant relató en estos términos su recién obtenido conocimiento de la superioridad de la vida futura con respecto a la presente:

> Hermano Heber, he estado en el mundo espiritual dos noches seguidas, y de todos los miedos qué jamás hayan cruzado mi mente, el peor ha sido el tener que volver a mi cuerpo, aunque tenía que hacerlo.[19]

El Presidente Kimball en el sermón del funeral agregó su propio comentario de que "El Hermano Grant dijo que *se sintió triste en extremo al tener que dejar un lugar tan hermoso* y volver a la tierra, porque contemplaba a su cuerpo con aversión. Pero tuvo que entrar en él nuevamente."[20]

Quizás a causa de esta experiencia de Jedediah M. Grant, el presidente Brigham Young dijo posteriormente:

> Con respecto a la partida de nuestros amigos o la nuestra propia, puedo decir que he estado tan cerca de entender la eternidad que ahora *he tenido que ejercer mayor fe para desear vivir que toda la fe que he ejercido durante mi vida para seguir viviendo. . . .*[21]

---

[18]Heber Q. Hale, *op cit.* El presidente Wilford Woodruff también entendió que la muerte es como un nacimiento en el mundo espiritual. Enseñó que:

> No puedo evitar pensar que en cada muerte hay un nacimiento: el espíritu deja al cuerpo que para nosotros está muerto, y pasa vivo al otro lado del velo para unirse a los grandes y nobles que están trabajando para cumplir los propósitos de Dios de redimir y salvar a un mundo caído. (*Journal of Discourses* (Los Angeles, California: General Printing and Lithograph Co. 1961; reimpresión foto-litográfica exacta de la edición original publicada en 1882), Vol. XXII, pág. 348. Otras referencias de esta misma fuente serán mencionadas de este modo: JD 22:348, 29 de enero de 1882.)

[19]JD 4:135, 4 de diciembre de 1856. Con referencia a las circunstancias en que escuchó el relato del presidente Grant, el presidente Kimball dijo lo siguiente en su sermón en el funeral:

> No me rebajaré ante el principio de la muerte. Podría llorar, pero no lo haré. No lloraré porque Jedediah no está muerto y hay un espíritu dentro de mí que se levanta por encima de esa pena.
>
> Fui a verlo un día la semana pasada y extendió su mano estrechando la mía. No podía hablar, pero me estrechó la mano con calidez. . Puse mis manos sobre él y lo bendije, y pedí a Dios que fortaleciera sus pulmones para que pudiera sentirse mejor, y dos o tres minutos después, se incorporó y habló tanto como pudo durante una hora aproximadamente, contándome lo que había visto y entendido hasta que, temiendo que se fatigara, me levanté y lo dejé. (*Ibid.*, pág. 135.)

Véase también el sermón del presidente Brigham Young en el funeral del hermano Grant. JD 4:129-134.

[20]*Ibid.*, pág. 136.

[21]JD 14:231, 16 de septiembre de 1871.

También Lorenzo Dow Young, durante su visión de la vida en el más allá, sintió aversión a dejar la vida futura y retornar a su cuerpo mortal:

> Pude ver claramente el mundo de donde vinimos. . . . Para mí, *éste parecía nebuloso, temible y oscuro. Me sentía invadido por una triste decepción, un horror ante la idea de volver allí.* Suponía que había llegado a ese lugar celestial que por tanto tiempo había deseado ver para permanecer. En ese entonces no se me había ocurrido pensar que me sería requerido regresar.
>
> Le imploré a mi guía que me permitiera quedarme. Me contestó que sólo se me permitía visitar las ciudades celestiales, porque *no había terminado mi misión en el mundo, así que debía regresar y tomar mi cuerpo. . . .*
>
> Retornamos a mi casa, donde estaba mi cuerpo, que me pareció vestido para el entierro. Muy a mi pesar tomé posesión de él para reanudar las tareas propias de la vida, esforzándome por cumplir con la importante misión que se me había encomendado. Me desperté en mi cama, y me quedé acostado el resto de la noche, meditando sobre lo que me había sido mostrado.[22]

Cuando la bendición del Presidente Lorenzo Snow restauró a Ella Jensen a la vida, sus primeras palabras fueron: " '¿Dónde está?' Nosotros preguntamos: '¿Quién, dónde está quien?' 'El Hermano Snow,' contestó, 'él me hizo regresar.' " Le dijeron que él se había ido. Ella dijo: "¿Por qué me mandó regresar? *Estaba tan feliz que no quería volver.*"[23]

Parece ser que aquellos que tienen la esperanza de morar entre los justos en la próxima vida, bien pueden anticipar que su muerte los llevará a un estado de mayor gozo y felicidad.

Reunión con Seres Queridos Muertos

Una de las bendiciones más grandes de pasar a través del velo es el privilegio de disfrutar nuevamente de la compañía de familiares y amigos que han muerto con anterioridad. La esperanza de esta bendición es una fuerza motivadora para todos los que buscan reunirse con los que les precedieron, y les ayuda a contemplar la muerte con anticipación más que con miedo.

---

[22]Lorenzo Dow Young, *Fragments of Experience*, *op cit.*, págs. 29-30. La apariencia nublosa y oscura de la tierra puede ser explicada por la visión del profeta Enoc, quien

> Vio a Satanás; y éste tenía en su mano una cadena grande que cubrió de obscuridad toda la faz de la tierra y miró hacia arriba, y se rió; y sus ángeles se alegraron. (Moisés 7:26)

[23]LeRoi C. Snow, *Improvement Era*, *op cit.*, Vol. XXXII, págs. 885-886.

El profeta José Smith expresó su esperanza de esa gozosa reunión cuando dijo:

> Tengo a un padre, hermanos, niños y amigos que se han ido al mundo de los espíritus. Ellos están ausentes sólo por un momento, viven en el espíritu y pronto nos volveremos a encontrar.... *Cuando partamos, saludaremos a nuestras madres, padres, amigos, a todos los que amamos,* y a todos aquellos quienes han muerto en Jesús ... será una felicidad inmensa.[24]

Casi todos los relatos de aquellos a quienes se les ha permitido visitar el mundo espiritual contienen referencias de encuentros felices con seres amados que han muerto. A menudo miembros de la familia acuden a dar la bienvenida a la persona que ha muerto, a veces en un orden previamente establecido. Por ejemplo Peter Johnson informa lo que le sucedió cuando el ángel guardián lo recibió:

> Me informó que deberíamos esperar allí ya que mi hermana deseaba verme, pero en ese momento estaba ocupada. Poco después ella vino, se alegró de verme y me preguntó si me había ofendido por la espera. Me explicó que *estaba haciendo un trabajo* que deseaba terminar.
>
> *Poco antes de morir mi hermana mayor me había pedido que hiciera el siguiente convenio:* Si ella moría primero ella iba a cuidar de mí, protegiéndome de los que buscaran mi ruina, y ella sería la primera en encontrarme cuando yo muriera. Si yo moría primero, ella deseaba que yo hiciera lo mismo por ella. *Hicimos este acuerdo, y esa fue la razón por la cual ella era la primera de mis familiares en recibirme.* Después de ella, vinieron a verme mi madre, otras hermanas y amigos, y hablamos de varios temas, de la misma manera que solíamos hacer cuando nos reuníamos con amigos. Después de un rato de conversación, vino el guía con el mensaje de que *varios de los apóstoles que habían vivido en la tierra en esta dispensación, requerían mi presencia.*[25]

Para aquellos que no tienen miembros de su familia inmediata esperándolos en el mundo espiritual, el encuentro con parientes lejanos es más casual. Así sucedió con Ella Jensen, quien informó:

> Mientras iba entre la muchedumbre, la primera persona que reconocí fue a mi abuelito H. P. Jensen que estaba sentado escribiendo en un extremo del salón. Levantó la vista, *pareció sorprenderse al verme* y dijo: '¡Vaya! Mi nieta Ella está aquí.' Estaba muy complacido, me saludó, y mientras él continuaba con sus escritos, yo fui recorriendo el

[24] Joseph Smith, *History of the Church of Jesus Christ of Latter-day Saints*, (segunda edición, Salt Lake City, Utah: Deseret Book Company: 1959), Vol. VI, pág. 316. En adelante las referencias a esta fuente serán mencionadas así: HC 6:316. Esta declaración es parte del famoso discurso que el profeta pronunció en el funeral de King Follett el domingo 7 de abril de 1844.

[25] Peter E. Johnson, *Relief Society Magazine*, *op cit.*, Vol. VII, pág. 451.

> cuarto y encontré a muchos de mis parientes y amigos.... *Algunos parecían encontrarse en grupos familiares.... Otros me preguntaron sobre sus amigos y familiares en la tierra.* Entre ellos estaba mi primo.[26]

La reunión con familiares muertos a menudo incluye encuentros con personas que murieron hace tanto tiempo que son desconocidas para el que recién entra al mundo espiritual. La hermana Jensen describió a su madre el encuentro con dos de esas personas:

> 'Mientras estaba en ese edificio grande en el mundo espiritual, encontré a una mujer que me saludó y dijo que era mi tía Mary que había muerto cuando yo era una niña.' La madre preguntó: '¿Puedes describirla?' La respuesta fue: 'Sí, era una mujer alta, de cabello negro, ojos oscuros y rasgos finos.' 'Sí,' contestó la madre, 'es indudable que has descrito a tu tía Mary.'
>
> 'Allí también encontré a otra mujer que dijo que era mi tía Sarah que había muerto poco antes que yo naciera.' '¿La puedes describir?' preguntó la madre. 'Sí, ella era bastante baja y algo gordita, con facciones redondeadas, cabello claro y ojos azules.' 'Por supuesto Ella, ésa es tu tía Sarah, la has descrito perfectamente.'[27]

Henry Zollinger dijo: "Entonces mi madre me presentó a las cabezas de cinco generaciones de los antepasados de mi padre, los cuales habían creído en el evangelio."[28]

Cuando uno deja la vida mortal para morar en el mundo de los espíritus, puede esperar integrarse a su propia familia al otro lado del velo.

Ubicación del Mundo Espiritual

Aunque las escrituras nada dicen en cuanto a la ubicación del mundo de los espíritus, de acuerdo a las revelaciones citadas en este capítulo parece ser que el reino espiritual no está lejos del mundo de los mortales. En lugar de ser transportados a alguna esfera desconocida y distante, los espíritus de los muertos permanecen asociados a esta tierra, pero viven en una dimensión invisible para los ojos mortales.

Esta ha sido la enseñanza de los profetas y líderes de la Iglesia. José Smith enseñó que:

> Los espíritus de los justos son exaltados a una obra más grande y

[26]LeRoi C. Snow, *Improvement Era, op cit.*, Vol. XXXII, págs. 973-974.
[27]*Ibid.* págs. 979-980.
[28]Henry Zollinger, *op cit.*

> gloriosa; por lo tanto son bendecidos en su partida al mundo de los espíritus. Envueltos en llamas ardientes, *ellos no están lejos de nosotros.*[29]

El élder Parley P. Pratt, en su libro, *Llave a la Ciencia Teológica,* fue uno de los primeros líderes de los Santos de los Ultimos Días que enseñaron que el mundo espiritual estaba sobre esta tierra, aunque invisible para los ojos mortales.

> En cuanto a su ubicación, el mundo espiritual *está aquí, en este mismo planeta donde nacimos.* En otras palabras, la tierra y otros planetas de esfera similar tienen sus *esferas interiores o espirituales,* así como las exteriores o temporales. Estas están habitadas por tabernáculos temporales y aquellas por espíritus. *Entre una y otra esfera hay un velo* que hace que los objetos espirituales sean invisibles para quienes están en lo temporal.[30]

El presidente Brigham Young también enseñó cuán cerca está el mundo espiritual de esta tierra:

> ¿Dónde está el mundo espiritual? *Está aquí mismo.* Los espíritus de los buenos y los espíritus de los malvados, ¿van juntos? Sí. ¿Habitan el mismo reino? Sí. ¿Van al sol? No. *¿Van más allá de los límites de esta tierra? No, no más allá.* Son traídos a la tierra con el expreso propósito de habitarla por toda la eternidad. ¿Adónde más váis a ir? A ninguna otra parte, únicamente adonde se os permita.[31]

En el mismo discurso él dijo:

> Aquí naturalmente surgirá una pregunta: Cuando nuestros espíritus dejan nuestros cuerpos ¿adónde van?
>
> Os lo diré. ¿Los ubicaré? Sí, si es que queréis que lo haga. Ellos no salen de la entidad de esta tierra en la cual vivimos, . . . ¿Dónde está el mundo espiritual? *Está incorporado a este sistema celestial.* ¿Podéis verlo con vuestros ojos naturales? No. ¿Podéis ver espíritus en este cuarto? No. Suponed que el Señor tocara vuestros ojos para que pudiérais ver, entonces ¿podríais verlos? Sí, tan claramente como ahora véis cuerpos, como lo hizo el siervo de Elías. Si el Señor lo permitiera, y ese fuera vuestro deseo, podríais ver los espíritus de los que han partido de este mundo tan claramente como ahora podéis ver los cuerpos con vuestros ojos naturales.[32]

---

[29]HC 6:52. Esta declaración, incluida en las palabras del profeta sobre el fallecimiento de James Adams, fue pronunciada el 9 de octubre de 1843.

[30]Parley P. Pratt, *Key to the Science of Theology*, (novena edición, Salt Lake City, Utah: Deseret Book Co.), págs. 126-127.

[31]JD 3:369, 22 de junio de 1856. Véanse las páginas 154-158 con relación a la separación de los espíritus justos de los malvados.

[32]*Ibid.*, págs. 367-368. Los espíritus le fueron mostrados al siervo de Eliseo, no de Elías. Véase 2 Reyes 6:17.

Y luego para clarificar aún más, el profeta agregó:

> ¿Está aquí el mundo espiritual? *No está más allá del sol, sino en esta tierra* que fue organizada para la gente que vivió, vive y vivirá sobre ella.[33]

Estas primeras declaraciones de los profetas y apóstoles han sido citadas a menudo en la Iglesia, y son la base de numerosas declaraciones similares hechas por líderes más recientes de los Santos de los Ultimos Días.

Aumento de Capacidad de los Seres Espirituales

De acuerdo a las enseñanzas de los líderes y teólogos de los Santos de los Ultimos Días, la separación del espíritu de su cuerpo mortal hace que el espíritu vuelva a tener el uso pleno de los poderes que en la mortalidad estuvieron grandemente limitados. El cuerpo mortal ha sido considerado un obstáculo que retarda y limita el pleno funcionamiento de los poderes y capacidades del espíritu, aunque sea un medio necesario en el progreso del hombre hacia la resurrección. Orson Pratt, por ejemplo, enseñó:

> *Nuestra felicidad aquí está regulada por factores externos, por la estructura orgánica del cuerpo mortal.* No se les permite a esos obstáculos elevarse muy alto ni llegar a ser muy grandes, pero *parece ser una especie de limitación a nuestras alegrías y placeres, sufrimientos y dolores* y ésto es por causa de la imperfección del cuerpo en que moramos, y de todas las cosas que nos rodean. Por otra parte en la otra vida todo aparecerá con sus colores verdaderos; . . . Este cuerpo, aunque bueno en su propio medio, es como el andamiaje de un edificio en construcción. *Sólo es una ayuda, un auxilio en esta situación imperfecta.* Pero cuando estemos en otra condición, *descubriremos que ya no nos interesarán mucho estas ayudas imperfectas.* Tendremos otras fuentes de conocimiento, además de estos medios de contacto con el mundo exterior que llamamos los sentidos.[34]

El desplazamiento rápido de un lugar a otro es otro de los poderes que se espera que posean los seres espirituales. Como explicó Brigham Young:

> *El brillo y la gloria de nuestra próxima residencia son inexpresables.* No se encuentra cubierto por esa carga de barro que llevamos encima aquí, la cual a medida que pasan los años nos hace tropezar y nos obliga a ser cuidadosos por miedo a caer. Vemos que aún nuestra juventud frecuentemente tropieza y cae. Pero allá, ¡qué diferente es! *Uno se mueve con facilidad y ligereza.* Si quisiéramos visitar Jerusalén, o ése, o aquel, o el otro lugar—y supongo que se nos será permitido si lo deseamos—pues allí

[33]*Ibid.*, pág. 372.

[34]JD 2:240, 244, 15 de octubre de 1854.

> estamos, mirando sus calles. . . . Si deseamos comprender como se vive en estas islas occidentales o en China, *allí estamos.* Somos como la luz de la mañana, o, no diré como el fluído eléctrico, sino como el movimiento de la electricidad a lo largo de sus alambres.[35]

En otra ocasión él enseñó:

> Tan pronto como el espíritu sale de su casa de barro queda libre para viajar con la velocidad de la luz a algún planeta, o estrella, o al lugar más distante de la tierra o a las profundidades del mar, de acuerdo a la voluntad de El que dicta todas las cosas.[36]

Tales poderes de locomoción fueron observados en las acciones del joven Briant Stevens, quien apareció a su padre en un sueño, la noche después de haber muerto, el 3 de febrero de 1887:

> Finalmente vio una luz y en ella al pequeño Briant, parado en el aire, ataviado con nívea blancura, con el rostro transfigurado en su luz y belleza. El muchacho le sonrió y movió las manos en saludo amoroso. *Esta forma etérea de Briant se desplazaba por el cuarto sin esfuerzo. Una simple inclinación de su brillante cabeza parecía proyectar al cuerpo en la dirección deseada.*[37]

Walter P. Monson, quien murió de una hernia estrangulada y luego regresó a la mortalidad, aparentemente experimentó esta habilidad de locomoción cuando pasó al otro lado del velo:

> Luego desperté *en plena posesión de mis facultades* en otra esfera de vida. Separado de mi cuerpo, yo lo miraba. Los ojos estaban parcialmente cerrados y el mentón se había caído. En ese momento *no tenía dolor* y *el júbilo por la libertad y paz mental* que sentí fue la sensación más dulce que jamás haya experimentado en mi vida. *Perdí toda noción del tiempo y del espacio, y la fuerza de gravedad no tenía poder sobre mí.*[38]

---

[35]JD 14:231. Este discurso fue pronunciado en el funeral de Aurelia Spencer, el 16 de septiembre de 1871.

[36]JD 13:77. Este discurso fue pronunciado en el funeral de Daniel Spencer el 10 de diciembre de 1868.

[37]Kennon, "Briant S. Stevens," *Helpful Visions* (decimocuarto en la serie de libros Promotores de la Fe, Salt Lake City, Utah: Juvenile Instructor Office, 1887), págs. 35-36.

[38]Jeremiah Stokes, *Modern Miracles,* (Salt Lake City, Utah: Bookcraft, Inc., 1945), págs. 78-79. El hermano Monson escribió lo siguiente con relación a los eventos que precedieron su entrada al mundo espiritual:

> Una noche, antes de Navidad, estaba hablando a una congregación reunida en la vieja capilla del Barrio Farmers en la calle South State, cuando súbitamente caí preso del intenso dolor producido por una hernia estrangulada. Esa misma noche fui operado. Mi estado era tan crítico y mis posibilidades tan escasas que los doctores no quitaron la parte afectada. Simplemente suturaron la herida pensando que moriría en cuestión de unas pocas horas.
>
> Cuando desperté a la mañana siguiente, mi familia estaba arrodillada cerca del lecho, y el Obispo LeGrand Richards del Barrio Sugarhouse estaba orando para que me recuperara.

El presidente Joseph F. Smith se refirió al aumento de los poderes de locomoción de los seres espirituales cuando declaró:

> El espíritu desincorporado, durante el intervalo entre la muerte del cuerpo y la resurrección, no es perfecto, así que no está preparado para entrar en la exaltación en el reino celestial. Pero *tiene el privilegio de desplazarse en medio de seres inmortales y de disfrutar hasta cierto punto de la presencia de Dios, aunque no en la plenitud de su gloria.* O sea que no gozan sino parcialmente de la recompensa que buscamos y que estamos destinados a recibir, si somos hallados fieles a la ley del reino celestial.[39]

Así como esperamos disfrutar de mayores poderes para desplazarnos de un lugar a otro, también se anticipa que tendremos la capacidad de viajar a través del tiempo, o al menos, de ver las cosas como fueron en el pasado o como serán en el futuro. Brigham Young enseñó que:

> Si queremos contemplar la Jerusalén de la época del Salvador, o si deseamos ver el Jardín del Edén tal como era cuando fue creado, ahí podemos estar. Y *lo vemos como existió espiritualmente,* porque primero fue creado espiritualmente y luego temporalmente, y *todavía permanece en la forma espiritual.* Y cuando estemos allí podremos observar la tierra como era en el alba de la creación, o podremos visitar cualquier ciudad que queramos de las que existen sobre la superficie.[40]

En las escrituras hay evidencias de que esta capacidad de ver en el pasado y en el futuro, está al alcance de los seres espirituales. Por ejemplo, "vio Moisés el mundo y sus confines, y todos los hijos de los hombres que son y que fueron creados,"[41] y dio testimonio de que vio con sus propios ojos, "no mis ojos naturales, *sino mis ojos espirituales;* porque mis ojos naturales no podrían haber visto. . . ."[42] La visión mostrada a Enoc, quien vio "todas las cosas aun hasta el fin del mundo,"[43] ciertamente debe haber sido recibida de la misma manera.

> A media noche, estaba completamente despierto. Oí las campanas de Navidad y sentí a la enfermera tomándome el pulso y la temperatura. Repentinamente el frío invadió mis pies y manos, y comenzó a subir por mis piernas y brazos hacia mi cuerpo. Sentí que llegaba hasta mi corazón. Allí hubo un suave murmullo, abrí la boca tratando de respirar, y caí en la inconsciencia, en cuanto a las cosas mortales.

Para el relato de su encuentro con su hija en el mundo espiritual, y su regreso a la mortalidad, véase el capítulo IV de este libro.

[39] Joseph F. Smith, *Gospel Doctrine* (Salt Lake City, Utah: Deseret Book Co., 1919), pág. 440.

[40] JD 14:231, 16 de septiembre de 1871. Véase la experiencia de Peter E. Johnson, cuando él viajó a través del tiempo, en el capítulo II de este libro.

[41] Moisés 1:8. También véase 1:27-29.

[42] *Ibid.*, 1:11.

[43] *Ibid.*, 7:67 y todo el capítulo 7

Parece ser que el hermano de Jared disfrutó del privilegio de contemplar tanto el pasado como el futuro con los ojos del espíritu mientras conversaba con el Señor en el monte Shelem. La escritura nos dice que "fue quitado el velo de ante los ojos del hermano de Jared. . . ."[44] y que "no se le pudo impedir que viera dentro del velo,"[45] así que el Señor "mostró al hermano de Jared todos los habitantes de la tierra que había habido, y también todos los que había de haber; y no los ocultó de su vista, aún hasta los cabos de la tierra."[46]

Indudablemente los seres espirituales poseen el poder especial de ver otras épocas. Aunque no es frecuente que los seres mortales tengan la oportunidad de ver con los ojos espirituales, todos podrán disfrutar de este privilegio cuando dejen atrás las limitaciones de sus cuerpos mortales y pasen al reino espiritual.

Se cree que los que moran en el mundo espiritual gozan de otros poderes y sentidos que no están al alcance de los seres mortales. En una ocasión Orson Pratt dijo:

> Cuando hablo de la condición futura del hombre y la situación de nuestros espíritus entre la muerte y la resurrección, *anhelo con vehemencia la experiencia y el conocimiento que ganaremos en ese estado.* Allí aprenderemos muchas otras cosas. No es lógico suponer que nuestros cinco sentidos nos vinculan con todas las cosas de los cielos, la tierra, la eternidad y el espacio, ni que somos conocedores de todos los elementos de la naturaleza gracias a los sentidos que Dios nos ha dado en esta vida. *Supongamos que nos dé un sexto, séptimo, octavo, noveno, o un decimoquinto sentido. Todos ellos nos comunicarían nuevas ideas,* así como el gusto, el olfato o la vista nos transmiten conceptos diferentes a los que nos suministra el oído.[47]

Continuó su discurso describiendo algunos de los sentidos y poderes característicos de los seres espirituales y comentó sobre tres de ellos en particular.

En primer lugar describió la alta capacidad de recordar que tienen los seres espirituales:

> Ayer leímos o aprendimos algo mediante la observación pero hoy o mañana lo olvidaremos. . . . Parte del conocimiento que recibimos aquí,

[44] Et. 3:6.

[45] *Ibid.*, 3:19.

[46] *Ibid.*, 3:25

[47] JD 2:247, 15 de octubre de 1854. Se sugiere leer el discurso de Orson Pratt en su totalidad para entender completamente la evidencia que da de sus creencias. Véase también las enseñanzas del presidente Charles W. Penrose en JD 24:94.

llega a borrarse por completo y, debido a la debilidad del sistema animal, no podemos hacerlo regresar a nuestra mente. No existe asociación de ideas que pueda hacerlo volver. Se ha ido. Ha desaparecido. Ha sido erradicado de los códigos de la memoria. *Esto no se debe a la falta de habilidad del espíritu porque el espíritu tiene la plena capacidad de recordar. . . . No es por causa del espíritu que el hombre olvida lo que aprendió el día anterior, sino por causa del tabernáculo en que mora el espíritu,* porque hay imperfección en la constitución de carne y huesos, y en las cosas pertenecientes al tabernáculo. Eso es lo que borra de nuestra memoria cosas que hubieran sido útiles. No podemos retenerlas en la mente. Se han ido al olvido. *No sucede lo mismo con el espíritu cuando es liberado de este tabernáculo. . . .* Esperad hasta que estos cuerpos mortales yazcan en la tumba, cuando regresemos al hogar del Dios que nos dió la vida. Ese será el momento en que *tendremos el más vívido conocimiento de todos los hechos de nuestras vidas* durante nuestro estado probatorio.[48]

El élder Pratt habló de un segundo poder del que va a disfrutar el hombre en el mundo espiritual. Enseñó que además de tener un aumento en la capacidad de la memoria, los seres espirituales disfrutarán de una mejor visión y podrán ver con todas las partes de sus cuerpos:

Por medio de nuestros cuerpos llegamos a conocer la luz y el color. En otras palabras, el Señor ha construido el ojo mortal y lo ha ubicado de tal manera que es capaz de funcionar bajo la influencia de uno de los elementos de la naturaleza llamado luz. Esto nos da una gran variedad de conocimiento. . . . *Suponed que el espíritu entero estuviera descubierto y expuesto a todos los rayos de luz, ¿podría suponerse que la luz no afectaría al espíritu si éste estuviera sin protección, descubierto, sin ropa?* ¿Suponéis que no sería susceptible a los elementos de la luz? *El espíritu tiene la capacidad innata de experimentar las sensaciones de la luz.* Si no fuera así, no podríamos ver. Podríais hacer un ojo tan fino como fuera posible, pero si el espíritu por sí mismo no fuera capaz de reaccionar ante los rayos de la luz, el ojo no sería de ningún beneficio. Luego desvestid el espíritu y en lugar de exponer a la acción de los rayos de luz una pequeña porción, aproximadamente del tamaño de una arveja, exponedlo en su totalidad. *Pienso que podríamos ver en diferentes direcciones a la vez, podríamos mirar todo en derredor en un mismo instante. . . .* Entonces se abriría un vasto campo a la vista del espíritu, veríamos no sólo en una, sino en todas las direcciones. . . . Cuando ya no tengamos este cuerpo, podremos ver no sólo en una dirección, sino en todas las direcciones. Esto resultará en la obtención de nuevas ideas, concerniente a la inmensidad de las creaciones de Dios, de los mundos que pueden estar más allá del alcance de los instrumentos más poderosos que hayan estado al servicio del hombre. *Esto nos dará*

[48]*Ibid.*, pág. 239.

información y conocimientos que nunca podríamos obtener morando en este tabernáculo mortal.[49]

Heber C. Kimball, mientras relataba una visión de espíritus malignos que tuvo en Inglaterra, también comentó sobre el poder visual que tienen los seres espirituales:

> Repentinamente mi vista se despejó, y *las paredes del edificio ya no obstruyeron mi visión,* porque no vi otra cosa que las visiones que se me presentaron. ¿Por qué las paredes no obstruyeron mi vista? *Porque mi espíritu podía ver a través de las paredes de la casa,* pues vi con el espíritu, el elemento y el poder con que miran los ángeles, y *del mismo modo que Dios ve todo, así fueron traídas ante mí las cosas invisibles,* así como el Señor traía ante José cosas con el Urim y Tumim. Este es el mismo principio por el cual el Señor le mostró cosas al profeta José.[50]

Orson Pratt se refirió a un tercer poder que tienen los seres espirituales, es decir la habilidad de obtener y considerar muchas ideas diferentes a un mismo tiempo:

> La palabra de Dios menciona una facultad que ahora no tenemos, pero que poseeremos en el más allá. Esa facultad es no sólo el ver con la ayuda del Espíritu diferentes objetos en distintas direcciones al mismo tiempo, sino también *obtener un vasto número de ideas en el mismo instante. . . .* Yo creo que en el mundo venidero seremos liberados en gran medida de estos métodos estrechos de pensamiento. En lugar de pensar en un sólo canal siguiendo hasta el fin cierto curso de razonamiento para encontrar una verdad determinada, *el conocimiento fluirá de todas partes como un torrente. Vendrá como la luz que mana del sol, penetrando cada rincón, informando al espíritu*

[49]*Ibid.*, págs. 242, 243, 244. Parece que una parte de este poder fue concedido brevemente al profeta José Smith cuando tuvo "La Visión" de los tres grados de gloria.(D. y C. 76) Philo Dibble, un converso del comienzo de la Iglesia, estuvo presente cuando José y Sidney Rigdon salieron de la casa de los Johnson después de recibir "La Visión." El escribió:

> Llegué a la casa de Johnson justo cuando José y Sidney salían de tener la visión mencionada en el libro de Doctrina y Convenios, sobre las tres glorias. José vestía de negro, pero en ese momento parecía estar vestido de un blanco glorioso y su rostro parecía ser transparente. Pero no vi la misma gloria en Sidney. José parecía fuerte como un león, mientras que Sidney era débil como el agua. José Smith dándose cuenta de la situación, dijo: 'El hermano Sidney no está tan acostumbrado a ésto como yo.' (Philo Dibble, "Philo Dibble's narrative," *Early Scenes in Church History*, (octavo en la serie de libros Promotores de la Fe; Salt Lake City: Juvenile Instructor Office 1882), pág. 81.

Parece que el élder Dibble o no registró todos los comentarios de José, o una parte de su narración fue la siguiente declaración de la señora Sarah N. Williams Reynolds, vecina del élder Dibble, la cual añade información importante a la experiencia antes citada.

> Yo vivía cerca de Philo Dibble quien me visitaba a menudo. El había llegado a conocer muy bien al profeta José Smith y se complacía en referirse a la vasta información que esa relación le había proporcionado. El hermano Dibble me informó que el profeta José, hablando de otros que estuvieron presentes en la casa de Papá Johnson el día en que el profeta José y Sidney Rigdon recibieron "La Visión," le dijo: *'Todo mi cuerpo estaba lleno de luz, podía ver aún con las puntas de los dedos de mis manos y de mis pies.'* (N. B. Lundwall (comp.), *The Vision* (Salt Lake City, Utah: Bookcraft Publishing Co., n.d.)), pág. 11.

[50]JD 4:2, 29 de junio de 1856.

y dando entendimiento relativo a diez mil cosas diferentes al mismo tiempo, y la mente será capaz de recibir y retener todo. . . .

Aquí tenemos una nueva facultad de comprensión, de naturaleza muy amplia, que casi en un abrir y cerrar de ojos arrojará gran cantidad de conocimiento a la mente del hombre. ¿Cuánto tardaría un hombre, en el mundo futuro, en descubrir las cosas más simples de la naturaleza si obtuviera conocimiento del mismo modo que lo hacemos aquí? Podría razonar a lo largo de miles de años y apenas habría comenzado. Pero cuando se le dé al hombre el Espíritu de Dios, ese gran telescopio usado en los cielos, y cuando con su ayuda contemple las cosas eternas ¿qué verá? No sólo uno, sino *multitud de objetos desfilarán ante su vista y llenarán su mente con el conocimiento de mundos* aún más numerosos que la arena de las playas del mar. ¿Tendrá su mente la capacidad de absorber todo ese conocimiento? Sí, *su mente será fortalecida en proporción a la cantidad de información impartida.* Este tabernáculo, en su condición actual, es el que nos impide tener un mayor entendimiento.[51]

Los Santos de los Ultimos Días esperan el paso al mundo de los espíritus como la oportunidad de recobrar muchos poderes que durante la vida terrenal han sido limitados por las debilidades del cuerpo mortal. Para los justos que tengan el privilegio de morar en el paraíso, la entrada al mundo espiritual representará una victoria sobre el diablo y la liberación de sus tentaciones. El presidente Brigham Young enseñó:

José y los fieles que han muerto han *obtenido una victoria sobre los poderes de Satanás,* que Uds. y yo aún no hemos logrado. En tanto vivamos en estos cuerpos, estaremos sujetos a las tentaciones y al poder del diablo. Pero cuando dejemos nuestros cuerpos, *venceremos, si es que hemos sido fieles.* Sin embargo, no habremos llegado a tal punto de desarrollo como para estar completamente removidos de los espíritus malignos.[52]

Limitaciones de los Seres Espirituales

La separación del cuerpo mortal, además de devolvernos capacidades perdidas, también nos impondrá ciertas limitaciones y dificultades que afectarán el bienestar de cada habitante del reino espiritual. El élder Melvin J. Ballard reconoció y enseñó la importancia de disciplinar juntamente al cuerpo y al espíritu durante la vida mortal en lugar de posponer el arrepentimiento hasta la vida espiritual:

Un hombre puede recibir el sacerdocio y todos sus privilegios y bendiciones, pero no puede entrar en el Reino Celestial de Dios hasta

[51] JD 2:246, 245, 15 de octubre de 1854.
[52] JD 3:371, 22 de junio de 1856.

> que aprenda a subyugar la carne, su temperamento, su lengua y su disposición a dejarse dominar por cosas que Dios ha prohibido. Debe vencer ya sea en ésta, o en la vida venidera. Pero esta vida es el tiempo en que el hombre debe arrepentirse. *Que no se imagine nadie que puede descender al sepulcro sin haber sujetado las corrupciones de la carne y después perder en la tumba todos los pecados y tendencias malignas.* Estos quedarán con nosotros. Permanecerán con el espíritu cuando se haya separado del cuerpo.
>
> Pienso que cualquier hombre o mujer puede hacer más para adaptarse a las leyes de Dios durante un año de esta vida que en diez años después de la muerte. *El espíritu solo puede arrepentirse y cambiar, pero después sigue la batalla con la carne. Es mucho más fácil vencer las tentaciones y servir al Señor cuando el cuerpo y el espíritu son uno,* ya que en esas circunstancias los hombres pueden ser más fácilmente influenciados. Descubriremos que *cuando estamos muertos todo deseo y sentimiento será intensificado en gran medida.* La arcilla es mucho más fácil de moldear y cambiar cuando está blanda y manejable que cuando se ha endurecido y solidificado.
>
> Esta vida es el tiempo para arrepentirse. Es por eso supongo, que después de la primera resurrección serán necesarios mil años hasta que el último grupo esté preparado para levantarse. *Les tomará mil años realizar lo que en la tierra hubieran hecho en sesenta años de vida. . . .*
>
> Les aseguro que los muertos justos estarán en paz, pero les digo que cuando salgamos de esta vida dejando al cuerpo, *desearemos hacer muchas cosas que sin él no podremos.* Estaremos seriamente limitados y añoraremos el cuerpo. Oraremos por la pronta reunión con nuestros cuerpos. Entonces sabremos cuán ventajoso es tener un cuerpo.
>
> Así que *todo hombre y mujer que esté postergando la tarea de corregir y subyugar las debilidades de la carne hasta la próxima vida, está sentenciándose a años de cautiverio,* porque ningún hombre o mujer resucitará hasta que haya completado su obra, hasta que haya vencido, hasta que haya hecho todo cuanto sea posible. . . . Los que cumplen con dichas condiciones en esta vida están acortando sus sentencias, *porque cada uno de nosotros tendrá que pasar algún tiempo en ese estado espiritual para terminar y completar nuestra salvación.* Y algunos, por motivo de su rectitud en esta vida, pueden aspirar a tener el derecho de realizar trabajos más avanzados y ser admitidos en el Reino Celestial. Pero otros perderán completamente el derecho a esa gloria, porque todo lo que ellos puedan hacer después de la muerte no les será de utilidad para entrar en el Reino Celestial.[53]

El Señor enseñó que: "El hombre es espíritu. Los elementos son eternos, y espíritu y elemento, inseparablemente unidos, reciben una

[53]Melvin J. Ballard, "The Three Glories," publicado en N. B. Lundwall, *The Vision, op cit.*, págs. 46-47.

plenitud de gozo. Pero *cuando están separados, el hombre no puede recibir una plenitud de gozo."*[54] De modo que la separación del espíritu y del cuerpo es un período que se considera de desequilibrio, de imperfección, de esperanza y añoranza por la restauración del cuerpo en la resurrección para poder obtener la plenitud de gozo. El presidente Joseph F. Smith en su "Visión de la Redención de los Muertos," informa lo que observó en el mundo espiritual, que *"los muertos habían considerado como un cautiverio la larga separación de sus espíritus y sus cuerpos."*[55]

Parece ser que, debido a su mayor capacidad para entender y aprender, aquellos que están en el mundo espiritual están plenamente conscientes de la necesidad de progresar a otra etapa del plan eterno. Como el mundo espiritual está en un grado más alto de progreso que la vida mortal,[56] los espíritus justos que van allí, mucho más que los seres mortales, desean ansiosamente recibir sus cuerpos resucitados y entrar en su exaltación.

Significado del Regreso a la Presencia de Dios al Morir

Mientras instruía a su hijo Coriantón, el profeta Alma hizo la siguiente declaración concerniente al proceso de la muerte:

> Ahora respecto al estado del alma entre la muerte y la resurrección, he aquí, un ángel me ha hecho saber *que los espíritus de todos los hombres, en cuanto se separan de este cuerpo mortal,* sí, los espíritus de todos los hombres, sean buenos o malos, *son llevados de regreso a ese Dios que les dio la vida.*
>
> Y sucederá que los espíritus de los que son justos serán recibidos en un estado de felicidad que se llama paraíso, . . .
>
> Y entonces acontecerá que los espíritus de los malvados, sí, los que son malos . . . éstos serán echados a las tinieblas de afuera. . . .[57]

Ha surgido cierta confusión con respecto al significado de ser llevado al hogar de Dios, como Alma lo explicó. Algunos han

[54]*Doctrina y Convenios de la Iglesia de Jesucristo de los Santos de los Ultimos Días* (publicación de la Iglesia de Jesucristo de los Santos de los Ultimos Días: Salt Lake City, Utah, 1980), sección 93, versículos 33-34. Otras referencias a este libro serán mencionadas así: D. y C. 93:33-34. Véase también D. y C. 45:17.

[55]D. y C. 138:50.

[56]El presidente Brigham Young enseñó que:

> Cuando pasemos al mundo espiritual, poseeremos este poder en gran medida; aunque no al grado que será cuando resucitemos y salgamos a la plenitud de gloria para heredar los reinos preparados para nosotros. El poder que poseerán entonces los fieles excederá en gran manera al del mundo espiritual. Aún así, el que disfrutaremos en el mundo de los espíritus está tan alejado de esta vida, que sin el espíritu de revelación es inconcebible. (JD 14:231, 16 de septiembre de 1871)

[57]Al. 40:11-13.

enseñado erróneamente que después de la muerte los hombres van ante el tribunal de Dios quien les asigna a un lugar específico, bien sea el paraíso o la prisión espiritual. Esta enseñanza es denominada "juicio parcial" por sus adeptos. Aún así las docenas de relatos de testigos visuales que han estado en el mundo espiritual nunca hablan de un episodio de tal naturaleza en el proceso de la muerte. Es verdad que los muertos son asignados a lugares específicos de residencia en el mundo espiritual, pero su destino parece estar pre-determinado, sin necesidad en ese momento, de una confrontación directa con Dios y su tribunal.

En la conversación entre el élder Thomas A. Shreeve y su hermano Teddy que había muerto casi veinte años antes, por ejemplo, no se encuentra evidencia de una confrontación directa con Dios. El élder Shreeve, un misionero de la Iglesia quien estuvo a un paso de la muerte a bordo del vapor *Wakatipu* en ruta de Australia a Nueva Zelandia en 1878, fue visitado por su hermano menor en un sueño.

> Vi al pie de mi cama, la figura de un niño parado. *Miré atentamente y reconocí a mi hermanito Teddy quien se había ahogado casi veinte años antes. Me pareció saber que él había venido del mundo espiritual,* y en mi ansiedad, salté de la cama, me apoyé sobre una rodilla en el piso y lo observé con atención. Se paró junto a mí y tomé uno de sus bracitos en mi mano. Aunque era un espíritu, *me parecía palpable.* Le dije:
>
> 'Pienso que eres mi hermanito Teddy, pero ha pasado tanto tiempo desde que te vi por última vez, que casi he olvidado como eras.'
>
> Luego pensé que debía preguntarle algo y le dije:
>
> *'Teddy, ¿has visto ya a Nuestro Padre Celestial?'* Contestó con su dulce voz de niño:
>
> *'No, pero lo veré.'*. . . Le hice otra pregunta:
>
> '¿Me has traído algún mensaje?'
>
> A esto él contestó: 'Sí' . . . Me miró a los ojos, se refugió en mis brazos, y poniendo el índice de su mano derecha cerca de mi rostro, me dijo:
>
> '¡Sólo sé fiel!'[58]

Regresar a la presencia de Dios, aparentemente significa retornar a una condición que permitiría ver a Dios, si la ocasión así lo requiere. Esa es la intención de la explicación de Orson Pratt cuando declaró:

---

[58]Thomas A. Shreeve, "Finding Comfort," *Helpful Visions, op cit.*, págs. 60-61.

Volver a la presencia de Dios es estar en una condición de poder ver a Dios. No siempre significa que las personas que retornan a Su presencia estén inmediatamente a pocas yardas o varas, o a corta distancia de su persona. ¿Hay alguna revelación que pruebe esto? Sí, ya cité lo que el Señor ha dicho en relación a todas estas creaciones. Dijo que de entre todas ellas, había tomado a Sión en su seno. Si de entre todas estas creaciones innumerables El ha llevado a Sión a su seno, *¿pueden todas las Siones estar concentradas en un espacio de unas pocas varas de diámetro en su presencia? Claro que no.* Si cada Sión no ocupara más espacio que una partícula de nuestro globo, pero también considerando que hay millones de planetas como éste, ¿cómo podrían caber todas las Siones en un espacio tan pequeño como para estar cerca de la persona del Señor? No podría ser. *Pero es suficiente con decir que cuando el velo sea removido, no importa a que distancia está un mundo redimido porque estará en la presencia de Dios.*[59]

De una manera similar el presidente Brigham Young explicó que la frase "retornar a la presencia de Dios" se refiere a la habilidad de los seres espirituales de ver, oír y entender las cosas espirituales, más que a una confrontación directa con Dios al momento de morir:

Leéis en la Biblia[60] que cuando el espíritu deja el cuerpo va ante Dios quien le dió la existencia. Decidme por favor, ¿dónde no está Dios? No podéis decírmelo por supuesto. Si vuestros espíritus estuvieran sin cuerpo, ¿cuán lejos tendríais que ir para llegar a Dios? Si estuviérais en el espíritu, ¿tendríais que salir de aquí para llegar a Dios? Si Dios no está aquí, sería mejor que reserváramos este lugar para el recogimiento de los inicuos, porque ellos desearán estar donde no esté Dios. El Señor Omnipotente está aquí mediante Su Espíritu, Su influencia y Su presencia. Yo no estoy en el extremo norte de este edificio, mi cuerpo está en el extremo sur. Pero mi voz y mi influencia se extienden por todo el edificio. Del mismo modo el Señor está aquí.

Se lee que el espíritu va ante Dios quien le dio la existencia. Permitidme expresar esa escritura de un modo más sencillo. Cuando los espíritus dejan nuestros cuerpos, están en la presencia de nuestro Padre y Dios. Entonces están preparados para ver, oír y entender las cosas espirituales.[61]

Hay Muchos que Saben Cuando se Acerca la Muerte

Hay evidencias de que muchos que están por morir son notificados de su paso inminente al mundo de los espíritus antes de que llegue el momento de pasar a través del velo. Este aviso puede venir mediante cualquiera de los canales normales de revelación y

[59] JD 16:365, 27 de enero de 1874.

[60] Parecería que el presidente Young se estaba refiriendo a un pasaje del Libro de Mormón, Al. 40:11, más bien que a una cita bíblica.

[61] JD 3:368, 22 de junio de 1856. Véase las enseñanzas de Heber C. Kimball sobre el tema de ir a la presencia de Dios después de la muerte, en JD 3:112-113.

comunicación de allende el velo, tal como la visita de mensajeros espirituales, visiones, sueños, voces, inspiración e indicaciones del Espíritu Santo, etc. Algunos aparentemente pueden diagnosticar la naturaleza mortal de su enfermedad o de sus heridas, sin necesidad de llamado alguno desde el otro lado del velo. Otros aparentemente "sienten" la muerte o tienen un "extraño presentimiento" que tiende a prepararlos para su viaje al mundo espiritual.

Un ejemplo de notificación del llamado al mundo de los espíritus lo da la señora de Wilford Reeder en su relato de la muerte de Ella Jensen. La señora Reeder había estado cuidando a Ella durante la noche:

> Aproximadamente a las tres o cuatro de la madrugada fui despertada repentinamente por Ella que me llamaba. Me apuré a ir al lado de su cama. Estaba toda agitada y me pidió que le alcanzara el peine, el cepillo y las tijeras explicándome que quería cepillar su cabello, cortar las uñas y estar lista 'porque,' me dijo, *'ellos van a venir a buscarme a las diez de la mañana.'*
>
> Le pregunté quién iba a venir a buscarla. Me contestó: *'Mi tío Hans Jensen y los mensajeros. Voy a morir, y ellos vendrán a las diez en punto a buscarme y llevarme.'* . . .
>
> Los padres fueron llamados y cuando entraron al cuarto, la hija les dijo que su *tío Hans, que había muerto, había aparecido repentinamente en el cuarto mientras ella estaba despierta, con los ojos abiertos, y le dijo que a las diez en punto vendrían mensajeros que la conducirían al mundo espiritual.*[62]

A otros se les da más tiempo para prepararse del que se le dio a Ella Jensen. Por ejemplo Daniel Tyler, relata lo siguiente en relación a la muerte de su abuelo:

> Después que mi abuelo cayó enfermo por última vez, dijo a mis padres que se le apareció un ángel vestido de blanco, que *le informó que no*

[62] LeRoi C. Snow, *Improvement Era, op cit.*, Vol. XXXII, pág. 882. Con referencia al intervalo entre la visita del mensajero y el tiempo después de su muerte, Ella contó lo siguiente:

> *Podía ver gente del otro mundo y oír el canto y la música más placenteros que jamás haya oído. Ese canto duró seis horas y podía oírlo por toda la casa. Durante ese tiempo me estaba preparando para dejar esta tierra.* A las diez, mi espíritu dejó mi cuerpo. Tardé un rato en decidirme a ir, porque podía ver y escuchar a mis parientes llorar y lamentarse por mí. Dejarlos fue difícil, pero apenas vislumbré el otro mundo, anhelé ir allá y me sentí libre de toda preocupación y angustia. (*Ibid.*, pág. 973)

Mientras hablaba de este incidente, el presidente Rudger Clawson añadió otro dato interesante:

> Cuando la hermana Ella Jensen me relató su extraordinaria experiencia, dijo que durante la noche y toda la mañana de nuestra visita, *el velo entre este mundo y el otro fue volviéndose más y más fino. Oyó cánticos del mundo invisible por toda la casa y se sentía a punto de entrar en el mundo espiritual.*

se recuperaría, porque su enfermedad lo llevaría a la muerte. Diez días después murió. Para evitar el ridículo, su visión fue mantenida en secreto y me fue contada más tarde por mi madre. . . . La visión de mi abuelo parecía tan extraña que mis padres no sabían si atribuirla a la imaginación o a la realidad, aunque ellos no dudaban de su sinceridad porque él había sido siempre estrictamente digno de confianza. Yo nunca dudé que él había tenido esa visión.

A pesar de su mala salud, él caminó media milla para despedirse de mis padres. Al partir, mi abuelo lloró como un niño y dijo: *'Esta es la última vez que les visito en mi vida.'*[63]

A veces la información concerniente a la muerte de un individuo es revelada a otro individuo. Tal es el caso del élder George Cannon, padre de George Q. Cannon, el consejero del presidente Brigham Young, a quien fue mostrada la muerte de su esposa, Ann Quayle, aún antes de su matrimonio, quince años antes de que ella muriera:

Mucho antes de su casamiento, el padre de la familia tuvo un sueño concerniente a la muerte de su esposa, y cuando hablaron acerca de emigrar los dos parecían conscientes de que ella no llegaría viva a Sión. Sus parientes objetaron a que ella fuera con los Santos, pero ella les contestó que aunque *sabía que no llegaría con vida para unirse al cuerpo de la Iglesia,* estaba decidida a emprender el viaje por el bien de sus hijos, y nunca se volvió atrás en su propósito. La manifestación que habían recibido resultó ser verdadera. Zarparon del puerto de Liverpool hacia Sión en el barco 'Sidney' el 17 de septiembre de 1842, pero ella murió y fue sepultada en el mar.[64]

En algunas ocasiones quien está próximo a morir recibe conocimiento acerca de las responsabilidades que tendrá más allá del velo. Jacob Hamblin testificó que así sucedió en el caso de la muerte de su ayudante indio:

El 18 de marzo de 1863, dejamos Saint George para llevar a los visitantes Moquis a su hogar. El grupo estaba formado por seis hombres blancos y nuestros amigos Moquis. Al salir de casa me encontré con Albert, mi ayudante indio. Le señalé que los duraznos habían comenzado a florecer y que el clima estaría más templado de lo que había estado hasta entonces.

El contestó: *'Sí, y antes de que Ud. vuelva, yo floreceré en otro lugar. Estaré en mi misión.'* (Indudablemente se refería a una visión que había tenido, en la cual se había visto predicando a una multitud de su gente.)

[63]Daniel Tyler, "Incidents of Experience," *Scraps of Biography*, (décimo en la serie de libros Promotores de la Fe; Salt Lake City: Juvenile Instructor Office, 1883), pág. 23.

[64]Andrew Jenson, *Latter-day Saint Biographical Encyclopedia* (Salt Lake City, Utah: Publicado por la Compañía Histórica de Andrew Jenson y editado por Deseret News, 1901), Vol. I, pág. 44.

Yo le dije: '¿Qué quieres decir?'

Me contestó: *'Para cuando Ud. vuelva yo estaré muerto y sepultado.'*[65]

Después de hablar de su viaje, Jacob Hamblin añadió:

A mi regreso a casa descubrí que Alberto estaba muerto y enterrado, tal como él había predicho que sucedería cuando salí de casa.

Supongo que cuando vino a vivir conmigo él tenía aproximadamente diez años. Estuvo a mi lado doce años, o sea que cuando murió tenía veintidós. Por mucho tiempo él estaba a cargo de mi ganado, ovejas, caballos y vacas, y éstos habían aumentado y prosperado en sus manos.

Tiempo antes de su muerte tuvo una visión en la cual se vio predicando el evangelio a una multitud de su pueblo. El creía que esta visión se cumpliría en el mundo de los espíritus. Se refirió a ésto cuando dijo que moriría y estaría en su misión antes de mi regreso.

El fue un fiel Santo de los Ultimos Días. Creía que tenía que realizar una gran obra entre su pueblo. *Tuvo muchos sueños y visiones,* y había recibido sus bendiciones en la Casa del Señor.[66]

A menudo las personas tienen un presentimiento de su muerte pocos minutos u horas antes que ésta suceda. Wilford Woodruff citó el presentimiento recibido por William Player durante el funeral de William Pitt, el 23 de febrero de 1875:

Cientos de personas concurrieron a su funeral, y había varias bandas de música. En esa ocasión el élder Woodruff era uno de los oradores y mencionó una circunstancia peculiar que había tenido lugar unos momentos antes. El hermano William Player de ochenta años, era uno de los portadores. La manija del ataúd se quebró en su mano. El giró hacia un costado y se apoyó en un poste. Su hijo, preocupado por la situación del padre fue a ayudarlo, y cuando le preguntó que le había pasado, dijo: *'Me quedé sin aliento, pero me gustaría seguir a mi viejo amigo a la tumba, porque pronto estaré en su misma condición. Me pregunto si a mi funeral asistirá tanta gente como al suyo.'* El padre fue llevado en una carreta a su hogar y murió cuatro horas después. El élder Woodruff también predicó en este segundo funeral.[67]

A otros se les permite ver a los mensajeros que los ayudarán en el mundo espiritual o mirar allende el velo antes de morir. Estas vistas son exclusivamente para ellos y no están al alcance de otros. Tal fue el

[65]James A. Little, *Jacob Hamblin* (quinto en la serie de libros Promotores de la Fe; Salt Lake City, Utah: Juvenile Instructor Office, 1881), págs. 81, 86-87.

[66]*Ibid.*

[67]Matthias F. Cowley, *Wilford Woodruff-History of His Life and Labors* (Salt Lake City, Utah: Bookcraft Inc., 1964), pág. 480.

caso del hermano Barber que fue herido mortalmente por una chusma antimormona en el poblado de Whitmer al oeste de Independence, Misuri, en 1833:

> Varios hermanos fueron tiroteados y uno de ellos, llamado Barber, fue mortalmente herido. Después de la batalla, algunos de los hermanos querían bendecirlo, pero él *objetó a que oraran y les preguntó si no podían ver a los ángeles presentes.* Dijo que el cuarto estaba lleno de ángeles. Su mayor ansiedad era el que sus amigos pudieran ver lo que él estaba viendo, hasta que a las tres de la mañana exhaló por última vez.[68]

Me parece que ésto también sucedió con mi hijita Laura Jean, quien conversó con aquellos que están detrás del velo quienes le dijeron que pronto "despertaría" en el mundo espiritual:

> Laura Jean Crowther pasó al mundo espiritual el día 5 de septiembre de 1966 a las 2:10 horas de la tarde, al norte de Cascade, Condado de Valley, Idaho. Su muerte ocurrió cuando nuestra familia regresaba a Utah junto con una amiga, JoAnn Woodruff, después de hablar en una conferencia de jóvenes en la estaca de Richland, en el parque estatal Fields Spring al sureste del estado de Washington.
>
> Esa mañana, durante las dos primeras horas de nuestro viaje a casa, Laura se había contentado con reposar tranquilamente en una cama improvisada en el asiento posterior de nuestro automóvil. Durante la conferencia ella se había sentido enferma con varios de los síntomas de la leucemia aguda que había estado padeciendo durante unos dos meses. Mientras viajábamos, se durmió por unos minutos y aparentemente todavía medio dormida, comenzó a sacudirse, dar vueltas y a *mantener una conversación animada con uno o varios seres invisibles.* Por supuesto nosotros sólo podíamos escuchar lo que ella hablaba, pero la oímos decir dulcemente: *'No puedo'* y *'No quiero.'* Parece que finalmente fue convencida de que era necesario que dejara la mortalidad, porque cesó de expresar objeciones. Repentinamente se despertó, se sentó y dijo: *'Madre, pronto voy a despertar.'* En ese momento no nos dimos cuenta del significado de lo que oímos, y sólo la ayudamos a recostarse. Charlamos un rato con ella, y luego la instamos a que volviera a dormir. Poco después arrojó una pequeña cantidad de sangre por la boca, lo cual nos alarmó aún más, y comenzamos a buscar un médico. No logramos encontrar uno hasta dos horas más tarde en McCall, Idaho. En ese lapso ella volvió a sangrar y salió de su letargo el tiempo suficiente como para tranquilizarnos, diciéndome: *'Papi, pronto voy a despertar.'* Luego volvió a su sueño o inconsciencia—no sabíamos qué era.
>
> El Dr. Nokes, que examinó a Laura en la sala de emergencia del hospital de McCall, no pudo ayudarnos y nos aconsejó llevarla a Boise donde había sangre y equipo adecuado. Continuamos otros 30

[68]Philo Dibble, *Early Scenes in Church History*, *op cit.*, pág. 83.

kilómetros hacia el sur, a Cascade, donde Laura se sentó bruscamente y luego su espíritu se deslizó silenciosamente fuera de su cuerpo. Nos encontrábamos solamente a dos cuadras del hospital, donde el doctor la declaró muerta.

Sólo después de su muerte pudimos comprender el significado de su enigmática conversación y entender su repetido anuncio, 'Pronto voy a despertar.'[69]

Frecuentemente se encuentra evidencia de que mucha gente es preparada de algún modo para su muerte. Sin embargo, parece que no todos reciben esa preparación. Aparentemente esta bendición está reservada para los que son llamados al paraíso y no para aquellos que van a la prisión espiritual. Parece estar basada más en necesidades personales que en mérito sólo. Realmente es difícil determinar por qué algunos individuos mueren súbitamente y sin previo aviso, mientras que otros son notificados con anticipación de su próximo fallecimiento. Sea suficiente decir que el modo de hacer la selección está de acuerdo con la voluntad del Señor, porque: "... todo fue creado por él y para él. Y él es antes de todas las cosas, y todas las cosas en él subsisten."[70]

RESUMEN

1. Se puede obtener información concerniente a la vida en el mundo espiritual por medio de tres fuentes fidedignas:

   A. las palabras de Cristo reveladas en las escrituras,

[69]Duane S. Crowther, "Personal History," manuscrito inédito. La declaración de Laura acerca de despertar pronto, es similar, aunque opuesta, a las palabras de la joven hija del presidente Joseph F. Smith, poco antes de morir:

> No puedo evitar sentir que los suaves, dulces aunque fuertes lazos que me atan a mi hogar y a mi tierra, habían sido cortados. ¡Mi bebé, mi dulce Dodo se ha ido! Casi no puedo creerlo, y mi corazón pregunta, *¿es posible?* Miro y es en vano, escucho y no hay sonido, vago por las habitaciones y las hallo vacías, desoladas, solas y desiertas. Busco por el jardín, recorro la casa, husmeo por los rincones, miro aquí y allí esperando vislumbrar una cabecita rubia y dorada, y unas mejillas rosadas, pero, ¡Ay de mí! No se oyen los ecos de sus pasitos. No hay más ojitos negros brillando de amor por papá, ni la dulce vocecita haciendo miles de preguntas, diciendo pequeñas cosas, parloteando alegremente, ni manitas suaves con hoyuelos rodeando mi cuello, ni dulces labios rosados que, con infantil inocencia, devuelvan mis abrazos y besos. Sólo queda una sillita vacía. Sus juguetes están ocultos, sus ropitas están guardadas. Solamente un pensamiento desolador que estruja mi corazón—*ella no está aquí, ella se ha ido.* . . .
>
> La mañana anterior a su muerte, después de haber estado a su lado toda la noche, porque la cuidé todas las noches, le dije: 'Mi pequeñita no durmió en toda la noche.' Sacudió su cabeza y contestó: *'Hoy dormiré papá.* ¡Oh! esas palabras, ¡cómo atravesaron mi corazón! Supe, aunque no lo quería creer, que se refería al sueño de la muerte, y ella se durmió. . . . La estrella de mi vida y mi felicidad había lanzado su último destello a la tierra, y mi alma se hundía en el polvo. (Archibald F. Bennett, *Saviors on Mount Zion* (Salt Lake City, Utah: The Deseret News Press, 1950), pág. 42).

[70]Col. 1:16-17.

B. testimonios de numerosas personas que entraron al mundo espiritual y luego regresaron a la mortalidad, y

C. declaraciones inspiradas de profetas de los Santos de los Ultimos Días.

2. La Biblia, relatando siete casos, establece un fuerte precedente que justifica la enseñanza de que el hombre puede regresar a la vida después de haber muerto. Docenas de narraciones similares han sido registradas en los últimos días.

3. En los incidentes citados en este capítulo se indican ciertas cosas sobre el proceso de entrar al mundo espiritual:

A. el espíritu prácticamente no sufre cuando deja el cuerpo,

B. a menudo aquellos que mueren pueden ver sus cuerpos físicos al dejarlos,

C. aquellos que mueren están inmediatamente conscientes de que han cambiado de estado y morada,

D. en cuanto pasan el velo, aquellos que mueren son recibidos por un comité de bienvenida que frecuentemente está integrado por su ángel guardián o familiares difuntos,

E. las personas que entran al mundo espiritual están bajo el control y dirección de su(s) guía(s),

F. la muerte provee la oportunidad de encontrarse con amigos y seres queridos muertos,

G. los convenios previos en cuanto al orden en que la persona será recibida después de la muerte, son respetados en el mundo espiritual,

H. mientras que algunos seres espirituales están prevenidos de que un individuo está por entrar a donde ellos están, otros se sorprenden de verlos. Los espíritus preguntan a los recién llegados acerca de la situación de los que aún están en la mortalidad,

I. se entra al mundo espiritual cerca del lugar terrestre donde el espíritu deja el cuerpo mortal,

J. el mundo de los espíritus está cerca del mundo de la mortalidad,

K. a medida que uno entra al mundo espiritual, deja atrás las preocupaciones mundanas,

L. al entrar al mundo espiritual, enseguida se entra en contacto con numerosos espíritus. Este es un mundo de relación social,

M. el primer deber de los que entran al mundo espiritual es velar por sus cuerpos hasta después del sepelio. Aparentemente el conocimiento que así se obtenga es necesario para el proceso de la resurrección,

N. los seres espirituales consideran el proceso de la muerte como un "despertar" o "nuevo nacimiento."

4. Se indican ciertas características de los seres espirituales:

A. los seres espirituales retienen la forma humana, con cabeza, brazos, manos, etc,

B. los seres espirituales retienen los sentidos y sensaciones que tuvieron como seres mortales,

C. los seres espirituales mantienen el sentido del tacto y pueden sentirse entre sí,

D. parece ser que los seres espirituales pueden morar en familia y saben de la relación de una generación a otra,

E. los espíritus justos moran "envueltos en fuego ardiente,"

F. los seres espirituales disfrutan de capacidades aumentadas, tales como:

(1) la habilidad de moverse con la velocidad del relámpago, incluyendo la habilidad de orientar el cuerpo simplemente moviendo la cabeza,

(2) la fuerza de gravedad no tiene efecto en ellos,

(3) la habilidad de viajar en el tiempo, ya sea visitando los lugares espirituales como existieron en el pasado o viéndolos en visiones,

(4) poderes de memoria ilimitados,

(5) poder visual altamente aumentado por medio de la habilidad de ver con todas las partes del cuerpo espiritual, de ver en todas direcciones al mismo tiempo, y de ver a través de los objetos.

G. los seres espirituales están limitados porque:

(1) en gran parte el arrepentimiento y el progreso involucran al cuerpo y al espíritu juntos,

(2) el espíritu, sin el cuerpo, estará limitado para superar ciertas faltas,

(3) el espíritu, sin el cuerpo, no puede recibir una plenitud de gozo.

5. Quienes han visto el paraíso lo describen como un lugar de alegría y de gloriosa belleza. Sin ninguna excepción, todos han preferido permanecer allí y no regresar a la vida mortal. La tierra, en contraste, parece nebulosa, temible y oscura.

6. Sobre la naturaleza del mundo espiritual se indica que:

   A. está lleno de brillo y gloria,

   B. no está fuera de los límites de la tierra temporal.

7. Regresar a la presencia de Dios no significa que uno llegue a estar a poca distancia de la Deidad. Sólo quiere decir que los seres espirituales volverán a una condición en la cual por medio de nuevos poderes de visión y comunicación pueden ver a Dios, si la ocasión así lo requiere.

8. No se ha encontrado evidencia de que los hombres a su muerte concurran ante el tribunal de Dios para un juicio parcial. La asignación del lugar donde morarán los seres espirituales parece ser determinado con anterioridad a la entrada al mundo espiritual.

9. Muchos mortales reciben la notificación de su muerte cercana y son preparados para ella por seres del reino espiritual. A algunos se les muestra el deber o asignación que tendrán allende el velo.

CAPITULO II

FACTORES QUE INFLUYEN EN LA DURACION DE LA VIDA DEL HOMBRE

Dios Determina los Días y los Límites del Hombre

"TODO TIENE SU TIEMPO, Y TODO LO QUE SE QUIERE DEBAJO del cielo tiene su hora."[1] Un elemento básico de la fe humana en Dios es el reconocimiento de que Dios controla el último destino del hombre. Aunque el hombre tiene[2] el privilegio de conducir los asuntos de su vida diaria según su albedrío y elección, quien determina el tiempo del nacimiento y de la muerte, y las circunstancias de su probación mortal es un Dios omnisciente. El Señor dijo:

> Y así, yo, Dios el Señor, *le señalé al hombre los días de su probación* para que por su muerte natural pudiera resucitar en inmortalidad a vida eterna, sí, aún cuantos creyeren.
>
> Y los que no creyeren, a condenación eterna.[3]

En una ocasión Job preguntó: "¿No es acaso brega la vida del hombre sobre la tierra, y sus días como los días del jornalero?"[4] Luego proclamó esta gran verdad:

> El hombre nacido de mujer, corto de días . . .
>
> *Ciertamente sus días están determinados, y el número de sus meses está cerca de ti; le pusiste límites, de los cuales no pasará.*[5]

El Apóstol Pablo, en su discurso desde la colina de Marte, enseñó algo similar:

---

[1]Ec. 3:1.

[2]El Señor dijo a Enoc:

> He allí a estos, tus hermanos; son la obra de mis propias manos, y *les di su conocimiento,* el día en que los creé; y en el huerto del Edén *le di al hombre su albedrío.* (Moisés 7:32.)

[3]D. y C. 29:43-44.

[4]Job 7:1.

[5]Job 14:1, 5.

> El Dios que hizo el mundo y todas las cosas que en él hay . . . de una sangre ha hecho todo el linaje de los hombres, para que habiten sobre la faz de la tierra; y *les ha prefijado el orden de los tiempos, y los límites de su habitación.*[6]

El profeta Alma también elevó su voz para proclamar que: *"Dios conoce todas las épocas que le están señaladas al hombre."*[7]

El Señor ordenó a José Smith: "Persevera en tu camino, y el sacerdocio quedará contigo; porque los límites de ellos (los enemigos de José), no pueden pasar. *Tus días son conocidos, y tus años no serán acortados.*"[8]

Antes de Venir a la Tierra el Hombre es Capaz, en Parte, de Modelar su Vida Mortal

Dado que Dios tiene el control del tiempo, días y límites de los hombres, ¿cómo decide cuáles serán las circunstancias que cada individuo experimentará durante la mortalidad? ¿Selecciona cuidadosamente el programa terrenal para cada uno o envía a los hombres a la tierra sin tener en cuenta su medio ambiente mortal? ¿Acaso es por accidente que un hombre nace durante el oscurantismo de la edad media, mientras otro llega a la tierra en la era del evangelio restaurado? ¿Se debe a un capricho del destino que un hombre viva en una primitiva choza africana mientras que otro nace para sentarse con esplendor en un trono europeo? ¿Envía Dios arbitrariamente a un individuo a la tierra a un lugar donde nunca oirá el evangelio, mientras otro nace en el hogar de un obispo fiel que lo preparará para vivir las verdades del evangelio? ¿Es la voluntad de Dios que un hombre pueda saltar y jugar mientras otro es un inválido deshauciado desde su nacimiento? Las escrituras no contestan estas preguntas. El hombre, conociendo la sabiduría y misericordia infinitas de Dios, debe confiar mediante la fe, en Su justicia y Su amor. Porque Dios tiene todo poder, el hombre debe aceptar y creer que Dios ha establecido para cada individuo un cierto programa de nacimiento, condiciones de vida y muerte apropiados para que logre la recompensa de la gloria celestial en el más allá.

---

[6]Hch. 17:24, 26. Moisés enseñó de una manera similar cuando amonestó a Israel:

> Recuerda . . . cuando el Altísimo hizo heredar a las naciones, cuando hizo dividir a los hijos de los hombres, *estableció los límites de los pueblos* según el número de los hijos de Israel. (Dt. 32:7-8)

[7]Al. 40:10.

[8]D. y C. 122:9.

Parece ser que el hombre ha tenido oportunidad de participar en la determinación de las circunstancias de su vida terrenal. Aparentemente algunos hombres, como seres espirituales pre-mortales, actuando bajo supervisión divina, recibieron el privilegio de seleccionar las circunstancias mortales y la probación que mejor satisfarían sus necesidades y que los ayudarían más en su búsqueda del gozo eterno. Parece que los acuerdos pre-mortales que han hecho los hombres, determinan el curso y la época de su probación mortal. Mientras escribía acerca del gran concilio[9] celebrado antes de la creación de la tierra, el élder John A. Widtsoe enseñó que:

> En nuestro estado preexistente, en el día del Gran Concilio, *hicimos un cierto acuerdo con el Todopoderoso. El Señor concibió un plan y lo propuso. Nosotros lo aceptamos.* Ya que el plan fue pensado para todos los hombres, llegamos a ser partícipes de la salvación de cada persona bajo ese plan. Allí mismo estuvimos de acuerdo en ser no sólo nuestros propios salvadores sino, hasta cierto grado, ser salvadores de toda la familia humana. *Nos asociamos con el Señor.* Entonces, el plan llegó a ser, no sólo el trabajo del Padre y del Salvador, sino *también nuestra obra. El más pequeño entre nosotros, el más humilde, es co-partícipe con el Todopoderoso en llevar a cabo el propósito del eterno plan de Salvación.*[10]

El presidente Joseph F. Smith comentó acerca del papel que los espíritus pre-mortales desempeñaron en el gran concilio en los cielos antes que fuera creada la tierra, y puso énfasis en que los espíritus no fueron meros espectadores en este concilio, sino que trabajaron activamente para delinear y moldear apropiadamente su propio futuro:

> Nuestros espíritus existían antes de venir a este mundo. *Estuvieron en los concilios de los cielos antes de que se pusieran los cimientos de la tierra.* Allí estuvimos, cantamos de gozo con las huestes celestiales cuando se colocaron las bases de la tierra y cuando se trazó el plan de nuestra existencia sobre este planeta y de nuestra redención. *Estuvimos allí, nos interesaba y tomamos parte en esta gran preparación.* Indudablemente estuvimos presentes en esos concilios. . . . Sí, allí estábamos sin lugar a dudas, y tomamos parte en todos esos sucesos. *Estábamos vitalmente interesados en llevar adelante esos grandes planes y propósitos. Los comprendíamos, y sabíamos que eran decretados para nuestro propio bien,* y así se cumplirán.[11]

El profeta Alma, mientras hablaba de hombres de su época que trabajaban en sus llamamientos en el Sacerdocio, explicó como lo que

[9]Véase Job 38:4-7, Moisés 4:1-4, Abraham 3:22-28; D. y C. 121:32.
[10]Archibald F. Bennett, *Saviors on Mount Zion, op cit.*, pág. 11. También véase Tit. 1:1-2.
[11]JD 25:57, 17 de febrero de 1884.

ellos eligieron en la vida pre-mortal los capacitó para ser llamados a los oficios del sacerdocio que iban a poseer en la mortalidad:

> Y ésta es la manera conforme a la cual fueron ordenados, habiendo sido *llamados y preparados desde la fundación del mundo* de acuerdo con la presciencia de Dios, por causa de su gran fe y buenas obras, *habiéndoseles concedido primeramente escoger el bien o el mal; por lo que, habiendo escogido el bien* y ejercido una fe sumamente grande, son llamados con esa santa vocación.[12]

Hay evidencia de que algunos espíritus premortales pueden elegir a sus padres mortales y pedir un parentesco que resulte conveniente para desarrollar el nivel de actividad deseado. El apóstol Orson Hyde enseñó que algunos espíritus pre-mortales han podido escoger la familia en que nacieron, para colocarse en su propio nivel aquí en la tierra:

> Cuando esos espíritus vienen a tomar cuerpos, ¿Adónde irán los grandes y nobles? *¿Tomarán cuerpos que procedan de un linaje degradado? No, eso equivaldría a que el justo se rebajara a habitar con los viles e inicuos.* ¿Adónde irá? El espíritu noble, lleno de luz e inteligencia, contesta: 'Tomaré un cuerpo de linaje honorable. *Tendré un cuerpo que corresponda con mi mente.* Iré en donde moran la pureza y la justicia.'
>
> *¿Adónde van los espíritus de grado inferior? Entre los más bajos e incultos,* donde se rechaza total o parcialmente el cultivo de los principios de virtud e integridad. De este modo es como los descendientes de la tercera y cuarta generación responden por los pecados de los padres.
>
> *¿Es que acaso desean los espíritus buenos participar de los pecados de los ruines y degradados? No, sino que estarán en los cielos hasta que se abra un canal de pureza y justicia por el cual puedan venir, tomar cuerpos honorables en este mundo, y magnificar sus llamamientos.*[13]

Una experiencia de Edward James Wood, mientras era presidente del Templo de Canadá, da peso a la enseñanza de que a algunos hijos se les permite escoger a sus padres antes de venir a la tierra:

> Varias parejas de la misión habían estado casados durante años y no habían sido bendecidos con hijos. Los amonesté a que se unieran a

[12] Al. 13:3. Las selecciones hechas en la vida pre-mortal influenciaron su posición en el Sacerdocio en la mortalidad. Según el profeta José Smith el principio parece aplicarse a todos los poseedores del Sacerdocio, porque enseñó que:

> Todo hombre que ha sido llamado a ministrar a los habitantes del mundo fue ordenado para ese mismo propósito en el Gran Concilio en los cielos antes que este mundo fuera. Supongo que yo fui ordenado a este mismo oficio en ese Gran Concilio. (HC 6:364, 12 de mayo de 1844.)

[13] JD 2:116-117, 24 de septiembre de 1853

este gran movimiento (excursión al templo), para recibir la bendición por la cual habían orado tanto. Dos de esas parejas vinieron con la caravana. En una de las sesiones en el templo, el presidente Wood *vió dos espíritus rondando sobre la congregación. Les dijo a los presentes que esos dos espíritus venían del mundo espiritual, ansiosos de venir a la tierra y obtener cuerpos mortales.* Les prometió a las hermanas que habían venido con ese propósito, que les serían concedidos los deseos de sus corazones. Entonces *todos tuvieron la experiencia de ver espíritus del mundo invisible venir y pararse en su presencia, y un coro angelical cantaba de gozo.* En menos de un año, esos dos hogares fueron bendecidos con bebés.[14]

Evidencia adicional de que los niños no son enviados a la tierra al azar, sino que son asignados para que nazcan en familias determinadas, se encuentra en la experiencia que Henry Zollinger tuvo en el mundo espiritual, durante ocho horas cuando estuvo separado de su cuerpo, y fue llevado a un área distinta del mundo espiritual:

> Entonces mi guía me llevó y me mostró *los espíritus de los niños que aún habrían de venir a mi familia* si éramos fieles. *Ellos eran adultos, pero no estaban en la misma esfera que los que ya estaban viviendo en la tierra.*[15]

Aparentemente los hijos espirituales del Padre pudieron elegir otras cosas también concerniente a su vida mortal. Hay indicaciones de que los espíritus pre-mortales tuvieron la oportunidad de escoger el tipo de pruebas y penas que tendrían que sobrellevar en la tierra. Considerad la experiencia de Niels P. L. Eskildz, un converso a la Iglesia de origen Danés quien, ya a los diez años de edad, estaba seriamente lisiado y deforme. Para él los dieciséis años siguientes fueron una época de miseria y desesperación. Sin embargo, en el verano de 1862, poco antes de su bautismo, recibió una revelación que lo ayudó a comprender muchas circunstancias hasta entonces inexplicables de su vida terrenal:

> Mientras preparaba su cena, una visión gloriosa se desplegó ante su vista. No contempló una escena aislada sino una serie de ellas. . . . Vio como con su vista natural, aunque más tarde se dio cuenta de que, lo que había visto, lo vio con los ojos del espíritu. Percibió tanto con su entendimiento como con sus ojos. Lo que le fue mostrado se refería a su existencia en el mundo espiritual, a su experiencia mortal, y a sus recompensas futuras. Comprendió intuitivamente que *en su estado pre-*

[14] Melvin S. Tagg, *The Life of Edward James Wood, op cit.*, págs. 117-118. Sus fuentes son: "Unpublished Writings of Myrtle Olsen," Cardston, Alberta, Canadá. Véase también "Edward J. Wood, Record," 1952, Oficina del Historiador de la Iglesia. Verificado en una entrevista con Preston Nibley, el 29 de mayo de 1959.

[15] Henry Zollinger, *op cit.*

mortal había contemplado una escena similar y que se le había dado la oportunidad de escoger la clase de galardón que le gustaría obtener. Supo que había hecho la elección deliberadamente. Sabía cuales eran las recompensas que había seleccionado y entendió que dichos galardones sólo podían ser obtenidos mediante el sufrimiento mortal, y que de hecho, él tenía que ser un inválido y soportar fuertes dolores físicos, privación e ignominia. *También estuvo plenamente consciente de que él aún insistía tenazmente en obtener ese galardón y que estaba de acuerdo en hacerlo y que aceptaba las condiciones de esa prueba.*

Salió de la visión con una firme convicción de que *rebelarse, o simplemente quejarse de su suerte, no sólo era reprochar a un Padre Omnisciente quien lo había cuidado, no obstante su aparente abandono, sino que también constituiría la violación a una promesa y un acuerdo intencionalmente realizados, de los cuales dependía su galardón futuro.*[16]

También el élder John Taylor creía que los espíritus en su estado pre-mortal podían afectar el curso de su vida terrenal haciendo ciertos convenios en la pre-existencia. Explicando el estado pasado, presente y futuro de las mujeres fieles de la Iglesia, enseñó que a algunos espíritus, además de poder escoger sus padres, se les permitió realizar convenios con otros para que fueran sus esposos, hijos y ángeles guardianes. Su declaración sirve como un buen resumen de las enseñanzas de otros autores citados en esta sección:

> ¿No sabes que hace eternidades *tu espíritu puro y santo habitaba en el seno de tu Padre Celestial, en Su presencia, con tu madre, una de la reinas del cielo, rodeada de tus hermanos y hermanas espirituales en el mundo espiritual, entre los Dioses?* ¿Que como espíritu tú contemplaste las escenas que allí se desarrollaron, que tu inteligencia creció, que viste muchos mundos organizados y poblados con espíritus familiares, que tomaron sobre sí tabernáculos, murieron, resucitaron y recibieron su exaltación en los mundos redimidos que una vez habitaron? Tú, estando dispuesta y ansiosa de imitarlos, esperando y deseando obtener un cuerpo, resurrección y exaltación, y *habiendo recibido permiso, hiciste un convenio con uno de tus espíritus familiares para que fuera tu ángel guardián mientras tú estuvieses en la mortalidad.*

[16]George C. Lambert, "A Modern Stoic," *Treasures in Heaven* (Decimoquinto en la serie de libros Promotores de la Fe; Salt Lake City, Utah: por el autor, 1914), págs. 21-22. El manuscrito del hermano Lambert fue leído y aprobado por un comité compuesto por los élderes George F. Richards, A. W. Ivins y Joseph F. Smith, hijo, que actuaba bajo la dirección de la Primera Presidencia integrada por Joseph F. Smith, Anthon H. Lund y Charles W. Penrose.

Es interesante el comentario del autor acerca del recipiente de esta visión:

> A Niels no le interesa en absoluto la opinión que puedan tener los demás sobre la filosofía involucrada en esta teoría. No aboga por ella. No trata de aplicarla a ningún otro caso pero, en lo que se refiere al suyo propio, su fe es inquebrantable. Sea verdad o no, el hecho es que a él le ha procurado consuelo, satisfacción, determinación y fortaleza. Desde entonces se ha resignado a su aflicción, y aunque él no es una persona alegre, siempre es sereno, tranquilo y no se queja. Siempre ha sentido que el Señor le concedió la visión con un propósito sabio y misericordioso, ya que con un mejor entendimiento de su deber, es más fácil para él permanecer firme.

También hiciste un convenio con otros dos espíritus, un hombre y una mujer, para que pudieses tomar un tabernáculo en su linaje y ser uno de sus vástagos. También escogiste a alguien que amabas en el mundo de los espíritus (uno que tenía permiso para venir a este planeta y tomar un tabernáculo), *para ser cabeza, apoyo, esposo y protector tuyo sobre la tierra y para exaltarte en mundos eternos. Todo eso fue convenido, del mismo modo que con los espíritus que vendrían a tomar tabernáculos en tu linaje.* Tu añorabas, anhelabas y orabas al Padre en los Cielos para que llegara el momento en que pudieras venir a esta tierra, la cual había caído de la esfera de su primera organización, cerca del planeta Kolob. Dejando el hogar de tu padre y madre y a todos tus familiares, viniste a la tierra, tomaste un tabernáculo e imitaste los hechos de aquellos que han sido exaltados antes de ti.

Finalmente llegó el momento y oíste la voz de tu Padre diciendo, ve hija, desciende al mundo, toma un tabernáculo, pasa tu prueba temblando de temor, y elévate a la exaltación. Pero hija, recuerda que vas con esta condición, que has de olvidar todas las cosas que viste en el mundo espiritual. No sabrás ni recordarás nada de lo que has observado aquí. Mas deberás ir y convertirte en uno de los seres más indefensos que yo haya creado. En tu infancia estarás sujeta a enfermedad, dolor, lágrimas, pena, tristeza y muerte. Pero, tu corazón vibrará cuando sea tocado por la verdad. Entonces la inteligencia iluminará tu mente y dará brillo a tu alma, y comenzarás a entender las cosas que una vez supiste, pero que olvidaste. Comenzarás a comprender y saber el objeto de tu creación. Anda, hija, y sé tan fiel como lo has sido en tu primer estado.

Tu espíritu, lleno de alegría y gratitud, se regocijó en su Padre, y alabó su Santo Nombre. Y el mundo espiritual resonó con himnos de alabanza al Padre de los espíritus. Te despediste de tu padre, madre y otros, *y junto con tu ángel guardián viniste al globo terrestre. Los espíritus por cuyos linajes escogieron venir tú y tu esposo, salieron del mundo espiritual hace algunos años* y tu espíritu vino puro y santo. Has obedecido la verdad, y *tu ángel guardián te ha ministrado y cuidado. Tú ya has elegido a quien tú amabas en el mundo espiritual para ser tu compañero.* Para ti se han reservado coronas, tronos, exaltaciones y dominios en los mundos eternos. Está abierto el camino para que regreses a la presencia de tu Padre Celestial, si tan sólo sigues y vives la ley Celestial, cumples los designios de tu Creador y perseveras hasta el fin, para que cuando la mortalidad yazca en la tumba, tú puedas descender al sepulcro en paz, levantarte en gloria y recibir tu galardón sempiterno en la resurrección de los justos, junto a tu cabeza y esposo. *Se te permitirá pasar a los Dioses y ángeles que vigilan las puertas, y seguirás hacia tu exaltación en un mundo celestial entre los Dioses.*[17]

Si un individuo en su estado de espíritu pre-mortal puede elegir a sus padres y parientes, entonces ¿escoge también la época y la

[17] John Taylor, "The Mormon," (New York, 29 de agosto de 1857), citado en N. B. Lundwall, *The Vision*, (Salt Lake City, Utah: Bookcraft Publishing co., n.d.), págs. 146-147.

ubicación general de su nacimiento y actividades en la vida mortal? Si ha tenido el privilegio de elegir la naturaleza de probación mortal y los desafíos que tendrá que enfrentar, ¿ha escogido también la duración de su probación, o sea el momento de su muerte?

Tiempo para Morir

Aunque el hombre no entiende completamente como se fija el tiempo de su muerte, aún así es claro que tal momento se ha establecido. El autor de Eclesiastés enseñó que el hombre tiene "tiempo de nacer, y tiempo de morir."[18] Un pasaje significativo de Doctrina y Convenios, habla también del tiempo establecido para la muerte de un individuo:

> Y además, sucederá que el que tuviere fe en mí para ser sanado, *y no estuviere señalado para morir,* sanará.[19]

El hombre justo que cuida su físico apropiadamente y cumple sus obligaciones para con el Señor, puede contar con el privilegio de permanecer en la tierra para completar su misión en esta vida y vivir la totalidad de los años que le han sido señalados. Por ejemplo el Salvador salió ileso de varias situaciones en que sufrió agresiones físicas porque "aún no había llegado su hora."[20] Pero cuando su misión se acercaba a la culminación en la cruz, él dijo a sus apóstoles "Ha llegado la hora para que el Hijo del hombre sea glorificado."[21]

Un siervo del Señor puede esperar protección divina para poder completar la misión autorizada por el Señor y no morir antes de tiempo. El profeta Abinadí pudo resistir los intentos de los sacerdotes inicuos del rey Noé para asesinarlo, advirtiéndoles:

> No me toquéis, porque Dios os herirá si me echáis mano, porque no he comunicado el mensaje que el Señor me mandó, . . . por tanto, *Dios no permitirá que yo sea destruído en este momento.*[22]

Su advertencia fue fortalecida por el "brillo extraordinario" con que resplandecía su rostro, y sus atacantes se acobardaron. Después de que terminó su misión, cesó la protección, y Abinadí sufrió la muerte por fuego.

[18] Ec. 3:2.
[19] D. y C. 42:48.
[20] Jn. 7:30, 8:20.
[21] Jn. 12:23, 17:1, 13:1. El apóstol Pablo previó su muerte de la misma manera. Véase Hch. 21:13.
[22] Mos. 13:3. Véase también la preservación similar de vida de los hijos de Helamán (Hel. 5:22-32) y de Nefi (1 Ne. 17:48-55).

En Doctrina y Convenios leemos la promesa del Señor a Lyman Wight:

> Lo llevaré en alto como en alas de águila; y engendrará gloria y honra tanto para él como para mi nombre.
> Para que, *cumplida su obra, yo pueda recibirlo*. . . .[23]

La bendición que José Smith padre dio en las últimas horas de su propia vida a su hijo, el profeta José, fue la promesa de que su vida sería preservada hasta que su misión estuviera finalizada:

> 'José, hijo mío, tu llamamiento es santo y elevado. Has sido llamado a hacer la obra del Señor. Mantente fiel y serás bendecido, tú y tus hijos después de ti. *Vivirás para terminar tu obra.*' A ésto, José contestó llorando '¡Oh, padre! ¿podré?' 'Sí,' dijo su padre, '*vivirás para desarrollar el plan de toda la obra que Dios te ha confiado.* Esta es mi bendición que doy sobre tu cabeza al morir, en el nombre de Jesús. También confirmo sobre tu cabeza la bendición anterior, porque será cumplida. Amén.'[24]

Esta promesa se cumplió, y la vida de José fue preservada hasta que completó su misión y puso sobre los hombros de los doce Apóstoles la responsabilidad de guiar a la Iglesia.[25]

El Tiempo Señalado para Morir Puede Ser Cambiado por las Súplicas de los Justos

Existe evidencia de que el tiempo señalado para morir no es inalterable. Hay un cierto número de factores que pueden ocasionar cambios en la fecha señalada para morir. Aparentemente los ruegos de los justos pueden persuadir al Señor de conceder, en algunos casos, una extensión de la vida. Este fue el caso de Ezequías, el rey de Judá, quien fue avisado de su cercana muerte, y después también de una extensión en su tiempo de vida. Aconteció que:

> En aquellos días Ezequías enfermó de muerte. Y vino a él el profeta Isaías hijo de Amós, y le dijo: Jehová dice así: *Ordena tu casa, porque morirás y no vivirás.*
> Entonces volvió Ezequías su rostro a la pared, e hizo oración a Jehová,
> *Y dijo: Oh, Jehová, te ruego que te acuerdes ahora que he andado delante de tus ojos, en verdad y con íntegro corazón, y que he hecho lo que ha sido agradable delante de tus ojos,* y lloró Ezequías con gran lloro.

[23]D. y C. 124:18-19.

[24]Lucy Mack Smith, *History of Joseph Smith by His Mother* (Salt Lake City, Utah: Bookcraft, 1958), págs. 309-310.

[25]Para documentación adicional concerniente a la preservación de la vida de José y la transmisión de responsabilidades a los Doce, ver el libro del autor, *The Prophecies of Joseph Smith* (Salt Lake City: Bookcraft, 1963), págs. 369-388.

Entonces vino palabra de Jehová a Isaías, diciendo:

Vé y dí a Ezequías: Jehová, Dios de David tu padre dice así: *He oído tu oración, y visto tus lágrimas; he aquí que yo añado a tus días quince años. . . .*

Y esto te será señal de parte de Jehová, que Jehová hará esto que ha dicho:

He aquí yo haré volver la sombra por los grados que ha descendido con el sol, en el reloj de Acaz, diez grados atrás, por los cuales había ya descendido.[26]

Otra persona que pidió que se alterara el tiempo fijado para su muerte, fue Juan el Revelador. Su pedido, "*Señor, dame poder sobre la muerte,* para que pueda vivir y traer almas a ti,"[27] le concedió el privilegio de permanecer sobre la tierra hasta la venida del Salvador en los últimos días. Tres de los doce discípulos Nefitas solicitaron el mismo privilegio que el apóstol Juan y recibieron la promesa del Señor:

. . . *nunca probaréis la muerte; sino que viviréis para ver todos los hechos del Padre con los hijos de los hombres,* aún hasta que se cumplan todas las cosas según la voluntad del Padre, cuando yo venga en mi gloria con los poderes del cielo.

Y nunca padeceréis los dolores de la muerte; sino que cuando yo venga en mi gloria, seréis cambiados de la mortalidad a la inmortalidad en un abrir y cerrar de ojos; y entonces seréis bendecidos en el reino de mi Padre.[28]

Hay evidencias que individuos en el mundo espiritual pueden influir el tiempo de la muerte de seres mortales. Marie W. Weiss, esposa de un converso Alemán que en seis años (de 1918 a 1923) recopiló los nombres de más de tres mil antepasados muertos y trabajó muchos años por ellos en los templos, recibió una manifestación en la cual se le mostró que estos espíritus buscarían obtener la autorización para que su esposo fuera y les predicara el evangelio más allá del velo:

El estaba tan agradecido por su vida, salud y felicidad, que se ofreció voluntariamente para ir a una misión de corta duración en los estados del noroeste de los Estados Unidos. Un día antes de que regresara a casa de su misión, su esposa, quien vivía en la ciudad de Lago Salado, tuvo un sueño fuera de lo común. *Vió un valle grande, extenso, y en él una gran cantidad de gente reunida, conversando seria y animadamente. El que los encabezaba, evidentemente su líder, vestía como un antiguo maestro de escuela.* Un poco más lejos vio a su suegro, que había muerto inmediatamente

[26]Is. 38:1-8. La depresión de Ezechías ante su muerte inminente y su súplica a Dios pidiendo la extensión de su vida son bellas e informativas a la vez. Véase Is. 38:9-20. El Señor dio una bendición similar a Salomón; véase 1 R. 3:14.

[27]D. y C. 7:2.

[28]3 Ne. 28:7-8.

después de haber oído del evangelio por un élder de la iglesia. El maestro de escuela se aproximó a su suegro diciendo: '*Oímos que en la tierra una obra fue ejecutada para nuestro bien, una obra que nos traerá mucha felicidad. ¿Puede usted decirnos algo sobre esto?*'

El suegro contestó: 'Lo siento pero no puedo. Solamente oí del evangelio una vez antes de morir. Ustedes deberían tener aquí a mi hijo, Henry Weiss, como misionero. El podría decirles todo acerca de eso.' *El grupo decidió elevar una petición solicitando que Henry Weiss fuera llamado a una misión al mundo espiritual para predicar a sus numerosos familiares.*

Cuando despertó, a la mañana siguiente, ella se sintió profundamente preocupada sobre cual sería el significado del sueño. Su esposo regresó. Parecía estar de buena salud, y dos días después de su llegada, se reintegró a sus negocios y a sus deberes en la Iglesia. En la primera oportunidad, ella le contó su sueño. El le dijo: 'Parece referirse a mí, y supongo que significa que debería redoblar mis esfuerzos para conseguir los registros de mis familiares.'

La familia notó que a medida que pasaban las semanas, él dedicaba gran cantidad de su tiempo a verificar todos sus registros, para ver si algún nombre había sido omitido, y si todos los bautismos, investiduras y sellamientos habían sido registrados y completados. Preparó un Libro de Recuerdos de su vida, que resultó ser de lo más loable. . . .

Aproximadamente seis meses después de su regreso, su salud se quebrantó y sufrió mucho dolor. Cuando finalmente consultó a un doctor, una radiografía mostró que tenía cáncer. Se aconsejó una operación inmediatamente, pero la operación demostró que el cáncer había invadido su estómago e infectado su columna vertebral. Henry Weiss, que no conocía la seriedad de su estado, tenía gran confianza de recuperarse rápidamente. Pero unos días más tarde, el primero de febrero de 1932, mientras una enfermera acomodaba su cama, se dio vuelta hacia un costado y murió en ese instante.[29]

[29] "The Hearts of the Fathers," manuscrito inédito en poder de la hermana Ruth Gregory, de Smithfield, Utah. Después de la muerte de su esposo la hermana Weiss escribió:

> Ahora la interpretación de ese sueño es muy clara para mí. El padre de mi esposo fue el último de su familia que murió sin haber aceptado el evangelio. El anciano vestido como maestro de escuela era el antepasado más antiguo en nuestro cuadro genealógico. El, en el año 1620, emigró de Silesia a Bavaria como soldado y maestro. El Evangelio tenía que serles predicado, y ellos esperaban que alguien de la vida mortal fuera llamado a una misión al mundo espiritual a fin de instruirlos. Mi esposo era el único de los quince hermanos en su familia que había escuchado el mensaje del evangelio y lo había aceptado. Estaba listo para ir como misionero a la familia de su padre y predicar las gratas nuevas del evangelio a sus parientes en el mundo espiritual.
>
> Mi testimonio es éste: que cuando a veces mi corazón se acongoja añorando a mi esposo, este sueño me brinda solaz y consuelo. Es una fuente de fe y esperanza de la cual obtengo la fortaleza para seguir adelante. Puedo ver claramente que él era el único que podía ir y hacer esta obra grande y gloriosa por los suyos.

Dentro del mismo contexto podría citarse el regreso de Peter E. Johnson a la mortalidad, a pedido de sus progenitores para que pudiera hacer la obra en el templo por ellos. Véase el caso en este mismo capítulo II.

Los seres espirituales también pueden interceder por la continuación de la vida de seres mortales, tal como le fue mostrado al hermano Alvin H. Patterson durante una bendición a la esposa de Samuel A. Cornwall quien, a causa de estar enferma con nefritis e hidropesía, estaba próxima a morir. Más tarde la hermana Cornwall escribió:

> La bendición fue una manifestación milagrosa del poder del Señor. Durante la oración el hermano Patterson hizo una pausa de varios segundos, *con sus ojos y mente fijos en algo que veía más arriba de él.* Y luego, continuó su súplica.
>
> Al momento de ser pronunciadas las últimas palabras de la bendición, sentí como el poder sanador del Señor penetraba todo mi ser, de la cabeza a los pies. Me paré, y supe que mi cuerpo había sido limpiado de toda aflicción. Sabía que había sido curada, que no quedaba en mí, vestigio alguno de enfermedad, que había sido restaurada a una perfecta salud.
>
> Cuando terminó la ministración, el hermano Patterson se dirigió a mi madre diciendo: '*¿Ha perdido Ud. una hermana?*'
>
> '*Sí,*' contestó mi madre. '*Mi única hermana.*'
>
> '*Eso fue lo que pensé,*' continuó él, '*porque vi a una hermosa mujer joven que intercedía ante los cielos en favor de su hija.*'
>
> Ese milagro sucedió hace unos cuarenta y seis años, y aunque soy madre de cinco hijos, cuatro de ellos vivos, en todos estos años nunca he tenido una recaída de la enfermedad.[30]

A veces los espíritus que partieron pueden influir en su propio regreso a la mortalidad. Tal es el caso del élder Brigham Smoot, un misionero que se ahogó en Samoa. La biografía de Edward J. Wood relata lo siguiente:

---

[30] Jeremiah Stokes, *Modern Miracles* (Salt Lake City, Utah: Bookcraft, 1945), págs. 107-108. En su declaración, escrita y atestiguada por sus hermanas el 10 de enero de 1935, la hermana Cornwall dio los siguientes antecedentes de su experiencia:

> Cuando tenía alrededor de veintiún años, recibí una bendición extraordinaria. Durante un año y medio había estado enferma de nefritis . . . A pesar de todo lo que se hizo por mí, empeoré rápidamente hasta llegar a las últimas etapas de la enfermedad, hidropesía. Mis pies y piernas estaban tan hinchados que si presionaba el pulgar en los tobillos, se hundía y la marca permanecía algún tiempo. También a veces permanecía ciega durante días, debido al dolor de cabeza y el dolor alrededor de los ojos. Los médicos dijeron a mis padres que no viviría y que sucumbiría en poco tiempo.
>
> A pedido de mi padre, John Neff, obispo del barrio de East Mill Creek, y de mi madre, Ann Eliza Benedict Neff, vino el hermano Alvin H. Patterson para acompañar a mi padre a darme una bendición. En esa ocasión estaban presentes mis padres, el hermano Patterson, mi abuela, Fidelia M. Benedict, y cuatro hermanas mías. De todos ellos sólo dos de mis hermanas quedan vivas.

> Probablemente la experiencia más notoria de la primera misión del élder Wood se deba a la desobediencia de un misionero al consejo de su madre. Cuando Brigham Smoot salió para su misión en Samoa, le prometió a su madre que nunca iría a nadar al mar. Pero un día después de su llegada a Samoa, se dejó convencer por Edward y se juntó al grupo de misioneros que tomaban su baño diario en el mar. Cuando el nuevo élder estaba entrando al agua, resbaló y cayó en un pozo profundo en el arrecife. Como no podía nadar, se hundió hasta el fondo. Edward había prometido encargarse de la seguridad del nuevo élder, y notando su ausencia, comenzó a buscarlo frenéticamente. Pronto lo hallaron en actitud de orar, en el fondo del pozo. Su cuerpo inerte fue arrastrado fuera del pozo y llevado a la playa. De sus ojos, nariz y boca brotaba sangre. El élder Wood dijo que su compañero 'estaba completamente muerto, sin vida.' Los élderes hicieron uso en vano de todos los métodos normales de reanimación. Para ese entonces, se había reunido en su derredor una multitud de nativos curiosos. Alguien relató la muerte de un muchacho nativo que se había ahogado en ese mismo pozo pero ésto no trajo ningún consuelo a los preocupados misioneros. *El élder Wood dijo que en ese momento sintió la inspiración del espíritu de que el único modo en que el espíritu de su compañero re-entraría en su cuerpo era mediante una bendición.* Entonces el cuerpo del élder Smoot fue vestido con garment limpio y un traje nuevo. Los nativos supersticiosos advirtieron que tratar al cuerpo de esta manera era sacrilegio, pues era interferir entre la vida y la muerte. Sin embargo, obedeciendo la inspiración, el cuerpo fue ungido. Mientras el élder Wood estaba sellando la unción, sintió como volvía a la vida el cuerpo del élder Smoot. Poco después de la ministración el Elder Smoot habló con los misioneros y les dio su solemne testimonio. Les contó como en el espíritu él vio cuando recuperaban su cuerpo del pozo, lo llevaban a la playa y trataban de restaurarlo a la vida. *También dijo que tocó al élder Wood en el hombro y le dijo que el único modo de volverlo al cuerpo era usando el sacerdocio que él poseía.*[31]

En los últimos días ha habido numerosas ocasiones en que las oraciones justas y la ministración de los poseedores del sacerdocio han alterado la fecha de la muerte de los enfermos.[32] En muchas ocasiones, santos fieles han buscado y recibido la restauración de la salud de sus seres queridos y han arrebatado a los enfermos de los lazos de la muerte. Los ejemplos de tal ministración son tan numerosos como innecesarios en el presente contexto.

[31] Melvin S. Tagg, *The Life of Edward James Wood*, tesis de maestría aceptada por la Facultad de Instrucción Religiosa de la Universidad de Brigham Young (Provo, Utah: por el autor), págs. 36-37. El relato ha sido adaptado del "Samoan Mission Journal," diario llevado por Joseph Dean, entonces presidente de dicha misión, con fecha 18 de junio de 1889. En la actualidad el periódico está en la Oficina del Historiador de la Iglesia, en Salt Lake City, Utah.

[32] Para una exposición sobre los dones de "fe para sanar," y "fe para ser sanado," véase el libro del autor, *Gifts of the Spirit* (Salt Lake City, Utah: Bookcraft, Inc., 1965) págs. 131-171.

Menos conocido es el hecho de que Satanás también puede enfermar a los mortales hasta hacerlos morir, y que hay ocasiones en que la solicitud de extensión de la vida debe ir acompañada por la reprensión al poder satánico mediante la autoridad del sacerdocio. El presidente Heber J. Grant habló de una experiencia de esa naturaleza con motivo de la enfermedad de su hija:

> Cuando murió mi esposa, llevé a mis tres hijas mayores a Boston, Nueva York y a otros lugares, con la esperanza de que pudieran olvidar la tristeza causada por la muerte de su madre. Cuando llegamos a Washington, *dos de ellas cayeron enfermas con difteria.* Nunca las había visto tan enfermas. *La menor de las dos estaba tan débil que su pulso latía solamente 28 veces por minuto, y sentí que ella se iba a morir. Me arrodillé y oré a Dios para que preservara su vida, ya que había traído a mis niñas al este para aliviar la terrible pena que les afligía. Oré para no tener la tristeza adicional de regresar a casa con una de mis hijas en un féretro. Oré por su vida, derramando lágrimas amargas de humillación.* Mientras oraba, sentí la inspiración de que ella viviría si yo mandaba llamar a los élderes que estaban en Washington en ese entonces, para bendecirla. Algunas personas dicen que no podemos saber con certeza si recibimos manifestaciones del Señor. Pues bien, yo sé que estaba derramando lágrimas de tristeza, miedo y angustia mientras oraba, y sé que inmediatamente después recibí el testimonio del Espíritu de que mi pequeñita viviría, y derramé lágrimas incontables de gozo, gratitud y agradecimiento a Dios, dándole gracias por enviarme la inspiración de hacer venir a los élderes para que bendijeran a mi hija.
>
> En esa época Hiram B. Clawson y George Q. Cannon estaban en Washington y envié por ellos. Cuando George Q. Cannon puso sus manos sobre la cabeza de mi hija para sellar la unción que le había sido dada, hizo una declaración que nunca había oído antes, ni he vuelto a escuchar después en ninguna oración. En resumen dijo: *'El adversario, el destructor, ha decretado tu muerte y ha anunciado públicamente que morirás; pero por la autoridad del sacerdocio del Dios Viviente, nosotros reprendemos al decreto del adversario y decimos que tú vivirás y no morirás;* que vivirás para llegar a ser una madre en la Iglesia de Cristo.' Ella vivió para ser madre, y por la providencia del Señor, sus hijos fueron los bisnietos del hombre que ejerció el sacerdocio y le dio esa bendición.[33]

---

[33] "Many Remarkable Cures and Other Instances of God's Power Attest That His Spirit Attends Church"—Discurso pronunciado en el Tabernáculo, Salt Lake City, Utah, el domingo 29 de febrero de 1920, por el presidente Heber J. Grant, y publicado en *Deseret News,* el 24 de abril de 1920. El presidente Grant continuó explicando de qué modo Satanás había hecho público el anuncio de la muerte de su hija:

> Durante los días y semanas de su convalecencia, frecuentemente pensé en esa bendición, maravillándome sobre la declaración peculiar de que el adversario, el destructor, había anunciado públicamente su muerte. Al dejar la casa de huéspedes, el caballero cuya esposa era la encargada de la pensión—él era empleado en una de las oficinas de Washington—me dijo: 'Señor Grant, me he burlado de mi esposa. Ella cree en el espiritismo, y cuando sus pequeñas se enfermaron, ella fue a ver a su medium, quien cayó en una especie de trance y le contó la siguiente historia:

Cuando la ministración del sacerdocio se hace sin inspiración, no refleja la voluntad del Señor. Las promesas que se hagan en esa ocasión también tienen el poder del sacerdocio y pueden alterar el tiempo de la muerte del receptor, pero no para su beneficio y bienestar. Es posible que haya habido veces en que aquellos señalados para morir, hayan sido mantenidos vivos sufriendo dolores y dificultades innecesarios, sin que fuera la voluntad del Señor. Comentando sobre este problema el élder Spencer W. Kimball dijo:

> *Los poderes del sacerdocio son ilimitados. Sin embargo, Dios sabiamente ha puesto ciertas limitaciones sobre cada uno de nosotros.* Yo puedo desarrollar el poder del sacerdocio a medida que perfecciono mi vida, pero estoy agradecido de no poder sanar a todos los enfermos, aún con el poder del sacerdocio. *Pues podría curar a personas que deben morir.* Podría aliviar el sufrimiento de personas que debieran de sufrir. Temo que frustraría los propósitos de Dios. . . .
>
> Con poder ilimitado podría haber sanado a mi padre y madre. Pudiera no haberlos dejado morir jamás.
>
> ¿Tomaríais vosotros la responsabilidad de traer nuevamente a la vida a vuestros seres queridos? Yo mismo vacilaría en hacerlo. Agradezco el que siempre podamos orar: 'Hágase Tu voluntad porque Tú sabes lo que es mejor.' *Me siento feliz de no tener que tomar esas decisiones. Podríamos condenar a nuestros seres queridos a la pérdida de facultades y poderes o a una ruina terrible.*[34]

Ella vio a dos niñitas en su casa. Vio que la mayor se enfermaba gravemente, luego que la otra pequeña también se enfermaba y que estaba próxima a morir. Finalmente vio que la primera se curaba y la segunda moría. A continuación describió como el cuerpo de la niña era puesto en un ataúd y llevado a la estación ferroviaria. Luego describió como viajaba el tren llevando el cuerpo de la nena, recorriendo cientos de millas hacia el oeste, a través de grandes ciudades, y parándose finalmente en una gran ciudad, donde el cuerpo fue transferido a otro tren. Uds. saben al salir de Washington para el oeste, siempre hay un cambio de tren en Chicago. Luego ella vio que cruzaba dos grandes ríos, que aunque no nombró eran el Misisipi y el Misuri. Más tarde lo vio viajar a través de la llanura, y cruzar una montaña tras otra, siempre hacia el oeste. Luego lo vio ir al sur una pequeña distancia, de Ogden a Salt Lake, aunque no dio sus nombres. Finalmente el cuerpo fue sacado del tren y llevado a la ladera de una colina para ser enterrado en el cementerio de Salt Lake que está en la ladera de una colina. Pero mediante el sacerdocio del Dios Viviente fue rechazado el decreto del adversario y mi hija vivió.

El presidente Brigham Young declaró en una ocasión que la tabla ouija (instrumento usado por los espiritistas para hacer preguntas y obtener respuestas de los espíritus. Nota del Traductor), diría noventa y nueve verdades y luego agregaría una mentira, que de creerla lo enviaría a uno al infierno. Tal como lo describí, por medio de la manifestación espiritista, se dieron todos los detalles del viaje. El adversario había anunciado públicamente la muerte de esta niña, por medio del viaje llevando el cuerpo desde Washington a Salt Lake City, y el entierro en la ladera del cerro. Pero por la autoridad del sacerdocio de Dios, el falso decreto espiritista fue revocado. Mi hija aún vive y es madre de cuatro niños saludables.

[34] Spencer W. Kimball, *Tragedy or Destiny,* discurso dirigido a los estudiantes de la Universidad de Brigham Young, Provo, Utah, el 6 de diciembre de 1955 (Provo, Utah, B.Y.U. Extension Division), págs. 7, 8.

Las bendiciones en las cuales no se recibe guía directa, deberían dejarse a la voluntad del Señor, recordando el mandamiento y promesa del Salvador de que:

> Y los élderes de la iglesia, dos o más, serán llamados, y orarán por ellos y les impondrán las manos en mi nombre; *y si murieren, morirán para mí y si vivieren, vivirán para mí.*[35]

Heber Q. Hale, después de su visita al mundo espiritual donde vio a los espíritus de los muertos y donde le mostraron el por qué de que murieron, enfatizó que las ministraciones del sacerdocio deben amoldarse a la voluntad de Dios:

> *Cuando un hombre se enferma, la pregunta de mayor importancia no es si va a vivir o morir. ¿Qué importa si vive o muere, si la voluntad del Padre es hecha? Seguramente podemos confiar nuestro ser querido a Dios.* El deber y el privilegio de ministrar por el Santo Sacerdocio reside en lo siguiente: se da a los élderes de la Iglesia la facultad de discernir la voluntad del Padre concerniente a aquellos sobre cuyas cabezas ponen sus manos. Si por alguna razón no son capaces de presagiar la voluntad del Padre, entonces deben continuar orando con fe por el afligido, humildemente, pero concediendo supremacía a la voluntad de Dios, para que ésta pueda ser cumplida tanto en la tierra como en los Cielos.[36]

Al saber de la muerte de un amigo íntimo y de la gloriosa misión que le aguardaba, el presidente Hale recibió este conocimiento sagrado:

> Entonces, como ráfaga, a mi mente vino esta verdad abrumadora: Que *la voluntad del Señor puede ser hecha en la tierra como lo es en el cielo solamente cuando nos sometemos completamente a Su voluntad y permitimos que ésta se haga en nosotros y por nuestro medio.* Es por culpa del egoísmo del hombre en anteponer su deseo personal a la voluntad de Dios, que *muchas personas, que de otro modo hubieran sido llevadas en inocencia y paz, se les ha permitido vivir pasando una vida de sufrimientos y miseria, corrupción y crimen, y viviendo a su propio riesgo.*[37]

El Tiempo Señalado para Morir Puede Ser Cambiado por la Iniquidad

Parece que aquellos que cometen transgresiones pueden acortar el período que se les permite permanecer sobre la tierra. El escritor de Eclesiastés amonestó: "No hagas mal mucho, ni seas insensato; *¿por qué morirás antes de tu tiempo?*"[38]

---

[35] D. y C. 42:44.
[36] Heber Q. Hale, *op cit.*
[37] *Ibid.*
[38] Ec. 7:17.

Job también vio que el pecado puede causar que los hombres mueran antes del tiempo asignado. Con respecto a los que murieron en los días de Noé, Job preguntó:

> ¿Quieres tú seguir la senda antigua que pisaron los hombres perversos?
> *los cuales fueron cortados antes de tiempo*, cuyo fundamento fue como un río derramado.
> Que decían a Dios: Apártate de nosotros. . . .[39]

El profeta Alma vio que Satanás buscaba arrastrar a los inicuos a su reino espiritual, y hablando de la muerte de Zoram el anticristo, dijo: ". . . y así vemos que el diablo no amparará a sus hijos en el postrer día, antes *los arrastra aceleradamente al infierno.*"[40]

De acuerdo a Brigham Young, el profeta José Smith enseñó que la muerte prematura también es un medio por el cual el Señor se vale para proteger a aquellos que han trabajado valientemente en su causa, para que no pierdan su exaltación cayendo en tentación o apostasía:

> Antes de su muerte, *José tuvo una revelación concerniente a sí mismo y a otros, la cual expresaba que habíamos pasado la prueba y que nunca apostataríamos de la fe* en el santo evangelio. 'Y,' dijo José, '*si hay algún peligro de que lo hagáis, el Señor os tomará para sí inmediatamente, porque no podéis desviaros de la verdad.*' Cuando los hombres y las mujeres han llegado a un cierto nivel en sus obras en esta vida, Dios pone un sello sobre ellos para que nunca puedan rechazar a su Dios o a Su reino, porque antes que lo hagan, *El los llevará consigo de inmediato. Probablemente éso es lo que sucede con muchos de los élderes que son llevados de nuestro lado* y por los cuales muchos lloran sin entendimiento. Yo digo, dad gracias a Dios porque si ellos hubieran vivido habrían tenido que pasar pruebas que no podrían superar. Todo está bien, bendito sea el nombre del Señor.[41]

Cuando Heber C. Kimball estuvo sujeto a una prueba muy difícil en su vida, recurrió al profeta José para que intercediera por él ante el Señor, y recibió la siguiente revelación por medio del profeta:

> Dile que vaya y haga lo que le ha sido ordenado, y que si *yo veo algún peligro de que apostate, lo traeré a mi lado.*[42]

Así que la iniquidad es otra razón por la cual algunas personas mueren antes de la hora señalada, antes de haber completado la misión de su vida.

---

[39]Job 22:15-17.
[40]Al. 30:60.
[41]JD 12:103, 17 de noviembre de 1867.
[42]Spencer W. Kimball, *Tragedy or Destiny, op cit*. pág. 11. (Citado en Orson F. Whitney, *Life of Heber C. Kimball, op cit.*, pág. 336.)

Muchos Mueren para Cumplir con Responsabilidades en el Mundo Espiritual

Tanto en las enseñanzas de las autoridades generales de los Santos de los Ultimos Días, como en las declaraciones de los que han vuelto a la tierra de allende el velo, surgen evidencias abundantes de que muchos mueren para cumplir con responsabilidades en el mundo espiritual. Aparentemente hay una necesidad continua de servicio allá, y los que están en posiciones de autoridad tienen el poder de llamar a seres mortales por medio de la muerte, de la misma manera que aquí en la tierra, los líderes de la Iglesia llaman a personas a trabajar en posiciones de responsabilidad.

En una ocasión Brigham Young comentó sobre las labores de José Smith en el mundo espiritual, y dijo: *"El está llamando a uno tras otro para auxiliarlo, a medida que el Señor observa que él requiere ayuda."*[43]

El Presidente Wilford Woodruff enseñó algo similar cuando expresó su opinión de que en el otro lado debe haberse llevado a cabo un concilio en el cual se decidió llamar al otro lado del velo a un número mayor de lo acostumbrado:

> Cada apóstol, setenta, élder, etc. que ha muerto en la fe, tan pronto pasa al otro lado del velo, comienza a trabajar en la obra del ministerio. Allí hay que predicar miles de veces más que aquí. *Ultimamente he sentido como si nuestros hermanos al otro lado del velo hubieran celebrado un concilio, y le hubieran dicho a éste y a aquél: 'Cesa tu obra en la tierra, ven aquí, necesitamos tu ayuda,' y ellos han llamado a este hombre y a aquel otro.* Eso es lo que me parece al ver tantos hombres que han sido llamados de entre nosotros recientemente.[44]

Luego habló de una significativa experiencia que indica el poder de llamar a través del velo y el poder de selección que tienen los líderes de la Iglesia en el mundo espiritual:

> Si me permiten, voy a relatar un hecho de mi conocimiento con relación al obispo Roskelley, de Smithfield, Utah. En una ocasión cayó repentinamente enfermo, casi a las puertas de la muerte. Mientras yacía en tal estado, el presidente Peter Maughan, quien ya había muerto, vino a él y le dijo: 'Hermano Roskelley, *tuvimos un concilio al otro lado del velo. He tenido mucho que hacer, y por eso me han dado el privilegio de venir aquí y designar a un hombre para que venga a ayudarme. En el concilio me dieron tres nombres. El suyo es uno de ellos y quiero investigar su situación.'* El obispo le dijo lo que él tenía que hacer y conversaron como un hombre habla con otro. Luego el

[43] Brigham Young, "Preaching to Spirits in Prison," *The Contributor* (Salt Lake City, Utah: The Deseret News Company), Vol. X, No. 9, pág. 321. Julio de 1889.

[44] JD 22:334, 8 de octubre de 1881.

presidente Maughan le dijo: *'Pienso que no lo llamaré a Ud. Creo que quizás Ud. es más necesario aquí que alguno de los otros.'* A partir de ese momento el obispo Roskelley mejoró. Poco después, el segundo hombre se enfermó pero, sintiéndose incapaz de ejercitar la fe suficiente, el obispo no fue a verlo. Al poco tiempo este hombre se recuperó y al encontrarse con el hermano Roskelley le dijo: 'La otra noche vino a verme el hermano Maughan y me dijo que había sido enviado para llamar a un hombre de nuestro barrio.' Nombró a dos hombres como en el caso del hermano Roskelley. Pocos días después el tercer hombre se enfermó y murió. Yo menciono esto para ilustrar un principio. *Ellos trabajan del otro lado del velo, y cuando ellos necesitan a alguien, lo llaman.*[45]

Algo similar ocurrió en Canadá, en 1921, después de un acuerdo entre Edward J. Wood, presidente de la estaca de Alberta, y Henry L. Hinman, el patriarca de esa estaca. Se prometieron mutuamente que quien muriera primero de los dos, regresaría y le contaría al otro la obra que se estaba realizando en el mundo espiritual:

> Otra ocasión memorable en la vida del presidente Wood tuvo lugar en 1921. El "tío" Henry L. Hinman, patriarca de la estaca y última persona viva entre los Santos canadienses que conoció al profeta José Smith, hizo medio en broma un acuerdo con Edward Wood. Los dos hombres mientras hablaban del mundo espiritual, convinieron en que el primero de ellos que muriera, regresaría y le contaría al otro de la obra que se realiza allí. Poco tiempo después falleció el "Tío" Henry.
>
> Más tarde el presidente Wood contó una experiencia increíble en la cual Henry L. Hinman cumplió con su promesa y regresó a hacer una visita final a su amigo. Una noche despertó y *vió al tío Henry parado en la puerta de su dormitorio.* Su primer pensamiento fue que el patriarca había venido a buscarlo, así que se levantó y saludó al espíritu visitante. *El presidente Wood recordó más tarde que se dió cuenta de que su cuerpo yacía en la cama y se preguntó que pensaría su esposa cuando descubriera que él había dejado su cuerpo.* El hermano Wood preguntó al tío Henry si ya había visto a Elías, su profeta bíblico preferido. La respuesta fue que *había estado demasiado ocupado y no había tenido tiempo de ir adonde estaba Elías.* Explicando la naturaleza de su activa vida en el mundo espiritual, el patriarca dijo que *estaba trabajando en la obra misional. Le habló de seis hombres que acababan de ser llamados para ayudar allí en la obra.* Tres de ellos aún vivían y eran miembros del Sumo Consejo de la estaca de Alberta. Esto dejó perplejo al presidente Wood y pensó que mejor escribía los nombres de los tres, para que no se le olvidaran. Fue hasta su mesita de noche y *aunque recordaba los nombres, no los pudo escribir.* Cuando se volvió para seguir hablando con su visitante, comentando que ésto no lo podía entender, lo vio pasar a través de la puerta y marcharse. Cuando 'volvió' a su cuerpo, despertó a su esposa y le contó la visita que había recibido, pero no pudo

[45] *Ibid.*

recordar cuales eran los tres del Sumo Consejo que habían sido llamados.

Poco después de tener esta experiencia, el presidente de la estaca fue llamado para bendecir a uno de los miembros de su Sumo Consejo, Willard G. Smith. Dijo que *cerca del enfermo vio escritas las palabras: 'Este es uno de los hombres.'* El hermano Smith le dijo: 'Ud. sabe que voy a morir. Quiero que junte a mis hijos para terminar mi obra en el templo.' El falleció al día siguiente. Aproximadamente dos semanas más tarde, cuando el presidente de la estaca entraba al hogar de Ephraim Harker, otro miembro de su Sumo Consejo, *dijo que oyó una voz diciendo: 'Este es otro de aquellos tres hombres.'* Poco después él expiró. Pasó otra semana y el presidente Wood fue al hospital a visitar a John Heninger, otro miembro de su Sumo Consejo. *Dijo que supo por inspiración que este hombre era el último de los tres.* Cuando estaba por bendecirlo el presidente Wood vaciló. El hermano Heninger dijo: 'Voy a partir inmediatamente y Ud. ya lo sabe. ¿No es así?' El presidente Wood lo bendijo pero no para que se recuperara. Falleció esa misma semana. El presidente Wood dijo que estas experiencias: 'Son una visión maravillosa y un testimonio de la identidad del espíritu cuando está separado del cuerpo.'[46]

Durante su visita al mundo de los espíritus el presidente Heber Q. Hale vio que:

> El nacimiento en el mundo espiritual, para las personas justas, es un privilegio glorioso y una bendición. *A los espíritus más grandes de la familia del Padre, usualmente no se les ha permitido permanecer en la carne más del tiempo suficiente para llevar a cabo una misión.* Luego son llamados al mundo de los espíritus donde el campo es más grande y hay menos trabajadores. De modo que la carrera en esta tierra puede ser más larga o más corta según los deseos del Padre.[47]

Puede verse que la obra de la Iglesia en el mundo espiritual tiene prioridad sobre la Iglesia organizada entre los mortales. Aparentemente aquellos que están en posiciones de autoridad más allá del velo tienen el derecho de llamar, por medio del proceso de la muerte, a mortales para que los ayuden. Hasta pueden afectar y alterar el tiempo pre-determinado de la muerte de un individuo.

A Algunos Mortales se les Da la Oportunidad de Escoger Entre la Vida y la Muerte

A algunos mortales que se encuentran al borde de la muerte, debido a enfermedades graves o accidentes, se les permite entrar brevemente al mundo espiritual para luego decidir por ellos mismos,

[46] Melvin S. Tagg, *The Life of Edward James Wood, op cit.*, págs. 90-92.
[47] Heber Q. Hale, *op cit.*

si desean continuar sus vidas mortales o morir. Esa fue la alternativa dada en 1838 a Phoebe Whittemore Carter Woodruff, esposa de Wilford Woodruff. Su marido lo relata de esta manera:

> El 3 de diciembre encontré a mi esposa muy débil. Pasé el día cuidándola y al día siguiente fui a Eaton para recoger algunas cosas para ella. Parecía empeorarse gradualmente. Esa noche *el espíritu aparentemente dejó su cuerpo, y murió.* Las hermanas se reunieron sollozando a su alrededor, mientras yo la miraba con tristeza. *Pero el espíritu y el poder de Dios comenzaron a reposar sobre mí, y por primera vez durante su enfermedad, mi alma se llenó de fe, aunque ella yacía ante mí como una muerta.*
>
> Yo tenía algo de aceite que había sido consagrado en Kirtland para ungir. Lo tomé y lo consagré nuevamente ante el Señor para la unción de los enfermos. Entonces me incliné ante el Señor, oré por la vida de mi compañera, y ungí su cuerpo con el aceite en el nombre del Señor. Luego puse mis manos sobre ella y en el nombre de Jesucristo *reprendí al poder de la muerte y del destructor, y les ordené que se fueran de ella y que el espíritu de vida entrara en su cuerpo. Su espíritu retornó al cuerpo, y desde ese mismo momento sanó.* Y todos nosotros convenimos en alabar el nombre de Dios, confiar en El y guardar sus mandamientos.
>
> Mientras yo estaba pasando esta prueba (según el relato que hizo mi esposa más tarde), su espíritu dejó el cuerpo. *Ella vio a su cuerpo reposando en la cama, y también vio a las hermanas llorando. Las miró, me miró a mí y a su bebé,* y mientras contemplaba esta escena, *entraron al cuarto dos personas llevando un féretro y le dijeron que habían venido a buscar su cuerpo. Uno de esos mensajeros le dijo que ella tendría la oportunidad de escoger. Podía ir a descansar en el mundo espiritual o, bajo cierta condición, podría tener el privilegio de regresar a su tabernáculo y continuar con sus tareas en la tierra.* La condición era que ella podía regresar si se sentía capaz de permanecer junto a su esposo hasta el fin, pasando con él todas las preocupaciones, pruebas, tribulaciones y aflicciones de la vida que él tendría que atravesar por amor al evangelio. Cuando miró a su esposo y al bebé contestó: 'Sí, lo haré.' *En el momento en que tomó esa decisión, el poder de la fe reposó sobre mí, y cuando la bendije, su espíritu volvió a su tabernáculo y vio que los mensajeros sacaban el ataúd por la puerta.*[18]

Marriner W. Merrill, quien a principios de la década de 1860 resultó herido de gravedad en un accidente en Richmond, Utah, tuvo la oportunidad de elegir entre la vida y la muerte, y escogió permanecer en la mortalidad. Posteriormente llegó a ser presidente del templo de Logan en Utah, y apóstol. Su hijo narra su accidente y su experiencia en el mundo espiritual:

> En la parte norte de Utah los Indios nunca habían causado muchos problemas, pero a veces surgían situaciones amenazadoras. En

[18]Wilford Woodruff, *Leaves From My Journal* (Tercero en la serie de libros Promotores de la

una de esas ocasiones mi padre y algunos otros hombres fueron llamados para proteger a los colonos que estaban más al norte.

Antes de su partida cayó una lluvia copiosa que dejó el campo y los caminos tremendamente barrosos y resbaladizos. Mi padre tomó un desvío y cuando se había alejado una pequeña distancia del grupo, su caballo resbaló y cayó sobre él. Cuando los otros hombres de la partida llegaron al lugar, papá estaba inmóvil y aparentemente muerto.

Mi padre cuenta que su espíritu dejó el cuerpo y se paró como si fuera en el aire sobre él. Podía ver su cuerpo, los hombres a su alrededor y oír lo que conversaban. Dado la opción de volver a su cuerpo o permanecer en el espíritu, reflexionó sobre sus responsabilidades hacia su familia, sobre su gran deseo de vivir, y escogió entrar en su cuerpo y vivir. Al hacerlo, recuperó el conocimiento y sintió el dolor ocasionado por las heridas sufridas en el accidente.[49]

Peter E. Johnson, quien entró al mundo espiritual mientras cumplía una misión para la Iglesia, también pudo optar entre la vida y la muerte. Su experiencia resulta interesante porque obtuvo el privilegio de elegir el regresar a la tierra gracias a la insistencia de sus antepasados ya fallecidos, que anhelaban intensamente que él permaneciera en la tierra para hacer la genealogía y obra del templo por ellos. Como en otros casos en que a los que ingresan al mundo espiritual se les permite elegir, al élder Johnson se le permitió ver los sentimientos de otros que quedaron en la tierra, antes de que tomara su decisión. El siguiente es el relato de la conversación que sostuvo con varios apóstoles allende del velo:

Tan pronto como entré en su presencia, *me preguntaron si deseaba permanecer allí.* Esto me pareció extraño, porque nunca se me había ocurrido que en el mundo espiritual se pudiera escoger entre permanecer allí y regresar a la vida terrenal. *Me preguntaron si me satisfacían las condiciones imperantes allí. Les dije que sí, y que no deseaba volver a los sufrimientos de la fiebre y la miseria que había padecido en el cuerpo. Después de conversar un rato me repitieron la pregunta y yo di la misma respuesta.* Luego pregunté: 'Si me quedo aquí, ¿qué me pedirán que haga?' Se me informó que allí predicaría el evangelio a los espíritus así como lo había hecho aquí en la tierra, y que lo haría bajo la dirección personal del profeta José Smith. . . .

Nuevamente me preguntaron si deseaba quedarme. Eso me molestó bastante porque ya había contestado que estaba satisfecho. Luego inquirí por qué me preguntaban tantas veces si yo estaba conforme y deseaba permanecer allí. *Entonces me informaron que mis progenitores habían*

Fe. Cuarta edición, The Deseret News, 1909), págs. 59-60.

[49]Bryant S. Hinckley, *The Faith of Our Pioneer Fathers* (Salt Lake City, Utah: Deseret Book Co., 1959), pág. 183.

pedido que, si yo así lo escogía, se me concediera el privilegio de regresar y tomar mi cuerpo de nuevo para que pudiera recoger la genealogía de mi padre y hacer la obra en el templo por mis antepasados. Como yo no me decidía, uno de los apóstoles dijo: 'Te mostraremos ahora lo que sucederá si tú permaneces aquí en el mundo espiritual, y después podrás decidir.'

Cuando regresamos al lugar donde yacía mi cuerpo, me informaron con énfasis que mi primer deber sería velar por mi cuerpo hasta que fuera sepultado, porque ese conocimiento me sería necesario en la resurrección. Luego vi a los élderes enviar un mensaje al presidente Rich, en Chattanooga, y en el momento debido se hicieron todos los preparativos para enviar mi cuerpo a Utah. Algo que me pareció peculiar *fue poder leer el telegrama mientras iba por los cables con tanta facilidad como podía leer las páginas de un libro.* Pude ver al presidente Rich cuando recibió el telegrama en Chattanooga. Caminaba de un lado a otro estrujándose las manos mientras pensaba '¿Cómo puedo enviar este mensaje a su padre?'

Finalmente fue enviado el mensaje, y *yo pude seguirlo por los cables.* Vi la estación y el operador del telégrafo en Price, Utah. Cuando llegó el mensaje, oí el sonido del aparato y vi como el operador lo escribía. Después vi como lo enviaba por teléfono de Price a Huntington. Allí vi claramente la oficina y al hombre que recibía el mensaje. Podía ver a la gente en la calle clara y nítidamente. *No tenía que oir lo que decían porque podía leer los pensamientos en sus semblantes.* Entregaron el telegrama a mi tía, quien junto con otros fue a buscar a mi padre. Más tarde mi padre recibió el mensaje. No pareció estar sobrecogido por las noticias, pero en seguida empezó a hacer arreglos para recoger mi cuerpo.

Luego vi a mi padre en la estación del ferrocarril en Price aguardando la llegada de mi cuerpo. Aparentemente estaba impasible, pero cuando oyó el silbido del tren que traía mi cuerpo, se fue atrás del edificio, y se puso a llorar como si se le hubiera destrozado el corazón. Mientras acompañaba a mi cuerpo en la ruta, también pude ver lo que sucedía en casa. Aparentemente la distancia no me afectaba la visión. Cuando el tren se aproximó a la estación me senté junto a mi padre y al ver la gran angustia que lo afligía, *informé a mi acompañante que regresaría. El expresó su aprobación, y dijo que estaba complacido con mi decisión.*

Mediante algún poder espiritual, todas estas cosas me habían sido mostradas tal como hubieran ocurrido si yo hubiera decidido no retornar a mi cuerpo. Inmediatamente después de tomar esta decisión mi compañero me dijo: "Muy bien, *tus antepasados estarán complacidos con tu decisión.*" Pregunté el porqué y *me dijo que ellos deseaban que yo regresara a mi cuerpo.*[50]

Parece que para regresar a la tierra una vez que se pasa al mundo de los espíritus, debe tenerse un permiso especial de las autoridades de

[50]Peter E. Johnson, *Relief Society Magazine, op cit.*, Vol. VII, págs. 451-453.

la Iglesia de más allá del velo. La esposa de David Lynn Brooks mencionó haber recibido tal permiso, cuando retornó para visitar a su acongojado esposo dos años después de su muerte, ocurrida el 26 de mayo de 1945. Elder Brooks escribió:

> Entré en la casa, apagué las luces y me recosté en el sofá para descansar durante unos minutos. Apenas me senté oí la voz de mi esposa orando. ¡Oh cuán maravilloso fue oir esa hermosa voz que reconocí al instante. Al final de la oración estaba tan tenso que a duras penas me animaba a respirar, por miedo a perturbar esa experiencia tan bella. Inmediatamente vi una luz, no era una luz brillante sino tenue, que llenó el cuarto y empezó a dividirse en el centro como una cortina. Cuando se separó en la abertura apareció la visión más hermosa del mundo, mi amada esposa. Se paró a unos dos metros de distancia de mí y no trató de acercarse más. Me habló diciendo: 'Lynn, *he visto tu pena y tu tristeza,* pero no pasará mucho tiempo para que estemos juntos otra vez, y podamos disfrutar de nuestro amor y mutua compañía. Quise venir a verte antes, pero *recién esta noche recibí permiso del sacerdocio para visitarte.*' Dijo que mi aflicción la había hecho sentir triste, y que yo debería tratar de ser feliz. *Cuando la necesitara, dijo, debería llamarla u orar y ella estaría conmigo aunque no la volvería a ver* hasta que yo fuera al mundo de los espíritus. Luego me invitó a mirar al mundo espiritual, y me preguntó qué podía ver en él. *Le dije que podía ver un grupo de personas en una habitación, sentadas ante una mesa o escritorio, con lápices y libros de apuntes. Entonces ella preguntó: '¿Conoces a esa gente?' Le dije que no reconocía a ninguno de ellos. Entonces ella me preguntó si recordaba a las personas por las cuales habíamos hecho la obra del templo en 1929 y 1930. Ella y yo habíamos trabajado todo el invierno recogiendo la genealogía de su gente y después habíamos hecho la obra vicaria por ellos. Luego me dijo que había sido llamada por el sacerdocio a enseñar el evangelio a esas personas y que ella se sentía muy feliz haciendo ese trabajo.* Después me pidió que no me entristeciera porque ella siempre estaba cerca de mí. En seguida se despidió. La luz de ambos lados se recogió y se fue. Cuando se cerró la visión yo estaba de pie, las lágrimas corrían a caudales por mis mejillas, pero en esta ocasión las lágrimas no eran de tristeza sino de alegría.[51]

Parece que a algunos que entran al mundo espiritual antes de tiempo no se les da la oportunidad de escoger entre la vida y la muerte. Al contrario, se les exige regresar y dejar que sus vidas sigan su curso. Ese fue el caso de Alpheus Cutler quien regresó del mundo

---

[51]Registros personales de David Lynn Brooks, Morgan, Utah. Heber Q. Hale también aprendió que para regresar a la tierra después de haber pasado al mundo de los espíritus, se debe tener una autorización especial de las autoridades de la Iglesia allende el velo. Relató su encuentro con el recién fallecido presidente de la Iglesia, Joseph F. Smith, quien obtuvo ese permiso para él:

> El grupo conversaba animadamente. Uno de ellos se separó del resto y vino caminando por el sendero. Inmediatamente lo reconocí a él, a mi querido *presidente Joseph F. Smith. Me*

espiritual y más tarde apostató de la Iglesia, formando una iglesia apóstata conocida como "Verdadera Iglesia de los Santos de los Ultimos Días." Años después dio su testimonio a su nieto, Abraham A. Kimball, quien lo relató de esta manera:

> Sé que José Smith fue un profeta de Dios y que Brigham Young es su sucesor legal y siempre lo supe. Mi problema fue que yo quería dirigir y no podía ser dirigido. He corrido mi carrera y sellado mi condena, y yo sé lo que he de encontrar.
>
> *En una ocasión yo fallecí y estuve muerto durante cierto tiempo. Mi espíritu dejó al cuerpo y fui a la región de los espíritus. Vi la corona que recibiría si permanecía fiel, y la condenación que habría de recibir si no lo hacía. Imploré quedarme, pero me informaron que debía regresar y amonestar a la gente para que se arrepintieran, ya que mi trabajo en la tierra aún no había sido terminado.*
>
> Después que mi espíritu regresó a mi cuerpo, di apariencia de estar vivo. Mis primeras palabras fueron dirigidas a Sidney Rigdon quien estaba inclinado sobre mí. Le dije que se arrepintiera o que sería condenado.
>
> Aquí mi abuelo hizo una pausa pero luego continuó, diciendo: 'Quiero que regreses con tu padre. Lleva a tu hermano Isaac contigo, porque sé que es un buen hombre, y permaneced constantes al mormonismo.'
>
> 'Apartaos de lo que os pueda desviar, *perseverad porque eso os salvará y os exaltará en el reino de Dios.'*
>
> Después de decir esto lloró como un niño. Luego me dijo: 'Quiero pedirte un favor, y es que no divulgues esta confesión entre aquellos a quienes ahora dirijo mientras yo viva.'[52]

Otros Factores que Afectan el Tiempo de Morir

Además de las peticiones de los justos, las obras de los inicuos, los requisitos de organización del mundo espiritual y la decisión personal de los seriamente heridos o enfermos, otras circunstancias pueden ocasionar la muerte antes del tiempo señalado por el Señor. Las

> *abrazó como un padre a su hijo,* y después de unas pocas palabras de bienvenida, rápidamente aseveró: 'No has venido para quedarte.' Entendí que eso era una declaración más bien que una pregunta. Por primera vez estuve plenamente consciente de que mi misión en la tierra no había finalizado. Estaba incompleta y, *aunque me hubiera gustado permanecer allí, le pregunté si podía regresar. El presidente Smith me contestó: 'Has expresado un deseo justo. Llevaré la petición a las autoridades y más tarde te haré saber de su decisión.'*

El hermano Hale cuenta como se separaron y volvieron a encontrarse más tarde cuando recibió el permiso para regresar a la mortalidad:

> El presidente Smith me informó *haber recibido la autorización para retornar* y completar en la tierra la misión que el Señor me había encomendado.

[52] Abraham A. Kimball, "Finding a Father," *Gems for the Young Folks* (Cuarto en la serie de libros Promotores de la Fe; Salt Lake City, Utah: Juvenile Instructor Office, 1881), págs. 16-17.

guerras, plagas, accidentes y homicidios ocasionan pérdidas de vidas y es difícil suponer que todos los que mueren de ese modo pasen el velo en el momento y la manera determinada previamente.

El presidente Brigham Young creía que las enfermedades y plagas de la tierra causaban que muchos murieran antes de tiempo. El dijo:

> No es el propósito del Padre que la carrera terrenal de alguien termine antes de que haya vivido todos sus días. Y *las razones por las cuales tan pocos viven todos los días que les son designados son la fuerza del pecado en el mundo y el poder de la muerte sobre la familia humana. Puede atribuirse a estas causas y no a los designios del Creador el hecho de que las enfermedades anden al acecho* y derriben por millones a los ancianos, adultos, jóvenes e infantes y a la familia humana en general.[53]

El élder Spencer W. Kimball, en su discurso titulado "Tragedia o Destino," observó:

> *Los estragos de la guerra han arrojado prematuramente a la eternidad* a cientos de miles de hombres jóvenes. . . . Yo estoy seguro que hay un tiempo de morir. No soy fatalista. *Creo que muchas personas mueren antes de "su tiempo" porque son descuidados, abusan de sus cuerpos, toman riesgos innecesarios o se exponen a peligros, accidentes y a enfermedades.*[54]

El Señor parece decir que los enfermos que "no tengan fe para ser sanados" pueden vivir, a menos que su muerte esté determinada por estar "señalados para morir."[55] El élder Kimball comentó sobre este pasaje de Doctrina y Convenios, diciendo: "Si alguien no está señalado para morir, y ejerce una fe suficiente, puede conservar la vida. *Pero muchos mueren antes de tiempo por no tener suficiente fe.*"[56]

El presidente Heber Q. Hale, quien conversó con muchos seres espirituales durante su entrada al otro lado del velo, aprendió que algunos mueren antes de tiempo, debido más a circunstancias externas que al hecho de ser llamados al mundo espiritual. El escribió:

> Muchos mueren porque no tienen bastante fe para ser sanados. Otros viven y salen del mundo de los mortales sin que haya de por medio ninguna acción o manifestación especial de la voluntad divina.[57]

Parece que a veces hay individuos que mueren simplemente porque están presentes en ciertos eventos históricos y no porque se

[53] JD 14:230, 16 de septiembre de 1871.
[54] Spencer W. Kimball, *Tragedy or Destiny, op cit.*, pág. 3.
[55] Véase D. y C. 42:43, 44, 48.
[56] Spencer W. Kimball, *Tragedy or Destiny, op cit.*, pág. 6.
[57] Heber Q. Hale, *op cit.*

aproxime su tiempo señalado para morir. En algunas ocasiones han muerto docenas o aun cientos de miles en cumplimiento de edictos divinos y profecías, sin que hayan tenido mucho que ver con la situación. Cuando Elías hizo caer fuego del cielo que consumió a dos grupos de soldados Israelitas,[58] ¿estaba Dios respaldando la predicción de su profeta, o llamando a casa a cientos de hombres a su tiempo señalado para morir? Cuando Gedeón y sus trescientos hombres sorprendieron a las huestes Madianitas y los asustaron de tal modo que ciento veinte mil se mataron unos a otros en la oscuridad,[59] ¿fue esto el cumplimiento de la promesa del Señor a Gedeón, o fueron llamados esos ciento veinte mil soldados Madianitas a morir en su momento señalado? Ciento ochenta y cinco mil soldados del rey Asirio Senaquerib murieron en una noche durante el sitio de Jerusalén.[60] ¿Fue eso la respuesta a la oración del rey Ezequías pidiendo salvación,[61] o el llamado del Señor a los ciento ochenta y cinco mil soldados al otro lado del velo a su tiempo señalado para morir?

Cuando se discute el sujeto de muertes prematuras, debe considerarse otro factor. Parece que Dios, en su sabiduría, puede saber si un individuo necesita permanecer en la tierra por un período más largo para lograr mayor conocimiento y experiencia, o si un corto tiempo en la mortalidad para obtener un cuerpo es suficiente. Algunos seres pre-mortales han avanzado tanto que, aparentemente, llevan a cabo mejor su progreso eterno viviendo sólo unos pocos días o meses sobre la tierra, para luego seguir progresando después de morir y volver a los reinos espirituales. Antes de venir a la tierra ellos ya han progresado tanto que tienen poca necesidad de las experiencias de la vida mortal. José Smith dijo en cuanto a esto,

> *El Señor se lleva a muchos cuando todavía están en la infancia para que puedan escapar de la envidia del hombre y de las penas y las maldades del mundo. Eran demasiado puros, demasiado bellos para vivir en esta tierra.* Así que si consideremos bien, en lugar de lamentarnos cuando ellos son librados del mal, deberíamos regocijarnos, y pronto los volveremos a ver. . . *La única diferencia entre la muerte del anciano y la del joven es que uno vive más tiempo en los cielos, en la luz eterna y la gloria y es liberado un poco antes de este mundo miserable e inicuo.*[62]

[58]2 R. 1:9-12.
[59]Jue. 7, 8:10.
[60]Is. 37:36.
[61]Is. 37:15-20.
[62]HC 4:553-554, 20 de marzo de 1842. Para información adicional sobre los niños pequeños que mueren, véase capítulos III y VII.

Observaciones Relativas a Cuándo y Porqué Mueren los Hombres

En este capítulo se ha mostrado que Dios reina en los asuntos de los hombres. El determina el tiempo y el lugar del nacimiento del hombre así como las experiencias mortales más importantes a que debe enfrentarse. Señala también el tiempo de su muerte. Hay evidencias que indican que los espíritus en la vida pre-mortal pueden haber tenido la oportunidad de tomar decisiones para su vida mortal dentro de esas áreas, sometiéndolas después a la ratificación divina. Esto parece razonable. Es compatible con el método a menudo usado por padres amorosos para lograr mejores resultados con sus hijos, y concuerda con el procedimiento instituído en la Iglesia de Dios para señalar al hombre los caminos a la eternidad. Sin embargo no se sabe mucho sobre el albedrío del hombre en la existencia pre-mortal en relación a la voluntad divina y a la ley de Dios. El hombre no comprende plenamente la manera en que Dios moldea su vida, y tiene que confiar por medio de la fe en el amor, la justicia, misericordia y preocupación de su Padre Celestial. El Salvador enseñó:

> ¿Y quién de vosotros podrá, por mucho que se afane, añadir a su estatura un codo?
>
> ¿Y por el vestido porqué os afanáis? Considerad los lirios del campo, cómo crecen: no trabajan ni hilan...
>
> No os afanéis, pues, diciendo: ¿Qué comeremos, o qué beberemos, o qué vestiremos?
>
> Porque los gentiles buscan todas estas cosas; pero *vuestro Padre Celestial sabe que tenéis necesidad de todas estas cosas.*
>
> Mas *buscad primeramente el reino de Dios y su justicia, y todas estas cosas os serán añadidas.*[63]

La muerte y la vida son inseparables. La muerte es la culminación del proceso de la vida. Dios conoce las necesidades de la vida del hombre y sabe cuales son sus necesidades en cuanto a la muerte.

Hay evidencia de que así como algunos hombres pueden moldear y desarrollar su vida, también pueden determinar su muerte. Parece que a los que han trabajado valientemente y en rectitud para extender el programa eterno de Dios, el Padre les concede protección contra el peligro, fortalece su fe para que puedan ser sanados, prolonga su vida para que puedan cumplir con sus misiones terrenales, o apresura su muerte para que puedan trabajar más allá del velo. Dios escucha las oraciones de los fieles y les permite escoger entre la vida y la muerte. Por medio del entendimiento y de la comunicación que establecen con

[63] Mt. 6:27-28, 31-33.

Dios, los fieles saben y comprenden la voluntad divina, y por eso pueden delinear la vida y destino eterno que merecen por su virtud. En los concilios eternos se pesa y considera cuidadosamente la decisión de llamarlos a través del velo antes que su tiempo llegue, para una nueva fase de la vida.

En contraste, hay huestes de personas que se han estancado en su progreso mortal. Viven al día y nunca cambian o crecen en su relación con Dios. Aunque Dios los conoce y se preocupa por ellos, ellos no son los obreros valientes de su reino. Se han elevado a un nivel de existencia que únicamente satisface sus necesidades diarias. Aceptarán la vida y la muerte como vengan. Ellos reaccionan a las condiciones externas, pero no actúan por su propia voluntad para mejorar su relación con Dios. Su presencia y su conducta no afectan la condición de la tierra. En el criterio eterno, su situación ante Dios será la misma si mueren mañana o dentro de veinte años. ¿Podría este grupo ser el que en la muerte, tanto como en la vida, llega al mundo espiritual sin que lo llamen, a consecuencia de algún factor externo dentro de su medio ambiente? ¿Mueren antes de tiempo por enfermedades porque no tienen fe para ser sanados? ¿Mueren en accidentes o guerras a causa de su falta de deseo y de habilidad para buscar y obtener guía y protección divinas? Entran a la vida mortal con desinterés y despreocupación y no cumplen con ninguna misión aquí. Entonces llevarán esa misma actitud al mundo espiritual causando allí poco impacto sobre el programa divino. ¿Quién puede decir si morirán a su tiempo señalado o irán al mundo espiritual sin llamamiento divino, por pura casualidad? ¿Qué diferencia causará el tiempo de su muerte en el programa eterno? Aparentemente ninguna. ¿Qué importancia tiene para ellos que mueran veinte años antes de su tiempo? Tal vez amigos lamenten su muerte, pero en la relación eterna el tiempo es insignificante y ". . . no todos mueren de una vez, y esto nada importa; todo es como un día para Dios, y sólo para los hombres está medido el tiempo."[64]

Todavía existe un tercer grupo. Aquellos que son inicuos y tratan de destruir la obra de Dios. Ellos son llamados por Satanás para que se junten con los inicuos en el mundo espiritual. O si no, Dios los echa de la tierra para que moren en la presencia de Lucifer. Tales seres a menudo pierden el derecho a cumplir el tiempo señalado para su jornada terrenal, muriendo antes de tiempo por causa de su iniquidad y por haber elegido obedecer a otro maestro.

---

[64] AL 40:8.

Todos los hombres deben morir.[65] No tiene caso especular sin inspiración sobre el porqué se mueren ciertos individuos. Es especialmente en el caso de los muertos que deberíamos escuchar el consejo del Salvador: "No juzguéis, para que no seáis juzgados,"[66] para evitar el ser condenados ante el tribunal de Dios.[67] Aun así cuando un ser amado se acerca a la muerte, lo correcto y apropiado es que su familia busque la confirmación revelada de que ése es su tiempo señalado, y que su muerte esté de acuerdo con la voluntad divina. El Espíritu Santo es el consolador, y quizás más en esta circunstancia que en ninguna otra su influencia consoladora y su tranquilidad puede sentirse.

El presidente Heber J. Grant relata como fue que él buscó esta confirmación espiritual para el beneficio de su hija, cuando murió su primera esposa:

> *Cuando mi primera esposa murió, en mi mente y en mi corazón yo estaba completamente convencido de que su partida era la voluntad del Señor. Yo me sometí con humildad ante su muerte.* Pero el Señor aprovechó la ocasión para dar a una de mis niñas el testimonio de que la muerte de su madre era la voluntad del Señor.
>
> Aproximadamente una hora antes de que mi esposa muriera, llamé a mis hijos a su habitación y les dije que su madre estaba agonizando, y que se despidieran de ella. Una de las niñas de doce años me dijo: 'Papá, no quiero que mi mamá muera. Durante seis meses he estado con ella en el hospital en San Francisco. Allí una y otra vez cuando mamá estaba mal, tú la bendijiste, su dolor se alivió y ella durmió tranquilamente. Quiero que pongas tus manos sobre su cabeza y la cures.'
>
> *Le dije a mi pequeña que todos debemos morir algún día y que en mi corazón tenía la seguridad de que el tiempo de su madre había llegado.* Ella y los demás niños salieron del cuarto.
>
> Entonces me arrodillé junto a la cama de mi esposa, que para ese entonces había perdido el conocimiento, y le dije al Señor que reconocía su mano en la vida o en la muerte, en el gozo o en la pena, en la prosperidad o en la adversidad. Le agradecí por tener el conocimiento de que mi esposa me pertenecía por toda la eternidad, que por medio del poder y autoridad del sacerdocio aquí en la tierra, podría y habría de tener a mi esposa para siempre, si tan sólo era fiel como ella lo había sido. Pero le dije al Señor que carecía de la fortaleza suficiente para ver la muerte de mi esposa afectar la fe de mis hijos en las ordenanzas del evangelio de Jesucristo, *y supliqué al Señor con todas mis fuerzas que diera a mi hija el conocimiento de que la muerte de su madre era Su voluntad y pensamiento.*

[65] Al. 12:27; 2 Ne. 9:4,6.
[66] Mt. 7:1.
[67] Véase Moro. 10:27; Ro. 14:10.

Media hora más tarde mi esposa expiró, y volví a llamar a los niños al dormitorio. Mi hijito, de cinco años y medio o seis, lloraba amargamente. Pero la niña de doce años lo tomó entre sus brazos y dijo: 'No llores, Heber, *después que salimos de este cuarto, la voz del Señor desde los cielos me dijo: En la muerte de tu mamá se cumplirá la voluntad del Señor.*'[68]

Dos años después, cuando murió su hijo, el presidente Grant escribió nuevamente como el Consolador lo había ayudado a comprender la voluntad del Señor:

Yo había sido bendecido sólo con dos hijos varones. Uno de ellos falleció a los cinco años y el otro a los siete.

El último murió por una infección de la cadera. Yo tenía grandes esperanzas de que él viviría para predicar el evangelio en su país y en el extranjero, y que me traería honra. Una hora antes de que muriera, soñé que *su madre, ya muerta, venía a buscarlo y que traía un mensajero a quien dijo que se llevara al muchacho mientras yo estaba durmiendo.* En el sueño pensé que despertaba, y asía a mi hijo, luchando por él hasta que lograba arrebatárselo al mensajero que había venido a buscarlo. Pero al hacerlo, soñé que había tropezado y caído sobre el niño.

Soñé que había caído sobre su cadera adolorida, y que sus terribles gritos de angustia casi me volvían loco. No podía soportarlo. Corrí despavoridamente fuera de la casa para no oir sus gritos de dolor. Soñé que al salir encontré al hermano Joseph E. Taylor y que le conté estas cosas.

El me dijo: 'Bien Heber, *¿Ud. sabe lo que haría yo si mi esposa viniera a buscar a uno de sus hijos? Yo no lucharía por el niño. No me opondría a que se lo llevara. Si una madre ha sido fiel y ha pasado al otro lado del velo, ella sabrá los sufrimientos y angustias por los que el niño podría tener que pasar. Sabría si ese hijo tendría que pasar por la vida como un inválido, y si sería mejor y más sabio que ese niño fuera aliviado de la tortura de la vida. Y si se pone a pensar, hermano Grant, que la madre de ese niño descendió a los umbrales de la muerte para darle vida, entenderá que ella es la única que debería tener el derecho de llevarlo o dejarlo.*'

Le dije: 'Hermano Taylor, creo que Ud. tiene razón y si ella regresa, tendrá al niño sin protestas de mi parte.'

Despues de haber llegado a esa conclusión, fui despertado por mi hermano, B. F. Grant, quien esa noche estaba con nosotros. Entró a la habitación y me dijo que el niño estaba muriendo. Fui al salón y me senté. Entre mi segunda esposa y yo había una silla vacía, y *sentía la presencia de la madre de mi hijo sentada en esa silla.* No dije a nadie lo que sentía, pero volviéndome hacia mi esposa le pregunté: '¿Sientes algo extraño?'

[68]Bryant S. Hinckley, *Heber J. Grant, Highlights in the Life of a Great Leader* (Salt Lake City, Utah: Deseret Book Co., 1951), págs. 243-244.

'Sí, siento la seguridad de que la madre de Heber está sentada entre nosotros, esperando para llevárselo.'

Yo, según creo, soy un hombre compasivo. Fui hijo único, criado con todo el afecto que una madre pueda prodigar a un hijo. Creo que soy benévolo y considerado por naturaleza y que vierto lágrimas por mis amigos, lágrimas de alegría por sus éxitos y de tristeza por sus infortunios. Pero me senté junto al lecho de muerte de mi hijito y lo vi morir sin derramar una lágrima. *En esa ocasión, mi segunda esposa, mi hermano y yo sentimos una paz dulce y celestial por todo mi hogar, una paz tan grande como jamás en mi vida haya experimentado. Nadie puede decirme que el Santo de los Ultimos Días que tenga en su alma y corazón un conocimiento del evangelio, pueda realmente llorar por sus seres queridos, excepto lamentar la pérdida de su compañía aquí en esta vida.*[69]

Para el Santo de los Ultimos Días que conoce y entiende el eterno plan del evangelio, la muerte de un ser querido, que es justo, es considerada como una oportunidad para el crecimiento y progreso del difunto hacia su meta eterna. Aunque lloran por haber perdido la compañía del ser amado,[70] los miembros fieles de la Iglesia reaccionan ante la muerte como lo hizo el presidente Grant:

Nunca pienso que mis esposas, mi querida madre, mis dos hijos varones, mi hija y mis estimados amigos y compañeros muertos están en el cementerio. Sólo pienso en el gozo que disfrutan encontrándose con sus padres, madres y seres queridos que han sido verídicos y fieles al Evangelio del Señor Jesucristo. Mi mente siente el gozo maravilloso y la satisfacción y felicidad que ellos tienen y eso le quita su aguijón a la tumba.[71]

Muriendo en el Señor

El profeta José Smith dijo durante su discurso en el funeral de King Follett:

Con respecto a la muerte, ¿de qué tenemos que consolarnos? *De todos los pueblos de la tierra, nosotros somos los únicos que tenemos motivos para abrigar la esperanza y el consuelo más grandes por nuestros muertos. Los hemos visto caminar dignamente entre nosotros, y dormirse en los brazos de Jesús. Y aquellos que han muerto en la fe, ahora están en el reino celestial de Dios,* o sea, en la gloria del sol.

---

[69] *Ibid.*, págs. 246-248.

[70] Así deberán hacerlo:

Viviréis juntos en amor, al grado de que lloraréis por los que mueren, y más particularmente por aquellos que no tienen esperanza de una resurrrección gloriosa. (D. y C. 42:45. Véase también 1 Ts. 4:13.)

[71] Bryant S. Hinckley, *Life of a Great Leader, op cit.*, págs. 248-249.

> Vosotros dolientes tenéis ocasión de regocijaros hablando de la muerte del élder King Follett. Vuestro esposo y padre se ha ido a esperar hasta la resurrección de los muertos, hasta la perfección del resto. Porque *en la resurrección vuestro amigo se levantará en perfecta felicidad e irá a la gloria celestial, mientras muchos tendrán que esperar miles de años antes que puedan recibir bendiciones similares. Y vuestras expectativas y esperanzas están muy por encima de lo que el hombre pueda concebir.*[72]

Eso es lo que dijo de uno que había muerto en el Señor y que gozaría de los privilegios del paraíso de los espíritus de la primera resurrección. En los últimos días el Señor ha revelado el estado contrastante de los que mueren en El y los que no:

> *Y acontecerá que los que mueran en mí, no gustarán de la muerte, porque les será dulce;*
>
> *Y quienes no mueran en mí, ¡Ay de ellos! porque su muerte es amarga.*[73]

En otra ocasión reveló las grandes promesas reservadas para los que mueren en El:

> *Sí, y bienaventurados los muertos que mueran en el Señor* desde ahora en adelante. Cuando el Señor venga, y las cosas viejas dejen de ser, y todas las cosas se tornen nuevas, se levantarán de los muertos y no morirán después, y recibirán una herencia ante el Señor en la ciudad santa.[74]

Pablo dijo a los Santos en Roma que los miembros de la Iglesia que viven para servir al Señor son también los que morirían en El:

> Porque ninguno de vosotros vive para sí, y ninguno muere para sí.
>
> *Pues si vivimos, para el Señor vivimos; y si morimos, para el Señor morimos. Así pues, sea que vivamos, o que muramos, del Señor somos.*
>
> Porque Cristo para esto murió y resucitó, y volvió a vivir, para ser Señor así de los muertos como de los que viven.[75]

Aún así en el análisis final, el criterio que separa los que mueren en el Señor de los que no, depende en el grado de rectitud. Como enseñó Pablo:

> ¿ Dónde está, oh muerte, tu aguijón? ¿Dónde está, oh sepulcro, tu victoria? *Ya que el aguijón de la muerte es el pecado . . .*[76]

Más concerniente al destino de los justos y de los inicuos en el mundo espiritual será hallado en los capítulos III, V y VI.

72HC 6:315, 7 de abril de 1844.
73D. y C. 42:46-47.
74D. y C. 63:49.
75Ro. 14:7-9.
761 Co. 15:55-56.

RESUMEN

1. El tiempo y lugar de nacimiento del hombre, las circunstancias más importantes de su vida y el tiempo señalado para morir son determinados por Dios.

2. Hay evidencias de que, sujeto a la aprobación de Dios, los espíritus pre-mortales pueden escoger antes de venir a la tierra, a sus padres terrenales, su compañero (o compañera) en el matrimonio, sus hijos y su ángel guardián. Al hacerlo, aparentemente eligen un nivel social y moral compatible con el suyo propio. Se sobreentiende que tienen el privilegio de escoger la época en que vendrán a la tierra.

3. Hay evidencias de que a los espíritus pre-mortales se les permite escoger el galardón que desean y las actividades y experiencias terrenales que les permitirá ganar el galardón escogido.

4. Todos los hombres tienen señalado un tiempo específico para morir. Aunque aparentemente ese tiempo se fija antes de venir a la tierra, hay evidencias que esa decisión puede ser re-considerada y revisada durante la vida mortal.

5. Los que trabajan valientemente en la causa del Señor reciben Su protección para poder completar sus misiones en esta vida antes de morir. Sin embargo, frecuentemente El los llama al otro lado del velo tan pronto como finalizan sus obras.

6. Aparentemente, muchas personas mueren antes o después de su tiempo señalado, a causa de:

   A. Los ruegos de los justos pidiendo que sus vidas sean alargadas o acortadas.

   B. La iniquidad que permite que el hombre sea llamado por Satanás o expulsado de la mortalidad por el Señor como lo hizo en los días de Noé.

   C. El peligro de que pequen o apostaten Santos que de otro modo hubieran merecido la gloria celestial. El Señor ha prometido que antes de permitir que algunos individuos pierdan su exaltación, los llamaría al otro lado del velo.

   D. Un llamado de allende del velo cuando se necesitan sus servicios para trabajar en el mundo espiritual.

   E. La decisión de permanecer en la mortalidad, ya que a algunas personas que están al borde de la muerte, se les da la oportunidad de escoger entre la vida y la muerte.

   F. El deseo de los familiares fallecidos que requieren que a un individuo se le autorice a permanecer en la mortalidad a fin de que pueda seguir obrando en beneficio de ellos.

G. La falta de fe para ser sanado o la inhabilidad de conseguir la influencia protectora del Espíritu Santo, de tal modo que un hombre permita que factores externos (y no mandatos divinos) controlen el tiempo de su muerte. Aparentemente muchos mueren no por manifestación o acción de la voluntad divina, sino porque circunstancialmente están involucrados en accidentes, guerras, terremotos, pestilencias, etc.

H. El privilegio bajo dirección de Dios, de espíritus selectos que ya han superado el nivel de la vida terrenal, de pasar por alto la lucha y tristeza de la mortalidad por medio de la muerte en la infancia o en la niñez.

7. Satanás también tiene el poder de causar accidentes o enfermedades mortales. Ese poder puede ser contrarrestado por la autoridad del santo sacerdocio.

8. Las bendiciones del sacerdocio dadas sin inspiración y en desacuerdo con la voluntad divina, podrán alterar el curso de la vida o el momento de la muerte de quien las recibe, pero a costo del bienestar mortal y eterno. Las bendiciones en las que no se reciba una manifestación determinada deberían tomar la forma de un pedido de que sea hecha la voluntad del Señor.

9. Hay evidencia de que los que van al mundo espiritual, deben tener permiso de las autoridades de la Iglesia allí, para poder regresar a la mortalidad.

10. No sólo Dios tiene el poder de llamar a las personas al otro lado del velo, sino que puede delegarlo a las autoridades de la Iglesia en el mundo espiritual, quienes pueden convocar a seres mortales al reino espiritual para que los ayuden en sus tareas.

11. Se conocen ciertos factores sobre la naturaleza de los seres espirituales:

A. Poseen el sentido del tacto, pueden abrazarse entre sí, etc.

B. Pueden ver en el futuro y visualizar las cosas como "podrían ser" tanto como "van a ser."

C. Pueden leer los pensamientos de los seres mortales, simplemente mirando sus rostros.

D. Pueden influenciar las acciones de los mortales, haciendo solicitudes especiales en el mundo de los espíritus.

12. Generalmente los demás no saben por qué una persona muere y si ha muerto a su tiempo señalado, habiendo cumplido con su misión en la tierra o no. Los hombres deberían refrenarse de juzgar a sus semejantes tanto en la vida como en la muerte.

13. Los Santos de los Ultimos Días fieles tienen derecho a saber, mediante la ministración del Espíritu Santo, si la muerte cercana de un ser amado concuerda con la voluntad de Dios. Ese Ser también sirve de Consolador en tiempos de pesar y muerte.

14. El Señor ha prometido a aquellos que mueren en El, que su muerte será dulce. Los que no mueren en el Señor tendrán una muerte amarga. El pecado es el aguijón de la muerte.

15. Aunque los Santos de los Ultimos Días deberían llorar la pérdida de la compañía de sus seres queridos muertos, también deberían encontrar gozo en el conocimiento de que se ha permitido al difunto progresar a una esfera más avanzada y disfrutar de mayores capacidades que las que tuvo en la mortalidad.

CAPITULO III

EL PARAISO DE LOS JUSTOS

Diversos Significados del Término "Paraíso"

En los círculos teológicos de la cristiandad hay confusión respecto al significado del término "paraíso." Los Santos de los Ultimos Días difieren del mundo protestante en su comprensión de esta palabra y sienten que tienen un conocimiento mayor del verdadero significado del término. El concepto sectario de que el hombre, al morir, va directamente a su descanso final, ya sea al cielo o al infierno, los lleva a considerar al término "paraíso" como sinónimo de "cielo." Los Santos de los Ultimos Días saben que existe un lugar intermedio de habitación donde mora el espíritu entre la muerte y el momento en que se le asigne su lugar final de descanso. Para ellos el término "paraíso" puede referirse en general a todo ese lugar intermedio, o puede referirse más específicamente a la parte de ese lugar donde moran los justos.

Cuando el Salvador colgaba de la cruz, conversó con los dos ladrones que compartían su crucifixión. Uno de ellos, desafiante aún en la muerte, lanzó este reto: "Si tú eres el Cristo, sálvate a tí mismo y a nosotros." Su compañero le reprendió y dijo a Jesús: "Acuérdate de mí cuando vinieres a tu reino." El Salvador le contestó: "De cierto te digo, que hoy estarás conmigo en el paraíso."[1]

De acuerdo con la teología protestante, El estaba prometiendo al ladrón que podría ir a los cielos cuando muriera. Pero, el Salvador no fue al cielo ese día, ya que tres días después dijo a María Magdalena:

> *No me toques: porque aún no he subido a mi Padre;* mas vé a mis hermanos, y diles, Subo a mi Padre y a vuestro Padre, a mi Dios y a vuestro Dios.[2]

---

[1]Lc. 23:39, 42, 43. Véase la explicación que José Smith da a este pasaje en HC 5:424-425
[2]Jn. 20:17

¿Adónde fue mientras Su espíritu yacía en la tumba? Pedro dio la respuesta diciendo que Cristo fue: "... A la verdad muerto en la carne, pero vivificado en espíritu; en el cual también fue y predicó a los espíritus encarcelados. . . ."[3]

Nada se sabe sobre el ladrón que colgaba de la cruz, lo que había hecho o lo que pensaba. Pero, si era un ladrón que por sus actos merecía la crucifixión, parece evidente que al entrar al mundo de los espíritus, no se encontraría entre los justos. Si ésto es verdad, entonces el Salvador estaba usando el término "paraíso" en su sentido general, incluyendo todo el mundo de los espíritus. Sin embargo, si por alguna razón desconocida, el ladrón merecía entrar a la parte de los justos en el mundo espiritual, entonces él fue con Jesús a esa parte del reino de los espíritus que lleva el título específico de "paraíso."

En resumen, el término "paraíso" se usa de tres modos:

1) Como el cielo o lugar de descanso final de los justos, en la terminología sectaria. Los Santos de los Ultimos Días entienden ese uso, pero prefieren no emplearlo.

2) Como la totalidad del mundo de los espíritus, incluyendo a todos los muertos que han vivido sobre la tierra. Jesús, en su declaración al ladrón, aparentemente usó el término con este sentido.

3) Como el lugar donde moran los justos en el mundo espiritual.

Este capítulo considerará el paraíso en el tercer sentido de la palabra—el lugar donde moran los espíritus justos.

Descripciones del Paraíso

Aquellos que han visitado el mundo espiritual y luego obtuvieron el permiso de regresar a la tierra, han descrito vívidamente al paraíso. Han dado muchos detalles de las escenas gloriosas que vieron. Relatar las diferentes visiones del mundo espiritual es tan difícil como retratar todos los paisajes que existen en el mundo mortal. Aún así, si esos relatos se analizan, puede formarse un modelo del que se extraen interesantes nociones generales.

Plantas y Arboles

Un tema que se repite es la presencia de árboles, arbustos y follaje abundante. El presidente George Albert Smith describió de la siguiente manera los árboles y el bello lago que contempló, en visión o en el espíritu, en el mundo espiritual:

[3] 1 P. 3:18-19.

Me encontré parado entre un *gran bosque, y un lago grande y hermoso.* No se veía a nadie, y no había ningún barco en el lago o ningún otro medio de transportación que hubiera podido llevarme allí. Me di cuenta, o parecía darme cuenta, que había terminado mi obra en la mortalidad y que había vuelto a mi hogar. Comencé a mirar alrededor para ver si podía encontrar a alguien. Parecía que nadie vivía allí, sólo vi esos *árboles bellos y frondosos* frente a mí y el *magnífico lago* detrás de mí.

Comencé a explorar y pronto encontré un *sendero a través del bosque,* el cual parecía haber sido usado muy poco, ya que estaba *casi oculto por el pasto.* Seguí esta *senda* durante algún tiempo, recorriendo una distancia considerable a través del bosque, cuando vi a un hombre que venía hacia mí.[4]

El élder Jacob Hamblin, quien se aventuró en el mundo espiritual en el verano de 1858, dijo:

El lugar donde estaba, parecía ser un sitio muy deseable para permanecer. *Estaba dividido en compartimientos por medio de paredes,* de donde parecían crecer *enredaderas y flores, en un infinito despliegue de colores.*[5]

Heber Q. Hale también describió el hermoso colorido del follaje y vio que allí había hermosos parques:

La vegetación y el paisaje eran de una belleza indescriptible. No era todo verde como aquí, sino con matices variantes de rosa, naranja y lavanda, como el arco iris. Una dulce calma penetraba todo.... Seguí adelante cubriendo una distancia

---

[4]Preston Nibley (comp.), *Sharing the Gospel With Others, Excerpts from the Sermons of President Smith* (Salt Lake City, Utah: Deseret Book Co., 1948), pág. 111. El presidente Smith contó de la siguiente manera de como entró al mundo espiritual:

Unos años atrás estuve seriamente enfermo. De hecho, pensé que todos, menos mi esposa, habían perdido toda esperanza. Fui a Saint George, en Utah, con mi familia para ver si mejoraba mi salud. Viajamos en tren tan lejos como pudimos y luego seguimos en carreta, en el fondo de la cual hicieron una cama para mí.

En Saint George hicimos los arreglos para instalar una tienda sobre un piso prefabricado elevado a unos treinta centímetros del suelo. Podíamos enrollar el lado sur de la tienda para que entrara el sol y el aire fresco. Llegué a estar tan débil que a duras penas podía moverme. Darme vuelta en la cama era un esfuerzo agotador.

Un día, estando en esas condiciones, perdí el conocimiento y pensé que había pasado al otro lado del velo. (págs. 110-111)

[5]Jacob Hamblin, *Jacob Hamblin, op cit.,* pág. 58. El élder Hamblin escribió lo siguiente como prefacio a su relato de su entrada al mundo espiritual:

Durante el verano de 1858 en mi hogar en Santa Clara, una mañana, aproximadamente a las nueve, cortaba algunas de las ramas grandes de un árbol. Cuando estaba a unos seis o nueve metros de altura, caí a tierra, golpeándome seriamente. Creyéndome muerto o casi muerto, me llevaron a casa.

Aproximadamente a las ocho de la noche, recuperé el sentido y arrojé una gran cantidad de sangre del estómago. Pedí a los hermanos que me rodeaban que me bendijeran, y así lo hicieron. *Entre el momento en que caí del árbol y el que recuperé el sentido, no tuve conciencia de las cosas terrenales.*

Durante el tiempo en que mi cuerpo estuvo en esa condición, me pareció que *me elevaba de la tierra y que miraba hacia abajo y la veía como un globo obscuro.* (págs. 57-58.)

apreciable, tomando mucho tiempo para contemplar los paisajes maravillosos de *parques, árboles y flores,* y para visitar a personas, algunos conocidos, y otros—muchos miles—que no reconocí. Me acerqué a un pequeño grupo de hombres que estaban en un *sendero bordeado por vistosos macizos de flores, césped y arbustos, todos de tono dorado, señalando la proximidad de un hermoso edificio.*[6]

El presidente Jedediah M. Grant comentó sobre la belleza de las flores que vio en el paraíso:

> En la tierra he visto buenos jardines, pero nunca vi uno que se compare con los que hay allí. Vi *flores de numerosas variedades,* y algunas con cincuenta a cien flores de diferente color creciendo en una sola rama.[7]

Aparentemente el árbol de la vida está en medio de toda esta hermosa vegetación por que el Señor ha revelado que está "en medio del Paraíso de Dios."[8]

Parecería que en el paraíso no hay cambios de estaciones. Al menos en una parte de la descripción del mundo espiritual dejada por Merrill Neville, un jóven de 19 años quien pasó al reino de los espíritus en enero de 1917, él dice que "allí siempre era primavera."[9]

Edificios

Heber C. Kimball, hablando del testimonio del mundo espiritual de Jedediah M. Grant, dijo que:

[6]Heber Q. Hale, *op cit.*

[7]JD 4:136, 4 de diciembre de 1856. La joven hija de Emma y Kee Delgarito, quien fue llamada de entre los muertos por una bendición de los élderes, también vio flores en el mundo espiritual:

> El primer pensamiento de la señora Delgarito al finalizar el largo y angustioso viaje en autobús, fue preguntar si había élderes mormones en esa zona. En poco tiempo fueron localizados dos jóvenes que se sintieron felices de poder acompañarla al hospital. Cuando los tres entraron al cuarto donde yacía la muchacha, la enfermera de guardia estaba tapándole la cara con una sábana. Emma corrió a su lado e intentó retirar la sábana, pero la enfermera se lo impidió diciendo: 'Su hija acaba de fallecer.' Emma exclamó: 'Pero yo traje a estos dos hombres para que la bendijeran. Ella no debe morir.' Contra los deseos de la enfermera, descubrieron la carita, y los élderes le dieron una bendición magnífica en la que le prometieron que viviría. Gradualmente los párpados comenzaron a moverse, se abrieron y la niña reconoció a su madre. Miró a los misioneros y dijo: 'Estos son los hombres que me sacaron de *la pradera donde crecían las flores.'* Su madre preguntó: '¿De qué pradera hablas, querida?' Ella contesto: *'Estaba corriendo a través de una pradera cubierta de flores hermosas. Estos hombres me alcanzaron, me tomaron de la mano y me trajeron de regreso.'* Emma supo que había presenciado un milagro. Su hija literalmente habiá sido traída del mundo espiritual. (*Life Story of Parley Thomas Richins and Fannie Judd,* pág. 12. Una copia de este manuscrito está en poder de la hermana Ruth Gregory, de Smithfield, Utah.)

[8]Ap. 2:7. Véase también 1 Ne. 15:35-36.

[9]"Manifestation About Building of Temples," *Deseret Evening News,* 18 de mayo de 1918. De acuerdo con el relato, Merrill Neville murió y luego mandó a llamar a su hermana al mundo espiritual, donde le dio cierto número de mensajes para que los llevara a su familia. Su hermana, May, regresó a la vida, entregó los mensajes, vivió diez días más y volvió a morir.

También habló de los edificios que vio allí, mencionando que el Señor le dio sabiduría a Salomón y puso en sus manos oro y plata para que pudiera desplegar su habilidad y talento. Y aún así, *el templo erigido por Salomón era muy inferior al edificio más ordinario que vio en el mundo de los espíritus.*[10]

David P. Kimball, cuarto hijo de Heber C. Kimball, recibió varias visiones y manifestaciones durante los siete días que vagó perdido, sin agua ni comida, por el desierto en Arizona en noviembre de 1881. Una de las visiones era del mundo espiritual en la cual vio muchos de los Santos muertos:

> Esta escena desapareció y fui llevado en visión dentro de *un edificio vasto, construido sobre el plan de la Orden de Sión.* Entré por la puerta del sur y me encontré en una parte del edificio que estaba sin terminar. Muchos obreros trabajaban ahí. Mi guía me mostró toda esa mitad de la casa que estaba sin finalizar, y luego me llevó a la otra mitad que estaba completa. *Su riqueza, grandiosidad y belleza desafiaban toda descripción. La casa, que era muy espaciosa, tenía muchos apartamentos los cuales diferían de tamaño y en finura de artesanía, de acuerdo con los méritos terrenales de aquellos que habrían de ocuparlos.* Yo me sentí más a gusto estando entre los trabajadores en la parte inconclusa del edificio. *La parte superior estaba llena de Santos,* pero no los pude ver, aunque algunos de ellos conversaron conmigo: mi padre, mi madre, mi tío Joseph Young y otros.[11]

Merrill Neville en su narración del mundo espiritual, también comentó sobre los edificios que allí se encuentran:

> Le dijo a su hermana que cuando murió se encontró con sus abuelos y que ahora estaba viviendo con ellos. Tenían un hogar hermoso y estaban preparando una bella casa para su madre y su familia.[12]

Heber Q. Hale, al visitar el paraíso, vio un hermoso templo con cúpulas doradas:

---

[10]JD 4:136, 4 de diciembre de 1856.

[11]O. F. Whitney, "A Terrible Ordeal," *Helpful Visions* (Decimocuarto en la serie de libros Promotores de la Fe; Salt Lake City, Utah: Juvenile Instructor Office, 1887), pág. 13. Harriet Salvina Beal en su relato de su viaje al mundo espiritual también informó haber visto un edificio sin terminar:

> "Después de algún tiempo llegamos a un hermoso edificio, muy grande pero incompleto. Parecimos llegar muy fácilmente a la galería que rodeaba el edificio hasta donde podíamos ver. . . .
>
> "Mi madre me llevó entonces a un bellísimo dormitorio que era muy grande. La habitación era hermosa así como el resto del edificio que podía ver, aunque aún no estaba terminado. Los pisos del dormitorio eran como de oro, y allí estaba jugando nuestro amado pequeño William Francis, a quien habíamos enterrado en la llanura. Y con él estaban los mellizos. . . . En el cuarto había hermosas camas. . . ." (Cora Ann Beal Peterson, *Biography of William Beal,* manuscrito inédito en poder de Ronald DeMille, Smithfield, Utah), pág. 8.

[12]"Manifestation About Building of Temples," *Deseret Evening News,* 18 de mayo de 1918.

Seguí adelante deleitando mis ojos con las bellezas que me rodeaban y gloriándome en la paz y felicidad indescriptibles con que todos rebosaban y que manaba de dondequiera. Cuanto más lejos iba, más gloriosas parecían ser las cosas. Parado en un cierto lugar, contemplé a poca distancia *un templo maravilloso, coronado con cúpulas doradas. De él salió un pequeño grupo de hombres vestidos con túnicas blancas, que se detuvieron para conversar brevemente. Estos eran los primeros que vi ataviados con esas ropas.*[13]

Gente Organizada e Industriosa

Jedediah M. Grant describió cuidadosamente la organización de la gente en el paraíso de los espíritus, y habló de las relaciones familiares en ese lugar:

El dijo: '¡Oh, qué orden y gobierno el que existe allí! Cuando estuve en el mundo espiritual, vi el orden establecido para los hombres y mujeres virtuosos. Los vi organizados en varios grados. Nada parecía obstruir mi visión. Pude ver a cada hombre y mujer en su orden y grado. Miré a ver si había algún desorden, pero no pude encontrar ninguno. Tampoco vi muerte u obscuridad, desorden o confusión.' Dijo que la gente que vio allí estaba organizada en familias. Estaban organizados grado tras grado y todo en perfecta armonía.... 'Para mi gran sorpresa,' dijo, '*en algunas de las familias había deficiencias,* faltaba alguien. Vi familias a quienes no les era permitido morar juntos, porque no habían honrado sus llamamientos aquí.'[14]

El presidente Heber Q. Hale presenció el mismo orden entre los habitantes del paraíso:

La gente que encontré allí no se consideraban espíritus, sino hombres y mujeres, *individuos que piensan y actúan por sí mismos, que cumplen con sus importantes obligaciones de la manera más ordenada.* Allí reinaba un orden perfecto, y *cada uno parecía tener algo que hacer* y todos parecían ocupados en sus propios asuntos.[15]

El élder Peter E. Johnson también comentó acerca de la sociedad altamente organizada del paraíso y dijo que el trabajo allí parecía ser similar al de la tierra:

Mientras estuve en el mundo espiritual *observé que la gente estaba ocupada. Todos estaban perfectamente organizados para el trabajo que hacían.* Me pareció una continuación del trabajo que hacemos aquí—algo así como ir de una estaca a otra. *Allí no había nada que me pareciera particularmente extraño, todo era natural.*[16]

---

[13]Heber Q. Hale, *op cit.*
[14]JD 4:135-136, 4 de diciembre de 1856.
[15]Heber Q. Hale, *op cit.*
[16]Peter E. Johnson, *Relief Society Magazine, op cit.*, Vol. VII, pág. 455

Pareciera que en la parte de los justos en el mundo espiritual reina un espíritu de felicidad y amistad, y que allí se disfruta de la misma amenidad social que conocemos en la tierra. Como observó el profeta José Smith, los espíritus de los muertos "viven en un lugar donde conversan el uno con el otro del mismo modo que lo hacemos aquí en la tierra."[17] Siguiendo el mismo tema, el presidente Brigham Young dijo:

> Los espíritus tienen tanta familiaridad con los espíritus como los cuerpos con los cuerpos, aunque los espíritus están compuestos de una materia tan refinada que es intangible para este organismo más tosco. Ellos caminan, conversan y tienen sus reuniones.[18]

Modas en el Mundo Espiritual

Parece que en el mundo espiritual hay tanta diversidad de vestuario como la hay aquí en la tierra. El presidente Heber Q. Hale comentó que:

> Los millones que vi previamente estaban vestidos, por supuesto, pero sus ropas eran variadas. Los soldados, por ejemplo, vestían de uniforme.[19]

Sin embargo, el presidente Hale parecía referirse a los espíritus que no habitaban con los justos en el paraíso. Hay evidencias que demuestran que los justos que viven en esa parte del mundo espiritual, escogen vestir de blanco. Juan el Revelador quien vio los espíritus de los justos que habían sido muertos por su testimonio de Jesús, dijo que se les dieron túnicas blancas:

> Vi debajo del altar *las almas de los que habían sido muertos por la palabra de Dios y por el testimonio que ellos tenían.*
>
> Y clamaban en alta voz diciendo: ¿Hasta cuándo, Señor, santo y verdadero, no juzgas y vengas nuestra sangre de los que moran en la tierra?
>
> *Y les fueron dadas sendas ropas blancas,* y fuéles dicho que reposasen todavía un poco tiempo, hasta que se completaran sus consiervos y sus hermanos, que también habían de ser muertos como ellos.[20]

De hecho, antes que los recién llegados al paraíso hayan pasado el velo, se les preparan ropas apropiadas. Al respecto el élder Hale presenció esta preparación:

> Cuando me acercaba al lugar por donde había entrado, me llamó la atención un pequeño grupo de mujeres preparando lo que parecía ser

[17]HC 6:311, 7 de abril de 1844.
[18]JD 3:371-372, 22 de junio de 1856.
[19]Heber Q. Hale, *op cit.*
[20]Ap. 6:9-11.

indumentarias de vestir. Viendo la expresión inquisitiva de mi rostro, una de las mujeres dijo: 'Nos estamos preparando para recibir al hermano Phillip Worthington.' ... Cuando repetí su nombre balbuceando, fui amonestado: 'Si usted supiera la misión gloriosa y el gozo que le aguardan a él aquí, no pediría que fuera retenido más tiempo en la tierra.'[21]

Parece ser que hay excepciones en cuanto a la regla de que en el paraíso todos visten de blanco. Parece que a algunos se les permite usar una moda diferente, para que puedan ser reconocidos por los que recién llegan a la morada espiritual. Eso sucedió en el caso de Hans Jensen que vestía la ropa de pesca con que murió, para que pudiera ser reconocido por su sobrina Ella Jensen:

> *Toda la gente estaba vestida de color blanco o crema,* excepto mi tío Hans Jensen, que usaba la ropa obscura y las largas botas de hule que vestía cuando se ahogó en el río Snake en Idaho.[22]

---

[21]Heber Q. Hale, *op cit.* Phillip Worthington murió dos días después, el 22 de enero de 1920. El presidente Hale fue llamado por telegrama a Boise y el 23 de enero pronunció su sermón en el funeral.

> Las palabras del élder Hale acerca de las mujeres encuentra apoyo en lo expresado por el presidente John Taylor:
>
> Cuando vamos al mundo espiritual, lo hacemos desnudos, tal como vinimos al mundo, *y si obtenemos alguna ropa es gracias a otras personas, del mismo modo que cuando nacimos en esta tierra.* (Matthias F. Cowley, *Wilford Woodruff, op cit.*, pág. 541. Véase Job 1:21.)

Cuando Harriett Salvina Beal habló del regreso de su madre del mundo espiritual, dijo que:

> Le pregunté donde había obtenido el vestido que estaba usando, porque no era la ropa con que había sido enterrada, y ella contestó: 'Me la dio el Señor.' (Cora Anna Beal Peterson, *Biography of William Beal, op cit.*, pág. 7.)

Un sueño concedido a Wilford Woodruff el 15 de marzo de 1848, ilustra la preparación de otra vestimenta:

> Vi a José, a Hyrum y a muchos otros Santos de los Ultims Días que habían muerto. La innumerable cantidad de almas que vi parecía estar preparándose para algún evento importante y grande que yo no pude entender. Muchos estaban ocupados *haciendo coronas para los santos.* Todos vestían túnicas blancas, tanto hombres como mujeres. (Matthias F. Cowley, *Wilford Woodruff, op cit.*, pág. 328.) Véase también JD 2:68-69.

[22]LeRoi C. Snow, *Improvement Era, op cit.*, Vol. XXXII, pág. 974. El presidente Rudger Clawson, quien conocía íntimamente la experiencia de la hermana Jensen, escribió lo siguiente con relación a este tema:

> Algún tiempo antes de que ella fuera al mundo de los espíritus, su tío Hans que vivía en Brigham City, me consultó como presidente de estaca, para saber si sería apropiado ir a la zona del río Snake en Idaho para pescar salmón. Su idea era que si tenía éxito, enviaría desde el norte salmón a Brigham City, sacando buena ganancia y beneficiándose financieramente. El necesitaba la ayuda que tal negocio le brindaría .
>
> Le dije que si deseaba hacer ese negocio, la presidencia de la estaca estaba de acuerdo y que era una cuestión que debía decidir por sí mismo.
>
> Después se fue hacia el norte y se dedicó a la pesca del salmón. Una mañana salió de la casa en que estaba viviendo, vestido con una camisa, un mameluco de pescar y botas de hule, pero nunca regresó. Su hermano mayor Jacob Jensen me vino a ver muy alarmado porque no había tenido noticias de él durante algún tiempo y nadie sabía donde se

Las descripciones de aquellos que han recibido visitantes procedentes del paraíso, mencionan unánimemente las vestiduras de los espíritus como una túnica de color blanco. Así Thomas A. Shreeve escribió que: "entró al cuarto un personaje *vestido de blanco.*"[23] Lorenzo Dow Young informó que su guía en el mundo espiritual "estaba *vestido en el blanco más puro.*"[24] Cuando Briant Stevens apareció a su padre, estaba *"vestido de nívea blancura."*[25]

Parece ser que la vestimenta de los seres espirituales en el paraíso es la misma que usan los seres angelicales que han progresado a un nivel superior. La descripción de las túnicas de los ángeles es más completa. José Smith, por ejemplo, describió al ángel Moroni en detalle, diciendo que:

> Llevaba puesta una *túnica suelta de una blancura exquisita.* Era una blancura que excedía cuanta cosa terrenal jamás había visto yo; ni creo que exista objeto alguno en el mundo que pudiera presentar tan extraordinario brillo y blancura. *Sus manos estaban desnudas y también sus brazos, un poco más arriba de las muñecas; y en igual manera sus pies, así como sus piernas, poco más arriba de los tobillos. También tenía descubiertos la cabeza y el cuello, y pude darme cuenta de que no llevaba puesta más ropa que esta túnica, porque estaba abierta de tal manera que podía verle el pecho.*
>
> No sólo tenía su túnica esta blancura singular, sino que toda su persona brillaba más de lo que se puede describir. . . .[26]

Un ángel que apareció durante la ceremonia de dedicación del templo de Kirtland fue descrito como "un personaje alto, de ojos oscuros, cabello blanco, y un poco encorvado. *Su vestimenta era de una sola pieza, extendiéndose casi hasta los tobillos. En sus pies calzaba sandalias.*"[27]

También hay evidencias de que a veces los seres celestiales visten las ropas del templo. El élder Alonzo A. Hinckley recibió tres

encontraba. Estaba muy preocupado y temía que su hermano se hubiera ahogado en el río Snake.

Jacob organizó una partida de hombres que durante dos o tres semanas rastrearon infructuosamente la zona. No encontraron ningún rastro de Hans y nunca se volvió a oír hablar de él, hasta que su sobrina Ella Jensen lo encontró en el mundo de los espíritus. Ella dijo que él vestía camisa, mameluco y botas de hule. El misterio estaba resuelto.

De allí en adelante no hubo dudas de que Hans Jensen se había ahogado en el río Snake. Se dice que cuando los muertos se manifiestan a los vivos, generalmente aparecen vestidos como la última vez que fueron vistos en la tierra para que los vivos puedan reconocerlos. Si eso es verdad, explicaría las extrañas prendas que vestía su tío. (*Ibid.*, pág. 978.)

[23]Thomas A. Shreeve, *Helpful Visions, op cit.*, pág. 59.

[24]Lorenzo Dow Young, *Fragments of Experience, op cit.*, pág. 27.

[25]Kennon, *Helpful Visions, op cit.*, pág. 36.

[26]J. Smith-Historia 31-32.

[27]Orson F. Whitney, *Life of Heber C. Kimball, op cit.*, pág. 103.

visitantes de allende del velo, ataviados de esa manera poco antes de partir al mundo de los espíritus:

> Poco antes de morir, el élder Hinckley estaba con su hija Afton, en su hogar en la ciudad de Salt Lake. La familia había salido. Todo estaba silencioso y una influencia indescriptiblemente dulce se extendía por la casa. Ella supuso que su padre dormía, pero después de un rato fue a su habitación. Cuando abrió la puerta, él le dijo: 'Entra, he tenido una tarde maravillosa. *Tres mensajeros celestiales, vestidos con el manto del Santo Sacerdocio, han sido mis visitantes.' Dijo que le enseñaron a cantar un himno.* En ese momento comenzó a llegar la familia y él nunca volvió a referirse a ese tema.[28]

Los Niños Que Mueren Tienen Espíritus Adultos

Los Santos de los Ultimos Días saben que los espíritus premortales han alcanzado la edad adulta antes de venir a la tierra. Si, después de haber venido a la mortalidad, mueren antes que su cuerpo terrenal haya alcanzado la madurez, su espíritu recobrará nuevamente la forma adulta, aunque el cuerpo que hayan dejado en el sepulcro sea el de un niño. Este hecho es confirmado por aquellos que han visto en el paraíso a los espíritus de niños fallecidos.

Henry Zollinger, por ejemplo, vio a su hermana muerta (que había fallecido cuando tenía cuatro años de edad) y declaró que "su espíritu estaba completamente desarrollado en estatura y parecía muy inteligente."[29] El presidente Heber Q. Hale hizo un descubrimiento similar:

> Me sorprendió descubrir que allí *no hay bebés de brazos.* Encontré al infante de Orson W. Rawlins, mi primer consejero. Inmediatamente lo reconocí como al bebé que había muerto unos años atrás, aunque *parecía tener la inteligencia y, en ciertos aspectos, la apariencia de un adulto,* y estaba ocupado en cuestiones relacionadas con su familia y su genealogía. Me alegraba saber que las madres recibirían nuevamente en sus brazos a los niños que murieron en la infancia y que estarían plenamente satisfechas. Pero aun así, el hecho es que *la entrada al mundo espiritual no es un lugar para crecer, sino una oportunidad más para el desarrollo espiritual. Los bebés son espíritus adultos en cuerpos infantiles.*[30]

El presidente Joseph F. Smith explicó que los espíritus de los niños muertos podían ser vistos por los mortales en la forma de niños, para poder ser reconocidos, o podían manifestarse en forma adulta si venían como mensajeros especiales:

[28]Bryant S. Hinckley, *The Faith of Our Pioneer Fathers* (Salt Lake City, Utah: Deseret Book Co., 1959), pág. 236.

[29]Henry Zollinger, *op cit.*

[30]Heber Q. Hale, *op cit.*

> *Los espíritus de nuestros niños son inmortales antes de venir a nosotros, y sus espíritus, tras la muerte corporal, son como eran antes de venir.* Son como los habríamos visto si hubiesen vivido en la carne hasta alcanzar su madurez y hubiesen desarrollado sus cuerpos físicos a la estatura completa de sus espíritus. *Si viérais a alguno de vuestros niños que ha muerto, tal vez se os manifestaría en una forma en que puediérais reconocerlo, la forma de su niñez. Pero si viniera a vosotros como mensajero con alguna verdad importante, tal vez vendría* como vino al obispo Edward Hunter el espíritu de su hijo que murió en su niñez. Este niño se manifestó *en su estatura de hombre maduro,* y dijo: 'Soy tu hijo.'
>
> El obispo Hunter no pudo entender eso y fue a mi padre diciendo: 'Hyrum, ¿qué significa ésto? Cuando sepulté a mi hijo sólo era un niñito, pero ha venido a mí como hombre ya crecido, un joven noble y glorioso, y declaró ser mi hijo. ¿Qué significa esto?'
>
> Mi padre (Hyrum Smith el Patriarca) le dijo que el espíritu de Jesucristo se había desarrollado completamente antes de nacer en el mundo. De igual manera *nuestros hijos han alcanzado su desarrollo completo y poseen su estatura cabal en el espíritu antes de entrar al estado terrenal, la misma estatura que poseerán después de que hayan salido de su condición mortal,* y como también se verán después de la resurrección, cuando hayan cumplido con su misión.[31]

Hay casos en que espíritus de niños muertos han aparecido en la forma infantil a quienes de esa manera los podrían identificar mejor. Por ejemplo, Jedediah M. Grant vio a su hija como una bebita en el mundo de los espíritus:

> Vio a su esposa, la primera persona que encontró. Vio a muchos conocidos, pero no conversó con ellos, sólo con su esposa Carolina. Ella vino hacia él, y él le dijo que qué hermosa se veía. Ella *llevaba en sus brazos*

---

[31]Joseph F. Smith, *Doctrina del Evangelio* (México: Editorial Deseret, 1971), Tomo II, págs. 265-266. Un mensaje previo del patriarca Hyrum Smith es pertinente en el caso de la aparición del hijo del obispo Hunter:

> El 8 de octubre de 1840 Edward Hunter fue bautizado por el élder Orson Hyde en su viaje a Palestina y poco después recibió una visita del hermano del profeta José, el élder Hyrum Smith. El asistió a la conferencia en Philadelphia y contribuyó liberalmente a la edificación del mesón de Nauvoo y del Templo. En una visita posterior del élder Hyrum Smith, cuando caminaban por las riberas del río, comenzaron a hablar sobre el tema de la muerte y el hermano Hunter se sintió compelido a preguntarle acerca del hijo que había perdido, un niño llamado George Washington, un muchachito excelente a quien había estado unido con devoción. *'Es una doctrina bastante fuerte'* dijo el élder Smith, 'pero creo que se la diré. *Su hijo se desempeñará como un ángel para usted, no como su ángel guardián, sino como un ángel auxiliar que lo ayudará en caso de pruebas extremas.'* Aproximadamente un año y medio después se le manifestó la veracidad de esa aseveración, cuando en un momento de profunda depresión se le apareció el niño en una visión. El hermano Hunter expresa: Su apariencia era aún más perfecta que en su vida natural. Tenía los mismos ojos azules, cabellos rizados, rasgos delicados y el aspecto más hermoso. Quise retenerlo y lo alenté para que se quedara. Entonces, *con su voz tan propia y familiar,* me dijo: "George tiene

> *a su hijita, que había muerto en las praderas*, y dijo: 'Señor Grant, aquí está la pequeña Margaret. Usted sabe que los lobos la devoraron, pero eso no le causó daño. Ella está bien aquí.'[32]

De una manera similar el élder Thomas A. Shreeve pudo reconocer a su hermanito, que se le apareció como un niño pequeño aparentemente para facilitar el reconocimiento, después de una separación de casi dos décadas:

> *Vi la figura de un niñito parado al pie de la cama. Miré atentamente y reconocí a mi hermanito Teddy que se había ahogado casi veinte años antes.* Parece que yo sabía que él venía del mundo espiritual, y en mi ansiedad salté de la cama y apoyando una rodilla en el piso, lo observé intensamente. *Se paró cerca de mí y tomé uno de sus bracitos en mi mano. Aunque era un espíritu, parecía palpable a mi tacto.* Dije:
>
> 'Pienso que eres mi hermanito Teddy, pero hace tanto que te vi por última vez que casi he olvidado como eras.'[33]

Ella Jensen, mientras estaba en el mundo espiritual, vio un grupo grande de niños:

> Finalmente alcancé el extremo de esa larga habitación. Abrí una puerta y pasé a otro cuarto *que estaba lleno de niños. Estaban acomodados en perfecto orden, primero los más pequeños, luego los más grandes, de acuerdo a su edad y tamaño,* los más grandes en las últimas filas alrededor de todo el cuarto. Estaban reunidos en una especie de Primaria o Escuela Dominical presidida por Eliza R. Snow. *Había cientos de niños pequeños.*[34]

Parece que ella no entendió el significado completo de lo que vio, hasta más tarde, cuando tuvo una conversación con el hermano Alphonzo H. Snow y su esposa. Esa conversación le demostró que los espíritus aparecieron como niños para ayudarle a identificar al pequeño Alphie Snow, quien acababa de fallecer. El hermano Snow relató:

> Mi esposa Minnie y yo oímos de la muerte y de la restauración a la vida de Ella Jensen y fuimos a su hogar para verla. Cuando entramos al cuarto, ella dijo: "¡Oh! Alphonzo y Minnie, vengan aquí. Tengo algo que decirles. Después de regresar a la tierra conté a mis padres algunas de las notables experiencias que había tenido en el mundo espiritual. Una de ellas fue muy extraña y no la pude entender.

---

muchos amigos en el cielo." ' (Andrew Jenson, *Latter-Day Saint Biographical Encyclopedia, op cit.*, Vol. I, págs. 229-230.)

[32] JD 4:136, 4 de diciembre de 1856.

[33] Thomas A. Shreeve, *Helpful Visions, op cit.*, pág. 60.

[34] LeRoi C. Snow, *Improvement Era, op cit.*, Vol. XXXII, pág. 974.

"Ustedes saben que su hijito Alphie ha estado en mi clase de la Escuela Dominical en el Barrio Primero. Siempre lo quise mucho. Mientras estaba en la clase de Eliza R. Snow en el mundo espiritual, reconocí a muchos niños. Todos ellos habían muerto excepto uno, el pequeño Alphie. No podía entender como podía estar entre ellos, y al mismo tiempo estar vivo. Cuando le conté esto a mamá, ella dijo: 'Sí, Ella, el pequeño Alphie también está muerto. Falleció esta mañana temprano cuando tú estabas tan enferma. Sabíamos que lo amabas y contártelo te hubiera hecho mal, así que no te lo dijimos.' "

Indudablemente fue un consuelo saber que Ella había visto a nuestro querido pequeño y que él estaba muy feliz. Ella dijo que no era correcto afligirnos y lamentarnos tanto por él, y que si nosotros nos absteníamos de hacerlo, él sería más feliz.[35]

Diferentes Esferas y Niveles

El mundo espiritual no debería ser considerado como una sola vasta zona habitada. Parece ser que está dividido en diferentes comunidades, y los que están en diversos niveles de progreso aparentemente viven rodeados de aquellos con quienes tienen mayor compatibilidad. Pareciera que hay numerosos grados de progreso representados por varias esferas o áreas de residencia.

Brigham Young enseñó:

> No tenemos tiempo que perder tontamente, porque tenemos que hacer tanto como nos es posible para no quedarnos atrás de los hermanos que nos han precedido.
>
> Y cuando hayamos pasado a la esfera donde está José, *aún habrá otro departamento, y luego otro, y otro, y así sucesivamente hacia un progreso eterno en exaltación y vidas eternas.* Esa es la exaltación que yo busco.[36]

Según entendía el presidente Brigham Young, un individuo gozará de una libertad considerable para elegir a aquellos con quienes se asociará cuando alcance el mundo espiritual. El dijo que "si se asocian y reúnen juntos en clanes y sociedades como lo hacen aquí, ése será su privilegio."[37]

Sin embargo, en el mundo espiritual, hay un elemento de clasificación de acuerdo al grado de progreso y de rectitud. El

---

[35] *Ibid.*, págs. 976-977

[36] JD 3:375, 22 de junio de 1856. Parley P. Pratt comentó: 'Así como aquí, en ese mundo hay muchos lugares y grados.' (JD 1:9.) Véase también las enseñanzas de Orson Pratt concernientes al progreso en el mundo espiritual en "Questions and Answers." *Millenial Star,* I, págs. 257-258.

[37] JD 2:137, 3 de diciembre de 1854. Véase las enseñanzas de Orson Pratt sobre 'clases y distinciones en el mundo espiritual' en JD 2:370.

presidente Heber Q. Hale, quien vio y entendió este principio mientras estuvo en el mundo espiritual, dijo:

> Luego resultó aparente que los habitantes del mundo espiritual están clasificados de acuerdo a su pureza y a su subordinación a la voluntad del Padre.[38]

En el mundo espiritual hay movimiento y progreso de un área a la otra. Durante su visita al mundo espiritual, Jedediah M. Grant descubrió que eso era verdad cuando

> Le preguntó a su esposa Carolina donde estaban José, Hyrum, el padre del profeta y otros. Ella contestó: *'Ellos han seguido adelante para ejecutar y realizar tareas para nosotros.'* Igual que cuando el hermano Brigham y sus hermanos dejaron Winter Quarters y vinieron aquí buscando un hogar, ellos fueron a encontrar un lugar para sus hermanos.[39]

Wilford Woodruff, hablando de una visita de más allá del velo hecha por Brigham Young después de su muerte, compartió un entendimiento que ganó conversando con el difunto líder:

> Me vino el pensamiento de que el hermano José había dejado en manos de otros el trabajo de velar sobre esta Iglesia y reino, y *que había avanzado,* dejando esta obra a hombres que han vivido y trabajado con nosotros desde que él se fue. Y se me manifestó esta idea: que *tales hombres avanzan en el mundo espiritual.*[40]

Parece que hasta que un individuo no se haya perfeccionado hasta el punto de estar calificado para morar a un grado o nivel más alto del mundo espiritual, no se le permitirá entrar a ese nivel. Esto es especialmente verdadero cuando uno busca pasar de la prisión espiritual al paraíso. De acuerdo con Heber Q. Hale hay mucha actividad entre las diferentes esferas por medio de los misioneros que procuran ayudar a otros a progresar y a desarrollarse:

> *Particularmente se observó que los inicuos e impenitentes están confinados en un cierto distrito, los confines del cual son tan estrictamente determinados e impasables* como la línea que marca la división entre el mundo físico y el mundo espiritual; un simple velo, pero que resulta *impasable hasta que la persona misma haya cambiado.* Este mundo espiritual es una morada temporal para todos los espíritus que esperan la resurrección de los muertos y el juicio. *Dentro de las diferentes esferas había mucha actividad* y se veían los ministros de la salvación *pasando de las esferas elevadas a las inferiores* para efectuar sus compromisos misionales.[41]

[38]Heber Q. Hale, *op cit.*
[39]JD 4:136, 3 de diciembre de 1856.
[40]JD 21:318, 10 de octubre de 1880.
[41]Heber Q. Hale, *op cit.*

La Iglesia de Esta Dispensación, en el Mundo Espiritual, Bajo la Dirección de José Smith

Los Santos de los Ultimos Días entienden que la actividad en el mundo espiritual será dirigida por la Iglesia, con profetas del Señor en posiciones de liderismo. Cuando uno deja la mortalidad, continúa con sus responsabilidades en la Iglesia allende el velo. Como enseñó Wilford Woodruff:

> El mismo sacerdocio existe al otro lado del velo. Todo hombre que es fiel a su quórum aquí, se unirá a su quórum allá. Cuando un hombre muere y su cuerpo yace en la tumba, no pierde su posición. . . . Cada apóstol, setenta, élder, etc. que ha muerto en la fe, tan pronto como pasa al otro lado del velo, entra en la obra del ministerio.[42]

Brigham Young enseñó el mismo principio con igual claridad:

> Cuando élderes fieles, poseyendo el sacerdocio, van al mundo espiritual, llevan con ellos el mismo poder y sacerdocio que tuvieron en el tabernáculo mortal.[43]

Parece que la autoridad del sacerdocio es aún más necesaria en el mundo espiritual que en la tierra, porque el trabajo allende el velo no está dividido entre objetivos espirituales y objetivos temporales como aquí. Está dedicado casi exclusivamente a la extensión del gran plan de salvación de Dios, bajo la dirección de la autoridad del sacerdocio.[44] De acuerdo con el presidente Brigham Young, el poseer el sacerdocio le permitirá a un hombre trabajar en el mundo espiritual en un plano mucho más alto que los que no tienen este poder:

---

[42]JD 22:333-334, 8 de octubre de 1881.

[43]JD 3:371, 22 de junio de 1856. La declaración del Señor concerniente a un mártir de los primeros años de la Iglesia, es significativa: "A David Patten lo he tomado para mí; he aquí nadie le quita su sacerdocio. . . ." (D. y C. 124:130.)

[44]Aparentemente la importancia del sacerdocio de Melquisedec más allá del velo es tan grande que a veces el Señor demora la muerte hasta que los individuos lo han recibido, o causa que sean ordenados antes de la edad en que normalmente son ordenados los miembros fieles de la Iglesia. Así fue el caso de Briant Stevens, quien murió a los trece años. Los élderes que lo cuidaban en su lecho de enfermo, su padre y su presidente de estaca recibieron la inspiración de que debía ser ordenado al sacerdocio de Melquisedec:

> Al día siguiente este élder estaba sentado en la Reunión del Domingo de Ayuno, cuando recordó el sueño e *instantáneamente sintió que Briant debía ser ordenado al Sacerdocio de Melquisedec antes de morir.* El élder hubiera ido a la casa, pero inmediatamente tuvo la impresión de que no era necesario preocuparse, porque ese problema ya estaba recibiendo atención.
>
> En la mañana del 3 de febrero, que era día de ayuno, *el hermano Stevens recibió la inspiración de ordenar a Briant al sacerdocio de Melquisedec, sin embargo se esforzó por quitar ese pensamiento de su mente. Pero la idea regresaba constantemente, cada vez más imperativamente. El no era el único que tenía ese sentimiento, porque varios élderes que habían estado cuidando a Briant sintieron la misma influencia al mismo tiempo,* aunque no todos estaban presentes. Pero, uno de ellos que estaba junto a la cama dijo:

Se ha dicho mucho sobre el poder de los Santos de los Ultimos Días. El que tiene el poder ¿es el pueblo llamado Santos de los Ultimos Días, o es el sacerdocio? Es el sacerdocio. Si viven de acuerdo a ese sacerdocio, pueden comenzar aquí su obra, ganar muchas victorias y estar preparados para recibir gloria, inmortalidad y vida eterna. *Y cuando van al mundo espiritual, su obra sobrepasará la de cualquier otro hombre o ser que aquí no haya sido bendecido con las llaves del sacerdocio.*[45]

De acuerdo al testimonio de los profetas de los últimos días, la Iglesia está organizada en el mundo espiritual, conforme a las dispensaciones en que los hombres vivieron en la tierra, con el profeta responsable por cada generación encabezando la Iglesia entre su pueblo. El profeta José Smith dijo con referencia a esta organización:

Esta es la naturaleza del sacerdocio: cada hombre presidiendo sobre su dispensación, y un hombre presidiendo sobre todas ellas, aun Adán. Y Adán recibe su presidencia del Señor, pero no puede recibir la plenitud hasta que Cristo presente el reino al Padre, y eso será al final de la última dispensación.[46]

Parece ser que las iglesias de las diferentes dispensaciones no estarán completamente organizadas en su mutua relación, hasta que se realice el concilio de Adam-ondi-Ahman en los últimos días, bajo la dirección de Adán (quien es Miguel y es conocido como el Anciano de Días). Orson Pratt explicó:

Este hombre se sentará en su trono, y diez mil veces diez mil seres inmortales, sus hijos, estarán ante él, con todos los grados del sacerdocio, de acuerdo al orden que Dios ha señalado y ordenado. *Entonces, y no antes, cada quórum del sacerdocio en esta Iglesia de los Ultimos Días encontrará su lugar.*

'Hermano Stevens, durante varias horas he estado sintiendo que debería hablar con usted acerca de ordenar a Briant para ser un élder en la Iglesia. Creo que Ud. debería de hacer esto inmediatamente.'

El hermano Stevens admitió haber tenido ese mismo sentimiento, pero había dudado, temiendo que eso pareciera como que había perdido la esperanza de que Briant se recuperara. Pero después de tales amonestaciones, ya no podía ignorar la advertencia, y envió a buscar al obispo. El mensajero, mientras iba a casa del obispo, se encontró con el presidente Shurtliff y habló con él acerca de Briant. *Parece que el presidente había pensado lo mismo, porque dijo que él había llegado a creer que Briant debía recibir el sacerdocio de Melquisedec.*

Cuando se efectuó esta santa ordenación, Briant se serenó, a pesar de haber estado sufriendo intensamente, e inmediatamente se hundió en un dulce sueño.

No despertó en este mundo. Una hora después, cesó de respirar y su espíritu dejó la atormentada arcilla que siguió el camino de la naturaleza, mientras el espíritu noble fue a otro reino a cumplir con la misión asignada. (Kennon, *Helpful Visions, op cit.,* págs. 33-34.)

Mientras predicaba en el funeral de su hijo Joseph, el presidente Heber C. Kimball dijo:

Hace ocho años él estuvo al borde de la muerte. Sentí la inspiración de ordenarlo Sumo Sacerdote. Lo ordené y sé que eso tuvo un efecto salvador sobre el muchacho, y Dios le ha tenido consideración. Ahora vive en el espíritu. . . . (JD 10:372, 29 de noviembre de 1864.)

[45] JD 7:288-289, 9 de octubre de 1859.

[46] HC 4:209, 5 de octubre de 1840.

Si vamos tras el velo, no hallaremos esta organización perfecta de los santos de todas las generaciones; recién la encontraremos cuando llegue ese período, que será antes que Jesús venga en Su gloria. Entonces veremos que allí hay un lugar para la Primera Presidencia de esta Iglesia, para los Doce Apóstoles llamados en esta dispensación, para los doce discípulos que fueron llamados entre el resto de José en esta tierra en la antigüedad; para los Doce que fueron llamados entre las diez tribus de Israel en el país del norte; para los Doce llamados en Palestina que ministraron en la presencia de nuestro Salvador. *Todos los quórums y concilios del sacerdocio de cada dispensación que han existido desde los días de Adán hasta el tiempo presente, encontrarán sus lugares de acuerdo a los llamamientos, dones, bendiciones, ordenaciones y llaves del sacerdocio que el Señor Todopoderoso les ha conferido en las diferentes generaciones.* Esta será una de las reuniones más grandes que jamás haya tenido lugar sobre la faz de nuestra tierra.[47]

José Smith es reconocido como el líder de la Iglesia de esta dispensación en el paraíso. Brigham Young dijo:

José Smith posee las llaves de esta última dispensación y ahora está trabajando tras el velo en la gran obra de los últimos días. . . . El posee las llaves del reino de esta última dispensación—las llaves para gobernar en el mundo espiritual. Y él rige allí triunfalmente, porque él ganó pleno poder y una victoria gloriosa sobre el poder de Satanás mientras estaba en la carne, y fue un mártir por su religión y por el nombre de Cristo, lo cual le da la más perfecta victoria en el mundo espiritual. *El reina allí como un ser supremo en su esfera, capacidad y llamamiento, así como Dios lo hace en el cielo.* Muchos exclamarán '¡Oh, eso me es desagradable! ¡Es ridículo! ¡No puedo soportar ni siquiera la idea!' Pero eso es verdad.

Ahora voy a decirles algo que debiera consolar a todo hombre y mujer sobre la faz de la tierra. José Smith hijo, nuevamente estará sobre la tierra dictando planes y llamando a sus hermanos para que sean bautizados a favor de esas mismas personas que desearon que esto no fuera así. Y eso será hecho con la finalidad de llevarlos a un reino donde quizás disfruten de la presencia de ángeles o de espíritus de hombres buenos, si es que no pueden aguantar la presencia del Padre y del Hijo. *El nunca cesará de obrar bajo la dirección del Hijo de Dios, hasta que se hayan salvado los últimos hijos de los hombres que puedan ser salvos, desde Adán hasta ahora.*

¿No debiera este pensamiento consolarnos a todos? *Estarán mil veces más agradecidos por un hombre como José Smith hijo, que por cualquier otra cosa en este mundo.* Su misión es ver que todos los hijos de los hombres de esta última dispensación que puedan ser salvos, lo sean, mediante la redención. *Todos vosotros agradeceréis a José Smith hijo, el que haya sido ordenado a ese gran llamamiento antes de que los mundos fueran.*[48]

---

[47] JD 17:187, 11 de octubre de 1874. El tiempo, lugar, propósito y esfera de acción del concilio en Adam-Ondi-Ahman están tratados cuidadosamente en el libro del autor, *Prophecy—Key to the Future* (Salt Lake City, Utah: Bookcraft Inc., 1962), págs. 167-177.

[48] JD 7:289, 9 de octubre de 1859.

El presidente Wilford Woodruff repitió la misma enseñanza:

> *El profeta José Smith poseyó las llaves de esta dispensación de este lado del velo y las poseerá durante las edades incontables de la eternidad.* Fue al mundo espiritual a abrir las puertas de la prisión y a predicar el evangelio a los millones de espíritus que están en la obscuridad.[49]

Parley P. Pratt enseñó el mismo principio:

> Este es mi testimonio en este día, que José Smith fue y es un profeta, vidente y revelador, un apóstol que posee las llaves de esta última dispensación y del Reino de Dios, bajo Pedro, Santiago y Juan. *No sólo fue, vivió y murió profeta y apóstol de Jesucristo, sino que ahora vive en el mundo espiritual y posee esas mismas llaves para nosotros y toda esta generación. Poseerá esas llaves por toda la eternidad,* y no hay poder en los cielos o en la tierra que pueda quitárselas jamás; porque *él continuará poseyendo esas llaves durante toda la eternidad,* y él estará nuevamente en la carne sobre esta tierra como la cabeza de los Santos de los Ultimos Días bajo Jesucristo y bajo Pedro, Santiago y Juan.[50]

En los discursos de los líderes de la Iglesia que conocieron íntimamente a José Smith y que conocieron bien la función que debía desempeñar, son comunes las referencias a su obra en el mundo espiritual. Las palabras de Brigham Young tipifican estos comentarios:

> El espíritu de José,... es activo en la predicación a los espíritus en prisión y en preparar la vía para redimir a las naciones de la tierra que vivieron en la obscuridad antes que él introdujera el evangelio en estos días.
>
> El tiene tanto trabajo como yo; él tiene tanto que hacer como yo. *José Smith padre, y Carlos, y el hermano Partridge, sí, y todo buen santo en el mundo espiritual, están tan ocupados como ustedes y yo aquí. Ellos pueden vernos, pero nosotros a ellos no, a menos que fueran abiertos nuestros ojos. ¿Qué hacen allí? Todo el tiempo están predicando y preparando el camino para que apresuremos la construcción de templos aquí o en otro lugar.*[51]

Sobre el mismo tema el presidente Wilford Woodruff dijo:

> Si se pudiera quitar el velo de nuestros ojos y si pudiéramos ver el mundo espiritual, veríamos que José Smith, Brigham Young y John Taylor han recogido a todos los espíritus que han sido miembros de esta Iglesia desde su organización.[52]

---

[49] JD 22:333-334, 8 de octubre de 1881.

[50] JD 5:195, 7 de septiembre de 1856.

[51] JD 3:369-370, 22 de junio de 1856.

[52] N. B. Lundwall (comp.), *The Vision,* (Salt Lake City, Utah: Bookcraft Publishing Co. pág. 96. El presidente Woodruff pronunció este discurso el 7 de abril de 1893.

Quizás los informes de aquellos que han visto al profeta José y a otros líderes de la Iglesia en el mundo espiritual, o en sueños o visiones, son de mayor significado que comentarios de ese tipo. Cuando David P. Kimball se enfermó de pulmonía en noviembre de 1881, recibió visitantes de allende el velo, incluyendo a su padre, Heber C. Kimball, quien comentó acerca de su asociación con José Smith y Brigham Young:

> En ese momento, mi padre comenzó a hablarme, su voz pareciendo venir de muy lejos. *Empezó contándome de su asociación con el presidente Brigham Young, el profeta José y otros en el mundo espiritual.* Luego preguntó por sus hijos y pareció lamentar que su familia estuviera tan dispersa, y dijo que dentro de dos años habría una gran reforma en su familia. También me dijo donde debería vivir yo, así como ustedes y otros, y muchas otras cosas. *Conversé libremente con mi padre. Mis palabras eran repetidas tres veces por otras tantas personas, exactamente como yo las pronunciaba, hasta que llegaban a él, y luego sus palabras me llegaban del mismo modo.*
>
> Después de todo esto, tuve dudas, pensando que podría ser sólo un sueño, y para convencerme de que estaba despierto, me levanté y salí al aire libre.[53]

En 1898 cuando Peter E. Johnson tuvo la oportunidad de permanecer en el paraíso y luego regresó a la mortalidad, él escribió: "Se me informó que allí predicaría el evangelio a los espíritus, así como había predicado a la gente aquí, y que lo haría bajo la dirección inmediata del profeta José."[54] El presidente Joseph F. Smith informó en su "Visión de la Redención de los Muertos," recibida el 3 de octubre de 1918:

> *El profeta José Smith y mi padre, Hyrum Smith, y Brigham Young, John Taylor, Wilford Woodruff y otros espíritus selectos que fueron reservados para nacer en el cumplimiento de los tiempos, a fin de participar en la colocación de los cimientos de la gran obra de los últimos días,*
>
> incluso la construcción de templos y la efectuación en ellos de las ordenanzas para la redención de los muertos, también estaban en el mundo de los espíritus.

[53] O. F. Whitney, *Helpful Visions, op cit.*, pág. 11

[54] Peter E. Johnson, *Relief Society Magazine, op cit.* Vol. VII, pág. 452. Es interesante la información dada al élder Johnson, la cual acompaña su declaración:

> . . . y que lo haría bajo la dirección inmediata del profeta José. Esta afirmación trajo a mi mente una pregunta que había sido muy discutida aquí: si el profeta José Smith ahora es un personaje resucitado o no. Yo no lo pregunté, pero *lo leyeron en mi mente*, e inmediatamente dijeron: '¿Deseas saber si el profeta tiene su cuerpo o no?' Contesté: 'Sí, me gustaría saberlo.' *Me dijeron que el profeta José Smith tiene su cuerpo, igual que su hermano Hyrum, y tan pronto como yo pudiera hacer más con mi cuerpo (que sin él), sería resucitado.*

Sin embargo, la Iglesia Reorganizada reclama haber desenterrado los restos de José y Hyrum Smith en 1928, y haber tomado fotografías de los restos. Véase *Saints' Herald*, 18 de enero de 1954. Véase también *Doctrines of Salvation* 1:200-201 y *Millenial Star* 90:158.

> Observé que también ellos se hallaban entre los nobles y grandes que fueron *escogidos en el principio para ser gobernantes en la Iglesia de Dios.*
>
> *Aun antes de nacer ellos, con muchos otros, recibieron sus primeras lecciones en el mundo de los espíritus,* y fueron preparados para venir en el debido tiempo del Señor para obrar en su viña en bien de la salvación de las almas de los hombres.[55]

Ese mismo año el presidente Smith relató el contacto que tuvo con el profeta José Smith durante su misión en las Islas Hawaianas en 1854:

> Soñé que estaba viajando y *tenía la impresión de que debía darme prisa—apresurarme con todas mis fuerzas por miedo a que fuera demasiado tarde.* Corrí tanto como pude. Estaba consciente de que sólo llevaba un pequeño bulto atado con un pañuelo. Aunque iba tan aprisa como podía, no sabía por qué lo hacía. Pero finalmente, *llegué a una mansión magnífica, si es que podía llamarla mansión. Parecía demasiado extensa, demasiado grande para haber sido hecha a mano.* Pero sabía que había llegado a mi destino. Tan rápido como pude fui hacia allí. Vi un anuncio que decía 'Baño.' Giré rápidamente, fui al baño, y me lavé. Abrí el atadito que llevaba y allí había *un juego de ropa limpia y blanca,* algo que hacía mucho tiempo no veía, porque las personas entre quienes vivía no se afanaban para que las cosas estuvieran demasiado limpias. Pero mi ropa estaba limpia y me la puse. Luego corrí hacia lo que parecía ser una gran entrada o puerta. Llamé y la puerta se abrió, y *el hombre que estaba parado allí era el profeta José Smith.* Me miró como reprobándome un poco y sus primeras palabras fueron: 'Joseph, llegaste tarde.' Aún así, tomé confianza y dije:
>
> '¡Sí, pero estoy limpio, estoy limpio!'
>
> *Me estrechó la mano, me hizo pasar, y luego cerró la gran puerta. Su mano era tan tangible como la de cualquier hombre. Yo lo conocía, y cuando entramos vi a mi padre, y a Brigham y a Heber, y a Willard y a otros buenos hombres que había conocido, parados en una fila.* Yo miraba como si fuera a través de este valle, y parecía estar lleno de una multitud innumerable de gente, pero en la plataforma estaban todos los que había conocido. *Allí estaba sentada mi madre con un niño en su regazo. Yo podía llamar por sus nombres a todos los que se sentaban allí, y todos parecían estar entre los escogidos, entre los exaltados.*
>
> El Profeta me dijo señalando a mi madre: 'Joseph, tráeme ese niño.'
>
> Fui hasta mi madre y levanté al niño. Pensé que era un lindo bebé varón. Lo llevé hasta el profeta, y cuando se lo entregué, *apoyé intencionalmente mis manos contra su pecho. Sentí la tibieza.* Yo estaba solo, allá lejos en las montañas de Hawái. Nadie estaba conmigo. *Pero en esta visión*

[55]D. y C. 138:53-56. El contexto de este pasaje, que se centra en el período que precedió a la resurrección de Cristo en el meridiano de los tiempos, puede significar que estaba viendo a estos hombres como espíritus pre-mortales más bien que al tiempo de su visión. Se cree, por supuesto, que muchos de los profetas del Antiguo Testamento que Joseph F. Smith vio previamente en su visión, son ahora seres resucitados. Véase D. y C. 132:29, 37.

presioné mis manos contra el profeta y una sonrisa cruzó por su rostro. Le alcancé el niño y retrocedí. El presidente Young dio dos pasos, mi padre uno, y formaron un triángulo. Luego José bendijo al bebé y cuando terminó, retrocedieron y se alinearon. Es decir, Brigham y papá retrocedieron. José me dio el bebé, y esta vez yo estaba decidido a comprobar si era un sueño o la realidad. Quería saber qué significaba. Así que intencionalmente me apoyé contra el profeta. *Sentí el calor de su estómago. Me sonrió como si comprendiera mi propósito.* Me entregó al niño y yo lo puse en el regazo de mi madre.

Aunque sólo era un joven, esa mañana al despertar yo era un hombre. No había nada en el mundo a lo que yo temiera. Podía encontrar a cualquier hombre, mujer o niño y mirarlos a los ojos sintiendo en mi alma que yo era un hombre en cada fibra de mi ser. Esa visión, esa manifestación y testimonio me han convertido en lo que soy, si es que soy bueno, o limpio, o recto ante el Señor, o si es que hay algo bueno en mí. Eso me ha ayudado en todas la pruebas y a través de todas las dificultades.

¿Acaso se supone que sólo haya sido un sueño? No. *Para mí es una realidad. Para mí nunca podría existir algo más real. Sentí la mano de José Smith. Sentí la tibieza de su estómago cuando puse la mano contra él. Vi la sonrisa en su rostro.* Cumplí con mi deber como él me lo pidió, y cuando desperté, sentí como si hubiera sido sacado de un barrio bajo, de la desesperación, del estado miserable en que estaba. Desnudo o casi desnudo como me encontraba, no tenía miedo de ningún hombre blanco, ni de nadie más, y desde ese momento nunca he temido a nadie. *Sé que eso fue una realidad, para mostrarme mi deber, para enseñarme algo, para grabar en mí algo que no pudiera olvidar.* Espero que nunca se desvanezca de mi mente.[56]

Durante su entrada al mundo espiritual en 1920, el presidente Heber Q. Hale fue guiado por el presidente Joseph F. Smith (quien había muerto dos años antes) y presentado por él a José Smith y a Brigham Young:

Se dio vuelta y me guió hacia el pequeño grupo de hombres de quienes acababa de separarse. Inmediatamente reconocí al *presidente Brigham Young y al profeta José Smith. Me sorprendió que el primero fuera un hombre más bajo y robusto de lo que yo pensaba. El y el presidente Smith poseían una calma y majestad que era a la vez mansa y regia.* El presidente Smith me presentó a los

---

[56]Joseph F. Smith, *Gospel Doctrine, op cit.*, págs. 542-543. Este sueño fue relatado por el presidente Joseph F. Smith, el 7 de abril de 1918. Acerca de las circunstancias en que lo recibió, escribió:

En una ocasión tuve un sueño. Para mí fue algo literal, fue una realidad.

Una vez, en una misión, estaba muy agobiado. Estaba casi desnudo, sin amigos, excepto por la amistad de un pueblo pobre, ignorante y degradado. Estaba tan abatido por mi pobreza, falta de conocimiento e inteligencia y por ser sólo un muchacho, que a duras penas si me animaba a mirar a un hombre blanco en la cara.

Mientras estaba en este estado, soñé.

otros, quienes me saludaron cálidamente. Luego volvimos sobre nuestros pasos y el presidente Smith se fue diciendo que nos volveríamos a ver.[57]

La Visita de Jesucristo al Paraíso

El Salvador visitó el paraíso para dirigir allí los asuntos de su Iglesia y pueblo. Su visita después de la crucifixión fue resumida por el presidente Joseph F. Smith, cuando escribió:

> Mientras esta innumerable multitud esperaba y conversaba, regocijándose en la hora de su liberación de las cadenas de la muerte, apareció el Hijo de Dios y declaró libertad a los cautivos que habían sido fieles;
>
> y allí les predicó el evangelio eterno, la doctrina de la resurrección y la redención del género humano de la caída, y de los pecados individuales, con la condición de que se arrepintieran. . . .
>
> . . . entre los justos había paz,
>
> y los santos se regocijaron en su redención, y doblaron la rodilla, y reconocieron al Hijo de Dios como su Redentor y Libertador de la muerte y de las cadenas del infierno.
>
> Sus semblantes brillaban, y el resplandor de la presencia del Señor descansó sobre ellos, y cantaron alabanzas a Su santo nombre. . . .
>
> Así fue como se hizo saber que *nuestro Redentor pasó su tiempo, durante su permanencia en el mundo de los espíritus, instruyendo y preparando a los fieles espíritus* de los profetas que habían testificado de El en la carne,
>
> *para que pudieran llevar el mensaje de la redención a todos los muertos,* a quienes El no podía ir personalmente por motivo de su rebelión y transgresión, para que éstos también pudieran escuchar sus palabras por medio del ministerio de sus siervos.[58]

En los últimos días el Señor ha aparecido numerosas veces a los seres mortales.[59] Sin embargo, la mayoría de esas visitas no han sido relacionadas con el mundo de los espíritus sino que son visitas a mortales en la tierra o visiones del Maestro en el reino celestial. Pero al menos dos encuentros con el Señor tuvieron lugar en el reino espiritual. Dos días antes de morir, David Whitmer fue allende el velo, y vio a Jesús:

> El lunes último (23 de enero de 1888), a las 10 de la mañana, al despertar de un breve sueño, *dijo que había ido más allá del velo, y que del otro lado había visto a Cristo.*[60]

---

[57]Heber Q. Hale, *op cit.*

[58]D. y C. 138:18-19, 22-24, 36-37.

[59]Cierto número de estos casos están compilados y tratados en el libro del autor, *Gifts of the Spirit,* (Salt Lake City, Utah: Bookcraft Inc., 1965), págs. 51-66.

[60]Andrew Jenson, *Latter-day Saint Biographical Encyclopedia, op cit.,* Vol. I, pág. 270.

Heber Q. Hale, después de describir el templo que vio en el mundo espiritual, contó como allí también había visto al Salvador:

> En el pequeño grupo de hombres, mi vista recayó en *uno más espléndido y santo que el resto.* Mientras miraba, el presidente Joseph F. Smith se separó de los otros y vino a mi lado. Me preguntó: '¿Lo conoce?' Rápidamente respondí 'Sí, lo conozco.' *Mis ojos contemplaban a mi Señor y Salvador. 'Es verdad,'* dijo el presidente Joseph F. Smith. *¡Oh, qué emoción embargaba mi alma! ¡Qué gozo inexpresable llenaba mi alma!*[61]

Podemos ver que el Señor se preocupa por Su obra en el mundo espiritual y allí manifiesta su presencia entre los justos.

Libres de Inquietudes y Penas

Mientras describía el mundo de los espíritus a su hijo Coriantón, Alma dijo:

> Los espíritus de los que son justos serán recibidos en un estado de felicidad que se llama paraíso: un estado de descanso, un estado de paz, donde descansarán de todas sus aflicciones, y de todo cuidado y pena.[62]

Algunos, al considerar este pasaje, han entendido que quiere decir que los hombres no tendrán tareas que desempeñar. Esto parece ser una interpretación equivocada. De acuerdo a los profetas de los últimos días, habrá gran cantidad de trabajo que realizar. Sin embargo, será de gran ayuda en el trabajo el no padecer sufrimientos físicos ni necesidades, y el ser libres de pecado y de las penas e inquietudes mortales. Brigham Young tenía mucho que decir sobre este tema. Predicando en el funeral de Thomas Williams, enseñó:

> Cuando contemplamos la condición del hombre sobre la tierra y entendemos que vinimos aquí con el propósito de prepararnos, por medio de nuestra fidelidad, para heredar la vida eterna, *nos preguntamos adónde vamos a ir, cuál será nuestra condición, cuál será la naturaleza de nuestras ocupaciones en un estado de más vigor y de mayor inteligencia que el que poseemos aquí. ¿Tendremos gozo en nuestra labor? ¿Tendremos algún objetivo,* o nos sentaremos y cantaremos en gozo sempiterno? Estas preguntas surgen en las mentes de las personas y muchas veces desean saber algo acerca del más allá. ¡Qué valle obscuro y sombrío es eso lo que llamamos la muerte! ¡Qué extraño es, en cuanto al cuerpo mortal se refiere, pasar de este estado de la existencia a un estado inanimado! ¡Qué obscuro es este valle! ¡Qué misterioso es este camino, y tenemos que recorrerlo solos! Me gustaría decirles, amigos y hermanos míos, que si pudiéramos ver las cosas como son, como las veremos y entenderemos, esta sombra obscura,

---

[61]Heber Q. Hale, *op cit.*
[62]Al. 40:12.

este valle es tan insignificante, que después de que lo hayamos pasado, nos volveremos, lo miraremos y pensaremos: *éste es el progreso más grande de toda mi existencia porque he pasado de un estado de tristeza, pena, lamentación, pesar, miseria, dolor, angustia y frustración a un estado de la existencia en el que puedo gozar la vida al máximo, tanto cuanto se puede sin un cuerpo. Mi espíritu es libre. Ya no estoy sediento. Ya no deseo dormir más. No tengo hambre. No me canso. Corro, camino, trabajo, voy, vengo, hago esto, hago aquello, hago cualquier cosa que se me pide, todo sin dolor o cansancio. Estoy pleno de vida, pleno de vigor, y gozo de la presencia de mi Padre Celestial por el poder de su Espíritu.*[63]

En el funeral de Aurelia Spencer, dijo:

> Aquí continuamente nos causan problemas las enfermedades y dolencias de todo tipo. Llegan a nuestros oídos expresiones como: 'Me duele la cabeza,' 'Me duele mi espalda,' 'Tengo hambre, sed o cansancio.' Pero *en el mundo espiritual estaremos libres de todo eso y disfrutaremos de vida, gloria e inteligencia. El Padre nos hablará, Jesús nos hablará y ángeles nos hablarán. Gozaremos de la compañía de los justos* que permanecen hasta la resurrección en el mundo de los espíritus.[64]

El presidente Young, mientras hablaba de los espíritus inicuos en el mundo espiritual, dijo:

> Cuando estéis en el mundo espiritual, *todo será tan natural como ahora.* Allí los espíritus *conversarán, se mirarán, y su comunicación será tan variada, familiar y natural* como aquí en los tabernáculos mortales. Allá, como aquí, las cosas serán naturales, y las entenderéis así como ahora entendéis las cosas naturales.
>
> Allí veréis que los espíritus de que hablamos son *activos. No duermen.* Comprenderéis que ellos están luchando con todas sus fuerzas, *trabajando y esforzándose tan diligentemente como cualquier individuo lo haría en este mundo,* para lograr su propósito de destruir a los hijos de los hombres.[65]

Se Realizan Trabajos

El mundo espiritual sirve como lugar de progreso y crecimiento para los justos. Los que trabajen diligentemente allí crecerán en conocimiento, poder y felicidad. Como lo explicó Brigham Young:

> Tenemos más amigos del otro lado del velo que de éste, y nos saludarán más gozosamente de lo que jamás lo hemos sido por nuestros padres y amigos en este mundo. Y al encontrarlos, tendréis más regocijo del que jamás habréis tenido al ver a un amigo en esta vida. Luego *iremos paso a paso, de gozo en gozo, y de un nivel de poder e inteligencia a otro, hacia más exquisita y sensitiva felicidad a medida que obtengamos las palabras y poderes de vida.*[66]

[63] JD 17:142, 19 de julio de 1874.

[64] JD 14:231, 16 de septiembre de 1871.

[65] JD 7:239, 1 de septiembre de 1859.

[66] JD 6:349, 31 de julio de 1859.

Una de las principales tareas de los justos en el mundo espiritual, es obtener conocimiento y comprensión de las cosas de Dios. José Smith enseñó que:

> En esto consiste la vida eterna: en conocer al único Dios sabio y verdadero. *Debéis aprender como ser dioses vosotros mismos, ser reyes y sacerdotes de Dios, del mismo modo que lo han hecho todos los dioses antes que vosotros; es decir, yendo de un grado a otro, de una pequeña capacidad a una gran capacidad, de gracia en gracia, de exaltación a exaltación, hasta obtener la resurrección* y poder morar en fuego sempiterno, y sentarse en gloria y poder eternos.[67]

Más tarde en el discurso en el funeral de King Follett agregó la siguiente explicación:

> *El conocimiento salva al hombre. Y en el mundo de los espíritus nadie puede ser salvo sino por conocimiento.* Si un hombre no presta atención a los mandamientos, permanecerá sin salvación. *Si un hombre tiene conocimiento puede ser salvo, sin embargo, si es culpable de graves pecados, será castigado por ellos.* Pero cuando obedece el evangelio, aquí o en el mundo espiritual, será salvo.[68]

Sobre este tema el presidente Brigham Young enseñó que:

> Si nosotros estamos luchando con todos los poderes y facultades que Dios nos ha dado para mejorar nuestros talentos, para prepararnos a morar en vida eterna, y morimos mientras lo hacemos, ¿con qué disposición entrarán nuestros espíritus en el próximo estado? *Seguirán luchando para hacer las cosas de Dios, sólo que en un grado mucho mayor—aprendiendo, aumentando, creciendo de gracia en gracia, en el conocimiento de la verdad.*[69]

Mientras estaba en el mundo espiritual, Henry Zollinger observó que "allí como aquí, las personas tenían su libre albedrío y que *el único modo de progresar era obtener conocimiento.*"[70]

Un segundo tipo de trabajo que se efectúa en el mundo espiritual es el de servir como siervos ministrantes a aquellos que han obtenido un grado de perfección mayor en la morada espiritual. Tal servicio indudablemente provee oportunidades de crecimiento por medio de la asociación con seres más avanzados. En declaraciones pronunciadas a la muerte de James Adams, el profeta José dijo:

> Los espíritus de los hombres justos son hechos siervos ministrantes al servicio de quienes están sellados a vida eterna, y es por medio de ellos

---

[67] HC 6:306, 7 de abril de 1844.
[68] *Ibid.*, pág. 314.
[69] JD 7:333, 8 de octubre de 1859
[70] Henry Zollinger, *op cit.*

que bajan los poderes selladores. . . . Los espíritus de los justos son exaltados a una obra mayor y más gloriosa, por eso son bendecidos en su partida al mundo de los espíritus.[71]

Una tercera labor que se lleva a cabo en el mundo de los espíritus es la preparación para eventos futuros que tendrán lugar en la tierra. Aparentemente, deben establecerse cimientos más allá del velo en anticipación de eventos significativos en los últimos días. Como declaró Brigham Young:

> Ellos están predicando, predicando todo el tiempo y *preparando el camino para que apresuremos nuestra obra de construcción de templos aquí y en otras partes, así como el regreso al condado de Jackson para construir el gran templo del Señor.* Se están apresurando para estar listos cuando nosotros lo estemos, y todos nosotros nos estamos apresurando para estar listos cuando nuestro Hermano Mayor lo esté. . . . En el mundo espiritual los que han salido triunfantes *siguen adelante preparando el camino para aquellos que viven en la carne,* realizando la obra de salvadores en el Monte de Sión.[72]

Un cuarto trabajo que realizan los que están en el paraíso es la enseñanza de los justos. Ella Jensen vio esta obra en proceso en el mundo espiritual, cuando observó a un grupo "reunido en una especie de Primaria o Escuela Dominical presidida por Eliza R. Snow."[73] Ciertamente si la Iglesia del otro lado del velo continúa con el mismo tipo de organización que tiene aquí, habrá allí una necesidad continua de administradores y maestros eficaces.

Según las evidencias, en el paraíso se pone gran énfasis en la música y se forman coros que cantan en numerosas ocasiones importantes en la tierra así como en el mundo espiritual. David P. Kimball quien, debido a una pulmonía estuvo al borde de la muerte, oyó un coro del mundo espiritual que cantaba palabras de bendición e instrucción. En ese coro, él identificó al espíritu de su esposa muerta por su manera de cantar:

> En ese momento *oí el cantar más hermoso que jamás haya oído en toda mi vida.* Un coro repitió tres veces estas palabras: *'Dios bendiga al hermano David Kimball.'* Inmediatamente distinguí entre las voces la voz de mi segunda esposa, Julia Merrill, quien en vida fue una buena cantante. Esto por supuesto me sorprendió. . . . Después de todo eso, cedí paso a la duda, pensando que podía tratarse de un sueño, y para convencerme de que estaba despierto, me levanté y salí al aire libre.

---

[71]HC 6:51, 52, 9 de octubre de 1843.

[72]JD 3:370, 372, 22 de junio de 1856.

[73]LeRoi C. Snow, *Improvement Era, op cit.,* Vol. XXXII, pág. 974.

> Regresé, embargado todavía por el espíritu de duda. Para comprobarlo mejor, le pedí a mi esposa Julia que cantara un verso de una de sus canciones de antaño. Inmediatamente, *el coro, que había seguido cantando, se detuvo y ella entonó con claridad y belleza cada palabra de la canción:* '¿Pensará en mí?'
>
> A continuación miré hacia el sur y allí vi, como si fuera en una plataforma, cientos, aún miles de amigos y parientes. Se me concedió el privilegio de hacer preguntas, y las hice. Esto siguió durante algún tiempo, y después *volvieron a comenzar los cánticos, directamente arriba de mí.* Entonces me envolví en un par de frazadas y salí al aire libre *decidido a ver a los cantantes. Pero no pude ver nada, aunque seguía oyendo las voces lo mismo que cuando estaba adentro.* Volví a mi lecho, *y los cánticos que eran todos comunicativos e instructivos, continuaron hasta rayar el alba.*[74]

Se han oído coros del otro lado del velo en la dedicación de por lo menos dos templos de los Santos de los Ultimos Días. Eliza R. Snow escribió que durante los primeros días del templo de Kirtland, "se oyeron cánticos de coros celestiales."[75] Cuando fue dedicado el templo de Manti se oyó otro de esos coros:

> El primer día, cuando el profesor Smyth estaba finalizando un solo de órgano—una selección de Mendelssohn—*varios hermanos en el centro del edificio y algunos de los hermanos en la parte occidental de la plataforma oyeron voces celestiales cantando. Les parecía que un coro angelical* estaba detrás y arriba de ellos, y muchos volvieron la cabeza en esa dirección preguntándose si no habría otro coro en otra parte del edificio. Sin embargo, no había otro coro.[76]

Una sexta área de trabajo en el paraíso es la recopilación de datos genealógicos. Heber Q. Hale relató que durante su visita al mundo espiritual,

> Encontré al hermano John Adamson, su esposa, su hijo James y su hija Isabelle, quienes habían sido muertos por una banda de viles asesinos en Carrey, Idaho, la noche del 29 de octubre de 1915. Parecían saber que yo iba a regresar a la mortalidad, e inmediatamente el hermano Adamson dijo: 'Dígales a mis hijos que *somos muy felices* y que no deben lamentar nuestra partida, ni preocuparse por el modo en que nos

---

[74]O. F. Whitney, *Helpful Visions, op cit.*, págs. 10-11.

[75]N. B. Lundwall (comp.), *Temples of the Most High* (décima edición, Salt Lake City, Utah: Bookcraft), pág. 24. Para un estudio del tipo de ángeles que pueden haber sido esos seres, véase *Tipos de Ángeles que Ministran en la Tierra,* capítulo IV.

[76]*Ibid.*, pág. 123. Sobre esta misma dedicación, Franklin D. Richards escribió:

> Cuando dedicamos el templo de Manti, muchos de los hermanos y hermanas vieron seres espirituales, sólo discernibles por el ojo interno. Fueron vistos los profetas José, Hyrum, Brigham y varios apóstoles que habían muerto. Y eso no fue lo único, porque los oídos de muchos fueron tocados y escucharon la música de un coro celestial. (*Ibid.*, pág. 124.)

mataron. En ello hay un propósito. Aquí nosotros *tenemos que hacer un trabajo que requiere nuestro esfuerzo conjunto y que no podríamos hacer individualmente.' Inmediatamente me hicieron saber que el trabajo al cual se referían era la genealogía que estaban buscando en Escocia e Inglaterra.*[77]

Harriet Salvina Beal, cuando fue escoltada al paraíso por su madre, Clarissa Allen Beal, también aprendió acerca de la gran obra genealógica que se lleva a cabo en el mundo de los espíritus. Harriet viajó a la morada de los espíritus cuando tenía dieciséis años, en 1852, poco después de que arribara con su familia al valle del Lago Salado. En esta parte del relato, Harriet se encuentra en el paraíso y su madre acaba de salir de la habitación por unos momentos:

> Viendo a mamá ir por el vestíbulo, me volví para regresar a mi silla, pero al girar ví que la puerta al otro lado del vestíbulo, a corta distancia de mí, estaba abierta. Yo tenía que ver lo que había en esa habitación, así que crucé muy cuidadosamente y miré. Toda mi vida yo había sido de naturaleza curiosa, y muchas veces eso me causó problemas. Pero esta vez fui muy gratamente sorprendida al ver *al profeta José Smith yendo y viniendo por el largo cuarto con las manos unidas en sus espaldas y su cabeza agachada como si estuviera pensando. En mesas largas a ambos lados del cuarto y en el centro también, había hombres sentados que escribían tan rápido como podían, y de vez en cuando el profeta se detenía y hablaba con uno de los hombres. Ellos le contestaban y continuaban escribiendo tan rápidamente como podían. Entre esos hombres estaba Hyrum, el hermano del profeta,* y otros hombres que yo había conocido bien. . . .

Su madre regresó y Harriet quiso que le informara acerca de lo que había visto:

> 'Pero madre,' dije, '¿Qué estaban haciendo allí el profeta, su hermano Hyrum y los otros hombres?' Ella contestó: *'Preparando genealogía para que en la tierra pueda ser hecha la obra por aquellos que han muerto sin tener el privilegio de escuchar el evangelio.'*[78]

---

[77]Heber Q. Hale, *op cit.*

[78]Cora Anna Beal Peterson, *Biography of William Beal, op cit.*, págs. 9-10. Harriet Beal también aprendió de su madre que los seres espirituales tienen que realizar tareas más triviales. Ella le había dicho: "Yo tengo que ir un rato a la *cocina.* Quiero que te quedes sentada en esta silla hasta que yo regrese." Harriet le preguntó "*si tenía que trabajar en la cocina, a lo que su madre contestó: 'Por supuesto, yo cumplo con mis turnos como todos los demás.'* " (*Ibid.*, pág. 8)

Su alusión a la cocina sugiere la pregunta inevitable de si los seres espirituales comen como los mortales. La limitada evidencia disponible parece indicar que sí comen y que los seres resucitados también comen. El Señor, por ejemplo, dijo: "Al que venciere, daré a *comer* del árbol de la vida, el cual está en medio del *paraíso* de Dios." (Ap. 2:7) Abraham dio de comer tortas, carne, mantequilla y leche al Señor pre-mortal y a sus dos acompañantes, "y comieron." (Gn. 18:1-8) Lot recibió la visita de "dos ángeles" (presumiblemente seres espirituales ya que su visita fue mucho antes de la resurrección) e "hízoles banquete, y coció panes sin levadura, *y comieron.*" (Gn. 19:1-3)

En los discursos de los primeros líderes de la Iglesia son comunes las referencias a huertas.

En otros capítulos de este libro comentamos sobre otros trabajos que se realizan en el mundo espiritual, incluyendo la obra misional,[79] control de los registros de los templos,[80] el cuidado de los mortales por ángeles guardianes,[81] la preparación de ropa para aquellos que estén por entrar al reino espiritual,[82] el guiar a los que acaban de morir y entrar al mundo espiritual,[83] el servicio como mensajeros a la tierra y a otros mundos,[84] la construcción de edificios,[85] etc.

RESUMEN

1. El término "paraíso" se usa con tres sentidos:

   A. Significando "cielo" o lugar final de descanso del hombre. Este uso es sectario y no es común entre los Santos de los Ultimos Días;

   B. Significando el mundo de los espíritus en su totalidad;

   C. Significando la morada de los justos en el mundo espiritual.

   Este último es el uso más frecuente dentro de la Iglesia y el utilizado en este libro.

2. Numerosas descripciones del paraíso muestran que éste contiene:

   A. lagos
   B. bosques
   C. pasto
   D. senderos rústicos
   E. enredaderas

árboles frutales y obras de agricultura en el mundo espiritual (véase, por ejemplo, JD 4:136; 14:231). Las hierbas, semillas, frutas, ganado, bestias y aves fueron creados espiritualmente y dados al hombre como alimento antes de la creación física de la tierra, y aún existen espiritualmente. (Moisés 2:11-3:7; JD 14:231) Sería lógico que los seres espirituales comieran. Los cuerpos espirituales son la imagen y el modelo para sus cuerpos físicos, como dijo Jesús: "He creado al hombre a semejanza del cuerpo de mi espíritu." (Et. 3:16) Como lo expresó Parley P. Pratt, el cuerpo espiritual

> Posee cada órgano según el modelo y a semejanza o similitud del exterior o tabernáculo corporal en él que a la larga debe morar. Todos los órganos del pensamiento, del habla, de la vista, oído, *gusto, olfato,* tacto, etc., todos están en el mismo orden que en el cuerpo físico. El uno es a la exacta semejanza del otro. (*Key to the Science of Theology, op cit.*, pág. 56, also pág. 125)

Para comentarios relacionados al comer por seres resucitados, véanse en este libro los capítulos VII y XI.

[79] Véase el capítulo VI.
[80] Véase el capítulo VI.
[81] Véase el capítulo IV
[82] Véase el capítulo III.
[83] Véase el capítulo IV, VI, I.
[84] Véase el capítulo IV
[85] Véase el capítulo III

F. flores
G. follaje brillante en tonalidades como rosa, naranja, lila y dorado
H. parques con árboles y jardines
I. arbustos
J. apartamentos con paredes divisorias
K. una dulce calma
L. jardines
M. el Arbol de la Vida
N. perenne clima primaveral
O. muchos edificios construidos de un modo superior al templo de Salomón
P. grandes edificios construidos con los planos del Orden de Sión
Q. casas de apartamentos
R. calidad de la vivienda de acuerdo con los méritos en esta vida
S. un templo con cúpulas doradas
T. una atmósfera de paz y felicidad
U. orden y gobierno
V. personas organizadas en varios grados
W. ni muerte, ni obscuridad, ni desorden o confusión
X. personas organizadas y viviendo en familias
Y. familias incompletas debido a la iniquidad de algunos de sus miembros
Z. gente auto-pensante y actuante
AA. todos desempeñando alguna tarea
BB. trabajo similar al de la Iglesia en la tierra
CC. personas conversando
DD. personas caminando
EE. reuniones
FF. vestimenta típica: túnicas blancas sueltas
GG. preparación de ropas
HH. algunas personas vestidas con la ropa del templo
II. ausencia de bebés de brazos.

3. Antes de venir a la tierra todos los espíritus crecieron hasta llegar a ser adultos. Los mortales que fallecen en la infancia son espíritus adultos en el mundo espiritual.

4. Los espíritus pueden cambiar de vestimenta, forma, edad y tamaño con el propósito de ser reconocidos por los mortales.

5. El mundo espiritual no es un lugar de crecimiento físico, sino de desarrollo espiritual.

6. Hay evidencias de que existe comunicación entre la morada de la preexistencia y el paraíso de los espíritus post-mortales.

7. El paraíso se divide en diferentes esferas o comunidades. Los espíritus de los muertos habitan con otros que tienen un grado

similar de progreso. Hay movimiento y progresión de un nivel a otro.

8. Los Santos de los Ultimos Días fieles, cuando mueren, reasumen su responsabilidad en la Iglesia y en su Quórum en el paraíso. La autoridad del sacerdocio será aún de mayor significado en el mundo espiritual que aquí en la tierra.

9. La Iglesia en el paraíso está organizada de acuerdo a las dispensaciones de los tiempos, con los profetas de cada período a su cabeza. Estas unidades de la Iglesia van a combinarse y organizarse en un solo grupo en el concilio de Adam-Ondi-Ahman, poco antes de la segunda venida de Cristo en gloria.

10. José Smith está a la cabeza de los miembros de la Iglesia que vivieron durante la dispensación del cumplimiento de los tiempos. Hay algunos indicios de que él puede haber delegado esta responsabilidad y progresado a una responsabilidad mayor.

11. Aquellos que han visitado el mundo espiritual han visto a Jesucristo, José Smith, Hyrum Smith, Brigham Young, John Taylor, Wilford Woodruff, Joseph F. Smith y a otros líderes de la Iglesia.

12. Los habitantes del mundo espiritual gozan de la ausencia de dolor corporal, hambre, fatiga, sueño, etc. Los que están en el paraíso descansan de sus problemas, aflicciones y pesares.

13. El modo de progresar en el paraíso es mediante la obtención de conocimiento.

14. El trabajo que se realiza en el mundo espiritual incluye:
    A. aprender y ganar conocimiento
    B. servir como espíritus ministrantes a aquellos que están en un nivel superior
    C. hacer preparativos para eventos futuros de la tierra
    D. enseñar
    E. actuar en organizaciones musicales
    F. recoger datos genealógicos
    G. hacer obra misional
    H. verificar registros del templo
    I. velar por los mortales, actuando como ángeles guardianes
    J. preparar por anticipado ropas para los que entran al mundo espiritual.
    K. guiar a los recién llegados
    L. servir como mensajeros a la tierra y a otras esferas
    M. construir edificios
    N. trabajar en obras culinarias

Indudablemente esta lista representa en forma breve las tareas que se realizan al otro lado del velo.

CAPITULO IV

SERES ESPIRITUALES VISITAN LA TIERRA

Los Espíritus Observan y Participan en Eventos Terrenales

HAY INDICACIONES DE QUE LOS SERES DE MÁS ALLÁ DEL VELO ESTÁN bien enterados de los sucesos de la tierra y en ocasiones regresan a la dimensión mortal para participar en ellos. En la época de la Iglesia en Kirtland se encuentran muchos de esos ejemplos. Durante los grandes tiempos pentecosteses y en los primeros meses del año de 1836, muchos visitantes vinieron del otro lado del velo; y fue en este tiempo cuando se derramó tremendamente el espíritu sobre los santos. Uno de los ejemplos es la declaración de José Smith quien dijo que durante las reuniones del 21 y del 22 de enero, "el don de lenguas cayó sobre nosotros con gran poder, *ángeles unieron sus voces a las nuestras, mientras estaban en medio de nosotros* y alabanzas incesantes inflamaron nuestros pechos por espacio de media hora."[1] Contó cómo en una reunión previa "algunos vieron el rostro del Salvador, y *otros recibieron la ministración de ángeles,* y fue derramado el espíritu de profecía y revelación. . . ."[2] El 27 de marzo de ese año, él relató una experiencia similar, diciendo que "muchos empezaron a hablar en lenguas y a profetizar, otros tuvieron visiones gloriosas y *yo vi que el templo estaba lleno de ángeles,* y así lo declaré a la congregación."[3] El día de la dedicación del templo de Kirtland "los ángeles ministraron a muchos, y fueron vistos por muchos."[4] George A. Smith testificó que "la noche posterior a la dedicación del templo, cientos de los hermanos *recibieron la ministración de ángeles, vieron un resplandor y a los ángeles* y dieron testimonio de ello."[5]

---

[1]HC 2:383. Para más información acerca de los distintos tipos de seres angelicales que ministran sobre la tierra, véase en este mismo capítulo la sección: *Tipos de Angeles que Ministran en la Tierra.*

[2]HC 2:382.

[3]HC 2:428.

[4]Orson F. Whitney, *Life of Heber C. Kimball, op cit.*, pág. 105.

[5]JD 2:215, 18 de marzo de 1855.

El 7 de abril de 1893, un día después de haberse ofrecido la oración dedicatoria del templo de Lago Salado, el presidente Wilford Woodruff dijo que seres del mundo espiritual habían participado en los servicios dedicatorios:

> Siento que puedo revelar a esta asamblea en esta mañana lo que me ha sido revelado desde que estuvimos aquí ayer en la mañana. Si se hubiera podido quitar el velo de nuestros ojos y hubiésemos podido ver el mundo espiritual, *habríamos visto que José Smith, Brigham Young y John Taylor habían congregado a cada espíritu que habitó en la carne en esta Iglesia desde su organización. También habríamos visto a los fieles apóstoles y élderes Nefitas que vivieron en la época de Jesucristo. En esa asamblea habríamos visto también a Isaías y a todos los profetas y apóstoles que han profetizado acerca de la gran obra de Dios. En medio de esos espíritus habríamos visto al Hijo Dios, el Salvador, quien preside, guía y controla* la preparación del Reino de Dios en la tierra y en los cielos.
>
> *Cuando gritamos: "¡Hosanna a Dios y al Cordero!" del grupo formado por esos espíritus se elevó un grito poderoso: "¡Gloria a Dios en las alturas!" porque el Dios de Israel ha permitido a este pueblo terminar este templo* y prepararlo para la gran obra que aguarda a los Santos de los Ultimos Días.
>
> Estos patriarcas y profetas que anhelaron este día, en el mundo de los espíritus, se regocijan porque ha llegado el momento en que los Santos del Dios Altísimo tienen el poder para llevar a cabo su gran misión.
>
> *Ante este pueblo hay una obra enorme. Los ojos de los muertos están sobre nosotros.* La dedicación es aceptable a los ojos del Señor. *Los espíritus del otro lado se regocijan mucho más que nosotros, porque ellos saben más de lo que nos aguarda en la gran obra de Dios en esta última dispensación.*
>
> *El Hijo de Dios está en medio de ese grupo de espíritus celestiales y les enseña sus deberes concernientes al día en que vivimos y a la dedicación de este templo,* y los instruye acerca de lo que deben hacer para prepararse y capacitarse para venir con El a la tierra cuando venga a juzgar a cada hombre de acuerdo con sus obras en el cuerpo.[6]

Durante su entrada al mundo espiritual, se mostró al presidente Heber Q. Hale la manera en que se permite a los espíritus ver el mundo mortal. Aunque a él mismo le fue dada una visión completa de la tierra, se le reveló que tales visiones eran limitadas y sólo podían tenerlas aquellos que tuvieran una necesidad específica:

---

[6]Archibald F. Bennett, *Saviors on Mount Zion, op cit.*, págs. 142-143. Esta es una copia de un informe taquigráfico de los servicios. Parley P. Pratt enseñó que José Smith y los Santos estuvieron presentes cuando se colocó la piedra angular del templo en 1853. Véase JD 1:14.

Se me permitió ver esta tierra y lo que en ella sucedía. Me sorprendió que *mi vista no tuviera límites. . . . Vi a mi esposa e hijos en mi hogar. Vi al presidente Heber J. Grant* a la cabeza de esta gran Iglesia y Reino de Dios, y sentí el poder divino que irradia Dios, dándole luz y verdad y guiando su destino. *Vi a esta nación,* fundada en principios correctos y designada para permanecer, acosada por fuerzas siniestras y malvadas que buscan desviar a los hombres y frustrar los propósitos de Dios.

Vi pueblos y ciudades y vi los pecados e iniquidades de los hombres y mujeres. Vi barcos cruzando el océano. Escudriñé los campos asolados por las batallas en Francia y en Bélgica. En una palabra, vi toda la tierra pasando ante mis ojos como un panorama. Pero luego tuve el sentimiento inequívoco que *esta tierra, y las escenas y personas que están en ella, pueden ser vistas por los espíritus sólo cuando tienen un permiso especial y están asignados a rendir un servicio especial.* Esto es particularmente cierto en el caso de los justos que están ocupados en el servicio del Señor quienes no pueden estar comprometidos en dos campos de actividad al mismo tiempo.[7]

Los Muertos Se Preocupan por la Conducta Terrenal

Mientras aparentemente a los espíritus justos se les permite ver y visitar la tierra en su totalidad sólo en ocasiones especiales, parece que obtener conocimiento sobre la conducta personal de determinados seres mortales es común, y de hecho es una tarea asignada a ciertos espíritus. Como observó Heber C. Kimball:

> Algunos pueden pensar que el Todopoderoso no ve sus actos. Pero si El no los ve *los ángeles y espíritus ministrantes sí los ven. Ellos os ven a vosotros y a vuestras obras, y no tengo dudas de que a veces informan de vuestra conducta al Padre, o al Hijo, o a José, o a Pedro, o a alguien que tenga las llaves correspondientes.* Quizás haya algunos que no crean en los espíritus, pero yo sé que ellos existen y que visitan la tierra.[8]

José Smith enseñó que los espíritus de los justos "no están lejos de nosotros, y que conocen y entienden nuestros pensamientos, sentimientos y acciones, y a menudo eso les aflige."[9]

Los espíritus de los muertos conocen la conducta de sus seres amados que aún están en la tierra. Por ejemplo, Merrill Neville estaba tan preocupado por su familia que llamó a su hermana al mundo de los espíritus, y luego la mandó de regreso para prevenirlos:

> May (la hermana), señaló a cada familiar presente y les dijo las fallas que debían esforzarse por superar si es que querían ir a ese bello

---

[7]Heber Q. Hale, *op cit.*
[8]JD 3:228-229, 2 de marzo de 1856.
[9]HC 6:52, 9 de octubre de 1843.

> hogar que se les estaba preparando. Dijo que todos debían asistir a la Escuela Dominical y a las reuniones, decir sus oraciones y pagar los diezmos. Imponentemente, les dijo a todos: 'Dad a los pobres. Cuanto más déis, más tendréis para dar.'[10]

Evidentemente se le dio a May conocimiento del futuro de su familia cuando estuvo más allá del velo, ya que dijo a su madre: "Vivirás hasta ser una dama realmente anciana. Tendrás mejor salud de la que jamás hayas tenido."[11] Más tarde la señora Neville también recibió un visitante del mundo de los espíritus cuyo mensaje demostró que los espíritus de los difuntos conocen los pensamientos y acciones de los mortales. Su padre regresó y dijo:

> 'Eliza, . . . el Señor quería a Merrill, y yo lo necesitaba para mi obra misional. Pero *¡Ay de mis hijos en la tierra! ¡No puedo cumplir con la obra que quiero realizar por culpa de mis hijos en la tierra!'*
>
> Ella preguntó: '¿Por qué, padre? Tus hijos nunca han hecho nada realmente malo, ¿no es así?' A lo que él contestó: *'Están muriéndose, muriéndose espiritualmente.* Mira, ¡yo te lo mostraré!'
>
> Ella miró y vio que no estaban unidos, sino que literalmente se daban las espaldas el uno al otro. El le explicó que: *"Algunos se están quejando sobre el pago de sus diezmos. Dicen que la Iglesia está en mejores condiciones que ellos. ¡Si sólo pudieran ver! El diezmo se usará para la edificación de templos. ¡Mira!*

---

[10] "Manifestation About Building of Temples," *Deseret Evening News,* 18 de mayo de 1918. Parece ser que no todos los espíritus de los muertos están enterados de la conducta de sus familiares mortales, y que algunos espíritus reciben asignaciones de responsabilidad específica que no les permite preocuparse por los vivos. Por eso, algunos espíritus que no son asignados a observar a personas en particular, no se enteran de las acciones de sus familiares. Aún así, ellos se interesan en los demás del mismo modo que se interesan por otros aquí en la tierra. Ella Jensen, por ejemplo, relató que mientras estaba en el mundo espiritual, vio a su abuelo, H. P. Jensen, quien "pareció bastante sorprendido de verme y me dijo: '¡Vaya! Aquí está mi nieta Ella.' " Encontró a otros conocidos y dijo que "Algunos le preguntaron por sus amigos y parientes en la tierra."

Las declaraciones de Heber Q. Hale también indican que los seres espirituales no tienen un conocimiento continuo de las acciones de sus seres queridos en la tierra. Dijo que su madre se sorprendió al verlo en el mundo espiritual, lo que implica que ella no sabía todo lo que le sucedía en la tierra. De otra manera hubiera sabido que él iba a llegar:

> Cuando pasé, encontré a mi querida madre. Ella me saludó afectuosamente, y *dijo que estaba sorprendida al verme y me recordó que aún no había finalizado mi misión en la tierra.* Parecía estar yendo a algún lugar con prisa, y por eso se despidió diciendo que volvería a verme.

También dijo que algunos le pidieron que llevara saludos y consejos a varios mortales, indicando o una inhabilidad de los seres espirituales para comunicarse con los mortales, o una relación circunstancial:

> *Anduve una cierta distancia* por varias escenas a través de una cantidad innumerable de personas, *hasta llegar a la esfera por la que había entrado.* En el camino me saludaron muchos amigos y familiares, *algunos de ellos enviaron saludos y consejos a sus seres queridos en la tierra. Una de esas personas era mi madre.*

[11] *Ibid.*

Miró y vio a millares de personas que se extendían tan lejos como se podía ver, y su padre le dijo: 'Ni en un siglo podrían pasar ellos por los dos o tres templos que hay en la tierra, mucho menos podría hacerse la obra que debe ser hecha. Eliza, *pongo sobre tus hombros la responsabilidad de que mi familia se una y trabaje en armonía con la Iglesia.*'[12]

Henry Zollinger también aprendió en el mundo espiritual que su madre fallecida estaba preocupada por su conducta y sabía lo que le depararía el futuro a su familia:

Luego ella me advirtió que fuera muy cuidadoso y no perdiera la fe. También me dijo que amonestara a mis hermanos y hermanas para que vivieran más apegados al evangelio, y que no se dejaran desviar por las cosas mundanales como lo fueron los Nefitas de la antigüedad. Mi madre me informó que mi hermano John, que había sido algo descuidado en la religión, algún día cambiaría con respecto a sí mismo y a su familia.

También dijo que a la muerte de mi padre, *mi hermano William tendría el privilegio de hacerse cargo de los registros.*[13]

El presidente George Albert Smith relató como en Saint George estuvo al borde de la muerte, tan débil que a duras penas lograba darse vuelta en la cama, y contó que en visión o en el espíritu, su abuelo le preguntó por su conducta aquí en la tierra:

Me apresuré a alcanzarlo, porque reconocí que era mi abuelo. En la mortalidad él pesaba más de trescientas libras (ciento treinta y seis kilos), así que podéis ver que era un hombre robusto. Recuerdo la alegría que me produjo verlo. Me habían puesto su nombre, y eso siempre me había hecho sentir orgulloso.

Cuando llegó a corta distancia de mí, se detuvo. Su gesto me invitaba a hacer lo mismo. Luego (y esto quisiera que los jóvenes, tanto chicas como chicos, nunca olvidaran) me miró seriamente y dijo: '*Me gustaría saber que has hecho con mi nombre.*'

Todo lo que yo había hecho pasó como volando ante una pantalla, cada cosa que había hecho. Esta retrospección vívida pasó rápidamente mientras estaba parado allí. Toda mi vida pasó ante mí. Me sonreí, miré a mi abuelo y le dije: 'Nunca he hecho con tu nombre algo de lo que te puedas avergonzar.'

El dio un paso hacia adelante y me tomó en sus brazos. . . .[14]

Los espíritus de los muertos no sólo se preocupan por su familia mortal, sino también por la situación de la Iglesia en la tierra, la

[12] *Ibid.*

[13] Henry Zollinger, *op cit.*

[14] Preston Nibley, *Sharing the Gospel With Others, op cit.*, págs. 111-112.

iglesia a la cual dedicaron sus esfuerzos mortales. Dos declaraciones del presidente Wilford Woodruff muestran la preocupación de José Smith y de Brigham Young, cuando ellos regresaron del mundo de los espíritus para aconsejarlo y prevenirlo:

> *Creo que los ojos de las huestes celestiales están sobre esta gente. Creo que miran a los élderes de Israel, profetas, apóstoles, y hombres llamados a dirigir este reino. Creo que nos observan con mucho interés.*
>
> Aquí resaltaré algo referente a mis propios sentimientos. *Después de la muerte de José Smith, lo vi y conversé con él muchas veces en mis sueños nocturnos. En una ocasión él y su hermano Hyrum me encontraron en alta mar cuando iba a una misión a Inglaterra.* Dan Jones estaba conmigo. Antes de morir José Smith lo había llamado a su misión. *Allí el profeta me habló acerca de la misión que yo iba a cumplir. También me habló de la misión de los Doce Apóstoles, del trabajo que ellos tenían que desempeñar y del galardón que recibirían después de la muerte.* En esa entrevista me expuso muchas otras cosas. *Cuando desperté muchas de las cosas que me había dicho me fueron quitadas, y ya no pude comprenderlas.* Hasta hace 15 o 20 años tuve muchas entrevistas con el hermano José. Pero no lo he vuelto a ver desde entonces. Durante el invierno pasado, en mis viajes por la zona del sur, *tuve muchas entrevistas con el presidente Young, Heber C. Kimball, George A. Smith, Jedediah M. Grant y muchos otros que están muertos.* Asistieron a nuestra conferencia y a nuestras reuniones, y en una ocasión vi al hermano Brigham y al hermano Heber en un carruaje que iba adelante del mío, cuando me dirigía a una conferencia. Vestían túnicas sacerdotales. Cuando llegamos a nuestro destino, pregunté al presidente Young si nos predicaría. Me dijo: 'No, he completado mi testimonio en la carne, ya no volveré a hablar a este pueblo.' Pero (dijo) *'he venido a verte. He venido a observarte y a ver que está haciendo nuestra gente.' Luego dijo 'quiero que enseñes a la gente, y quiero que tú mismo sigas este consejo: que se esfuercen en vivir de tal modo que obtengan el Espíritu Santo, porque sin él no podéis edificar el reino. Sin el Espíritu de Dios estáis en peligro de caminar a obscuras, y en peligro de fallar en cumplir con vuestros llamamientos como apóstoles y élderes en la Iglesia y Reino de Dios.'* Y continuó diciendo 'el profeta José Smith me enseñó este principio.'[15]

Dieciséis años más tarde volvió a relatar estas experiencias, y en esa ocasión dio más detalles:

> Una mañana, mientras estábamos en Winter Quarters, el hermano Brigham Young nos dijo que la noche anterior había recibido la visita de José Smith. Le pregunté que le había dicho. Me contestó que *José le había pedido que exhortara al pueblo a que se esforzaran por obtener el Espíritu de Dios, porque lo necesitarían para que los sostuviera y les diera poder para realizar su trabajo en la tierra.*

---

[15] JD 21:317-318, 10 de octubre de 1880.

Les contaré una pequeña parte de mis experiencias al respecto. *José Smith me visitó muy frecuentemente después de su muerte, y me enseñó muchos principios importantes.* Su última visita fue cuando yo estaba en una tormenta en el mar. Iba a presidir en mi última misión en Inglaterra. . . . José y Hyrum me visitaron y el profeta expuso gran cantidad de cosas ante mí. *Entre otras cosas me dijo que obtuviera el Espíritu de Dios, porque todos lo necesitamos. También me contó de lo que los Doce apóstoles tendrían que pasar aquí sobre la tierra antes de la venida del Hijo del Hombre, y me mostró el galardón que recibirían por sus obras. Pero por algún motivo, todo esto fue quitado de mi mente.* Sin embargo sé que era sumamente glorioso, aunque mucho nos sería requerido.

José Smith continuó visitándome a mí y a otros hasta cierta época y luego cesó. *La última vez que lo vi fue en el cielo. Una noche en una visión, lo vi en la puerta del templo en el cielo.* Vino y me habló. Dijo que no podía detenerse a hablar conmigo porque tenía prisa. El hombre que encontré después fue *José Smith, padre* y no podía hablar conmigo porque también tenía prisa. *Encontré a media docena de hermanos que habían estado en posiciones elevadas en la tierra* y ninguno de ellos me pudo hablar porque todos tenían prisa. Estaba muy asombrado. Luego volví a ver al profeta, y tuve el privilegio de hacerle una pregunta. Le dije: 'Quiero saber por qué tiene prisa. Toda mi vida he tenido prisa, pero esperaba que cuando fuera al reino de los cielos, si es que voy allí, me vería libre de toda prisa.' José me dijo: *'Le diré, hermano Woodruff, toda dispensación que ha tenido el sacerdocio en la tierra y ha ido al reino Celestial tiene que hacer una cierta cantidad de trabajo para prepararse a ir a la tierra con el Salvador cuando él vaya a reinar en ella. Cada dispensación ha tenido mucho tiempo para hacer su obra. Pero nosotros no tenemos tiempo. Somos la última dispensación. Por eso tenemos tanto que hacer y necesitamos apresurarnos para lograrlo.'* Por supuesto, que eso me satisfizo aunque era una nueva doctrina para mí.

Brigham Young también me visitó después de su muerte. En una ocasión él y el hermano Heber C. Kimball vinieron en una carroza espléndida, con finos caballos blancos, y me acompañaron a la conferencia a la que iba a asistir. Al llegar le pregunté al hermano Brigham si se iba a hacer cargo de la conferencia. Me dijo: 'No, yo ya hice mi obra aquí. *Vine a ver lo que tu estás haciendo y enseñando a nuestra gente.'* Y me dijo lo que José Smith le había enseñado en Winter Quarters: que debía enseñar a la gente a obtener el Espíritu de Dios. Dijo: *'Quiero que enseñes a la gente a obtener el Espíritu de Dios. Sin El no podéis edificar el Reino de Dios.'*[16]

El hombre debe darse cuenta de que su conducta está siendo observada constantemente por espíritus de más allá del velo, tanto buenos como malos. Heber C. Kimball enseñó que hay multitudes de seres espirituales que ven las acciones de los santos:

[16] "Discourse Delivered at the Weber Stake Conference, Ogden, Monday, October 19th, 1896, by Prest. Wilford Woodruff," *The Deseret Weekly,* Vol. 53, No. 21, págs. 642-643, 7 de noviembre de 1896.

> Visité al hermano José y caminamos por la orilla del río. Allí me contó las contiendas que había tenido con el diablo. *Me dijo que había luchado con el diablo cara a cara. También me dijo que había sido tocado y afligido por el diablo, y continuó diciendo que había sabido de una ocasión en que el élder Rigdon fue arrojado de la cama tres veces en una misma noche.* Después de todo esto algunos me dirán que no hay espíritus malvados. Yo les diré que hay mayor cantidad de ellos que de 'Mormones' en este país, pero *el Señor ha dicho que son más los que están a favor que los que pueden estar en contra de nosotros. ¿Quienes son? Hombres justos que han estado en la tierra. . . .*
>
> Ese es el Dios a quien sirvo, *uno que tiene millones de ángeles bajo su mando.* ¿Suponéis que hay ángeles aquí hoy? *No me extrañaría si en este lugar hubiera diez veces más ángeles que gente. No los vemos pero ellos nos observan y ansían nuestra salvación.* ¿Atravesará uno de cada veinte de los que están aquí hoy, las puertas de la ciudad celestial?[17]

Brigham Young también afirmó que muchos espíritus estaban observando la conducta de los santos. Hablando de la ciudad de Lago Salado, dijo:

> *¿Podéis ver espíritus en este cuarto? No.* Pero suponed que el Señor tocara vuestros ojos para que pudiérais ver. ¿Veríais los espíritus? Sí, tan claramente como ahora veis cuerpos, como lo hizo el siervo de Elías. Si el Señor os lo permitiera y fuera Su voluntad, *podríais ver los espíritus que han partido de este mundo tan fácilmente como veis ahora cuerpos con vuestros ojos naturales.*[18]

Los Espíritus Malignos Regresan a la Tierra Indiscriminadamente; los Espíritus Justos Sólo con Propósitos Específicos

Los espíritus que residen en el paraíso están cuidadosamente organizados y controlados por medio de principios de rectitud. No tienen la libertad de vagar por la tierra sin un propósito asignado. En

---

[17]JD 3:229-230, 2 de marzo de 1856.

[18]JD 3:368, 22 de junio de 1856. Los espíritus fueron vistos por el siervo de Eliseo, no por el de Elías:

> Y levantándose de mañana el que servía al varón de Dios, para salir, he aquí el ejército que tenía cercada la ciudad, con gente de a caballo y carros. Entonces su criado le dijo: ¡Ah, señor mío! ¿Qué haremos?
>
> Y él le dijo: no hayas miedo: porque *más son los que están con nosotros que los que están con ellos.*
>
> Y oró Eliseo, y dijo: Ruégote, oh Jehová, que abras sus ojos para que vea. Entonces *Jehová abrió los ojos del mozo, y miró: y he aquí que el monte estaba lleno de gente de a caballo, y de carros de fuego alrededor de Eliseo.* (2 R. 6:15-17)

La misma visión fue mostrada a Sylvester Smith en el templo de Kirtland el 22 de enero de 1836. El profeta José relató: "Los cielos le fueron abiertos al élder Sylvester Smith, y él, saltando, exclamó: '*¡Los jinetes de Israel y los carros!*' " (HC 2:383) Esto también puede haber sido mostrado en una visión al escribiente de José el día anterior, porque el profeta escribió que él "vio en una visión *los ejércitos del cielo* protegiendo a los Santos en su regreso a Sión." (HC 2:381)

contraste, los espíritus bajo la influencia de Satanás tienen abundantes oportunidades de rondar por la tierra y causar todo el daño y maldad que les plazca. El elder Parley P. Pratt escribió que:

> Muchos de los espíritus de los muertos, que son infelices, vagan tristes y solitarios por la tierra y en el aire, especialmente cerca de sus antiguos hogares y en los lugares que les evocan gratos recuerdos.[19]

El mal que causan estos espíritus inicuos e indisciplinados es bien conocido en estos tiempos, y es común que los diarios y periódicos hagan referencia a ello. Típico de estos informes es el siguiente que, proporcionado por U.P.I., apareció en un diario de Utah.

> UNA 'FUERZA INVISIBLE' MUEVE HASTA SUS MUEBLES
>
> Osceola, Indiana (U.P.I.)—En la casa de Walter Szlanfucht han estado sucediendo cosas extrañas y su familia no vendrá a la casa hasta que él descubra la causa.
>
> Szlanfucht dijo a la policía que el domingo en la noche, *'una fuerza invisible' había movido el mobiliario, había hecho ruidos y había arrojado guijarros contra el costado de su casa.*
>
> El jefe de la policía, Richard Handley, dijo que fue a la casa en esta comunidad al este de South Bend y *vio caer un cuadro y un pesado cenicero que se hizo añicos.*
>
> 'Si no fuera porque lo vi, no hubiera podido creerlo,' dijo Handley.
>
> Handley dijo que *un sillón de unos 15 kilos de peso se elevó del piso y cayó a sus pies.* Acomodó el sillón y siguió investigando la casa. *Pero cuando regresó, encontró que todo lo que había recogido estaba en el suelo otra vez.* Dijo que él estaba sólo en la casa.
>
> Szlanfucht dijo que su esposa y su hijo de 9 años no regresarían a la casa hasta que se fueran los duendes. Actualmente su familia vive con parientes cercanos, pero algunos de sus familiares también están teniendo problemas similares.
>
> Un tío de Szlanfucht, llamado David Colbert, informó que sucesos similares han ocurrido en su hogar a una milla de allí, durante las últimas horas. Colbert dijo que *cuadros, floreros, y platos han volado por su sala. Y piedras han volado y se han elevado desde el suelo hacia los costados de la casa, a veces rompiendo los vidrios de las ventanas.* Szlanfucht dijo haber oído sonidos como de guijarros golpeando el costado de la casa.
>
> Joseph Molnar, de la policía del condado de St. Joseph, dijo que encontró algunos objetos extraños de plástico fuera de la casa de Colbert. Los describió como verdes y un poco más grandes que un huevo de petirrojo.[20]

---

[19] Parley P. Pratt, *Key to the Science of Theology*, *op cit.*, pág. 117.

[20] *The Herald Journal*, Logan (Condado Cache) Utah, 11 de octubre de 1966.

Este tipo de actividad también era común en la época de Brigham Young. Y él advirtió que esas manifestaciones eran imitaciones diabólicas de la verdadera revelación:

> *Vosotros sabéis lo que están haciendo los espíritus inicuos* con relación al estado actual del mundo. *Están visitando a la familia humana con diversas manifestaciones.* Hace muchos años le dije a la gente que el Señor deseaba que creyeran en la revelación y que si no creían lo que El había revelado, *dejaría que el diablo los hiciera creer en la revelación. ¿Creéis que el diablo no los está haciendo creer en la revelación? Lo que se llama comunicación con los espíritus, espiritismo, etc. es producido por los espíritus a quienes el Señor ha permitido comunicarse con personas en la tierra, para hacerles creer en la revelación.* Hay muchos que no creen esto, pero yo sí lo he creído desde el principio.
>
> Siendo que principios verdaderos se han revelado de los cielos a los hombres, y siendo que hay ángeles y la posibilidad de que se comuniquen con los hombres, *siempre debéis buscar la existencia de un poder opuesto, un poder maligno que también dé manifestaciones. Debéis buscar la falsificación.*
>
> En el mundo hay maldad y también hay bondad. ¿Ha habido alguna vez una moneda falsa que no haya sido hecha en imitación de una legítima? No. ¿Hay comunicación de Dios? Sí. ¿De ángeles santos? Sí. Durante treinta años hemos estado proclamando estos hechos. *¿Hay comunicaciones de espíritus inicuos? Sí, y el diablo está haciendo que las personas crean fuertemente en las revelaciones del mundo espiritual. A esto se le llama espiritismo, y dicen que miles de espíritus declaran que el 'Mormonismo' es verdadero, pero, ¿es que acaso saben esos espíritus más que los mortales? Quizás en algunos aspectos sepan un poquito más, pero sólo un poquito más.* En el mundo espiritual están sujetos a los mismos poderes a que están sujetos aquí.[21]

Debiera hacerse notar que los espíritus justos no responderán a los llamados de los mediums o de los operadores de la tabla de escritura espiritista (tabla ouija). Los que buscan manifestaciones por medio de estas fuentes, se ponen bajo la influencia y guía falsa de espíritus malvados, y no pueden llamar a los espíritus de los justos del paraíso. Como dijo el presidente Charles W. Penrose cuando explicaba la nigromancia de la bruja de Endor a la cual visitó Saúl:

> *Es irracional creer que tales personas pudieran en cualquier época antigua o moderna, invocar a los siervos del Señor. Esos no están a disposición de brujas, magos, adivinos y nigromantes.* La condición de los espíritus en el paraíso sería lamentable si estuvieran sujetos a tal control. No podrían descansar, ni liberarse de los problemas y labores de la vida terrenal, lo cual es esencial para su felicidad. Estarían en la esclavitud, sujetos a la voluntad y a los caprichos de personas que no conocen a Dios, cuyas vidas y propósitos son mundanos.

[21] JD 7:239-240, 1 de septiembre de 1859.

> *Tampoco está de acuerdo con la doctrina correcta que una profetisa o un profeta del Señor pueda ejercitar a voluntad propia el poder de hacer subir y bajar los espíritus de los profetas y santos, y conversar con ellos de asuntos terrenales.* Esa no es una de las funciones de un profeta o una profetisa. La idea de que pueden hacerse tales cosas a instancia de un hombre o una mujer mortal no debería de ser considerada por ningún Santo de los Ultimos Días.[22]

Mientras estuvo en el mundo espiritual, el presidente Heber Q. Hale pudo observar la veracidad de este principio:

> *Como todos los demás, los espíritus inicuos e impíos tienen libre albedrío. Y como no se dedican a empresas útiles o edificantes,* buscan placer alrededor de sus antiguas guaridas y se regocijan en el pecado y vilezas de una humanidad degenerada. Todavía son instrumentos de Satanás. *Son estos espíritus ociosos, malévolos y engañosos los que participan con miserables imitaciones en las escenas espiritistas, danza de la mesa y operaciones de la tabla de escritura espiritista. Los espíritus grandes y nobles no responden al llamado de mediums o de cualquier grupo de inquisidores entrometidos.* No lo harían en la mortalidad y ciertamente no lo harían en su estado de conocimiento avanzado de la obra de la inmortalidad. *Estos espíritus inicuos e impíos, como aliados de Satanás y de sus huestes, operan por medio de complacientes mediums mortales. Estas tres fuerzas constituyen una trinidad impía* sobre la tierra y son responsables de todos los pecados, las maldades, las desgracias y la miseria entre los hombres y las naciones.[23]

El élder Parley P. Pratt también enseñó que los espíritus de los justos se mantienen alejados de mediums y adivinos:

> De acuerdo a las revelaciones dadas a los profetas antiguos que nos han sido renovadas, es seguro que *todos los fenómenos de magnetismo animal, todos los estados de trance y clarividencia, los fenómenos de llamados de espíritus, y la escritura de mediums provienen de fuentes impías, impuras e infieles. Todos los hombres santos y escogidos que poseen las llaves del sacerdocio en este mundo, en el mundo espiritual, o en el mundo de los seres resucitados, se mantienen alejados* de estos canales impropios o mediums impíos; tan alejados como los cielos son de la tierra, como los misterios del tercer cielo (que no se deben pronunciar) difieren del lenguaje de la ignorancia e insensatez sectaria o de los consejos de espíritus inmundos, magos abandonados, traficantes de magia, prestidigitadores y adivinadores.[24]

Los Espíritus Inicuos Subyugan a los Cuerpos Mortales y los Impulsan a Obrar y a Pensar Mal

A través de los tiempos los espíritus malvados, bajo la influencia

---

[22] Charles W. Penrose, "The Witch of Endor," *Improvement Era,* Vol. 1, No. 7, pág. 498, mayo de 1898. Véase también 1 S. 28:4-19; 1 Cr. 10:13; Dt. 18:10-12; etc.

[23] Heber Q. Hale, *op cit.*

[24] JD 2:46, 6 de abril de 1853.

de Satanás, han tratado de poseer cuerpos mortales. Jesús, durante Su ministerio terrenal, a menudo echó fuera demonios.[25] También en los últimos días son comunes los casos de influencia de los espíritus malignos sobre mortales. En su libro *Key to the Science of Theology* el élder Parley P. Pratt resumió el efecto que tienen esos espíritus sobre sus víctimas:

> Entre ellos, los más inicuos son los que se mencionan en las escrituras como *'espíritus inmundos,' o 'espíritus impuros.'* Estos son espíritus que afligen a las personas en la carne y engendran diversas enfermedades en los humanos. Algunas veces entrarán en los cuerpos humanos y *los enloquecerán, los empujarán a ataques de paroxismo,* o los arrojarán en el agua, en el fuego, etc. Los *traumatizarán con sueños, pesadillas, histeria, fiebre,* etc. También *deformarán* sus cuerpos y facciones mediante convulsiones, calambres, contorsiones, etc. *y a veces los obligarán a proferir blasfemias, maldiciones horribles y aún a decir palabras en diferentes idiomas.* Si se les permite, *a menudo causarán la muerte.* Algunos de estos espíritus son *adúlteros, y sugieren a la mente toda forma de lascivia, toda clase de pensamientos inicuos y tentaciones.*[26]

También el presidente Brigham Young nos advirtió que estos espíritus están cerca de nosotros, que ejercen influencia sobre la humanidad, y que frecuentemente incitan al hombre a hacer el mal:

> Podéis ver a personas con legiones de malos espíritus dentro y alrededor de ellos. *Hay hombres que caminan por nuestras calles que tienen más de cien demonios en ellos y en su derredor, incitándolos a todo tipo de maldades. Algunos de estos hombres profesan ser Santos de los Ultimos Días.* Pero si les quitárais los demonios que están dentro de ellos y en su derredor, *los dejaríais hechos cadáveres,* porque yo creo que nada quedaría de ellos.
>
> Quiero que entendáis estas cosas. Y si dijéreis o pensáreis que no sé nada sobre ellos, por favor averiguadlo y luego informadme. Podéis ver lo que estos espíritus inicuos hacen en todas partes. *Llenan todo el país, cubren toda la tierra y tratan continuamente de entrar en los tabernáculos de la familia humana y siempre están cerca para incitarnos a que nos apartemos del cumplimiento estricto de nuestro deber.*
>
> Sabéis que a veces necesitamos un guía. Si alguno de vosotros fuera llamado por el gobierno de los Estados Unidos a ser un embajador en Alemania, Italia u otra nación extranjera y no entendiéreis el idioma, necesitaríais un intérprete, un guía. *Bien, esos espíritus están listos para hablarnos al oído. ¿Lo hacen? Sí, y podría tocar a una docena de ellos mientras he estado aquí en el púlpito. Ellos están aquí en el estrado.* ¿Podemos prescindir de los demonios? No, no podríamos seguir adelante sin ellos. *Están aquí, y nos sugieren ésto, aquello y lo otro.*[27]

[25]Véase Mr. 1:21-28; Lc. 8:26-39; Mt. 9:32-34; Mr. 9:14-29; Lc. 11:14-36.
[26]Parley P. Pratt, *Key to the Science of Theology, op cit.,* pág. 117.
[27]JD 3:369, 22 de junio de 1856.

Discerniendo Entre Espíritus Justos y Espíritus Inicuos

Los profetas de los Ultimos Días nos han dado un número de llaves para ayudarnos a determinar la naturaleza de los espíritus que podríamos encontrar. Estos representantes del otro lado del velo pueden tomar varias formas y cada tipo de ser puede identificarse por diferentes características.

La mayor probabilidad de encontrarse con espíritus extraños reside en la confrontación con cuerpos mortales que han sido vencidos por espíritus inicuos. Parley P. Pratt ofreció los siguientes métodos de identificación de tales individuos:

> Una persona, al mirar a los ojos de uno que ha sido poseído por un espíritu malvado, *sentirá una sacudida—una sensación nerviosa que hará, por así decirlo, ponerle los pelos de punta,* en otras palabras, un sobresalto como el que produce en el sistema nervioso la mirada de una serpiente.
>
> Algunos de estos espíritus inmundos, cuando entran en un individuo, producen *un olor desagradable en el poseído* que se manifestará llanamente al olfato de los que lo rodean, aun cuando la persona así afligida se lave y cambie de ropa cada cierto tiempo.
>
> De hecho, hay instancias horribles del espíritu de *lujuria y de indecencia abominable,* inspirado y expresado por personas poseídas de tales espíritus, aunque las personas, cuando tuvieron su libre albedrío, fueron virtuosas y modestas.
>
> *Algunos de esos espíritus causan sordera, otros mudez, etc.*
>
> No podemos sugerir ningún remedio para evitar que estos demonios no sujeten a la pobre naturaleza humana, excepto una vida buena mientras poseamos nuestras facultades, oraciones y ayunos de hombres buenos y santos, y las bendiciones de aquellos que tienen el poder de echar fuera espíritus malignos y de arrojar fuera demonios en el nombre de Jesucristo.[28]

Concerniente a las manifestaciones espirituales del más allá, el élder Pratt presentó otras pruebas basadas en maneras correctas y autorizadas de comunicación:

> Siendo que ya no es causa de controversia para los que están informados, dejaremos de lado el hecho de que los vivos podemos comunicarnos con los muertos por medio de la comunicación espiritual. Ahora *llamaremos la atención sobre como se puede discriminar o juzgar entre la comunicación lícita y la ilícita, entre lo santo y lo impuro, entre la verdad y la falsedad.*

[28] Parley P. Pratt, *Key to the Science of Theology, op cit.*, págs. 117-118. Un editorial de José Smith en el *Times and Seasons*, titulado "Try the Spirits," trata ampliamente el problema de determinar si las revelaciones vienen de Dios o de Satanás. Fue reimpreso en HC 4:571-581.

En este tema, las palabras de los profetas admiten el principio de que los vivos pueden oir de los muertos, *pero rechazan de plano y reprueban severamente a las personas que recurren a los que tienen espíritus familiares y a magos que atisban y murmuran.* Por otra parte nos recuerdan que deberíamos recurrir a Dios si queremos que los vivos oigan de los muertos.

Entonces, ¿de qué medios se deben de valer las personas para recurrir a Dios y obtener una bendición tan importante como es el oír de los muertos?

Y ¿cómo discriminaremos entre los que le solicitan a El y aquellos que buscan lo mismo por medios ilícitos?

En primer lugar, *nadie puede pedir ese privilegio a Dios exitosamente a menos que crea en la revelación directa en nuestros tiempos modernos.*

Segundo, *es imposible que busquemos a nuestro Padre con éxito si permanecemos en nuestros pecados.* Si hemos de pedirle ayuda, es necesario un completo arrepentimiento y una reforma absoluta.

Tercero, *Jesucristo es el único nombre dado debajo de los cielos por el cual podemos acercarnos a Dios. Entonces los que no creen en Jesucristo, o en la revelación moderna, o los que permanecen en sus pecados, o los que actúan en su propio nombre, no pueden ser intermediarios lícitos.*

Además *el Señor ha establecido un Santo Sacerdocio en la tierra, y en los cielos, y en el mundo de los espíritus,* y ese sacerdocio es a similitud o según el orden de Su Hijo. *El ha confiado a este sacerdocio las llaves de la santa y divina revelación y de la correspondencia o comunicación entre los ángeles, los espíritus y los hombres* y entre los sagrados departamentos, principados y poderes de Su gobierno en todos los mundos.[29]

Doctrina y Convenios establece otra prueba por medio de la cual el hombre puede discernir la naturaleza de los seres sobrenaturales que pueda encontrar:

Hay dos clases de seres en los cielos, a saber: Angeles, que son personajes resucitados con cuerpos de carne y huesos.

Por ejemplo, Jesús dijo: *Palpad y ved; que un espíritu ni tiene carne ni huesos, como veis que yo tengo.*

En segundo lugar: Los espíritus de hombres justos hechos perfectos, aquellos que no han resucitado, pero que heredan la misma gloria.

Cuando venga un mensajero diciendo que tiene un mensaje de Dios, extiéndele tu mano y pídele la suya para estrecharla.

Si es un ángel, lo hará, y sentirás su mano.

---

[29]JD 2:45-46, 6 de abril de 1853.

Si es el espíritu de un varón justo hecho perfecto, vendrá en su gloria; porque sólo de esa manera se puede aparecer.

Pídele que te estreche la mano, pero *no se moverá*, porque es contrario al orden de los cielos que un varón justo engañe; sin embargo, aún así *comunicará su mensaje.*

Si es el diablo, fingiendo ser un ángel de luz, cuando le pidas que estreche tu mano, te ofrecerá la suya, pero no sentirás nada; así podrás discernirlo.

Estas son tres grandes llaves mediante las cuales podrás saber si una ministración procede de Dios.[30]

El Señor reveló a la Iglesia un consejo importante mediante el cual instruye a los miembros acerca de como proceder si son visitados por seres espirituales no identificados:

. . . si veis manifestado un espíritu que no podéis comprender, y no recibís a ese espíritu, *pediréis al Padre en el nombre de Jesús; y si él no os da ese espíritu, entonces sabréis que no es de Dios.*

Y os será dado poder sobre ese espíritu; y proclamaréis contra dicho espíritu en voz alta, que no es de Dios.

No con acusaciones injuriosas, para que no seáis vencidos; ni con jactancia, ni regocijo, para que no seáis asidos por él.

Aquel que de Dios reciba, acredíteselo a Dios, y regocíjese de que Dios lo considera digno de recibir.[31]

Diferentes Tipos de Angeles que Ministran en la Tierra

Un ángel es un siervo o asistente. Un ángel ministrante representa a su Señor visitando o ministrando a otros en Su nombre. Además de los siervos mortales, los poderes del bien y del mal son representados en la tierra por cinco tipos de ángeles.

1. *Espíritus Pre-mortales.* Sólo se conoce un caso en que un ángel de este tipo visitara la tierra. Fue el "ángel del Señor (quien) se apareció a Adán, y le dijo: ¿Por qué ofreces sacrificios al Señor?"[32] Las escrituras nada dicen sobre la aparición de tales seres, sólo que tienen cuerpos espirituales con forma humana.[33] Basándose en esta escritura,

---

[30]D. y C. 129:1-9.

[31]D. y C. 50:31-34.

[32]Moisés 5:6-8. En esta interpretación hay cierta cantidad de suposición. El profeta José Smith enseñó que: ". . . no hay ángeles que ministran en esta tierra sino los que pertenecen o han pertenecido a ella." (D. y C. 130:5) Ya que no se sabe de mortales que hayan muerto o que hayan sido trasladados durante ese período, se supone que ése fue un espíritu pre-mortal.

[33]Véase Et. 3:15-16.

no se puede establecer si están rodeados de gloria como los hombres justos que han sido hechos perfectos.

2. *Seres Trasladados.* Ciertos individuos han sido cambiados para extender sus vidas y liberarlos del crecimiento y el sufrimiento corporal. Aquellos que han pasado por ese cambio son conocidos como seres trasladados, y son "ángeles ministrantes en muchos planetas." El profeta José Smith, con referencia a la naturaleza de tales seres, dijo:

> Muchos han supuesto que la doctrina de la traslación era una doctrina por la cual los hombres eran llevados inmediatamente a la presencia de Dios y a la plenitud eterna, pero ésta es una idea errónea. *Su lugar de habitación es de orden terrestre, un lugar preparado para personas a quienes El reservó para ser ángeles ministrantes en muchos planetas, y que todavía no han entrado en una plenitud tan grande como los que han resucitado de los muertos. . . .*
>
> Se hace esta distinción entre la doctrina de la resurrección y la de traslación: *la traslación provee la liberación de las torturas y los sufrimientos del cuerpo, pero la existencia se prolongará para que sigan las obras y los afanes del ministerio, antes de que puedan entrar en reposo y gloria. . . .*
>
> Descansan de sus labores por un largo tiempo, pero *sus trabajos los aguardan, porque después de que reciben la resurrección de sus cuerpos, se les permite continuar con la misma obra.*[34]

Un año después el profeta José enseñó que:

> *Los seres trasladados no pueden entrar en su descanso hasta que hayan pasado por un cambio equivalente al de muerte. Los cuerpos trasladados están reservados para misiones futuras.*
>
> El ángel que apareció a Juan en la isla de Patmos era un personaje trasladado o resucitado. Jesucristo, después de resucitar, fue en su cuerpo a ministrar a los seres resucitados.[35]

Muchos seres mortales han sido trasladados, entre ellos tenemos a:

A. Enoc y su ciudad. (Véase Gn. 5:24; He. 11:5; Moisés 7:18-21, 31, 63, 69; D. y C. 38:4; 45:11-14)

B. Muchos Santos entre las épocas de Enoc y Noé. (Moisés 7:27)

C. Los sacerdotes y el pueblo en los días de Melquisedec (Versión Inspirada Gn. 14:30-34)

D. Moisés (Al. 45:18-19; Mt. 17:1-6; HC 3:387)

[34]HC 4:210, 5 de octubre de 1840.
[35]HC 4:425, 2 de octubre de 1841.

E. Elías (2 R. 2:11; Mt. 17:1-6; HC 3:387)

F. ¿Alma Hijo? (Al. 45:18-19)

G. ¿Nefi, hijo de Helamán? (3 Ne. 1:3)

Si la interpretación aceptada en D. y C. 133:53-55 es correcta, entonces estos seres "estuvieron con Cristo en su resurrección" y ahora son seres resucitados. Ya no son seres trasladados.

Varios más fueron trasladados y continúan sobre la tierra aparentemente en ese estado:

H. Juan el revelador (Mt. 16:28; Jn. 21:21-23; D. y C. 7; 3 Ne. 28:6-8)

I. Tres discípulos Nefitas (3 Ne. 28:1-23)

J. Puede haber otro grupo de seres que han sido trasladados, de quienes el Señor dijo: ". . . porque todos están bajo pecado, *salvo los que he apartado para mi,* hombres santos de los cuales no sabéis." (D. y C. 49:8)

Aparentemente no hay una diferencia radical por la cual el ojo humano pueda distinguir entre los seres trasladados y los cuerpos mortales. Indudablemente Pablo se estaba refiriendo a seres trasladados cuando dijo: ". . . algunos, sin saberlo, hospedaron ángeles."[36]

3. *Espíritus Justos del Paraíso—Hombres Justos Hechos Perfectos.* Estos son los espíritus de los justos que han muerto y entrado en el paraíso. Ellos han logrado o están logrando su salvación y exaltación en la parte de los justos en el mundo espiritual y finalmente son "hechos perfectos mediante Jesús, el mediador del nuevo convenio, que obró esta perfecta expiación derramando su propia sangre."[37] Los espíritus de los hombres justos hechos perfectos son "aquellos que no han resucitado, pero que heredan la misma gloria"[38] que todos los que han obtenido u obtendrán la perfección y el reino celestial. El profeta

---

[36]Heb. 13:2.

[37]D. y C. 76:69. En un sentido estricto, ningún hombre puede llegar a ser perfecto hasta después del juicio (cuando el Salvador sea su mediador ante el Padre y le permita participar de los beneficios de la expiación) y de la resurrección (que le restaurará su cuerpo, el cual necesita para realizar una plenitud de gozo). De tal modo, parece que los "hombres justos hechos perfectos" todavía no son perfectos, pero siguen trabajando para alcanzar su meta en una situación en que su gloria está asegurada sobre la base de completar sus tareas preparatorias.

[38]D. y C. 129:3.

José Smith escogió llamar "espíritus" a esos y reservó el término "ángel" para los seres resucitados.[39] Explicó la gloria que rodea a los seres espirituales justos, y al referirse a James Adams, quien acababa de morir, dijo que un hombre justo, al entrar en el mundo espiritual, califica como "un hombre justo hecho perfecto:"

> Los miembros de la Iglesia Hebrea 'vinieron a los espíritus de hombres justos hechos perfectos, una cantidad innumerable de ángeles vinieron a Dios, el Padre de todos y a Jesucristo, el Mediador del nuevo convenio.' ¿Qué aprendieron de esos espíritus de hombres justos hechos perfectos? ¿Está escrito? No. Lo que aprendieron no ha sido, ni podría haber sido escrito. ¿Qué se ganó por esta comunicación con los espíritus de los justos? *Lo que se ganó fue el orden establecido del reino de Dios: las llaves del poder y del conocimiento mediante las cuales se comunicaron con los santos.* De ahí la importancia de entender la distinción entre los espíritus de los justos y los ángeles.
>
> *Los espíritus sólo se revelan en fuego ardiente o gloria. Los ángeles han avanzado más porque su luz y su gloria tienen un tabernáculo. Por eso aparecen en forma corpórea. Los espíritus de hombres justos vienen a ser siervos ministrantes a los que están sellados para la vida eterna, y es a través de aquellos que desciende el poder sellador.*
>
> *El patriarca Adams ahora es uno de los espíritus de hombres justos hechos perfectos, y si se revelara ahora, tendría que hacerlo en fuego, y su gloria no se podría soportar.* Jesús se mostró a Sus discípulos, y ellos pensaron que era Su espíritu, y temían acercársele. *Los ángeles han avanzado más alto en poder que los espíritus.*
>
> Con referencia al hermano James Adams, . . . *El ha tenido revelaciones sobre el porqué de su partida. Ha ido a un trabajo más importante. Cuando los individuos están preparados, les conviene irse allende el velo. El hermano Adams ha ido a abrir una puerta más eficaz para los muertos. Los espíritus de los justos son exaltados a una obra más grande y gloriosa. Por eso son bendecidos en su partida al mundo de los espíritus.* Envuelto en fuego ardiente, no se encuentran lejos de nosotros, y saben, y comprenden nuestros pensamientos, sentimientos y acciones, y a veces sufren por ellos.[40]

A esos espíritus se aplica la prueba del apretón de manos de la sección 129 de Doctrina y Convenios. Aparecerán en gloria y no engañarán a los mortales tratando de estrechar la mano, sino que entregarán un mensaje.

[39] Los espíritus también cumplen funciones de ángeles al ser siervos o asistentes, al visitar o ministrar a los mortales. También hay evidencias de que los seres espirituales pueden llamarse a sí mismos ángeles (véase el subtítulo "Espíritus Que Sirven Como Angeles Guardianes" en este capítulo). La mayor parte de los líderes de la Iglesia no hacen distinción en la terminología. Por ejemplo, Orson Pratt dice: "Hay ángeles que estuvieron en este mundo que aún no han recibido la resurrección, cuyos espíritus han ido al paraíso celestial." (JD 15:321) Las escrituras también usan el término *ángel* para designar espíritus justos. Véase He. 1:7, 13-14.

[40] HC 6:51-52, 9 de octubre de 1843.

4. *Espíritus Inicuos del Infierno.* El élder Parley P. Pratt describió la diferencia entre la apariencia de esos espíritus y la apariencia de los espíritus de los justos que moran en el paraíso:

> Las personas que han partido de esta vida y aún no han sido levantados de los muertos, son espíritus.
>
> Hay dos clases de espíritus: buenos y malos.
>
> *Estas clases incluyen muchos grados de bondad y de maldad.*
>
> *Los buenos espíritus en el sentido superlativo de la palabra son los que en esta vida participaron del sacerdocio y de la plenitud del evangelio.*
>
> Esta clase de espíritus ministra a los herederos de la salvación, tanto en este mundo como en el mundo de los espíritus. Cuando se les permite, pueden aparecer a los hombres; pero no teniendo un tabernáculo carnal, no pueden esconder su gloria. *De ahí que un espíritu desincorporado, si es un personaje santo, aparecerá rodeado por un halo de gloria resplandeciente, o de un fulgor superior al brillo del sol.*
>
> *En cambio, los espíritus indignos de ser glorificados aparecerán sin ese halo brillante, y aunque a menudo tratan de hacerse pasar por ángeles de luz, alrededor de ellos hay más o menos obscuridad. Así sucede con Satanás y sus huestes que no han tenido cuerpos.*[41]

Esa misma falta de gloria caracterizará a todas las huestes de Satanás, incluso a aquellos que fueron arrojados a la tierra sin obtener cuerpos. Aunque los ángeles de Satanás pueden intentar disfrazarse de ángeles de luz,[42] podrán ser identificados por sus esfuerzos para engañar, al ser sometidos a la prueba de estrechar las manos, revelada en la sección 129 de Doctrina y Convenios.

Previamente en este capítulo se dieron las claves para distinguir a los malos espíritus que han vencido y poseído cuerpos mortales.

5. *Seres Resucitados.* Estos son ángeles que se han reunido con sus cuerpos de carne y huesos.[43] Ya no habitan el mundo espiritual y "no moran en un planeta como esta tierra; sino que viven en la presencia de Dios."[44] Estos seres están rodeados de gloria según el reino que heredarán.[45] Esta gloria es visible para aquellos que los observan. Por ejemplo, José Smith describió al ángel Moroni como "un mensajero enviado de la presencia de Dios," diciendo que tenía un brillo visible:

---

[41] Parley P. Pratt, *Key to the Science of Theology, op cit.*, pág. 116.
[42] 2 Co. 11:14. Véase Moisés 1:12-18.
[43] D. y C. 129:1-2.
[44] D. y C. 130:6-7.
[45] D. y C. 88:28-31.

> No sólo tenía su túnica esta blancura singular, sino que toda su persona brillaba más de lo que se puede describir, y su faz era como un vivo relámpago. El cuarto estaba sumamente iluminado, pero no con la brillantez que había en torno de su persona.[46]

Esos seres, cuando vienen a la tierra como mensajeros, pueden ser identificados por la gloria que los rodea y porque cuando son sometidos a la prueba de estrechar la mano de acuerdo con la sección 129 de Doctrina y Convenios, sus cuerpos son tangibles.

Los Espíritus Justos Regresan a la Tierra por Muchos Propósitos

El regreso a la tierra de espíritus del paraíso es un evento común. Parece que usualmente esos espíritus regresan a aquellos que han conocido en la mortalidad, y su retorno tiene el objetivo de cumplir varios propósitos. El presidente José F. Smith enseñó que:

> Nos ha dicho el profeta José Smith que 'no hay ángeles que ministran en esta tierra sino los que pertenecen o han pertenecido a ella.' Por tanto, cuando los mensajeros son enviados a ministrar a los habitantes de esta tierra, *no son extranjeros. Vienen de las filas de nuestros parientes y amigos, semejantes y consiervos. . . . Son nuestros padres y madres, hermanos, hermanas y amigos* que han pasado de esta tierra, y que han sido fieles y dignos de disfrutar de estos derechos y privilegios. *Pueden recibir una misión de visitar nuevamente a sus parientes y amigos en la tierra, trayendo de la presencia divina mensajes de amor, de amonestación o de reprensión e instrucción para aquellos* a quienes aprendieron a amar en la carne.[47]

Parley P. Pratt conocía muy bien el interés que los espíritus de allende el velo tienen por sus queridos seres mortales. Mientras le escribía sobre el modo en que a menudo esos seres se comunican con los mortales, por medio de sueños, explicó que:

> Cuando el pensamiento y la percepción descansan de su actividad, los nervios se aflojan y toda la humanidad mortal reposa en sueños tranquilos para renovar su fuerza y vigor. Es entonces cuando nuestros órganos espirituales tienen cierto grado de libertad y reasumen sus funciones de costumbre. Rememoran algunos planes borrosos, algunas reminiscencias confusas y vagamente definidas de ese mundo celestial, y algunas escenas queridas de su estado anterior del cual descendimos para obtener y desarrollar un tabernáculo de carne y hueso. *Entonces, espíritus familiares, ángeles guardianes rondan alrededor de nosotros con el más tierno afecto, la más ansiosa solicitud. El espíritu se comunica con el espíritu. El*

---

[46]J. Smith-Historia 32. Esta gloria es típica de todos los seres resucitados. Véase J. Smith-Historia 16-20; 3 Ne. 19:25; Lc. 17:24; Hch. 7:55-56; D. y C. 76:19-21; D. y C. 110:2-4; Ap. 21:23; etc.

[47]Joseph F. Smith, *Doctrina del Evangelio, op cit.*, págs. 239-240.

pensamiento encuentra al pensamiento. El alma se funde con el alma con todo el embeleso del amor mutuo, puro y eterno.

En esta situación nuestros órganos espirituales son susceptibles de conversar con la Deidad, o de comunicarse con ángeles y espíritus de hombres hechos perfectos.

En esta situación *frecuentemente nos comunicamos con nuestro padre, madre, hermano, hermana, hijo o hija muertos; o con el esposo o esposa de nuestro corazón cuyo afecto por nosotros, con sus raíces hundidas en elementos eternos, brota bajo el santuario de la fuente eterna del amor. Este afecto nunca puede ser menoscabado o disminuído ni por la muerte, distancia espacial o longitud de años.*

Quizás hayamos tenido un amigo, cuyo corazón latió al unísono del nuestro, cuyos pensamientos crecieron juntos a los nuestros con aspiraciones y esperanzas de un brillante futuro juntos, y cuya felicidad en tiempo o en eternidad jamás será plenamente consumada sin esa unión. Tal ser, arrebatado de la vida en la flor de la juventud, vive en otra esfera. Con la misma brillante esperanza, *mira como nuestros pasos siguen el áspero camino de la vida, deseando nuestra eterna felicidad, ansiando que lleguemos seguros a la misma esfera.*

¡Con cuánta ternura, amor y afecto *nos miran dormir, rondan alrededor de nuestra almohada y buscan comunicarse con nuestros espíritus para advertirnos de los peligros o de tentaciones, consolarnos y mitigar nuestra tristeza, o guardarnos de las enfermedades que puedan sobrevenirnos! ¡O quizás nos den alguna seña cariñosa de amor imperecedero!*[48]

Un análisis cuidadoso de numerosos relatos de visitas a la tierra de aquellos que están en el paraíso, revela que casi todas esas visitas cumplen uno de siete propósitos. Los espíritus regresan para

1. dar consejo,
2. dar consuelo,
3. obtener o dar información,
4. servir como ángeles guardianes,
5. preparar a otros para la muerte,
6. llamar a mortales al mundo espiritual, y
7. escoltar a los muertos a través del velo de la muerte.

Consideraremos ejemplos de cada una de esas actividades.

Espíritus que Regresan para Dar Consejos

---

[48] Parley P. Pratt, *Key to the Science of Theology, op. cit.*, págs. 120-122.

Aparentemente los espíritus que pasan el velo aprenden, cuando entran en el mundo espiritual, los efectos que sus acciones mortales han tenido sobre los demás. A veces tratan de corregir las condiciones que ellos pueden haber causado en la tierra, aconsejando a los seres queridos que han dejado atrás. El élder Jacob Hamblin explicó como una visita de su suegro muerto motivó que su esposa dejara de ridiculizar a la Iglesia y que aceptara el bautismo:

> El padre de mi esposa hizo todo lo que pudo a fin de injuriarme e insultarme. Un día, sin tener idea de cómo se cumpliría mi predicción, le dije: 'Ud. no tendrá el privilegio de injuriarme mucho más.' Unos días más tarde enfermó y murió.
>
> Poco después de la muerte de su padre, mi esposa me preguntó afablemente por qué no oraba en la casa, o con ella. Respondí que me sentía mejor orando a solas que ante incrédulos. *Me dijo que ella era creyente, que su padre se le había aparecido en un sueño y le había dicho que ya no se opusiera a mí como lo había hecho hasta entonces, y que él tenía problemas por culpa del modo en que me había tratado.* Poco después ella fue bautizada, y eso fue un gran consuelo para mí.[49]

En otras ocasiones los espíritus pueden regresar a dar consejos a sus seres queridos para evitar momentos desafortunados o situaciones peligrosas. Ruth E. Christensen relata como su madre no creyó la advertencia del abuelo muerto el día antes de que su casa fuera totalmente destruida por un incendio en el cual ella misma resultó seriamente quemada:

> En 1924, cuando yo tenía doce años, nuestra casa en Teton Basin se incendió y mi hermana y yo quedamos atrapadas dentro de la casa. Cuando sucedió la tragedia estábamos solas. Nuestros padres habían ido a Rexburg a comprar las provisiones para el invierno y mis dos hermanos estaban fuera. . . .
>
> Mamá y papá no se enteraron del incendio hasta el día siguiente. Papá se había adelantado en el automóvil y mamá iba a seguirlo en tren. Ese día le sucedió algo muy raro a ella. *Cuando iba a tomar el tren, su padre, quien había muerto diez años antes, vino a ella y le dijo: 'Ellen, permanece en tu hogar y cuida lo que tienes.'*
>
> Le pareció muy extraño, pero aún así no quiso defraudar a papá que estaba aguardándola y tomó el tren. Pasaron la noche en la casa de un primo de papá, *y toda la noche ella olió humo.* Le pidió a la señora Cherry que se levantara y viera si algo se estaba quemando. Finalmente se quedó dormida y *soñó que veía, al lado de una casa en llamas, a dos niños que*

[49] *Jacob Hamblin, op cit.*, pag. 15

extendían los brazos hacia ella. Eso sucedió la noche en que se quemó nuestro hogar.[50]

Parece ser que los espíritus también se manifiestan a sus compañeros mortales para aconsejarles a que continúen con sus labores en la tierra, y para asegurarles su compañerismo en la vida futura. Con esos propósitos Briant S. Stevens regresó y visitó, en un sueño, a su compañero de juventud, Fred J. Bluth, dos días después de que su cuerpo fuera enterrado. El hermano Bluth había ido a la misma escuela que Briant Stevens, y cada día al finalizar las clases, acostumbraban regresar juntos a sus casas. El hermano Bluth relata la siguiente manifestación:

> Pensé que Briant estaba esperándome a la entrada como de costumbre, sólo que *vestía de blanco como en el ataúd.* Cuando llegué cerca de él, saltó a mi lado y me abrazó. Tomó mi mano y me dijo: 'Ven conmigo Fred '. . . .
>
> En frente de la puerta había una carreta grande. El conductor bajó de su asiento, nosotros subimos y fuimos a un edificio como un granero. Briant abrió las puertas, y luego oí una voz diciendo:
>
> 'Debes llenar el carro con maíz.'
>
> Briant y yo comenzamos a palear maíz en el carro, pero pronto él se detuvo. Yo le pregunté:
>
> '¿Es suficiente?'
>
> El contestó:
>
> 'Aún no.'
>
> Trabajé un poco más y volví a preguntarle:
>
> '¿Es suficiente Briant?'
>
> Y una vez más contestó:
>
> 'Aún no Fred.'
>
> Trabajé diligentemente durante un tiempo mucho más largo, y le pregunté por tercera vez:
>
> '¿Es suficiente?'
>
> Y Briant contestó:
>
> *'Sí, es suficiente. Ahora Fred, puedes venir conmigo.'*
>
> Subí al carro con él y nos fuimos juntos. En ese momento me desperté.

---

[50]Dorothy South Hackworth, *The Master's Touch* (Salt Lake City, Utah: Bookcraft Inc., 1961), págs. 17,18.

El pequeño Fred se sintió sobrecogido por su sueño. Lo relató a Edgar Peterson, quien preguntó:

'¿Sabes el significado de tu sueño?'

'No.'

'Entonces te daré la interpretación. *Significa que tu labor terrenal aún no se ha finalizado. Pero cuando haya concluído, Briant te llamará.*'"[51]

Espíritus que Regresan para Dar Consuelo

Los espíritus justos regresan a la tierra no sólo para aconsejar a sus seres queridos en ciertas situaciones, sino que también regresan a través del velo para dar consuelo y seguridad a sus parientes y amigos. Por ejemplo el élder Parley P. Pratt escribió de la visita que su esposa muerta le hizo, mientras la chusma lo tenía preso en un calabozo en Misurí, en 1839. Después de meses de cautividad clamó al Señor en ayuno y en oración para saber si alguna vez podría escapar de su confinamiento. La respuesta que recibió fue la aparición de su esposa:

> Despues de algunos días de oración y ayuno, buscando al Señor, me retiré temprano a mi cama en mi recámara solitaria. Y mientras los otros prisioneros y los guardias charlaban, pasando el tiempo en el piso superior de la prisión, yo me recosté en silencio, buscando y esperando una respuesta a mi oración. Repentinamente me pareció ser llevado en el espíritu, perdiendo contacto con todo lo que me rodeaba. Calma y paz celestial invadieron mi pecho. *Un personaje del mundo de los espíritus se paró ante mí con una sonrisa de compasión en su mirada, y con pena mezclada con el amor más tierno, y benevolente en cada gesto de su semblante. De repente, una mano suave pareció reposar en la mía y una mejilla resplandeciente se apoyó con ternura y tibieza en la mía. Una voz que conocía bien me saludó.* Era la voz de la esposa de mi juventud, quien hacía casi dos años dormía dulcemente allí donde los inicuos cesan de molestar y los cansados reposan. Se me hizo comprender que ella había sido enviada para comunicarse conmigo y contestar mi pregunta.
>
> Sabiendo eso, le dije con tono serio e inquisitivo: '¿Volveré a ser libre en esta vida? ¿Disfrutaré de la compañía de mi familia y de los Santos? ¿Predicaré el evangelio como hasta ahora?' Su respuesta fue definitiva e indudable: '¡SI!'
>
> Entonces recordé que había convenido en que estaría satisfecho con sólo saber eso. Pero en ese momento quise saber más y le dije: '¿Puedes decirme cómo, y de qué manera o cuándo escapare?' Ella me contestó: *'Eso es algo que yo todavía no sé.'* Inmediatamente sentí que había ido más allá del acuerdo y de mi fe al hacer esa última pregunta, y que debía contentarme con la primera respuesta.

[51]Kennon, *Helpful Visions, op cit.*, págs. 38-39.

Luego su dulce espíritu me saludó y se retiró. Y yo volví a la realidad. El lúgubre ruido de los guardias y las palabras encolerizadas del viejo apóstata hirieron mis oídos, pero el cielo y la esperanza moraban en mi alma.

A la mañana siguiente relaté a mis dos compañeros de prisión todo lo relativo a mi visión y ellos se regocijaron sumamente. Para algunos esto podrá parecer un sueño vano o una fábula de la imaginación, pero para mí fue y será siempre una realidad, tanto por lo que experimenté en ese momento como por la manera en que se cumplió más tarde.[52]

David P. Kimball recibió consuelo y ayuda de sus padres que residían al otro lado del velo, cuando vagaba sufriendo por el desierto en Arizona:

Había transcurrido otro día largo y triste. Sólo podía ver lobos, cuervos y un desierto estéril cubierto de cactos. Estaba casi convencido de que los años de vida que mi padre me había prometido, no se cumplirían. Mientras estaba en esta terrible situación y cuando casi me daba por vencido, *aparecieron mi padre y mi madre. Me dieron agua para tomar y me consolaron diciéndome que los amigos que me estaban buscando me encontrarían, y que viviría dos años más como me habían prometido.* Al anochecer vi a unos cien metros de mí otro fuego y a mis amigos en su derredor. Pero estaba tan ronco que no podía hacerme oír. En ese entonces mi cuerpo estaba casi sin vida y apenas podía moverme, pero mi mente estaba en perfecta condición y podía darme cuenta de todo lo que sucedía a mi alrededor.[53]

La noche antes de que muriera, Merrill Neville recibió un consuelo similar. Su abuelo, quien había muerto, se le apareció a él y a su madre para consolarlos:

Merrill Neville de 19 años de edad, hijo de Eliza Dean Neville, yacía a las puertas de la muerte. La hermana Neville se arrodilló en oración al lado de su cama. Mientras oraba *sintió la presencia de su difunto padre en el cuarto y estas palabras la impresionaron: 'Eliza, Merrill vivirá. Tú sabes Eliza, que siempre deseé salir a una misión, pero nunca tuve el privilegio. Ahora quiero que Merrill haga una misión por mí.'* La hermana Neville se sintió fortalecida pensando que seguramente su hijo viviría.

Al día siguiente Merrill llamó a su madre a su lado y tomándole el rostro entre las manos, le dijo: '¡Oh, madre! ¡Has sido una madre tan buena! Has hecho todo lo que pudiste por mí.'

---

[52]Parley P. Pratt, Autobiography of Parley P. Pratt, (sexta edición; Salt Lake City, Utah: Deseret Book Company, 1966), págs. 238-239. Poco después de este incidente, el élder Pratt pudo escapar de la chusma e ir a Illinois para unirse al cuerpo de la Iglesia.

[53]O. F. Whitney, *Helpful Visions*, *op cit.*, pág. 15. Para información concerniente a su promesa de dos años más de vida, véase el subtítulo "Los Espíritus Preparan a Seres Mortales para la Muerte" en este capítulo.

'Sí, Merrill, creo que nunca en mi vida te castigué. Has sido un buen muchacho. Siempre hiciste todo lo que te pedimos que hicieras.'

'Tanto tú como papá han sido muy buenos conmigo' repitió el moribundo.

Tomando las manos de su madre entre las suyas dijo: 'Si muero no te sentirás mal, ¿verdad?'

Luego su madre le contó lo que había recibido el día anterior. *'Sí, madre, viviré, e iré a una misión para el abuelo Dean, pero la misión no es en esta tierra. Si se me permite, madre, regresaré y te contaré tanto como pueda.'*
A la mañana siguiente, dijo: *'Esta mañana me siento como un hombre nuevo, el abuelo Dean sostuvo mi cabeza durante toda la noche.'* Alrededor de las 7 de la noche de ese mismo día, su espíritu dejó al cuerpo.[54]

La indicación y el consuelo de que Heber J. Grant sobreviviría una operación delicada fue dada por Lucy Stringham Grant, su esposa fallecida, a la segunda esposa, Augusta Winters Grant:

> Cuando fue operado de apendicitis, *su esposa Lucy, quien como se ha dicho había muerto, visitó su hogar y le prometió a Augusta Winters, (quien se había casado con Heber J. Grant el 6 de mayo de 1884), que él se recuperaría.* El mismo sintió la misma impresión y creyó que sobreviviría a la prueba. Por eso, cuando después de la operación los médicos dijeron que no viviría porque su sangre estaba contaminada, ni él, ni su esposa se alarmaron, porque los dos tenían la perfecta seguridad de que se recuperaría, y su fe no fue en vano.[55]

Edward J. Wood, primer presidente del templo de Cardston (Alberta, Canadá), relató una experiencia que tuvo lugar en ese sagrado edificio. Un élder canadiense había sido llamado a cumplir una misión en Sudamérica, pero se había ahogado cuando naufragó su barco dos días después de salir de la ciudad de Nueva York. Sus padres, quienes eran obreros en el templo de Cardston, estaban sumamente afligidos por su muerte. El presidente Wood escribió lo siguiente con respecto al mensaje de consuelo que este misionero dio a su padre cuando habló con él en el templo:

> Les resultó muy difícil resignarse, sin embargo siguieron oficiando en el templo, y siempre oraban para que algo aliviara su sufrimiento.
>
> Una noche, varios meses después del accidente, el padre había terminado su labor en el templo, y contrario a su costumbre habitual, no se preparó para irse a casa, sino que subió las escaleras y se sentó en un

---

[54] "Manifestation About Building of Temples," *Deseret Evening News*, 18 de mayo de 1918.
[55] Andrew Jenson, *Latter-day Saint Biographical Encyclopedia*, *op cit.*, Vol. I, pág. 151.

pequeño estrado en el Cuarto Celestial, cerca de uno de los tres cuartos de sellamientos. Yo estaba oficiando en el único que estaba siendo usado en ese momento. De pronto el padre, preguntándose por qué estaba allí solo cuando los oficiadores y miembros del grupo habían bajado las escaleras, comenzó a salir del cuarto. Pero para su sorpresa pensó *que oía la voz de su hijo perdido diciendo: 'Padre, tú y mamá han estado muy afligidos por mi naufragio, pero si ustedes supieran la obra misional a la cual he sido llamado en el mundo de los espíritus, donde ahora estoy trabajando, no estarían tan apesadumbrados, porque esta obra es más importante que la que hubiera hecho en Sudamérica.'* Cuando el padre pareció despertarse de esta experiencia, se preguntó si el haber oído a su hijo no sería producto de su imaginación. Estaba por salir del cuarto cuando se sintió sobrecogido por una sensación celestial y nuevamente pensó que oía la voz de su hijo diciendo: *'Padre, tú dudas sobre si realmente te entregué mi mensaje. Para probarte que has oído a tu hijo misionero desde el mundo espiritual, el hermano Wood te llamará al cuarto de sellamientos en que está oficiando para que des tu testimonio, algo que él nunca ha hecho antes. El no sabe que estás aquí. Esto debiera ser para ti un testimonio de que oíste de mí, para que tú y mi madre no continúen negándose a aceptar mi muerte.*[56]

Espíritus que Regresan para Obtener o Dar Información

Así como los espíritus regresan del paraíso a la tierra para dar consejos y consuelo, también vuelven para obtener y dar información. El élder Thomas A. Shreeve escribió acerca del espíritu visitante que se le apareció para obtener un informe de sus actividades misionales en Australia:

> El hermano May estaba sentado ante una mesa en la habitación, y estábamos conversando. Al otro lado del cuarto, a la derecha de mi cabeza, había una puerta abierta que podía ver sin levantar la cabeza de la almohada.
>
> Mientras estaba acostado escuchando las palabras del hermano May, *un personaje vestido con una túnica blanca entró en la habitación. Parecía ser un hombre joven, de semblante placentero.* Este personaje pasó alrededor de la cama y se paró cerca de la mesa. El hermano May se levantó, le ofreció una silla al visitante y luego se retiró. El hombre joven se sentó a la mesa, abrió un libro, y dijo:
>
> *'¿Está usted listo para dar informe de la rama de Sydney?'*
>
> 'Sí señor,' respondí.
>
> 'Entonces, proceda.'

---

[56]Edward J. Wood, "A Deceased Missionary Son Speaks to His Father," como aparece reimpreso en el libro de N. B. Lundwall, *Faith Like the Ancients, op cit.*, pág. 183. El presidente Wood continúa su relato de la experiencia, contando como se sintió impulsado a llamar al hermano al cuarto de sellamientos:

Le di un informe de todo lo que habíamos hecho en Sydney, comenzando por nuestros primeros esfuerzos de reorganización, y terminando con lo último que había hecho antes de zarpar, *porque todas esas cosas aparecían en mi mente con claridad.* La narración me llevó algunos minutos y continué hablando libremente. El escribía rápidamente en el libro y en ningún momento me interrumpió. *Sentí que estaba anotando todo lo que decía.* Cuando finalicé, me preguntó:

'¿Tiene algo más que decir?'

'No señor,' contesté.

Luego le dió vuelta a las hojas y pareció leer desde el principio. Después dijo:

'Muy bien. Ahora ¿adónde va?'

'A Nueva Zelandia.'

Anotó mi respuesta en el libro y firmó. No pude ver su nombre escrito, pero *sentí que estaba poniendo su propia firma.* Cerró el libro, caminó hacia el lado derecho de la cama, *me estrechó la mano y me dijo:*

'Adiós. *Llegaré allí antes que usted.*'[57]

Anthon H. Lund, presidente del templo de Manti de 1891 a 1893, relató un caso de espíritus que venían de allende el velo a impartir información a sus descendientes en la tierra, lo cual aconteció durante su trabajo en el templo:

El padre se preguntó: '¿Cómo me va a llamar el hermano Wood si sabe que hace mucho me fui del Templo?' Bajó las escaleras y titubeó varias veces acerca de ir o no a su casa. Pero después de varios intentos de salir del templo, volvió a subir las escaleras, y al llegar a la parte superior que conduce al cuarto celestial, encontró a uno de los hermanos que hacía obra vicaria, quien le dijo: 'Hermano , estaba buscándolo. El hermano Wood quiere que vaya al cuarto de sellamientos y hable con algunas personas que están allí.'

Siempre recordaré la sensación que tuve cuando sentí la inspiración de llamar a este hermano. En un principio pensé: 'Se ha ido a casa.' Nunca había pedido a nadie que hablara en el cuarto de sellamientos, y sin ninguna duda, este buen hombre debe haber vuelto a su hogar hace varias horas. Y aún así, el sentimiento era muy fuerte. Pedí al hermano que me ayudaba que se fijara si el hermano ________ estaba en el edificio, y si estaba que le pidiera que viniera unos minutos a dar su testimonio.

Cuando el buen hermano apareció en la puerta del cuarto de sellamientos se veía pálido, pero feliz. *Entró, y para nuestro asombro, nos contó con el más puro espíritu posible, su experiencia al recibir el mensaje de su hijo misionero muerto, y de como se preguntaba si yo lo llamaría al cuarto de sellamientos, sabiendo que probablemente se había ido a casa.* Reinaba un gran espíritu, y qué gran placer fue para todos nosotros que estábamos en el cuarto y que lo conocíamos a él y a su esposa, oírlo decir: 'De aquí en adelante nos sentiremos reconciliados. *Es un testimonio maravilloso para mí, y lo será para su madre y para todos los miembros de la familia, saber que el Señor ciertamente trabaja misteriosamente para llevar a cabo Sus propósitos.*'

Melvin S. Tagg también se refiere a esta instancia en *The Life of Edward James Wood,* págs. 110-111, e identifica al misionero como Keith Burt, de la estaca de Alberta.

[57]Thomas A. Shreeve, *Helpful Visions, op cit.,* págs. 59-60. Antes de relatar esta visita, el élder Shreeve habló del sufrimiento y de la intensa fiebre que lo llevaron al borde de la muerte y que, aparentemente, le permitieron recibir esta comunicación en forma de sueño.

Recuerdo un día en el templo de Manti, en que un hermano de Mount Pleasant vino al templo a participar en la obra. Cuando pasaba por el cementerio de Ephraim, miró hacia adelante (era muy de mañana) y *vio allí una gran multitud, todos vestidos de blanco,* y se preguntó qué podría ser eso. ¿Por qué habría tanta gente allí? Pensó que era demasiado temprano para un funeral. Sin embargo se acercó a ellos y *algunas de esas personas se pararon frente a él y le hablaron,* diciendo: '¿Va usted al templo?' 'Sí,' *'Todos los que usted ve aquí son familiares suyos y quieren que haga la obra por ellos.'* 'Sí,' dijo el hermano, 'pero hoy voy a terminar la obra porque ya no tengo más nombres, y no conozco los nombres de aquellos que usted dice que son mis parientes.' *'Pero hoy cuando vaya al templo, encontrará los registros que dan nuestros nombres.'* Estaba sorprendido. Miró hasta que todos desaparecieron y continuó su camino. Cuando llegó al templo, el registrador Farnsworth se le acercó y le dijo: 'Acabo de recibir registros de Inglaterra y todos le pertenecen a usted.' Y allí había cientos de nombres que acababan de llegar. Y lo que le dijeron las personas que había visto se cumplió. Podéis imaginar el gozo en su corazón y el testimonio que tuvo él de que el Señor quería que se realizara esa obra.[58]

Espíritus que Sirven como Angeles Guardianes

Existen pruebas de que algunos seres mortales son vigilados y protegidos del peligro por seres espirituales que actúan como ángeles guardianes. Cuando Peter Johnson fue al mundo de los espíritus, encontró a un ser espiritual que le dijo: "Tú no sabías que yo estaba aquí." Peter dijo: "No, pero ahora te veo. ¿Quién eres?" El contestó: *"Soy tu ángel guardián. Cuando estabas en la tierra te seguía constantemente."*[59] Cuando Henry Zollinger relató su entrada a la morada espiritual, dijo que "en ese momento *mi ángel guardián,* mi madre y mi hermana Ann estaban junto a mí."[60]

La difunta hermana de Thomas A. Shreeve se le apareció durante su obra misional y le dijo que si algún peligro lo amenazaba, ella vendría a advertirle, demostrando de ese modo que ella fungía como su ángel guardián:

> Mientras estaba acostado en mi cama, completamente despierto, repentinamente vi *una mano y un brazo, cubierto con una manga blanca que se extendía hasta media distancia entre el codo y la muñeca.* Esa mano salía del costado de la chimenea, llevando una antorcha.

---

[58]N. B. Lundwall, *Temples of the Most High, op cit.,* pág. 124.

[59]Peter E. Johnson, *Relief Society Magazine, op cit.,* Vol. VII, pág. 451. Con respecto a la identidad de los ángeles guardianes, Wilford Woodruff expresó su creencia de que "a estos hombres que murieron y fueron al mundo de los espíritus, les fue dada esta misión. Por eso, una porción de ellos vela por los Santos de los Ultimos Días." (JD 21:318)

[60]Henry Zollinger, *op cit.*

Al principio sólo la punta de la antorcha brillaba, pero gradualmente la llama creció y la luz se hizo más fuerte hasta llenar toda la habitación. Luego, de la obscuridad, detrás del brazo y de la antorcha, salió la figura de una niña.

Al instante reconocí a mi hermanita Sophia, quien había muerto seis años antes en Inglaterra, mientras yo estaba en Utah. Cuando murió tenía ocho años y medio, y hacía poco que había sido bautizada en la Iglesia. Vino hacia la cama y *vi que estaba vestida con hermosas ropas blancas. De toda su persona parecía emanar una luz agradable. Se acercó a la cama y se inclinó sobre mí, rodeando mi cuello con sus brazos y besándome en los labios.* Luego, con sus manos aún entrelazadas, se inclinó hacia atrás y me miró fijamente a la cara, diciéndome al mismo tiempo:

'Tom, no te asustes. En cualquier lugar que te encuentres en peligro, yo vendré para advertirte.'

Se inclinó hacia adelante y volvió a besarme; luego se echó hacia atrás para mirar mi rostro otra vez. Repitió las mismas palabras que me había dicho antes y me besó una vez más. Entonces retiró sus brazos lentamente y se apartó del lecho. Se acercó al brazo que seguía sosteniendo la antorcha y vi que la *luz de la antorcha desmerecía ante la gloria superior que rodeaba su persona.* Cuando ella se acercó a la chimenea, el brazo se extendió rodeándola y ella caminó hacia la obscuridad. Saludó tres veces con su mano, despidiéndose de mí. Pronto la cubrió la obscuridad de la chimenea y la luz de la antorcha se hizo más brillante por unos momentos. Pero luego la luz se desvaneció y me encontré en la cama, reclinado sobre un codo, mirando fijamente la sombría obscuridad. La presencia gloriosa y la antorcha habían desaparecido. Pero *la presencia de mi hermana fue tan real y cierta que después de que se fue, seguía sintiendo la presión de sus brazos alrededor de mi cuello.*[61]

El apóstol Orson F. Whitney relató la visita de su difunta esposa y su entendimiento de que ella velaba por él como su ángel guardián:

Muy temprano en la mañana del 24 de abril de 1918 . . . mientras estaba acostado medio dormido, *un par de manos se apoyaron en mi cabeza.* Mi primer pensamiento fue que en la casa había alguien que no debía estar allí y que debía quedarme perfectamente quieto para estar a salvo. *Pero las manos eran tan suaves y cariñosas que perdí el temor y con mis propias manos tomé las que descansaban sobre mi cabeza. Eran manos de mujer. Pronto vi a mi esposa Zina, quien había muerto dieciocho años antes.* Estaba suspendida más arriba de mí. Le tendí los brazos y vino a ellos. Todo era tan real que *no tenía dudas de que ella estaba allí. Era un ángel guardián velando por sus hijos y por mí.*[62]

---

[61] Thomas A. Shreeve, *Helpful Visions, op cit.*, págs. 68-69.

[62] Orson F. Whitney, *Through Memory's Halls* (Independence, Misuri: Zion's Printing and Publishing Co., 1930), pág. 413. Una bendición de Abraham O. Smoot sobre la cabeza del élder Whitney, había prometido: "Si es necesario, te comunicarás con los espíritus que han partido de aquí, y te visitarán una y otra vez." (*Ibid.*, pág. 413)

Al élder John Mickelson Lang, obrero en el templo de Saint George, le fue revelada, en 1928, otra de las funciones de los ángeles guardianes:

> Un día mientras se llevaban a cabo los ritos bautismales, *oí claramente una voz que provenía del extremo este de la fuente y muy cerca del cielo raso, llamando a los muertos por sus nombres para que presenciaran sus bautismos, dando a cada uno un momento para presentarse.* Después de oír muchos nombres, noté diferencias en la pronunciación de algunos de ellos. Parecía que el que hacía los llamados tenía una lista distinta a la nuestra.
>
> En ese momento estaba tan impresionado que puse mi brazo sobre los hombros del secretario, el hermano W. T. Morris quien estaba pasando, y llamé su atención al sonido de la voz, pero él no pudo discernirla.
>
> Este suceso tuvo lugar en marzo de 1928 y durante varios meses me estuvo preocupando. Un día de octubre, en el que había ido al cuarto superior del templo como acostumbraba, para orar en secreto, pedir la ayuda de Dios en mi trabajo y agradecerle por haberme enseñado que en Su casa había un ángel para llevar un registro perfecto de lo que sucedía. Había terminado mi oración y estaba por salir del cuarto cuando una pregunta cruzó por mi mente: 'Pero ¿dónde y cómo obtiene El los nombres? Algunos de ellos no fueron pronunciados igual que los nuestros.'
>
> Dios conocía mis pensamientos. Nunca le pedí saber esto pero la explicación me llegó con estas palabras: *'Cada espíritu que viene a la tierra tiene un ángel guardián cuyo deber es llevar un registro del linaje del individuo, las condiciones en que nació, su herencia, medio ambiente, pensamientos y deseos. Cuando termina la vida del individuo, la misión del ángel guardián también termina. El regresa, hace su informe y entrega el registro. Este registro es colocado sobre el otro libro, llamado el Libro de la Vida.'*
>
> Todo eso me hizo comprender que en ese otro libro se preservan los nombres y las fechas exactas de todos los espíritus que han vivido sobre la tierra.
>
> También así se aclara como los hechos serán probados por medio de dos o tres testigos. Por ejemplo, en el caso de que un niño sea abandonado en una puerta, los ángeles guardianes del niño, del padre y de la madre constituyen tres testigos del linaje del niño. Existen dos testigos de todas las cosas que suceden entre dos personas. Por eso Dios también puede dar en los templos, por ejemplo, un registro perfecto de los Lamanitas o de cualquier otro pueblo que no tenga registros terrenales.

Dios es perfecto. Su registro es perfecto. Seremos juzgados por medio de los libros.

Testifico que esto es verdadero, porque lo recibí de un ángel en la Casa del Señor.[63]

Hyrum Smith enseñó que además de ángeles guardianes hay otros ángeles que ministran a los mortales en tiempos de dificultades extremas. Le dijo a Edward Hunter concerniente a su difunto hijo, George Washington Hunter, que "Tu hijo se desempeñará como un ángel para ti, *no como tu ángel guardián, sino como tu ángel auxiliar que te ayudará en caso de pruebas extremas.*"[64]

No está claro si cada hombre está bajo cuidado de un ángel guardián y si goza de su guía y protección a lo largo de toda su vida o no. Es evidente que en algunas ocasiones más de un ser guarda y protege a los seres mortales. Por ejemplo Wilford Woodruff habló de tres mensajeros que protegieron a los primeros misioneros en Inglaterra, cuando fueron atacados por hordas de malos espíritus:

> Cuando los hermanos Kimball, George A. Smith y yo fuimos a Londres, encontramos a esos espíritus inicuos que trataron de destruirnos. La primer casa que nos abrió sus puertas estaba llena de demonios. Se habían reunido allí para destruirnos para que no pudiéramos sembrar el

---

[63]"A Testimony Received by John Mickelson Lang in the Saint George Temple in the Year 1928," manuscrito inédito en poder de la hermana Ruth Gregory, de Smithfield, Utah.

Otros han visto seres espirituales que fueron llamados cuando sus bautismos vicarios fueron efectuados por ellos. El élder J. Hatton Carpenter, quien había sido registrador en el templo de Manti, testifica del relato que está registrado en el *Utah Genealogical and Historical Magazine* (Salt Lake City, Utah: The Genealogical Society of Utah), Vol. XI, pág. 119, julio de 1920.

> Un venerable patriarca, quien ahora está muerto, en una ocasión me relató lo siguiente. El patriarca, a quien llamaremos hermano C., vino hace algunos años al templo de Manti, cuando presidía allí John D. McAllister. Sucedió un martes mientras se realizaban bautismos. No teniendo por quien oficiar, el hermano C. fue invitado al cuarto donde se realiza esta sagrada ordenanza. Se sentó y observó la ceremonia con indudable interés ya que estaba mirando el mundo espiritual. *Aparecieron ante su vista los espíritus de aquellos por quienes se estaba oficiando vicariamente en la pila bautismal. Allí los espíritus aguardaban su turno. Cuando el registrador pronunciaba el nombre de la persona por quien se iba a hacer el bautismo, el patriarca veía como una sonrisa iluminaba el rostro del espíritu cuyo nombre había sido pronunciado. Entonces el espíritu se apartaba del grupo y se colocaba al lado del registrador para observar su propio bautismo vicario. Después, con semblante gozoso, dejaba el lugar para que el siguiente personaje favorecido disfrutara del mismo privilegio.*
>
> Mientras los ojos del hermano C. se deleitaban en esta escena, notó que, de pronto, *algunos de los espíritus se iban con rostros tristes.* En ese momento su vista y su mente volvieron a las cosas materiales y mirando en su derredor, vio que el cuarto bautismal estaba casi vacío. Los bautismos del día se habían efectuado y el registrador estaba recogiendo sus papeles y bajando de su escritorio.
>
> 'Frecuentemente pienso en ese suceso,' dice el hermano Carpenter, 'porque a menudo me siento ante la pila y pronuncio los nombres para que se realicen las ordenanzas que tanto significan para los muertos.'

[64]Andrew Jenson, *Latter-day Saint Biographical Encyclopedia, op cit.*, Vol. I, pág. 229. Para leer el relato del regreso a la tierra del hijo del obispo Hunter, véase el capítulo III de este libro.

evangelio en esa gran ciudad. El hermano Kimball fue a Manchester a hacer algunos negocios y nos dejó allí al hermano George A. Smith y a mí. Una noche estábamos conversando sobre el mormonismo hasta las 11:00 p.m. cuando fuimos a la cama. Acabábamos de acostarnos cuando esos espíritus se echaron sobre nosotros y estuvimos a punto de perder nuestras vidas. Era como si un hombre fuerte me hubiera tomado por la garganta tratando de matarme por estrangulación. *En medio de esto un espíritu me dijo que orara. Lo hice, y mientras oraba se abrió la puerta. El cuarto se llenó de luz y entraron tres mensajeros. Yo no sé quienes eran. Vinieron, impusieron sus manos sobre nuestras cabezas y reprendieron a aquellos poderes, salvando así nuestras vidas. No sólo eso, sino que además, con el poder que tenían arrojaron de aquella gran ciudad a todo el ejército de demonios* y los sujetaron para que nunca más, a partir de ese día, molestaran a ningún élder.[65]

Parley P. Pratt enseñó que cuando los hombres se inclinan a la iniquidad, sus familiares en el mundo de los espíritus los abandonan y dejan de cuidarlos:

> Aquellos que habitualmente se entregan al vicio, a la inmoralidad y a las abominaciones; aquellos que diariamente son indulgentes con la lujuria; aquellos que no creen en Jesucristo, ni tratan de orar, ni guardan sus mandamientos; aquellos que no cultivan las alegrías puras, santas y refinadas del amor inocente y celestial, sino que sacrifican los más finos sentimientos ante el altar del placer ilícito y los deseos brutales; todos aquellos no entenderán ni apreciarán esta perspectiva. Por esto es que *sus ángeles guardianes, sus espíritus familiares, afligidos y disgustados por su conducta, partieron hace mucho, dejándolos sin ayuda.*
>
> *También el Espíritu del Señor está afligido, y los ha dejado para que luchen solos contra los peligros y pesares de la vida, o para que se asocien con demonios y espíritus impuros.* Tales personas sueñan con adulterio, glotonería, libertinaje y crímenes de toda clase. Tales personas tienen presagios de una muerte lúgubre, de obscuridad, de bofetadas de demonios y de espíritus malignos.[66]

Los Espíritus Preparan a Seres Mortales para Morir

Hay evidencias de que a algunos mortales se les dice cuando van a morir, o de que se les da una oportunidad para prepararse para pasar a través del velo de la muerte. Heber C. Kimball, por ejemplo, apareció a su hijo cuando éste se aventuró en el mundo espiritual. Lo reprendió por su debilidad y le dijo que su etapa mortal terminaría dos años después:

---

[65] "Discourse Delivered at the Weber Stake Conference, Ogden, Monday, October 19th, 1896, by Prest. Wilford Woodruff." *The Deseret Weekly*, Vol. 53, No. 21, pág. 642, 7 de noviembre de 1896. Véase también JD 3:227-230; 4:2.

[66] Parley P. Pratt, *Key to the Science of Theology*, *op cit.*, pág. 122.

Mi padre me dijo muchas cosas, y me reprendió por mis pecados. Aún así parecía poco dispuesto a dejarme ir, y pareció sentirse muy mal cuando me llegó el momento de partir. Me dijo que si quería, podía quedarme allí, pero le imploré que me dejara estar con mi familia el tiempo suficiente para que estuvieran cómodos, para arrepentirme de mis pecados y para estar mejor preparado para el cambio. Si no hubiera sido por eso, jamás hubiera regresado a mi hogar, excepto muerto. *Finalmente mi padre me dijo que podría quedarme dos años, y que debería hacer todo el bien que pudiera durante ese tiempo. Después él vendría a buscarme. Mencionó que también vendría a buscar a otros cuatro, aunque no dijo si sería al mismo tiempo.*[67]

A Ella Jensen se le dio menos tiempo para prepararse para la muerte. A las tres de la mañana, repentinamente llamó a quienes la cuidaban durante su enfermedad para decirles "que su tío Hans, quien había muerto, apareció de repente en la habitación, estando ella despierta y con los ojos abiertos, y le dijo que *a las diez en punto estarían allí mensajeros que la conducirían al mundo espiritual.*"[68]

El presidente Edward J. Wood relató como el jefe Indio de la tribu Kree, Cara Amarilla, del este de Canadá, fue a Cardston, Alberta, Canadá en 1910. El jefe, junto con unas veinte familias de su tribu, llegaron y le pidieron permiso para acampar y cazar con trampas cerca de la comunidad mormona. Fueron bien tratados y regresaron a vivir allí durante tres temporadas de caza. Durante el tercer año de su estancia allí, repentinamente se dirigieron al obispo Parker, capataz de la hacienda de la Iglesia en cuyas tierras se les había permitido acampar, para que hablara en el concilio de la tribu. El les habló en dos ocasiones. La primera vez lo escucharon sin mayor interés. Pero en su segunda visita el obispo se sintió inspirado para hablarles del Libro de Mormón, y eso inmediatamente cautivó su completa atención. Concluido el sermón, el jefe Cara Amarilla le contó al obispo Parker lo siguiente:

El año anterior a nuestra primera venida, me enfermé gravemente; y *algunos amigos Indios que habían muerto muchos años atrás, me dijeron que pronto estaría mejor, pero que después volvería a enfermarme y en esa ocasión, moriría. También me dijeron que mi familia no debería creer que había muerto y enterrarme porque yo no debería ser sepultado hasta que mi cuerpo estuviera completamente frío.* Cuando desperté llamé a mi familia y al consejo de cinco jefes del cual yo era miembro. Les conté mi sueño pero se rieron de mí y no me creyeron, y yo tenía miedo. El tiempo pasó y un día me enfermé gravemente. En seguida yo temí que mi sueño se haría realidad. Así que

[67] O. F. Whitney, *Helpful Visions, op cit.*, pág. 14.

[68] LeRoi C. Snow, *Improvement Era, op cit.*, Vol. XXXII, pág. 882.

advertí a mi familia que no se apresuraran a enterrarme aunque hubiera muerto, hasta que estuviesen seguros de que estaba completamente frío. *Poco a poco me debilité hasta que dejé el cuerpo. Fui entre muchos Indios que yo sabía que habían muerto. Pero no estaban muertos. Me dijeron que morir era sólo dejar el cuerpo para que nuestros familiares se ocupen de él y que yo estaría donde estaban ellos. Por lo pronto, ahora yo tendría que regresar y volver a usar mi cuerpo durante varios años.* Me dijeron que *debía ir entre los blancos hasta que encontrara un libro que contaba la historia de estos indios muertos que no estaban muertos.* Les pregunté como sabría yo quien tenía el libro, y me dieron cinco llaves que me permitirían reconocer a la gente que tenía el libro que diría a mis amigos Indios vivos todo acerca de sí mismos y de sus parientes muertos. Las llaves eran:

Primera llave: Os permitirán acampar, poner trampas y cazar en sus propias tierras.
Segunda llave: Negociarán con vosotros como si fuérais uno de ellos.
Tercera llave: Os invitarán a sus reuniones y os pedirán que habléis.
Cuarta llave: Os invitarán a sentaros en sus mesas para comer.
Quinta llave: Os visitarán en vuestros campamentos y no molestarán a vuestras mujeres ni a ninguno de vosotros.

Cuando encontréis esta clase de gente, hacedlos venir a vuestro concilio y que os digan sus creencias, y ellos os hablarán de este libro.

Entonces desperté y encontré que mi esposa y mis amigos estaban casi decididos a enterrarme porque hacía varios días que había muerto y que estaba todo frío excepto por un pequeño lugar sobre mi corazón. Pero cuando volví a la vida y les dije donde había estado y que nuestros parientes no estaban muertos en realidad, se maravillaron. Cuando les dije que tomaría unas veinte familias y viajaría hasta encontrar el libro, volvieron a maravillarse. Pero, como creían en un Dios, me siguieron. Así que en su debido momento formamos nuestro grupo y partimos. Hicimos muchos campamentos, y viajamos muchas veces, pero era difícil encontrar un pueblo que respondiera a las cinco llaves, ya que descubrimos que no muchas personas son amigos verdaderos de los Indios, hasta que vinimos a dar con vosotros.[69]

Los Espíritus Llaman a los Mortales al Mundo Espiritual

Los espíritus algunas veces requieren la presencia de mortales en el mundo espiritual. Así como los amigos Indios del jefe Cara Amarilla

---

[69]Edward J. Wood, "A Dream of Yellow Face," tal como se encuentra en la obra de Lundwall, *Faith Like the Ancients, op cit.*, págs. 186-187. Melvin S. Tagg también trata esta experiencia en *The Life of Edward James Wood*, págs. 86-90.

lo llamaron al mundo espiritual, Merrill Neville pudo llamar a su hermana May del otro lado del velo. Cinco horas después de morir, él comenzó a llamarla:

> A medianoche su hermana May que estaba muy enferma, dijo: 'Madre, *Merrill me está llamando.*' Su madre contestó: '¡Oh, May! ¡No digas eso!'
>
> La noche siguiente aproximadamente a las 7, May dijo en un susurro: *'Madre, anoche cuando te dije que Merrill me estaba llamando, no me creíste. Ahora me llama otra vez.'*
>
> 'Oh, May,' le dijo la madre con el corazón destrozado, 'no es que no te creyera, sino que no podía soportar que fuera cierto.' Después de sufrir las agonías de la muerte, el espíritu de May dejó su cuerpo. Su padre y su madre persistieron en tratar de volverla a la vida por todos los modos posibles, pero fue en vano. La madre enloquecida iba de un cuarto a otro y finalmente, regresando a la escena de la muerte, comenzó a orar en voz alta: 'Oh, Padre en el cielo, no veo por qué tengo que pasar por acontecimientos como éste. He tenido todos los hijos que pude. He tratado de criarlos tan rectamente como me fue posible. ¿Por qué tengo que pasar por esto?'
>
> En ese momento Bessie tocó a su madre en el hombro diciendo: 'Mamá, May quiere verte.' Su madre contestó '¿Debo ir yo también?'
>
> 'No, Madre' aseguró la hermana. *'May ha vuelto a la vida y quiere contarte lo que Merrill le dijo.*"[70]

Un llamado de más allá del velo generalmente no incluye la vuelta a la mortalidad. Más común es el llamado como el que hizo Ira N. Hinckley, quien regresó a la dimensión mortal en tres ocasiones para llamar al paraíso a su hijo, el apóstol Alonzo A. Hinckley:

> Poco antes de morir Alonzo fue al sur de California con la esperanza de que un cambio de clima lo ayudaría. En una ocasión, mientras estaba allí, estaba pensando en el hecho de que su salud no le había permitido cumplir con sus deberes de apóstol de un modo satisfactorio para sí mismo. Mientras se sentía así, *se le apareció su padre, Ira N. Hinckley, quien había muerto más de treinta años antes. Este le dijo que necesitaba mucho su ayuda del otro lado del velo, que tenía más trabajo del que podía hacer, y de que realmente lo necesitaba.*
>
> Alonzo explicó que aquí había mucho que hacer, pero que su salud lo había retrasado, y que le gustaría quedarse y terminar su trabajo. Así hablaron cara a cara el uno con el otro. La experiencia se repitió una segunda vez con los mismos resultados. Finalmente su padre apareció por tercera vez y *le dijo que tendría que llevarlo. Y ésa era su última palabra.*

---

[70] "Manifestation About Building of Temples," *Deseret Evening News*, 18 de mayo de 1918.

Poco después, Alonzo regresó a la ciudad de Lago Salado y falleció, no sin antes haber peleado gallarda y bravamente por su vida. Murió en paz y fue a recibir su galardón.[71]

Parece ser que los espíritus del paraíso conocen con anticipación a quienes llamarán en el futuro y el orden en que todos van a entrar en el mundo de los espíritus. Por ejemplo, Walter P. Monson, quien fue al mundo de los espíritus por breves momentos, fue enviado de vuelta a través del velo por su hija, porque aún no era su turno de dejar la mortalidad:

> Cuando volví la cabeza hacia el lugar donde iba, vi a mi hijita Elna quien había muerto veintiún años antes. *Estaba más madura que cuando falleció, y mucho más hermosa: llena de vida, inteligencia y dulzura.* Cuando se acercó, levantó su mano derecha y me dijo: '*¡Regresa papá! Primero quiero que venga Richard. Luego debe venir mi abuela, y después vendrá mamá, antes que tú.*'
>
> Más tarde sentí que mi cuerpo se esforzaba por respirar, mi corazón comenzaba a latir y me dí cuenta que el frío dejaba mi cuerpo. Todo el entumecimiento se fue y la tibieza normal regresó. Sentí que la enfermera me sacudía y la oí decir: "Señor Monson, no debe permitir que algo así vuelva a sucederle.[72]

A menudo se encuentran indicaciones de que personas están siendo llamadas de allende el velo, por las conversaciones que los moribundos mantienen con visitantes, que son invisibles para los demás, o porque el moribundo llama al visitante por su nombre. Cuando David P. Kimball había entrado en el paraíso, su padre le había dicho que podía quedarse dos años, pero que después vendría por él, mencionando a otras cuatro personas a quien también se llevaría. La muerte de David fue relatada en una carta escrita por su sobrino, Charles S. Whitney. La carta, fechada el 22 de noviembre de 1883, dice así:

---

[71] Bryant S. Hinckley, *The Faith of our Pioneer Fathers, op cit.,* Págs. 238-239.

[72] Jeremiah Stokes, *Modern Miracles, op cit.,* pág. 79. El élder Monson relató lo siguiente con respecto al fallecimiento de otros miembros de su familia en cumplimiento de la orden de Elna, su hija muerta:

> Permanecí cinco semanas en el hospital, fortaleciéndome día a día. Fui bendecido frecuentemente por los hermanos James E. Talmage, George Albert Smith, el patriarca Kirkham y otros, y mi familia ejercitó toda la fe que pudo por mí. Mi esposa me visitaba todos los días junto con mi hijo Richard. El doctor C. F. Wilcox le había dicho a mi esposa que no había esperanza de que me recobrara, y sus visitas, por supuesto, estaban cargadas de emoción.
>
> Muchas veces el pequeño Richard, que apenas tenía seis años, tomó mi mano, la presionó contra su mejilla y dijo con ansiedad: 'Papá, no vas a morir, ¿verdad?' Yo no

> Mi tío David murió esta mañana a las seis y media. Murió tranquilamente y aparentemente sin dolor. *Poco antes de morir, miró hacia arriba y dijo "¡Padre, padre!" Había estado llamando a su tío Heber durante toda la noche.* Tú recuerdas haberle oído contar de la visita que el abuelo le hizo cuando estaba perdido en el desierto, y como rogó vivir dos años más y se le permitió quedarse ese tiempo. El sábado pasado, el día que estuvo tan mal, se cumplieron dos años del día en que se perdió. Y *hoy se cumplieron dos años del día en que su padre y su madre lo visitaron, le dieron a beber agua,* y le dijeron que sus amigos lo encontrarían y que viviría dos años más. *El sabía que iba a morir y anteayer se despidió de tía Carolina.*[73]

Por supuesto que en la muerte de la mayoría de las personas no hay señales externas de que hayan sido llamados a través del velo. Sin embargo, a veces un cambio en sus semblantes, un brillo suave sobre ellos como si estuvieran en la presencia de un ser espiritual glorioso, provee una indicación de que los están llamando. Tal es el caso de David Whitmer:

> David Whitmer soportó su larga enfermedad con mucha paciencia y fortaleza. Su fe nunca vaciló ni siquiera un momento, y cuando llegó el

---

podía controlar mis emociones, y apenas lograba decir, 'No, Dick, no es mi turno.'

Cuatro semanas después de regresar a casa, mi niño Richard falleció. Durante las últimas horas de su vida se sentó en la cama, abrió sus grandes ojos azules, miró hacia la puerta con vivo interés y dijo: *'Ven Elna, aquí sólo están papá y mamá.'*

Le pregunté a quien veía y me contestó: *'Elna está aquí, es extraño que ustedes no la puedan ver. Con ella hay mucha gente que quiere que yo vaya.'*

Llamó a su madre, rodeó su cuello con sus brazos y preguntó: *'¿Puedo ir con Elna?'*

'Si querido,' contestó ella, 'ya has sufrido bastante.'

'Entonces iré y seré feliz si me prometen que no llorarán por mí,' nos suplicó.

Mi esposa se lo prometió y salió de la habitación.

El me dijo 'Papi, ven aquí. Pienso que mamá salió a llorar.'

Se paró un momento y miró hacia la puerta, escuchando algo que evidentemente oía.

Finalmente dijo: *'Mi querido papá, así que en el hospital tú prometiste que yo me podría ir. Ahora sé por qué llorabas cuando yo decía: 'Papá, no vas a morir, ¿verdad?'*

Tres horas más tarde sus ojos se cerraron en el sueño eterno.

El sabía que yo había llorado porque Elna me había dicho que él se iba a ir primero, y que mi regreso equivalía a una promesa de que él me precedería en el gran más allá. Eso sólo podía haberlo sabido porque Elna misma le dio esa información, porque él nada sabía de lo que yo había visto y oído mientras mi espíritu y mi cuerpo estuvieron separados, en el hospital.

Tres semanas después de su muerte, visité a mi madre, Ellen Monson, en Preston Idaho. Ella había sufrido durante muchos años, pero su constitución era fuerte y el doctor le había dicho que tendría oportunidad de vivir otros diez o quince años. Ella se lamentó de que todavía vivía mientras mi hijo había muerto. Dijo que por veintidós años había deseado morir. Sin darme cuenta de lo que decía, le prometí: *'Madre, no te restan veintidós días de sufrimiento.'*

Diecinueve días después, mi madre nos dejó, y seis años más tarde falleció mi esposa. (*Ibid.*, págs. 79-81)

[73]O. F. Whitney, *Helpful Visions, op cit.*, pág. 22. Con respecto a la muerte de su hermano Alvin, José Smith escribió que "Cuando él murió, el ángel del Señor lo visitó en sus últimos momentos." (HC 5:127. 22 de agosto de 1842.)

llamado, se sumió pacíficamente en su reposo, con una sonrisa en su rostro tal como si hubiera sido arrullado por una dulce música. Antes de que el aliento lo abandonara, *abrió sus ojos que relucían con el brillo de su juventud. Luegó dirigió su mirada al cielo y una luz maravillosa iluminó su semblante durante unos momentos.* Después sus ojos se cerraron gradualmente y David Whitmer fue a su descanso.[74]

Los Espíritus Escoltan a los Muertos a Través del Velo

Parece ser que los seres espirituales no sólo llaman a través del velo, sino que también sirven como mensajeros para proveer una escolta al mundo espiritual. Así Heber J. Grant, poco antes de la muerte de su hijo, vio que "su esposa quien había muerto, venía a buscar al niño, trayendo con ella a un mensajero a quien le dijo que se lo llevara."[75] Quizás los mensajeros vistos por Phoebe Whittemore Carter Woodruff cuando su espíritu dejó el cuerpo, fueron enviados a cumplir la misma misión. Ella contó que vio a su cuerpo yaciendo en la cama, las hermanas llorando, su esposo y su bebé, y "mientras miraba esta escena, entraron al cuarto dos personajes llevando un ataúd y le dijeron que venían a buscar su cuerpo." Entonces le dieron la oportunidad de escoger entre volver a la tierra o quedarse en el mundo espiritual. Cuando decidió permanecer en la mortalidad, "vio que los mensajeros sacaban el féretro por la puerta."[76]

Parece que la razón del regreso de John D. Wilkes, visto por su esposa Luella Child Wilkes, puede haber sido el escoltar al presidente George Osmond al mundo espiritual. De acuerdo al relato de su sobrina Fern R. Morgan, el hermano Wilkes, más conocido como "Johnny," regresó a la tierra en varias ocasiones durante los años siguientes a su muerte ocurrida en 1905:

> Cuando se organizó la estaca de Star Valley en Wyoming, en agosto de 1892, el élder George Osmond fue llamado a ser el primer presidente.
>
> Tía Luella y Tío Johnny trabajaban con él en la mesa directiva de la Escuela Dominical de la estaca y los tres se hicieron muy buenos

[74] Andrew Jenson, *Latter-day Saint Biographical Encyclopedia, op cit.*, Vol. I, pág. 270. Este es un extracto del obituario de David Whitmer que fue publicado por un periódico semanal nomormón, el *Richmond Democrat*, el 2 de febrero de 1888. David Whitmer murió el 25 de enero de 1888.

[75] Bryant S. Hinckley, *Life of a Great Leader, op cit.*, pág. 247.

[76] Wilford Woodruff, *Leaves From My Journal, op cit.*, pág. 60. Esta experiencia deja preguntas sin respuesta. ¿Por qué vinieron seres espirituales a buscar su cuerpo? ¿Fue una demostración simbólica de que estaban preparados a escoltar su espíritu al paraíso?

amigos. Así que después de la muerte prematura de Johnny, el presidente ayudó a Tía Luella con muchos de sus problemas. Su consejo amable y espiritual le brindó a ella mucho consuelo. . . .

Aproximadamente en 1907-1908, el presidente Osmond se enfermó gravemente y se temía que muriera. Finalmente se recuperó y posteriormente le contó a mi tía que *una noche, Johnny apareció al lado de su cama. El presidente Osmond preguntó '¿Me tengo que ir contigo?' Johnny le dijo que ellos no estaban 'listos para recibirlo todavía. El tenía que finalizar su obra aquí y viviría para verla terminada.' Johnny estaba vestido de blanco y su voz sonaba como siempre, dijo el presidente Osmond.* Lo peculiar de esta experiencia fue que esa misma noche *Johnny también había aparecido a mi tía en un sueño y le dijo que 'todo saldría bien, que no se preocupara.'*

Tía Luella también comentó sobre la voz de Johnny. *El siempre había tenido una voz hermosa y resonante, y cuando le habló la misma noche que se le apareció al presidente Osmond, su voz sonaba muy natural.* Esto le dio a ella gran paz mental porque había estado muy preocupada, y la visita de su esposo le dio confianza y seguridad de que todo saldría bien.

El presidente Osmond murió el 25 de marzo de 1913 a los 77 años de edad. *La noche en que falleció, Johnny apareció nuevamente en un sueño a mi tía. El iba caminando por la calle donde vivía el presidente Osmond, y ella lo vio entrar en la casa de él.* A la mañana siguiente le notificaron de la muerte del presidente Osmond.[77]

RESUMEN

1. Hay pruebas de que los espíritus están enterados de los eventos importantes de la esfera mortal y de que en ciertas ocasiones participan en ellos. Esto parece ser especialmente verdadero en los principales eventos de la Iglesia.

2. Ciertos espíritus justos que reciben autorización especial, tienen acceso a una visión panorámica de los eventos de la tierra. Pero no todos los espíritus tienen este privilegio. Aquellos a quienes se les permite ver la tierra pueden contemplar todo el planeta y ver las acciones de naciones, ciudades e individuos.

3. Los espíritus del paraíso se preocupan por la conducta de sus seres queridos en la tierra. Pueden discernir los pensamientos y sentimientos de los seres mortales. Hay evidencias de que también conocen los acontecimientos que sus seres amados vivirán en el futuro. Hacen responsables a sus seres queridos por la integridad de su buen nombre.

4. Los espíritus que han partido conocen el grado de progreso de la Iglesia en la tierra. En ocasiones han regresado para ayudar a

---

[77]Registros personales de Fern R. Morgan, en poder de su hija, la esposa de Dean Payne, de Provo, Utah.

dirigir actividades en la Iglesia, o dar guía especial a los líderes mortales de la Iglesia.

5. La conducta del hombre es observada constantemente por muchos seres espirituales, buenos y malos.

6. La relación de los espíritus justos del paraíso con la tierra está controlada y no se les permite regresar a la tierra sin razones legítimas. Sin embargo los espíritus de Satanás no están sujetos a ese control y a menudo rondan por los lugares que frecuentaban en la mortalidad.

7. Los espíritus inicuos a menudo dan rienda suelta a las travesuras y diabluras de merodear por las casas haciendo ruidos y moviendo muebles, etc. A veces sus acciones sirven como imitaciones diabólicas de la revelación divina.

8. Los espíritus justos no responderán a mediums, brujas, magos, operadores de tablas de escritura espiritista, clarividentes, etc. Las manifestaciones obtenidas por tales medios vendrán de espíritus inicuos que probablemente mezclarán la verdad con falsedad para engañar a quienes los escuchen.

9. A menudo los espíritus inicuos ocupan los cuerpos de seres mortales y un gran número de ellos entran en un mismo cuerpo mortal. Ellos causan grandes sufrimientos al ser humano que poseen y frecuentemente lo afligen con paroxismos, convulsiones y pesadillas, y los tientan con toda clase de lascivia y maldades.

10. Los mortales a menudo están rodeados por decenas y aun cientos de malos espíritus que los tientan constantemente para que hagan acciones malvadas.

11. Satanás y sus huestes pueden afligir al hombre con enfermedad y muerte.

12. Han sido propuestas ciertas pruebas para detectar y resistir a los espíritus inicuos. Los mortales poseídos por malos espíritus pueden ser identificados por una o más de las siguientes características:

    A. Falta de control corporal, que incluye convulsiones, desfiguración temporal, pérdida del habla, etc.

    B. Un olor desagradable alrededor de la persona poseída.

    C. Una sacudida que experimenta la persona que observa al individuo poseído por espíritus demoníacos.

    D. Una fuerte tendencia a palabras y acciones obscenas y lascivas.

13. Se han propuesto ciertas pruebas de autoridad para la ministración de espíritus.

A. Ninguna persona puede recibir manifestaciones de espíritus justos a menos que crea en la revelación moderna.

B. Es imposible tener éxito en la búsqueda de Dios o sus mensajeros mientras uno permanece en sus pecados.

C. Cristo es el mediador entre el hombre y Dios. Los que buscan manifestaciones del mundo espiritual, pero no lo hacen en Su nombre son médiums ilícitos.

D. El sacerdocio tiene las llaves de la revelación y la ministración de ángeles. Los seres espirituales que actúan fuera de este poder no son mensajeros autorizados de Dios.

14. La prueba del apretón de manos establecida en Doctrina y Convenios, ayuda a detectar a los malos espíritus que simulan ser siervos de Dios:

A. Los seres resucitados contestarán el pedido de estrechar las manos haciéndolo. Uno puede palparlos.

B. Los espíritus desincorporados de los hombres justos hechos perfectos rehusarán el apretón de manos para no engañar, pero igual darán su mensaje. Serán vistos en luz y en gloria.

C. Los espíritus inicuos disfrazados de ángeles de luz intentarán engañar a los mortales estrechando las manos, cuando les sea requerido. Sus manos no se sentirán.

15 Un ángel es un siervo o asistente. Un ángel ministrante representa a su maestro, visitando o ministrando a otros en su nombre. Cinco tipos de ángeles ministran a los mortales:

A. Espíritus pre-mortales, quienes aún no han recibido un cuerpo mortal.

B. Seres trasladados, a quienes se ha extendido su vida mortal y que están liberados de las necesidades y sufrimientos corporales. Estos individuos aún deben de ser cambiados a seres resucitados.

C. Espíritus justos del paraíso que han pasado por la mortalidad, y han muerto y entrado al paraíso. Aparentemente todos esos seres son considerados "hombres justos hechos perfectos." Estos seres están rodeados de gloria.

D. Espíritus inicuos del infierno o de la prisión espiritual. Estos seres están bajo la influencia de Satanás en diversos grados, y no están rodeados de gloria. Incluyen tanto a los espíritus que fueron arrojados de los cielos que no tuvieron oportunidad de recibir cuerpos mortales, como a aquellos que han pasado por la mortalidad y la muerte sin merecer el privilegio de morar en el paraíso.

E. Seres resucitados que han pasado por la mortalidad y la muerte y a quienes se les han restaurado sus cuerpos físicos. Están rodeados de gloria de acuerdo con el tipo de cuerpo resucitado que hayan heredado.

16. Los espíritus justos regresan a la tierra para:

A. Dar consejo
B. Dar consuelo
C. Obtener o dar información
D. Servir como ángeles guardianes
E. Preparar a otros para la muerte
F. Llamar a mortales al mundo espiritual
G. Escoltar a los muertos a través del velo de la muerte.

CAPITULO V

EL INFIERNO

Significado de los Términos Infierno, Hades, Seol, Tártaro y Gehenna

NUMEROSOS PASAJES DE LAS ESCRITURAS HACEN REFERENCIA A UN infierno en el cual los espíritus de los inicuos deben sufrir después de la muerte. La palabra infierno es la traducción de palabras de otros idiomas que tienen ese mismo significado. Esas palabras son:

1. *Hades*—Este término es Griego. La mayoría de las referencias al infierno en el Nuevo Testamento son traducciones de esta palabra.

2. *Seol*—Este término es Hebreo y generalmente es traducido como *infierno*. En algunos casos en la Biblia, Seol ha sido traducido como *sepulcro o sepultura* (Gn. 44:29, 31; Job 7:9; Sal. 30:3), o como *abismo* (Nu. 16:30,33). José Smith usó este término en D. y C. 121:4.

El profeta José, en su explicación de estas palabras, dijo que se refieren más a menudo a todo el mundo de los espíritus que a la morada específica de los malvados. Tal uso es similar a la multitud de significados del término *paraíso,* que tratamos en el capítulo III. Su comentario fue:

> Mucho se ha dicho sobre la palabra infierno, y el mundo sectario ha hablado mucho sobre él, describiéndolo como un lago de fuego y azufre. Pero *¿Qué es el infierno? Es otro término moderno derivado de la palabra hades....*
>
> *Hades en Griego o Seol en Hebreo, ambos significan un mundo de espíritus. Hades, Seol, paraíso, espíritus en prisión, todos ellos son uno: el mundo de los espíritus.*[1]

[1]HC 5:425, 11 de junio de 1843.

Con relación a la doctrina del infierno, en la Biblia se han usado otros dos términos:

3. *Tártaro*—Este término clásico griego fue usado una sola vez en el Nuevo Testamento. Pedro lo usó en 2 Pedro 2:4. Como *Hades,* se traduce al Español como *infierno.*

4. *Gehenna*—En la época del Antiguo Testamento, el valle que rodea la ciudad de Jerusalén por el sudoeste era conocido como el *valle de los hijos de Hinnom.* En la época de Cristo, también se le conocía como *Gehenna.* Antes que Judá fuera llevado cautivo a Babilonia, muchos niños fueron sacrificados en ese valle, en Tofet (que era un "lugar alto" o sitio de adoración) como ofrendas al dios pagano Moloc. Por eso llegó a ser conocido como "Valle de la Matanza." (2 R. 23:10; 2 Cr. 28:3; 33:6; Is. 30:33; Jer. 7:31-34; 19:6, 11-15) Posteriormente el valle fue usado como el depósito de basura de la ciudad y continuamente se mantenía fuego ardiendo para quemar los deshechos y evitar las enfermedades. Aparentemente el Salvador, en pasajes tales como Marcos 9:43-48 y Mateo 5:22, usó los fuegos que siempre ardían en ese lugar lúgubre, como símbolos del horror y la agonía que sufrirían los inicuos después de la muerte.

En este capítulo, el término *infierno* se usa con el significado específico de la morada de los inicuos en el mundo espiritual, en contraste con el paraíso y con la prisión espiritual, más bien que en el sentido general que se refiere a todo el mundo de los espíritus.

Separación de los Justos y de los Inicuos en el Paraíso y en el Infierno

Hay muchas evidencias de que los justos y los inicuos habitan diferentes áreas del mundo espiritual, y que a los malvados no se les permite entrar al paraíso. El presidente Joseph F. Smith en su "Visión de la Redención de los Muertos" observó que los dos grupos están claramente separados, y enseñó que la asociación de los justos en el paraíso está limitada a miembros fieles de la Iglesia:

> . . . fueron abiertos los ojos de mi entendimiento, y el Espíritu del Señor descansó sobre mí, y vi las huestes de los muertos, pequeños así como grandes.

> *Y se hallaba reunida en un lugar una compañía innumerable de los espíritus de los justos que habían sido fieles en el testimonio de Jesús mientras vivieron en la carne,*
>
> *y quienes habían ofrecido un sacrificio a semejanza del gran sacrificio del Hijo de Dios, y habían padecido tribulaciones en el nombre de su Redentor.*
>
> *Todos éstos habían partido de la vida terrenal, firmes en la esperanza de una gloriosa resurrección mediante la gracia de Dios el Padre y de su Hijo Unigénito, Jesucristo. . . .*
>
> . . . Apareció el Hijo de Dios y declaró libertad *a los cautivos que habían sido fieles;*
>
> y allí les predicó el evangelio eterno, la doctrina de la resurrección y la redención del género humano de la caída, y de los pecados individuales, con la condición de que se arrepintieran.
>
> *Mas a los inicuos no fue, ni se oyó su voz entre los impíos y los impenitentes que se habían profanado mientras estuvieron en la carne;*
>
> *ni tampoco vieron su presencia ni contemplaron su faz los rebeldes que rechazaron los testimonios y amonestaciones de los antiguos profetas.*
>
> *Prevalecían las tinieblas donde estos se hallaban; pero entre los justos había paz,*
>
> *y los santos se regocijaron en su redención. . . .*[2]

Jedediah M. Grant también vio que los inicuos no tenían el privilegio de morar con los justos en el mundo espiritual. Cuando Heber C. Kimball relató la experiencia del presidente Grant, dijo que "Vio a los justos reunidos en el mundo espiritual, y *entre ellos no había espíritus inicuos.*"[3] Las observaciones del presidente Grant coinciden con las enseñanzas impartidas dos años antes por Heber C. Kimball:

> Las personas que viven en el camino del rechazo del deber, de la despreocupación y de la desobediencia, cuando partan de esta vida, ¿pueden esperar que sus espíritus se asocien con los espíritus justos en el mundo espiritual? *Yo no lo espero, y cuando partáis de este estado de la existencia, lo descubriréis por vosotros mismos.*[4]

Otros que han visitado el mundo de los espíritus testifican continuamente que los justos estaban separados de los inicuos. A menudo describen a un grupo o al otro por separado, lo cual demostraría que los dos grupos no están mezclados. A Lorenzo Dow Young por ejemplo, se le mostró el estado de los condenados en el infierno:

---

[2]D. y C. 138:11-14, 18-23.

[3]JD 4:136, 4 de diciembre de 1856. Orson F. Whitney enseñó que "los espíritus de los inicuos están separados de los justos, y no están en un estado de descanso. El reino espiritual está dividido por la luz y las tinieblas, y poblado por sus respectivos habitantes." (Orson F. Whitney, *Life of Heber C. Kimball, op cit.*, pág. 291.)

[4]JD 2:150, 2 de abril de 1854.

> Cuando salimos de ese lugar, mi guía me dijo: '*Ahora te mostraré el estado de los condenados.*' Señalando con la mano, me dijo: '¡Mira!'
>
> Miré hacia abajo a través de una distancia incomprensible para mí. Contemplé *una vasta región llena de multitudes de seres.* Podía ver todo hasta el mínimo detalle. La multitud que vi era tremendamente miserable. '*Estos,*' dijo mi guía, '*son los que rechazaron los medios de salvación que estaban a su alcance,* y así trajeron sobre sí la condenación que ves.'
>
> *La expresión de sufrimiento en sus semblantes era clara e inequívoca. Indicaba remordimiento, tristeza y desaliento extremos. Parecían conscientes de que ellos mismos eran los únicos responsables por su propia desdicha.*
>
> Esta escena me afectó mucho y no pude evitar llorar.[5]

La horrible miseria de los espíritus en el infierno contrasta con las descripciones de gozo y de felicidad de los justos en el paraíso que fue descrito con anterioridad. No hay pruebas de que estas dos situaciones estén entremezcladas, excepto que los misioneros van del paraíso a la prisión espiritual y allí se encuentran con representantes venidos del infierno.

Una diferencia definitiva entre los que moran en el paraíso y los que están en el infierno es que los primeros están libres de las tentaciones de Satanás. El apóstol Pablo, hablando del que ha muerto "con Cristo," enseñó que éste "justificado es del pecado."[6] El presidente Brigham Young explicó este principio en uno de sus discursos, diciendo que los santos justos que "han sujetado la carne por el poder del sacerdocio" serán los que escaparán del poder de Satanás:

> Cuando los élderes fieles poseedores del sacerdocio van al mundo espiritual, llevan con ellos el mismo poder y sacerdocio que tuvieron en el tabernáculo mortal. Han logrado aquí la victoria sobre el poder del enemigo, por consiguiente cuando dejan este mundo, tienen perfecto control sobre los espíritus inicuos, y *no pueden ser abofeteados por Satanás.* Pero, mientras se vive en la carne, ningún ser en la tierra puede ser liberado del poder del diablo.
>
> Cuando hemos finalizado esta etapa de la escuela (habiendo descendido debajo de todas las cosas, aprendiendo sobre esta tierra las primeras lecciones para una salvación eterna), si hemos sido alumnos fieles y hemos triunfado, *si hemos sujetado la carne por medio del poder del sacerdocio, si hemos honrado nuestros cuerpos,* cuando éste descienda a la tierra

---

[5]Lorenzo Dow Young, *Fragments of Experience, op cit.,* pág. 28. Véase el contraste de esta descripción en el capítulo VI.

[6]Ro. 6:7-8.

y el espíritu sea liberado de su hogar de barro, *¿tendrá el diablo poder sobre él? No, ni sobre una partícula.*

Esta es una ventaja que los fieles ganarán, pero mientras vivan en la tierra, estarán sujetos a los bofetones de Satanás. *José y los que han muerto en la fe del evangelio están libres de esto.* . . . José y los fieles que han muerto *han obtenido una victoria sobre el poder del diablo* que vosotros y yo aún no hemos ganado. En tanto vivamos en estos tabernáculos, estaremos sujetos a las tentaciones y al poder del diablo. *Pero cuando muramos, si hemos sido fieles, entonces obtendremos la victoria. Pero aún entonces no habremos progresado tanto como para estar más allá de la vecindad de los espíritus inicuos.*[7]

En el mismo sermón habló de los espíritus malignos que van al infierno y que permanecen bajo la influencia de Satanás:

Los que intencionalmente fueron inicuos, quienes a sabiendas vivieron sin el evangelio habiéndolo tenido a su alcance, son entregados al diablo, y se vuelven herramientas del diablo y de los espíritus diabólicos.

Id a la época en que el evangelio vino a la tierra en los días de José. Observad a los inicuos que se han opuesto a esta gente y la han perseguido hasta la muerte. *Todos ellos son enviados al infierno. ¿Dónde están? Están en el mundo espiritual,* haciendo todo lo que ellos pueden hacer en contra del profeta y de los apóstoles así como en contra de Jesús y de Su Reino. *Son tan inicuos y malvados en sus acciones contra la causa de la verdad como lo fueron en la tierra en sus tabernáculos carnales. José también va allí pero ¿ tiene el diablo poder sobre él? No, porque él tiene el poder y las llaves del sacerdocio eterno aquí, y logró la victoria mientras estuvo en la carne.*[8]

Brigham Young también enseñó que

Si somos fieles a nuestra religión, cuando vayamos al mundo de los espíritus, los espíritus caídos (Lucifer y la tercera parte de las huestes celestiales que se fueron con él, y los espíritus de los inicuos que han

[7]JD 3:371, 22 de junio de 1856.

[8]*Ibid.*, pág. 370. Hay quienes reclaman que Brigham Young enseñó que no iba a haber separación entre los justos y los inicuos. Parece que el malentendido surge porque no entendieron la explicación del presidente Young del destino de los dos grupos citados con anterioridad. El presidente Young ofreció esta explicación para aclarar y ampliar su introducción al tópico del mundo espiritual:

¿Dónde está el mundo espiritual? Está aquí mismo. ¿Los espíritus buenos y malos van juntos?
Sí, así es. ¿Habitan en un sólo reino? Sí. (JD 3:369. Véase también JD 2:137.)

Con la declaración citada antes como guía, uno puede ver que él estaba diciendo que todos los espíritus de los difuntos van al mismo mundo espiritual, sin aseverar si vivían juntos y si constantemente se asociaban uno con el otro. En este mismo contexto se ubica la afirmación del profeta José Smith. Mientras explicaba Lucas 23:43, el profeta dijo que: "Los justos y los inicuos irán al mismo mundo de espíritus hasta la resurrección." (HC 5:425) Interpretar estas dos declaraciones en el sentido de que los justos no están separados de los inicuos en el vasto mundo espiritual donde ambos moran, sería hacer caso omiso de la evidencia contraria.

morado sobre la tierra), *todos ellos juntos no tendrán influencia alguna sobre nuestros espíritus.* ¿No es eso una ventaja? Sí. *Todos los demás hijos de los hombres están sujetos a ellos en mayor o menor grado, y están sujetos a ellos como lo estuvieron aquí en la carne.*

Si triunfamos y conquistamos en el evangelio aquí en esta tierra, en el mundo espiritual nuestros espíritus estarán por encima del poder de los espíritus inicuos.[9]

Heber C. Kimball hizo un comentario similar, cuando advirtió que:

Si los hombres y las mujeres no cumplen con los requisitos, no se santifican y no se purifican, irán al mundo espiritual y allí *tendrán una lucha contra los diablos como vosotros jamás la hayais tenido aquí.*[10]

En otra ocasión Brigham Young enseñó que el rechazo del evangelio y del espíritu de revelación era lo que causaba que los hombres fueran desterrados al infierno en lugar de disfrutar de la felicidad del paraíso:

Cuando la luz del conocimiento de Dios viene a un hombre y él la rechaza, eso es su condenación. Cuando le he dicho todo lo que he sido autorizado a declararle en el nombre del Señor, si él no tiene la visión de la eternidad, para él nada tiene sentido. Para conocer la verdad de mi testimonio, él mismo debe tener las visiones y las revelaciones de Dios. *Y cuando las tiene y se desvía, volviéndose traidor a la causa de la justicia, la ira de Dios lo golpeará y la venganza del Todopoderoso caerá sobre él.* Esto no viene porque sus padres vivieron en la obscuridad así como sus antepasados. No viene porque las naciones han vivido y han muerto en la ignorancia. Si viene es porque el Señor derramó sobre ellos el espíritu de revelación, y *ellos lo rechazaron. Entonces están preparados para la ira de Dios, y son desterrados a otra parte del mundo espiritual, donde el diablo tiene poder y control sobre ellos.*[11]

La Obscuridad del Infierno

El profeta Alma, mientras describía a su hijo el mundo espiritual, habló de los espíritus injustos a quienes no se permite disfrutar de la compañía selecta de los justos en el paraíso. Habló del destino que les aguarda en el infierno, describiéndolo como "las tinieblas de afuera."

Y entonces acontecerá que los espíritus de los malvados, sí, los que son malos—pues he aquí, no tienen parte ni porción del Espíritu del Señor, porque escogieron las malas obras más bien que las buenas; por

---

[9]JD 7:240, 1 de diciembre de 1859. Véase también 14:229.
[10]JD 3:230, 2 de marzo de 1856.
[11]JD 2:140-141, 3 de diciembre de 1854.

lo que *el espíritu del diablo entró en ellos y se posesionó de su casa—éstos serán echados a las tinieblas de afuera;* allí habrá llantos, lamentos y el crujir de dientes; y esto a causa de su propia iniquidad, pues fueron llevados cautivos por la voluntad del diablo.

Así que éste es el estado de las almas de los malvados; sí, *en tinieblas y en un estado de terrible y espantosa espera de la ardiente indignación de la ira de Dios sobre ellos;* y así permanecen en este estado, como los justos en el paraíso, *hasta el tiempo de su resurrección.*[12]

También otros han descrito al infierno como un lugar de obscuridad. Pedro, por ejemplo, escribió: "Porque si Dios no perdonó a los ángeles que habían pecado, sino que *habiéndolos despeñado en el infierno con cadenas de obscuridad,* los entregó para ser reservados al juicio."[13] También Judas se refirió al infierno como un lugar de tinieblas diciendo: "Y a los ángeles que no guardaron su dignidad, mas dejaron su habitación, *los ha reservado debajo de obscuridad* en prisiones eternas hasta el juicio del gran día."[14]

En Doctrina y Convenios son numerosas las referencias al infierno como un lugar de obscuridad. En una ocasión se hizo referencia al "diablo y al *obscuro y tenebroso dominio* del infierno."[15] El Señor reveló que los inicuos deben de ser arrojados *"en las tinieblas de afuera,* donde es el lloro, el llanto y el crujir de dientes."[16] A los inicuos que rechazan a Sus siervos advirtió:

. . . no creísteis a mis siervos, y cuando os fueron enviados, no los recibisteis.

De manera que, sellaron el testimonio y ataron la ley, y *vosotros fuisteis entregados a la tinieblas.*

Estos irán a las tinieblas de afuera, donde es el lloro, y el llanto, y el crujir de dientes.[17]

Y aún en otra ocasión. El reveló que: "he guardado al resto de los inicuos en *cadenas de tinieblas* hasta el juicio del gran día. . . ."[18]

Pero términos como "obscuridad," "tinieblas de afuera" y "cadenas del infierno" son difíciles de entender. ¿Acaso los espíritus inicuos flotan por el espacio exterior vagando de un lugar al otro? ¿O

---

[12]Al. 40:13-14.
[13]2 P. 2:4.
[14]Jud. 6.
[15]D. y C. 121:4.
[16]D. y C. 101:91.
[17]D. y C. 133:71-73.
[18]D. y C. 38:5.

es que también están "sobre esta tierra" con el resto de los espíritus del mundo espiritual? ¿Están atados y encadenados? ¿Es esta obscuridad tan densa que uno no puede ver ni su propia mano delante de los ojos?

El infierno no es la vastedad del espacio exterior sino un lugar específico. El Señor reveló que hay un "lugar" específico preparado para el diablo y sus ángeles "el cual es el infierno."[19]

Una lectura cuidadosa de las declaraciones citadas en el capítulo I con referencia a la ubicación del mundo espiritual, indicará que el infierno, así como el paraíso, está aquí en este planeta. Refiriéndose a la gran cantidad de la gente en la región, el profeta José Smith comentó: "El mundo sectario está yendo al infierno *por centenares, millares y millones.*"[20]

¿Qué es esa obscuridad en la cual moran esos espíritus? Parece que es la ausencia completa de la luz, guía, verdad e inspiración de Cristo. Es la influencia, obscuridad e iniquidad de Satanás. Jesucristo "es la vida y la luz del mundo."[21] El "da luz a todo hombre que viene al mundo . . . que escucha la voz del Espíritu."[22] La luz que emana de El viene de tal modo que "vivifica vuestro entendimiento."[23] La luz de Cristo es verdad,[24] y "la luz y la verdad desechan a aquel inicuo," el diablo.[25] Así Satanás y sus seguidores están desechados en la obscuridad de la iniquidad y el pecado sin el esclarecimiento e influencia del evangelio de Cristo. Por causa de las obras y tentaciones del diablo, la tierra se ha vuelto tan corrupta que "el mundo entero gime bajo *el pecado y la obscuridad.*"[26]

El hombre, durante su vida mortal, está sujeto a los inicuos "poderes de las tinieblas," los cuales "prevalecen en la tierra, entre los hijos de los hombres,"[27] a menos que acepte el evangelio de Cristo. Aceptar el evangelio es librarse de la obscuridad y de la esclavitud de Satanás en esta vida, y del infierno en la vida venidera. Como dijo el profeta Alma concerniente a los conversos de su época:

[19]D. y C. 29:38.
[20]HC 5:554, 27 de agosto de 1843.
[21]D. y A. 10:70.
[22]D. y C. 84:45-46.
[23]D. y C. 88:6-13.
[24]*Ibid.*, véase también D. y C. 93:36.
[25]D. y C. 93:37. Véase también Al. 40:13.
[26]D. y C. 84:53, 49; 112:23.
[27]D. y C. 38:11.

> Despertaron para Dios. He aquí, *se hallaban en medio de la obscuridad; no obstante, la luz de la sempiterna palabra iluminó sus almas;* sí, los tenían ceñidos las ligaduras de la muerte y las cadenas del infierno, y los esperaba una eterna destrucción.[28]

El deseo del Señor es que "sepáis la verdad, a fin de que podáis *desechar las tinieblas de entre vosotros.*"[29] Aquellos que rechazan a sabiendas la luz del evangelio, cuando mueren están condenados al infierno, porque "*aman las tinieblas más que la luz,* porque sus hechos son malos,"[30] y Satanás "los conduce hasta que arrastra sus almas al infierno."[31] Una vez en el infierno, están en "las tinieblas de afuera," donde "*no tienen parte ni porción del Espíritu del Señor,*"[32] y así quedan completamente sin la luz de Cristo y enteramente sujetos a Satanás en el infierno. Como enseñó Jacob:

> Y nuestros espíritus habrían llegado a ser como él, y nosotros seríamos diablos, ángeles de un diablo, *para ser separados de la presencia de nuestro Dios* y permanecer con el padre de las mentiras, en miseria como él.[33]

Amulek vio que los arrojados al infierno

> . . . Os habéis sujetado al espíritu del diablo que os sellará como cosa suya; por tanto, *se retira de vosotros el Espíritu del Señor y no tiene cabida en vosotros,* y el diablo tiene todo poder sobre vosotros.[34]

La obscuridad del infierno, ¿es literal? ¿o es una expresión figurativa que indica la ausencia del evangelio, la verdad y la luz de Cristo? Parecería ser que se refiere a una obscuridad literal, porque estar sin la luz de Cristo es no tener la fuente de luz, porque la luz tal como la conoce el hombre, emana de El:

> La cual verdad brilla. Esta es la luz de Cristo. Como también está en el sol, y es *la luz del sol,* y el poder por el cual fue hecho.
>
> Como también está en la luna, y es la *luz de la luna,* y el poder por el cual fue hecha;
>
> como también la *luz de las estrellas,* y el poder por el cual fueron hechas.
>
> Y la tierra también, y el poder de ella, sí, la tierra sobre la cual estáis.

---

[28] Al. 5:7.
[29] D. y C. 50:25. Véanse los dos versículos anteriores.
[30] D. y C. 10:21.
[31] D. y C. 10:26.
[32] Al. 40:13.
[33] 2 Ne. 9:9.
[34] Al. 34:35.

> *Y la luz que brilla, que os alumbra, viene por medio de aquel que ilumina vuestros ojos,* y es la misma luz que vivifica vuestro entendimiento,
> *la cual procede de la presencia de Dios para llenar la inmensidad del espacio,*
> *la luz que existe en todas las cosas, que da vida a todas las cosas, que es la ley por la cual se gobiernan todas las cosas, sí, el poder de Dios* que se sienta sobre su trono, que existe en el seno de la eternidad, que está en medio de todas las cosas.[35]

Sin embargo, no se sabe si en el reino de Satanás se usa luz artificial o si los seres espirituales bajo su dominio tienen necesidad de luz o no.

¿Cuáles son las cadenas con que ata Satanás a sus seguidores? Alma, el misionero del Libro de Mormón, contesta esa pregunta. Enseñó que cuando los hombres rechazan el evangelio y rehusan buscar las respuestas a los misterios de los preceptos de Cristo,

> . . . endurecen sus corazones, *les es dada la menor porción de la palabra, hasta que nada saben concerniente a sus misterios; y entonces el diablo los lleva cautivos y los guía según su voluntad hasta la destrucción. Esto es lo que significan las cadenas del infierno. . . .*
> Entonces es cuando aquel que muera en sus pecados, en cuanto a la muerte temporal, padecerá también una muerte espiritual; *sí, morirá en cuanto a las cosas que atañen a la justicia.*
> Entonces es cuando . . . serán *ligados* a una sempiterna destrucción, según el poder y cautividad de Satanás, *pues él los habrá sujetado a su voluntad.*[36]

Así las cadenas del infierno representan la subyugación completa de la voluntad del hombre a la de Satanás. Estando muerto con respecto a la rectitud, y sin la luz y la verdad de Cristo, el hombre queda sin el poder para resistir a las demandas de Satanás mientras sufre en el infierno.

Los Espíritus Pre-Mortales que Siguieron a Satanás Están Juntos Con los Espíritus de los Mortales Fallecidos que Han Ido al Infierno

Las escrituras hacen notar que poco después de la creación de esta tierra hubo una lucha en los cielos que resultó en la expulsión de Satanás y un tercio de las huestes celestiales. El Señor reveló a José Smith que Lucifer:

> . . . se rebeló contra mí, diciendo: Dame tu honra, la cual es mi poder; y

[35] D. y C. 88:7-13. Esta luz aparentemente emana directamente de la persona del Salvador. Juan el Revelador, mientras describía la Jerusalén nueva y redimida, dijo que "la ciudad no tenía necesidad de sol, ni de luna, para que resplandecieran en ella: porque *la gloria de Dios la iluminó,* y el Cordero es su luz . . . allí *no habrá noche.*" (Ap. 21:23, 25)

[36] Al. 12:11, 16-17.

también *alejó de mí a la tercera parte de las huestes del cielo,* por causa de su albedrío;

y fueron arrojados abajo, y así *llegaron a ser el diablo y sus ángeles;*

y he aquí, hay un lugar preparado para ellos desde el principio, *el cual es el infierno.*[37]

Juan el Revelador vio la caída de Satanás de su lugar exaltado en los cielos, e indicó que:

Y fue hecha una grande batalla en el cielo: Miguel y sus ángeles lidiaban contra el dragón; y lidiaba el dragón y sus ángeles,

y no prevalecieron, *ni su lugar fue más hallado en el cielo.*

Y fue lanzado fuera aquel gran dragón, la serpiente antigua, que se llama *Diablo y Satanás, el cual engaña a todo el mundo; fue arrojado en tierra, y sus ángeles fueron arrojados con él.*[38]

Ya hemos hecho referencia a la declaración de Pedro de que: "Dios no perdonó a los ángeles que habían pecado," sino que los arrojó "en el infierno."[39] Parece que los espíritus pre-mortales que fueron echados fuera de la presencia de Dios, se juntan con Satanás en el infierno con aquellos que han sido condenados a esa esfera por causa de una vida mortal inicua. Una experiencia de David P. Kimball en la cual fue atacado por ambos tipos de malos espíritus demuestra que ellos combinan sus esfuerzos para cumplir el mandato de Satanás. El élder Kimball los vio el 5 de noviembre de 1881, mientras era llevado en una carreta a Wickenburg, Arizona. De acuerdo a su relato, una fuerte fiebre causada por pulmonía lo había llevado al borde de la muerte el día anterior, y un grupo de ocho espíritus justos había venido a cuidarlo:

Anduvimos hasta cerca de las 11 de la mañana cuando *apareció una hueste de espíritus inicuos.* Estaban decididos a destruirme, pero yo tenía el poder mental de no prestarles atención y de dejarlos maldecir todo el día sin escucharlos, en tanto como fuera posible. *Cinco veces se precipitaron en masa hacia la última carreta donde yo estaba. Pero mis amigos espirituales los mantuvieron a cierta distancia.* A eso de las 2 de la tarde le dije a mi hijo que se detuviera para darle agua a nuestros caballos. Para ello usamos barriles que traíamos con nosotros. Más tarde caminé hacia el oeste de mis carretas, y mirando hacia el este *vi a los espíritus inicuos flotando en el aire y les oí cantar maldiciones en contra de Brigham Young. Vi tambien a otros dos grupos de la misma clase, pero no los oí.* Luego miré al sur, y *toda la atmósfera estaba llena de espíritus caídos, de los que no han obtenido cuerpos. Otros que*

---

[37] D. y C. 29:36-38. Véase también D. y C. 76:25-27; Is. 14:12-15; Lc. 10:18; 2 Ne. 2:17-18; 9:8; Moisés 4:1-4; Abra. 3:27-28.

[38] Ap. 12:7-9. Véase también el versículo 4.

[39] 2 P. 2:4.

trataban de atormentarme eran espíritus que habían vivido sobre la tierra. Porque había visto a tantos, mi guardia espiritual me felicitó por ver tan bien. Esto me hizo sentir algo tímido, y le pregunté a mis amigos espirituales si tenían alguna ayuda. La respuesta fue: *'Sí, mucha.'*"[40]

Los Espíritus Inicuos Regresan a los Lugares de Sus Pecados Terrenales

Parece ser que los espíritus malvados del infierno tienen la libertad de regresar a los lugares de la tierra donde cometieron grandes pecados. Allí tienen gran poder para afligir a los mortales que están cerca. Ese principio fue expresado por José Smith en la época en que una cantidad extraordinaria de enfermedades afligió a los santos cuando se mudaron a Commerce, Illinois. Los miembros de la Iglesia se habián mudado a casas abandonadas. Oliver B. Huntington registró la declaración del profeta de la siguiente manera:

> De pronto los residentes se enfermaron. La enfermedad creció hasta alarmar a José Smith, quien vio a la nueva aflicción como algo muy especial. Examinando la cuestión como sólo un profeta y vidente podría hacerlo, entendió claramente el problema y de donde provenía: esas casas habían sido lugares de iniquidad. Inmediatamente, el profeta proveyó los medios necesarios para vaciar las casas, mudando a la gente a tiendas y doblando el número de familias en las mejores casas. Llevó a la familia de mi padre a su propia casa y tienda.
>
> Una vez le oí *decir con referencia a las casas, que éstas habían sido habitadas por personas malvadas, y que antes que los santos se mudaran en ellas, deberían de haber sido limpiadas completamente, fumigadas con azufre y blanqueadas. Después debieron de haber sido dedicadas al Señor para el uso designado.*
>
> Esas viejas casas habían sido habitadas por hombres sin principios, apostadores, bandidos, ladrones licenciosos, etc., que con otros, cortados con la misma tijera, *se encontraban allí con propósitos criminales y prácticas inicuas, y allí tenían sus orgías. Mientras éste era el pasatiempo o el trabajo de hombres y de mujeres en la carne, los espíritus desincorporados de la misma calaña andaban alrededor con la mayor alegría, expresando su júbilo por la comisión de los más viles pecados.*
>
> Cuando los ocupantes de las casas murieron, disfrutaban de la mutua compañía de sus nuevos amigos en el estado espiritual, y cuando los justos tomaron posesión de las viejas casas, todos se combinaron para matar a los nuevos habitantes, y de ahí provino tanta enfermedad. Porque, *todos los espíritus inicuos, en el cuerpo o fuera de él, se oponen a esta obra y a nuestra gente, y los espíritus en el mundo espiritual tienen medios por los cuales*

[40]O. F. Whitney, *Helpful Visions, op cit.,* pág. 12.

pueden afectar a las personas en la tierra, y allí son tan diligentes como aquí en hacer el bien o el mal.[41]

El presidente Brigham Young enseñó algo similar con respecto a los ladrones de Gadiantón, una feroz banda de ladrones y asesinos cuyos pillajes relata el Libro de Mormón:

> En una ocasión el presidente Brigham Young estaba en el tabernáculo en Saint George hablando sobre el mundo espiritual. Dijo que el mundo espiritual estaba cerca de nosotros, y que si el velo fuera quitado de nuestros ojos, ninguno de nosotros nos atreveríamos a salir de este edificio *a causa de la cantidad de espíritus de los ladrones de Gadiantón que había allí fuera. Aquí es donde viven, en estas montañas,'* dijo él.[42]

En otra ocasión Brigham Young declaró "Si pudiérais ver, caminando por muchas partes de Norteamérica, . . . ¿veríais los espíritus de los inicuos? Sí. ¿Podríais ver los espíritus de los demonios? Sí. . . ."[43]

Los Espíritus en el Infierno Tratan de Frustrar la Obra de Dios

Aunque los espíritus del infierno acechan y vagan sin rumbo sobre los ámbitos terrenales de sus actividades inicuas, no se debe de suponer que son indiferentes y desorganizados en sus esfuerzos contra la Iglesia y los representantes de Dios. El Señor advirtió a la Iglesia que "la tierra y el infierno" se combinarían "en contra de vosotros,"[44] y dijo: "el infierno se encolerizará en tu contra."[45] Y luego prometió lo siguiente a cambio de nuestra fidelidad: "las puertas del infierno no prevalecerán contra vosotros; sí, y Dios el Señor dispersará los poderes de las tinieblas de ante vosotros."[46] También advirtió que los seguidores de Satanás estaban organizados en una fuerza militante de

---

[41]O. B. Huntington, "The Prophet on Old Houses," *Young Woman's Journal,* Vol. II, págs. 467-468, julio de 1891. Heber C. Kimball relató un incidente similar en el cual los hijos de José Smith se enfermaron por la influencia de malos espíritus que habían ocupado su hogar con anterioridad:

> Relataré una circunstancia que tuvo lugar en Far West, *en una casa adquirida por José que anteriormente había sido una posada habitada por personas inicuas.* Poco después de haber entrado en ella, uno de sus hijos se enfermó seriamente. El impuso sus manos sobre el niño quien mejoró. Sin embargo, tan pronto como salió de la casa, el niño volvió a enfermarse. Nuevamente le impuso las manos para que se recuperara. Esto ocurrió varias veces, hasta que José preguntó al Señor qué significaba esto. Luego tuvo una visión. *Vió al diablo en persona, quien contendió con José cara a cara durante algún tiempo. El diablo dijo que ésa era su casa, que le pertenecía, y que José no tenía ningún derecho sobre ella. Pero José echó a Satanás en el nombre del Señor, y Satanás partió y no volvió a tocar al niño.* (Orson F. Whitney, *Life of Heber C. Kimball, op cit.,* págs. 269-270)

[42]N. B. Lundwall, *Temples of the Most High, op cit.,* pág. 89.

[43]JD 3:368, 22 de junio de 1856.

[44]D. y C. 6:34.

[45]D. y C. 122:1.

[46]D. y C. 21:6. Véase también D. y C. 17:8; 18:5; 33:13; 98:22; 128:10; Mt. 16:18.

lucha, diciendo que "el diablo reunirá a sus ejércitos, las huestes del infierno. . . ."[47]

Heber C. Kimball, mientras estaba en una misión en Inglaterra, vio las legiones y compañías del ejército de Satanás. Más tarde, en una conferencia en Utah, describió el incidente:

> ¿ Adónde irán aquéllos que rechazan el evangelio?... Permanecerán donde están, *en el infierno, donde mi espíritu estuvo un breve tiempo* cuando estaba en Inglaterra. ¿Dónde estaba mi cuerpo en ese breve período? Estaba en Preston, en la esquina de la calle Wilford, pero mi espíritu pudo ver y observar a esos espíritus inicuos tan claramente como hubiera podido verlos después de la muerte. *Legiones de malos espíritus desincorporados vinieron contra mí, organizados en compañías para poder tener más poder.* Pero no tuvieron poder contra mí en ningún grado, por causa del poder que estaba en mí y que me sostenía. Tenía el sacerdocio, y su poder estaba sobre mí. *Vi el mundo invisible de los espíritus condenados, aquellos que se oponían a mí y a esta obra, y al izamiento del estandarte de Cristo en ese país.*[48]

En otra ocasión, el presidente Kimball advirtió que "los espíritus de los inicuos que han muerto durante los miles de años pasados, están en guerra con los santos de Dios sobre la tierra."[49]

Brigham Young declaró que los apóstatas que tratan de frustrar

---

[47]D. y C. 88:113.

[48]JD 4:2, 29 de junio de 1856. Veáse también JD 3:229; 4:274. El élder Kimball escribió otro relato de este incidente que también es informativo:

> Mientras estaba ocupado, fui golpeado con gran fuerza por algún poder invisible y caí al suelo sin sentido. Después, lo primero que vi fue a los élderes Hyde y Richards que me sostenían mientras oraban por mí. El élder Richards había seguido a Russell hasta mi cuarto. Los élderes Hyde y Richards me ayudaron a llegar hasta la cama, pero mi agonía era tan grande que no podía soportarla. Me levanté, me arrodillé y oré. Luego me paré para sentarme en la cama, cuando una visión se abrió a nuestras mentes. *Pudimos ver perfectamente a los espíritus inicuos que nos echaban espumarajos y nos rechinaban los dientes.* Los observamos durante aproximadamente una hora y media (por el reloj de Willard). No estábamos mirando por la ventana, sino hacia la pared. Delante de nosotros apareció espacio abierto, y *vimos a los diablos venir en legiones con sus líderes, hacia nosotros como ejércitos lanzándose a la batalla. Parecían hombres en toda su estatura, con todas las formas y gestos de los hombres en la carne. Estaban disgustados y desesperados, y nunca olvidaré la vengativa malicia pintada en sus rostros cuando me miraban a los ojos.* De hecho, todo intento de reproducir la escena o retratar su malicia y enemistad sería en vano. Transpiré excesivamente, mi ropa estaba tan mojada como si acabara de salir del río. Sentí muchísimo dolor y durante un tiempo sentí la mayor de las angustias. No puedo ni tan siquiera recordar la escena sin sentir horror. Pero por medio de ella aprendí el poder que tiene el adversario, su enemistad hacia los siervos de Dios y algo del mundo invisible. *Oímos claramente como hablaban los espíritus, como expresaban su ira y sus propósitos infernales hacia nosotros.* Sin embargo, el Señor nos libró de ellos y ese día nos bendijo abundantemente. (Orson F. Whitney, *Life of Heber C. Kimball, op cit.*, págs. 144-145)

[49]JD 3:229, 2 de marzo de 1856.

el progreso de la Iglesia mientras están en la tierra, continuarán con sus acciones malvadas cuando estén confinados al infierno:

> Id al tiempo en que el evangelio vino a la tierra en los días de José Smith, *tomad a los inicuos que se han opuesto a nuestra gente y que han perseguido a nuestro profeta hasta la muerte. Todos ellos son enviados al infierno.* ¿Dónde están? Están en el mundo espiritual *tan ocupados como pueden, haciendo todo lo posible contra el profeta y los apóstoles, contra Jesús y Su Reino.* Son tan inicuos y malvados en sus acciones contra la causa de la verdad como lo eran en la tierra en sus tabernáculos carnales.[50]

No debe suponerse que los espíritus inicuos no saben que están tratando de frustrar la obra de Dios. Aunque anteriormente en este capítulo se demostró que ellos perdieron el derecho a la luz de Cristo y que el sentimiento de la justicia ha muerto en ellos, aún así tienen conocimiento del Señor y de Sus obras. Indudablemente la decisión personal que ellos hicieron de rebelarse en contra del conocimiento de Dios que poseían, es lo que permitió a Satanás el rodearlos y sujetarlos.

Diversos pasajes bíblicos indican que los espíritus caídos saben el programa del evangelio y conocen el poder del sacerdocio y la autoridad que poseen Cristo y sus representantes. Por ejemplo, cuando Jesús encontró a los dos endemoniados Gergesenos, los malos espíritus clamaron diciendo: "¿Qué tenemos contigo, Jesús, Hijo de Dios? ¿Has venido acá a molestarnos antes de tiempo?[51] Cuando Cristo en la sinagoga de Capernaum echó a los espíritus inicuos que poseían el cuerpo de un hombre, ellos protestaron en voz alta, diciendo: "Déjanos; ¿qué tenemos contigo, Jesús Nazareno? ¿has venido a destruirnos? Yo te conozco quién eres, tú eres el Santo de Dios."[52] Pero, cuando los siete hijos de Sceva quienes no tenían autoridad del sacerdocio, trataron de echar fuera a un espíritu inicuo, el demonio los desafió así: "A Jesús conozco, y sé quién es Pablo: mas vosotros ¿quiénes sois?"[53] y luego los golpeó y los echó de la casa heridos y desnudos. Santiago, hablando de la ineficacia de la fe sin obras, dijo: "Tú crees que Dios es uno; bien haces: también los demonios creen, y tiemblan."[54]

Pecados Que Pueden Conducir al Infierno

Los habitantes del infierno son quienes han vivido sólo una ley

---
[50]JD 3:370, 22 de junio de 1856.
[51]Mt. 8:29.
[52]Lc. 4:34. Véase también el versículo 41
[53]Hch. 19:13-16.
[54]Stg. 2:19.

telestial sobre la tierra, y a sabiendas, se negaron a aceptar y a vivir los principios del evangelio de Cristo. Debería notarse que para merecer el infierno y una resurrección telestial, uno debe conocer una ley superior, ser responsable por ella y luego rebelarse y negarse a vivirla. El conocimiento es el pre-requisito para que los hombres sean "responsables y capaces de cometer pecados."[55] El hombre debe conocer la ley divina para poder quebrarla porque "el pecado es transgresión de la ley."[56]

Las escrituras enumeran específicamente una cantidad de pecados, los cuales, si se cometen intencionalmente, condenan al individuo a sufrir en el infierno si es que no se arrepiente. Esos pecados incluyen:

1. Negarse a aceptar el evangelio y el testimonio de Jesús. (D. y C. 76:82, 103-106; Al. 12:10-11)
2. Homicidio (D. y C. 42:18-19, 79)
3. Adulterio (D. y C. 76:103-106)
4. Prostitución (D. y C. 76:103-106; 2 Ne. 9:36; 28:15; Ap. 21:8; Pr. 7:6-27; 5:3-5)
5. Ser inmundo y abominable (Ap. 21:8; 2 Ne. 9:16; 1 Ne. 15:34-35)
6. Idolatría (Ap. 21:8)
7. Hechicería (D. y C. 76:103-106; Ap. 21:8)
8. Hipocresía (Mt. 23:27-28, 33)
9. Amar las mentiras y decirlas (D. y C. 76:103-106; Ap. 21:8; 2 Ne. 9:34)
10. Predicar falsas doctrinas (2 Ne. 28:9-15)
11. Conducir a otros al pecado (Al. 36:13-14; 14:6; 1 Ne. 14:3-4; Lc. 12:5)
12. Acechar para engañar (D. y C. 10:22-27)
13. Rebelión contra Dios (Al. 36:13-14)
14. Olvidar a Dios (Sal. 9:17)

[55]Moro. 8:10.
[56]1 Jn. 3:4.

15. Ser temeroso e incrédulo (Ap. 21:8)
16. Perseguir al pueblo de Dios (D. y C. 121:23)
17. Orgullo (2 Ne. 28:9-15)
18. Fallar en ayudar al pobre y al necesitado (Mt. 25:31-41, D. y C. 104:18)
19. Maldecir a su prójimo (Mt. 5:22)
20. No arrepentirse (Mr. 9:43-48)
21. Creer en el bautismo de los infantes (Moro. 8:14, 21)
22. Ser un siervo inútil (Mt. 25:30)

Además de esos pecados que las escrituras han establecido específicamente, hay otros que pueden causar el mismo resultado. La decisión consciente de pecar tiende a alejar al Espíritu del Señor y a abrir el camino para que el diablo conduzca a los hombres al infierno. Como Nefi profetizó concerniente a su pueblo:

> Y ellos se venden por nada; porque como recompensa de su orgullo y su necedad, segarán destrucción; *porque se entregan al diablo, y escogen las obras de las tinieblas más bien que la luz; por lo tanto, tendrán que descender al infierno.*
>
> Porque el Espíritu del Señor no siempre contenderá con el hombre. Y *cuando el Espíritu cesa de contender con el hombre, entonces viene una repentina destrucción,* y esto contrista mi alma.[57]

Naturaleza del Sufrimiento en el Infierno

El destino de los que son arrojados al infierno es doloroso y terrible. Sufren agonías peores que las que pueden soportar los mortales en la tierra. El Salvador, quien sufrió estas cosas por todos los hombres para que todos los que fueran a El pudieran escapar de ellas, describió las intensas agonías por las que deben pasar los que no toman en cuenta Su evangelio:

> Así que, te mando arrepentir; arrepiéntete, no sea que te hiera con la vara de mi boca, y con mi enojo, y con mi ira, *y sean tus padecimientos dolorosos; cuán dolorosos no lo sabes; sí, cuán difíciles de aguantar no lo sabes.*
>
> Porque he aquí, yo, Dios, he padecido estas cosas por todos, para que no padezcan, si se arrepienten;
> mas *si no se arrepienten, tendrán que padecer así como yo;*
> padecimiento que hizo que yo, Dios, el mayor de todos, *temblara a causa del dolor y sangrara por cada poro y padeciera, tanto en el cuerpo como en el espíritu, y deseara no tener que beber la amarga copa y desmayar.*

[57] 2 Ne. 26:10-11

Sin embargo, gloria sea al Padre, bebí, y acabé mis preparativos para con los hijos de los hombres.

Por lo que otra vez te mando que te arrepientas, no sea que te humille con mi omnipotencia; que confieses tus pecados *para que no sufras estos castigos de que he hablado, los cuales en muy pequeño, sí, en grado mínimo probaste en la ocasión en que retiré mi Espíritu.*[58]

El profeta Alma describió las agonías de los dolores del infierno, los cuales sufrió cuando yació tres días y tres noches en coma después de haber sido herido por un ángel de Dios:

Pero me martirizaba un tormento eterno, porque *mi alma estaba atribulada hasta el límite, y atormentada por todos mis pecados.*

Sí, *me acordaba de todos mis pecados e iniquidades,* por causa de los cuales yo era atormentado con las penas del infierno; sí, *veía que me había rebelado contra mi Dios y que no había guardado sus santos mandamientos.*

Sí, y que había asesinado a muchos de sus hijos, o más bien, que los había conducido a la destrucción; sí, y por último, mis iniquidades habían sido tan grandes que el *pensamiento mismo de volver a la presencia de mi Dios atormentaba mi alma con indecible horror.*

¡Oh, si pudiera ser desterrado—pensaba yo—y aniquilado en cuerpo y alma, *a fin de no ser llevado para comparecer ante la presencia de mi Dios para ser juzgado por mis obras!*

Y por tres días y tres noches me vi atormentado, *sí, con las penas de un alma condenada.*[59]

¿Cuál es exactamente la naturaleza del sufrimiento que deben soportar los espíritus confinados al infierno? Los indicios, que son muchos, pueden ser combinados para mostrar que consiste de por lo menos nueve factores:

1. *Un recuerdo claro de culpabilidad:* El informe de Alma de que estaba atormentado por todos sus pecados y que se acordaba de todos

---

[58] D. y C. 19:15-20.

[59] Al. 36:12-16. La descripción por el profeta Alma del gozo que sintió al ser liberado de los dolores del infierno, es de igual interés:

Y aconteció que mientras así *me agobiaba este tormento, mientras me atribulaba el recuerdo de mis muchos pecados,* he aquí, también me acordé de haber oído a mi padre profetizar al pueblo concerniente a la venida de un Jesucristo, un Hijo de Dios, para expiar los pecados del mundo.

Y al concentrarse mi mente en este pensamiento, clamé dentro de mi corazón: ¡Oh Jesús, Hijo de Dios, *ten misericordia de mí que estoy en la hiel de la amargura, y ceñido con las eternas cadenas de la muerte!*

Y he aquí que cuando pensé en esto, *ya no me pude acordar más de mis dolores;* sí, dejó de atormentarme el recuerdo de mis pecados.

Y ¡oh qué gozo, y qué luz tan maravillosa fue la que vi! Sí, mi alma se llenó de un gozo tan profundo como lo había sido mi dolor.

Sí, hijo mío, te digo que *no podía haber cosa tan intensa ni tan amarga como mis dolores.* Sí, hijo mío, y también te digo que por otra parte *no puede haber cosa tan exquisita y dulce como lo fue mi gozo.* (Al. 36:17-21)

sus pecados e iniquidades, es una declaración segura de la condición de los atormentados en el infierno. El élder Orson Pratt, comentando sobre el relato de Alma, dijo:

> Las memorias de los inicuos, después que dejan sus cuerpos, son aumentadas para que puedan recordar claramente toda su culpabilidad, dice Alma. Aquí olvidan una buena cantidad de cosas en que desagradaron a Dios; pero en esa condición, aún antes de la resurrección, *ellos tendrán un recuerdo claro de toda su culpabilidad, encendiendo en ellos una llama como un fuego inextinguible, creando en sus pechos un sentimiento de tormento, dolor y miseria,* porque han pecado contra su propio Padre y Dios, y han rechazado Sus consejos.[60]

En otra ocasión Orson Pratt explicó:

> Ahora podríamos preguntar ¿Cuál es la causa de tan intenso sufrimiento y miseria? ¿Es la acción de los elementos sobre el espíritu? ¿Son las fuerzas de la naturaleza que operan desde el exterior las que causa este dolor, llanto, lloro, aflicción y lamentación? Puede ser en alguna medida. La naturaleza podría ayudar a producir la miseria y la desdicha, pero hay algo conectado con el espíritu mismo que indudablemente produce este llanto, lloro y lamentación. ¿Qué es ese algo? *Es el recuerdo y el remordimiento de conciencia, un recuerdo de lo que una vez hicieron, un recuerdo de su desobediencia. . . .* Cosas que tal vez hayan sido borradas de vuestra memoria durante años, se presentarán ante vosotros tan vívidamente como si acabaran de ocurrir. Será como un gusano royendo la conciencia. Apresará al espíritu y producirá desdicha, desgracia y miseria.[61]

Parley P. Pratt, cuando consideró este destino, escribió:

> Pero ¡Oh! ¡el dolor, la profunda desesperación, los terribles tormentos de una conciencia culpable, la profunda obscuridad de las tinieblas en el infierno! Todo esto experimentará el desgraciado culpable antes de que llegue el feliz día de la liberación.[62]

2. *Miedo al juicio de Dios:* Alma escribió que cuando sufría los dolores del infierno, "el pensamiento mismo de volver a la presencia de mi Dios atormentaba mi alma con indecible horror."[63] Declaró a su hijo Coriantón que "éste es el estado de las almas de los malvados; sí, en tinieblas y en *un estado de terrible y espantosa espera de la ardiente indignación de la ira de Dios sobre ellos.*"[64] La duda y el suspenso que experimentan los inicuos en el infierno les cuesta caro. De acuerdo a

[60] JD 16:365, 27 de enero de 1874.

[61] JD 2:239, 240, 15 de octubre de 1854.

[62] Parley P. Pratt, *Key to the Science of Theology, op cit.*, pág. 82.

[63] Al. 36:14

[64] Al. 40:14

José Smith: "no hay dolor tan espantoso como el del suspenso. Este es el castigo de los inicuos. Su duda, ansiedad y suspenso causan lloro, llanto y crujir de dientes."[65]

3. *Conocimiento de que han fracasado en desarrollar plenamente su potencial:* Ciertamente una de las causas de tristeza entre los espíritus arrojados al infierno es la realización de que fallaron en obtener el éxito más alto del cual ellos eran capaces. Como declaró el profeta José Smith:

> La gran miseria de los espíritus de los muertos en el mundo adonde van después de la muerte, es el *saber que tienen menos gloria de la que otros gozan, y de la que pudieron disfrutar ellos mismos.* Y ellos son sus propios acusadores.[66]

En el discurso que pronunció en el funeral de King Follett, el presidente José Smith dijo:

> El hombre es su propio atormentador y condenador. De ahí el dicho: Irán al lago que quema con fuego y azufre. *El tormento de la desilusión en la mente del hombre es tan intenso como un lago ardiendo con fuego y azufre.* Y yo digo que así es el tormento del hombre.[67]

4. *Miseria de la mala compañía:* Orson Pratt, mientras hablaba del destino de los espíritus en el infierno, enseñó que:

> *A medida que aumenta la degradación de una sociedad, ésta se vuelve más desagradable para los que participan en ella.* Eso es, cuando un hombre inicuo ingresa a la compañía de seres inicuos, no sólo tiene el infierno dentro de sí mismo, una conciencia royéndole como un gusano, *sino que sufre la miseria y desdicha causadas por hombres que se unen en conversación inicua y en actos y hechos inicuos.* Deberíamos esforzarnos constantemente para escapar de ese medio ambiente.[68]

En otra ocasión explicó que la desdicha que sienten esos espíritus, se debe en gran medida a su pérdida de capacidad para amar:

> Si preguntáramos qué constituye la miseria de los ángeles caídos, la respuesta sería: *no tienen amor; han dejado de amar a Dios; han cesado de sentir amor puro el uno hacia el otro; han cesado de amar lo bueno.* El odio, la malicia, la venganza y toda otra pasión inicua han usurpado el lugar del amor y el resultado es infelicidad, desdicha y miseria. *Donde no hay amor no habrá deseos de promover el bienestar de los demás.* En lugar de desear que los demás sean felices, todos desean hacer a los otros tan miserables como son ellos mismos. Porque odian todo lo que es bueno, tratan de gratificar sus

[65]HC 5:340, 8 de abril de 1843.
[66]B. H. Roberts, *Rise and Fall of Nauvoo, op cit.,* pág. 216.
[67]HC 6:314, 7 de abril de 1844.
[68]JD 2:241, 15 de octubre de 1854.

disposiciones infernales en contra del Todopoderoso. *Porque les falta amor, su tormento es completo.* Todos los inicuos que han sido completamente vencidos por esos espíritus malignos, perderán totalmente de sus mentes el principio celestial del amor, y *llegarán a ser ángeles al servicio de esos espíritus infernales, cautivados por ellos y obligados a actuar como ellos actúan.* No pueden librarse de su poder, ni pueden desviar los fieros dardos de sus maliciosos atormentadores. Esa será la condición de todos los seres que se apartan del amor de Dios.[69]

5. *Imposibilidad de progresar:* El Señor ha revelado que "el que no creyere, será condenado."[70] Seguramente la miseria causada por la inhabilidad de progresar se siente en el infierno, porque allí los inicuos encuentran "la noche de tinieblas *en la cual no se puede hacer nada.*"[71]

6. *Imposibilidad de satisfacer deseos lujuriosos:* Los que son arrojados al infierno, aunque están sin su cuerpo, tienen los deseos lujuriosos que no subyugaron en la mortalidad. Como enseñó Melvin J. Ballard:

> No nos engañemos pensando que podemos descender al sepulcro sin haber vencido las corrupciones de la carne, para luego en la tumba perder todos nuestros pecados y tendencias inicuas. Estos estarán con nosotros. Estarán con el espíritu cuando esté separado del cuerpo.[72]

Como no tienen cuerpo para satisfacer sus deseos lujuriosos, estos espíritus a menudo tratan de ver hechos inicuos o de apoderarse de cuerpos mortales. Por eso regresan a lugares de iniquidad aquí en la tierra. Como declaró Parley P. Pratt: "Algunos de esos espíritus son adúlteros y sugieren a la mente toda clase de lascivias, todo tipo de pensamientos inicuos y tentaciones."[73]

En este capítulo ya se mencionaron otros aspectos del infierno que encontrarán los inicuos, aspectos que serán fuente de miseria para ellos. Aunque no se reconsiderarán las evidencias, los temas deberían ser recordados:

7. *Pérdida del libre albedrío y esclavitud a la voluntad de Satanás.*

8. *Pérdida de la luz y de la verdad de Cristo.*

9. *Muerte espiritual o muerte en cuanto a rectitud.*

---

[69]Orson Pratt, *The Seer,* Vol. I, No. 10, octubre de 1853, pág. 156.
[70]D. y C. 68:9.
[71]Al. 34:33.
[72]N. B. Lundwall, *The Vision, op cit.,* pág. 46.
[73]Parley P. Pratt, *Key to the Science of Theology, op cit.,* pág. 117.

El Infierno del Mundo Espiritual Termina con la Segunda Resurrección

El castigo de los inicuos en el infierno es un proceso largo y agonizante que continuará hasta que hayan pagado completamente por sus crímenes mortales. Como José Smith dijo, ellos "se revolcarán en un agonizante tormento durante largos períodos de tiempo, hasta que hayan pagado hasta el último denario."[74]

Aun así, el infierno en el mundo espiritual no continuará para siempre. El mensaje de las escrituras es que el infierno seguirá más allá de la venida de Cristo en gloria y de su reino milenario, hasta el tiempo de la segunda resurrección. Luego, aún los espíritus que hayan cometido los pecados más atroces en la mortalidad, habrán sufrido lo suficiente por sus pecados en el infierno.[75] Entonces saldrán en forma resucitada y serán juzgados y asignados a un grado de gloria. El presidente Brigham Young explicó este principio cuando enseñó que:

> Jesús levantará, por medio de su propia redención, a cada hijo o hija de Adán, excepto a los hijos de perdición, quienes serán arrojados al infierno. *Otros sufrirán la ira de Dios—sufrirán todo lo que el Señor pueda demandar de ellos, todo lo que la justicia pueda requerirles, y cuando hayan sufrido la ira de Dios hasta pagar el último denario serán liberados de la prisión.* ¿Es peligroso predicar esta doctrina? Algunos la consideran peligrosa. Pero *la verdad es que cada persona que no peca al punto de comprometer su gloria y de llegar a ser un ángel del Diablo, será levantado para heredar un reino de gloria.*[76]

¿Qué pasajes indican que el infierno espiritual es sólo una morada temporaria? Juan el Revelador, por ejemplo, mientras comentaba sobre su visión de la segunda resurrección, dijo que "la muerte y el *infierno* dieron a los muertos que estaban en ellos; y fue hecho juicio a cada uno según sus obras."[77] Jacob, el profeta del Libro de Mormón, también testificó que los espíritus serían llamados fuera del infierno:

> Y esta muerte de que he hablado, que es la muerte espiritual, *entregará sus muertos; y esta muerte espiritual es el infierno.* De modo que la muerte y el infierno han de entregar a sus muertos, y *el infierno ha de entregar sus espíritus cautivos,* y la tumba sus cuerpos cautivos, y los cuerpos y los espíritus de los hombres serán restaurados el uno al otro; y es por el poder de la resurrección del Santo de Israel.[78]

---

[74]HC 6:315, 7 de abril de 1844.

[75]Con excepción de los hijos de perdición que cometieron pecados imperdonables. El destino de estos será discutido en el capítulo IX.

[76]JD 8:154, 26 de agosto de 1860.

[77]Ap. 20:13.

[78]2 Ne. 9:12.

De acuerdo a la visión de los grados de gloria que el Señor concedió a José Smith y a Sidney Rigdon,

> Son aquellos que son arrojados al infierno.
>
> Son éstos los que *no serán redimidos del diablo sino hasta la última resurrección*, hasta que el Señor, Cristo el Cordero, haya cumplido su obra. . . .
>
> Son los que padecen la venganza del fuego eterno.
>
> Son aquellos que *son arrojados al infierno, y padecen la ira de Dios Todopoderoso hasta el cumplimiento de los tiempos,* cuando Cristo haya subyugado a todo enemigo debajo de sus pies y haya perfeccionado su obra.[79]

Alma enseñó que los inicuos permanecerían en "tinieblas y en un estado de terrible y espantosa espera de la ardiente indignación de la ira de Dios sobre ellos, . . . *hasta el tiempo de su resurrección.*"[80] Parece ser que el conocimiento de la naturaleza temporaria del infierno del mundo espiritual es lo que impulsó al rey David, de la época del Antiguo Testamento, a decirle al Señor: "Porque no dejarás mi alma en el sepulcro."[81]

Si el infierno del mundo espiritual es sólo una situación temporal, ¿por qué las escrituras hablan de él como "el tormento *sin fin,*" y dicen que sus habitantes sufren "condenación *eterna*" y "fuego *eterno?*" El Señor reveló la interpretación apropiada de esos pasajes:

> *Yo soy el Alfa y la Omega, Cristo el Señor;* sí, soy él, el principio y el fin, el Redentor del mundo.
>
> Habiendo ejecutado y cumplido la voluntad de aquel cuyo soy, a saber, el Padre, tocante a mí—habiéndolo hecho para poder sujetar a mí todas las cosas—
>
> *reteniendo todo poder, aún el de destruir a Satanás y sus obras al fin del mundo, y el gran día final del juicio* que pronunciaré sobre los habitantes del mundo, juzgando a cada hombre de acuerdo con sus obras y las cosas que haya hecho.
>
> Y en verdad, todo hombre tiene que arrepentirse o padecer, porque yo, Dios, soy sin fin.
>
> Por tanto, no abrogaré los juicios que pronunciaré *sino que sobrevendrán los lamentos, lloros, gemidos y crujir de dientes,* sí, a los que se hallaren a mi izquierda.
>
> Sin embargo, *no está escrito que no tendrá fin este tormento, sino que está escrito tormento interminable.*
>
> *Además, está escrito condenación eterna;* de modo que es más explícito

---

[79] D. y C. 76:84-85, 105-106.

[80] Al. 40:14.

[81] Sal. 16:10. Véase Hch. 2:27.

que otras escrituras, a fin de que obre en el corazón de los hijos de los hombres, juntamente para la gloria de mi nombre.

Os explicaré, por tanto, este misterio, porque os conviene saber, así como a mis apóstoles.

Hablo a vosotros que sois escogidos en esto, como si fueseis uno, para que entréis en mi reposo.

Pues he aquí, el misterio de la divinidad, ¡cuán grande es! Porque, he aquí, *yo soy sin fin, y el castigo que por mi mano se da es castigo sin fin, porque Sin Fin es mi nombre. De ahí que:*

Castigo eterno es castigo de Dios.
Castigo sin fin es castigo de Dios.[82]

Así que el infierno del mundo espiritual es considerado como una morada provisional para los espíritus inicuos. Para la mayoría de ellos, la agonía y la miseria de su castigo infernal cesará al tiempo de la segunda resurrección, cuando saldrán y heredarán el reino telestial.

Para evitar confusión, se hará una breve referencia a cierto grupo de habitantes del infierno: estos individuos que han cometido pecados para los cuales no hay perdón. Ellos no saldrán en la resurrección telestial. Aunque el infierno del mundo espiritual llegue a su fin, estos espíritus deben pararse ante Dios en juicio, y luego ser arrojados para morar con Satanás y sus ángeles por toda la eternidad en un segundo estado del infierno. Estos espíritus, conocidos como los hijos de perdición, son "los únicos que no serán redimidos en el debido tiempo del Señor, después de padecer su ira."[83] Su destino, junto con la naturaleza del pecado imperdonable que han cometido serán considerados en el capítulo IX.

RESUMEN

1. El término *infierno* es una traducción del *Seol* Hebreo y de las palabras Griegas *hades* y *tártaro*. En un sentido general todos estos términos se refieren a todo el mundo de los espíritus, así como el término *paraíso*. En el sentido específico, como se usan en este capítulo, se refieren a la morada de los inicuos en el mundo espiritual. Las referencias al fuego y al azufre del infierno pueden ser metáforas relacionadas con *Gehenna*, un depósito de basura en las afueras de Jerusalén donde siempre había fuego ardiendo.

2. Frecuentemente se describe al infierno como un lugar de tinieblas. Aparentemente esa obscuridad es literal, porque se ha mostrado que los habitantes del infierno están sin la luz de Cristo y sin el Espíritu del Señor.

---

[82] D. y C. 19:1-12.
[83] D. y C. 76:38.

3. El infierno es una vasta región llena de multitudes de seres. De acuerdo con las declaraciones de líderes de los Santos de los Ultimos Días, está con el resto del mundo espiritual, sobre este planeta o cerca de él.

4. Las cadenas del infierno representan el sometimiento completo de la voluntad del hombre a la voluntad de Satanás. Así es encerrado y atado el hombre cuando endurece su corazón y escoge rechazar la rectitud.

5. Los espíritus sin cuerpo que fueron arrojados del cielo con Lucifer, se mezclan en el infierno con los que fueron inicuos sobre la tierra. Combinan sus talentos para molestar a los hombres justos sobre la tierra.

6. Los espíritus malvados del infierno regresan a los lugares de sus pecados terrenales. Tienen gran poder especialmente para afligir a los mortales con enfermedades y tentación en esos lugares.

7. Hay una separación definida entre los justos y los inicuos. Aunque todos están en el mundo espiritual, viven en áreas separadas y no se asocian los unos con los otros, excepto por los misioneros y espíritus ministrantes que van del paraíso y del infierno a la prisión espiritual.

8. El diablo no tiene control sobre los espíritus justos en el paraíso, pero tiene completo dominio sobre los espíritus en el infierno.

9. La aceptación del evangelio y la adherencia a sus principios califican al hombre para residir en el paraíso. El rechazo del evangelio y de los siervos autorizados de Dios lo condenan a uno al infierno, así como a cometer actos malvados en la mortalidad.

10. Los espíritus malos del infierno están organizados en compañías, legiones y ejércitos. Tratan de frustrar la obra de Dios en la tierra y en el reino espiritual.

11. Los espíritus inicuos del infierno conocen el poder y la autoridad del sacerdocio, y rinden obediencia a los mandatos de los poderes más altos del sacerdocio. Aún así, ellos se empeñan en seguir un curso opuesto al poder y a la voluntad divina.

12. Los habitantes del infierno son principalmente los que han vivido sólo una ley telestial en la tierra. Las escrituras dan una lista numerosa de pecados que, cometidos a sabiendas, acarrean el castigo del infierno.

13. Se establecen nueve causas de sufrimientos como las razones del "llanto, lloro y crujir de dientes" que padecen los habitantes del infierno. Estas son:

    A. Una clara memoria de su culpabilidad,

B. Miedo a los juicios de Dios,
C. Conocimiento de haber fracasado en lograr todo su potencial,
D. Miseria de la mala compañía,
E. Imposibilidad de progresar,
F. Imposibilidad de satisfacer deseos lujuriosos,
G. Pérdida del libre albedrío y esclavitud a la voluntad de Satanás,
H. Pérdida de la luz y la verdad de Cristo y,
I. Muerte espiritual o muerte con respecto a la rectitud.

14. El infierno del mundo espiritual terminará en la segunda resurrección cuando la mayoría de los espíritus hayan pagado el último denario y recibirán una resurrección telestial.

15. Aunque el infierno del mundo espiritual terminará, aún así hay otro infierno o lugar especial reservado para el diablo, sus ángeles y los hijos de perdición de esta tierra. Ahí todos ellos, después del juicio final, serán consignados para siempre.

CAPITULO VI

LA GRAN OBRA MISIONAL EN LA PRISION ESPIRITUAL

Cada Hombre Debe Tener la Oportunidad de Aceptar el Plan del Evangelio

EL EVANGELIO DE JESUCRISTO ES UN PROGRAMA MEDIANTE EL CUAL EL hombre puede lograr y cumplir su destino final. Es el camino de Cristo, "el camino, y la verdad, y la vida."[1] Es un sendero de principios, ordenanzas y convenios[2] por el cual el hombre puede caminar y obtener su exaltación. El papel de Jesucristo es básico en el plan del evangelio. El murió en la cruz para pagar la deuda del pecado y la muerte de todo el género humano, y así ganó el poder de traer a todos los hombres a sí mismo, y el privilegio de supervisarlos cuando recorran el camino hacia la vida eterna.[3] Bajo Su dirección se trazó un programa de crecimiento y de progreso que está al alcance de cada hombre para que pueda aceptarlo o rechazarlo. En Su sabiduría e infinita justicia, El juzgó conveniente que cada ser que ha vivido sobre la tierra tuviera la oportunidad de entender y de elegir entre aceptar o rechazar el plan del evangelio. De hecho, El ha proclamado que "será predicado este evangelio del reino en todo el mundo,"[4] "a toda nación, y tribu, y lengua y pueblo."[5]

Sin embargo, El no ha impuesto su plan sobre los mortales. Tampoco ha permitido que el programa del evangelio funcionara sobre la tierra cuando las condiciones no eran apropiadas para que sirviera al hombre en la forma debida. Han habido muchos lugares y muchas épocas en que el hombre ha caminado por la tierra sin saber que jamás existiera tal camino a la perfección. En la teología del

[1] Véase Jn. 14:6 y Mt. 5:48.
[2] Véase 3 Ne. 27:19-21.
[3] Véase 3 Ne. 27:9-18.
[4] Mt. 24:14.
[5] Ap. 14:6.

mundo sectario, tales infortunados son condenados y sometidos por toda la eternidad al sufrimiento de un infierno espantoso. Pero en la justicia de Dios, los que mueren sin un entendimiento del evangelio también tienen derecho a escuchar el plan de Cristo, decidir si lo aceptan o lo rechazan y a vivir de acuerdo con él.

Ya que la mayor parte del género humano ha pasado por la mortalidad sin oír el evangelio de Jesucristo, el Señor ha juzgado conveniente instituir un gran programa misional en el mundo de los espíritus más allá del sepulcro, y permitir a los hombres probar su fidelidad al plan del evangelio mediante sus acciones en ese lugar. Así todos los hombres pueden pararse ante El en el día del juicio y pueden ser examinados por la misma norma de justicia. Este fue el programa previsto por Pedro cuando dijo que los hombres:

> . . . darán cuenta al que está aparejado para juzgar los vivos y los muertos.
>
> *Porque por esto también ha sido predicado el evangelio a los muertos; para que sean juzgados en carne según los hombres, y vivan en espíritu según Dios.*[6]

Los verdaderos Santos de los Ultimos Días reconocen como suya la responsabilidad de predicar el evangelio tanto a los mortales como a los que han pasado al más allá. Esto es considerado un deber solemne inspirado por Dios. En una ocasión Brigham Young dijo:

> Nuestro Padre en el cielo, Jesús, nuestro hermano mayor y Salvador del mundo, y todos los cielos *piden a este pueblo que se prepare para salvar a las naciones de la tierra y también a los millones que han pasado al otro mundo sin haber escuchado el evangelio.*[7]

Sin embargo, no es creencia de los Santos de los Ultimos Días que toda la humanidad aceptará el sendero de Cristo a la perfección y lo seguirá hasta alcanzar la meta final. Por el contrario, reconocen que la mayoría elegirá rechazar el evangelio de Cristo,[8] y que sólo un grupo relativamente pequeño logrará el desarrollo final del evangelio de Cristo:

> . . . a menos que te rijas por mi ley, no puedes alcanzar esta gloria.
>
> Porque estrecha es la puerta y angosto el camino que conduce a la exaltación y continuación de las vidas, y *pocos son los que la hallan. . . .*[9]

[6] 1 P. 4:5-6. Véase Ef. 4:8-9.

[7] JD 18:77, 31 de agosto de 1875.

[8] Véase D. y C. 45:38-39. Se entiende que al tiempo del juicio "toda rodilla se doblará." (Mos. 27:31) Aun así eso no significa que todos aceptarán y vivirán los principios del evangelio. Muchos que doblarán la rodilla ante Cristo sólo heredarán el reino más bajo, el telestial. (D. y C. 76:109-110) Véase también 2 Ne. 28:32.

[9] D. y C. 132:21-22.

La Doctrina de la Obra Vicaria Por Los Muertos

La doctrina de la obra vicaria por los muertos es una de las verdades más profundas del evangelio de Jesucristo. Esta enseñanza fue conocida en la época del Nuevo Testamento. La cristiandad sectaria la perdió durante los obscuros siglos de la apostasía, pero fue restaurada en los últimos días. La doctrina, en su forma básica, incluye cinco principios:

1. *Para recibir los beneficios del sacrificio expiatorio de Cristo, el hombre debe:*

A. *Participar de las ordenanzas del evangelio,*
B. *Buscar la rectitud abandonando el pecado, y*
C. *Servir a Dios cumpliendo con Su voluntad.*

Cristo dijo mucho más de lo que se puede escribir aquí acerca de estas disposiciones del evangelio. Sin embargo, sus enseñanzas pueden ser resumidas citando ciertos pasajes claves. Por ejemplo con respecto a las ordenanzas, El proclamó: ". . . el que no naciere de agua y del Espíritu, no puede entrar en el reino de Dios."[10] Con respecto a la búsqueda de la rectitud, amonestó a sus seguidores diciéndoles: "Sed, pues, vosotros perfectos, como vuestro Padre que está en los cielos es perfecto,"[11] y "buscad primeramente el reino de Dios y su justicia."[12] Sobre servir a Dios enseñó que "No todo el que me dice: Señor, Señor, entrará en el reino de los cielos: mas el que hiciere la voluntad de mi Padre que está en los cielos."[13] Advirtió que quienes se beneficien con su expiación deberán entrar "por la puerta estrecha,"[14] cumpliendo estos tres pre-requisitos. Y a quienes busquen su reino por cualquier otro método, el Señor les dirá: "Nunca os conocí; apartaos de mí, obradores de maldad."[15]

2. *Las ordenanzas del evangelio deben ser realizadas en la tierra. Las*

---

[10]Jn. 3:5.
[11]Mt. 5:48.
[12]Mt. 6:33.
[13]Mt. 7:21.
[14]Mt. 7:13-14.
[15]Mt. 7:23. La doctrina de los primeros principios del evangelio es demasiado extensa para tratarla aquí con más detalle. Para un tratamiento más extenso de estos principios, se invita al lector a consultar textos básicos tales como *Artículos de Fe* de James E. Talmage, págs. 105-189 y *Una Obra Maravillosa y un Prodigio* de LeGrand Richards, págs. 90-122. Ambas obras se pueden conseguir en los Centros de Distribución de la Iglesia de Jesucristo de los Santos de los Ultimos Días.

personas vivas que comprenden el evangelio y tienen la oportunidad de recibir estas ordenanzas, deben hacerlas por sí mismas. Pero las ordenanzas también pueden ser realizadas vicariamente por los muertos. Los Santos de los Ultimos Días saben que las siguientes ordenanzas deben ser realizadas por y para sí mismos, aquí en la tierra:[16]

A. *Bautismo* (por inmersión, para la remisión de pecados)[17]

B. *Confirmación* (aceptación en la Iglesia y otorgamiento del don del Espíritu Santo)[18]

C. *Ordenación al Sacerdocio de Melquisedec* (otorgamiento de la autorización para actuar en el nombre de Cristo; sólo a los hombres)[19]

D. *Lavamientos y Unciones* (ordenanzas purificadoras y preparación para la ley del sacerdocio y el gobierno en el reino celestial)[20]

E. *Investidura del Templo* (ordenanza que suministra la información básica necesaria para entrar al más avanzado de los reinos celestiales)[21]

---

[16]Las últimas cuatro ordenanzas las deben realizar los miembros vivos en los templos de la Iglesia de Jesucristo de los Santos de los Ultimos Días. Cuando se hace la obra vicaria por los muertos, todas esas ordenanzas son ejecutadas en el templo.

[17]Véase Ro. 6:1-5; Mr. 1:4-5; etc.

[18]Véase Hch. 8:14-17; 1 Ti. 4:14; etc.

[19]Véase Mt. 10:1; Mr. 3:14; Jn. 15:16; etc.

[20]Véase Jn. 13:4-15; 1 S. 10:1; 1 S. 16:13; etc

[21]Véase D. y C. 105:10-12; D. y C. 110:8-10; etc. El presidente Brigham Young definió la investidura del templo de esta manera:

> La *investidura* es el recibir todas esas ordenanzas en la Casa del Señor, ordenanzas que son necesarias al salir de esta vida para poder volver a la presencia del Padre, pasando a los ángeles centinelas, pudiendo darles las palabras claves, los signos y las señas pertenecientes al santo sacerdocio y así ganar vuestra eterna exaltación a pesar de la oposición de la tierra y el infierno. (JD 2:31, 6 de abril de 1853. Véase también D. y C. 132:18-19.)

El élder James E. Talmage, en su libro *The House of the Lord* (Salt Lake City: Bookcraft, Inc., 1962), págs. 99-101, explicó la investidura del templo de la siguiente manera:

> La *investidura del templo,* como se administra en los templos modernos, comprende instrucción relativa al significado y orden de las dispensaciones pasadas, y a la importancia de nuestra dispensación como la época más importante y más grande de la historia humana. Este curso de instrucción incluye: una narración de los eventos más prominentes del período de la creación; la condición de nuestros primeros padres en el jardín del Edén, su desobediencia y consiguiente expulsión de esa dichosa morada; su condición en el solitario y triste mundo cuando fueron sentenciados a vivir por su trabajo y sudor; el plan de redención por el cual la gran transgresión puede ser expiada; la restauración del evangelio con todos sus antiguos poderes y privilegios; la condición absoluta e indispensable de pureza personal y devoción a la rectitud en la vida presente y un cumplimiento estricto de los requisitos del evangelio.

F. *Matrimonio eterno* (el cual continúa la unidad familiar más allá de la muerte, y permite a ciertos seres dignos continuar la procreación de niños cuando han resucitado)[22]

G. *Sellamiento de familias* (el lazo eterno que une los hijos a sus padres para que las unidades familiares estén completas. Esto no es necesario cuando un niño nace de padres unidos previamente por el matrimonio celestial)[23]

Ya que estas ordenanzas sólo pueden realizarse en la tierra y no en el mundo espiritual, el Señor ha proveído un programa por el cual los mortales pueden recibir vicariamente estas ordenanzas "por y en beneficio de" sus seres queridos muertos. En la época del Nuevo Testamento se realizaban ordenanzas vicarias por los muertos. El apóstol Pablo mientras enseñaba acerca de la resurrección, preguntó: "De otro modo, ¿qué harán los que se bautizan por los muertos, si en ninguna manera los muertos resucitan? ¿Por qué pues se bautizan por los muertos?"[24]

3. *El evangelio será enseñado en la prisión espiritual a todos los que no tuvieron la oportunidad de escucharlo. Ahí podrán aceptarlo o rechazarlo según su albedrío. Si aceptan el evangelio y las ordenanzas vicarias realizadas en la tierra en su beneficio, se les permite dejar la prisión espiritual y morar en el paraíso. Si*

Los templos erigidos por los Santos de los Ultimos Días proveen estas instrucciones en cuartos separados, cada cual dedicado a una parte del curso. Por esta razón es posible tener varias clases de instrucción al mismo tiempo.

Las ordenanzas de la investidura incluyen ciertas obligaciones, tomadas por cada individuo, tal como el convenio y la promesa de observar la ley de estricta virtud y castidad; de ser caritativo, benevolente, tolerante y puro; de dedicar talentos y bienes materiales para la difusión de la verdad y el ennoblecimiento de la raza humana; mantener devoción a la causa de la verdad; y tratar de contribuir por todos los medios posibles a que la tierra pueda estar lista para recibir a su Rey, el Señor Jesucristo. Al tomar cada convenio y asumir cada obligación, es prometida una bendición basada en la observancia fiel de las condiciones.

Ni una jota, ni una tilde de los ritos del templo es para otra cosa que para la elevación y santificación personal. Cada detalle de la ceremonia de la investidura aporta convenios de moralidad en la vida, consagración personal a ideales elevados, devoción a la verdad, patriotismo a la nación y lealtad a Dios. Las bendiciones de la Casa del Señor no están restringidas a una clase privilegiada. Todo miembro de la Iglesia puede ser admitido en el templo con el derecho de participar en las ordenanzas que allí se realizan, si acredita apropiadamente que su vida y conducta son dignas.

[22]Véase D. y C. 131:1-4; 132:15-20.

[23]Véase D. y C. 132:4-7.

[24]1 Co. 15:29.

es necesario, son castigados por sus pecados terrenales mientras están en la prisión espiritual.

Concerniente al albedrío de los espíritus que oyen el evangelio por primera vez en el mundo espiritual, el élder Orson Pratt escribió:

> Estas ordenanzas santas y sagradas son dadas a conocer a los espíritus en prisión por santos mensajeros poseedores del sacerdocio. *A esos espíritus les será permitido ejercer su albedrío y recibir o rechazar estas gozosas noticias.* Después serán juzgados como lo serán los hombres que en la carne han tenido el privilegio de oír las mismas cosas.[25]

Acerca de su liberación de la prisión espiritual, el presidente Joseph F. Smith dijo en su Visión de la Redención de los Muertos:

> . . . Y así se predicó el evangelio a los muertos;
>
> y los mensajeros escogidos salieron a *declarar el día aceptable del Señor, y a proclamar la libertad a los cautivos que se hallaban encarcelados; sí, a todos los que estaban dispuestos a arrepentirse de sus pecados y a recibir el evangelio.*
>
> Así se predicó el evangelio a los que habían muerto en sus pecados, sin el conocimiento de la verdad, o en transgresión por haber rechazado a los profetas.
>
> A éstos se les *enseñó la fe en Dios, el arrepentimiento del pecado, el bautismo vicario para la remisión de los pecados, el don del Espíritu Santo por la imposición de las manos,*
>
> *y todos los demás principios del evangelio que les era menester* conocer, a fin de habilitarse para que fuesen juzgados en la carne según los hombres, pero vivieran en espíritu según Dios. . . .
>
> Vi que los fieles élderes de esta dispensación, cuando salen de la vida terrenal, continúan sus obras en la predicación del evangelio de arrepentimiento y redención, mediante el sacrificio del Unigénito Hijo de Dios, entre aquellos que están en tinieblas y bajo la servidumbre del pecado en el gran mundo de los espíritus de los muertos.
>
> *Los muertos que se arrepientan serán redimidos, mediante su obediencia a las ordenanzas de la Casa de Dios,*
>
> *Y después que hayan pagado el castigo de sus transgresiones, y sean*

---

[25]Orson Pratt, "Celestial Marriage," *The Seer,* Vol. I, No. 9, págs. 141-142, septiembre de 1853. El presidente Heber Q. Hale, comentando sobre el albedrío de los seres en el mundo espiritual, contó como aceptaban allí los principios del evangelio y de que manera llegaban a recibir las ordenanzas vicarias realizadas en la tierra:

> *La obra vicaria realizada aquí, no es automáticamente efectiva allí.*
>
> Quien la recibe primero debe creer, arrepentirse y aceptar el bautismo y confirmación. *Luego se realizan ciertas ordenanzas que hacen efectivos en las vidas de esos seres,* estos principios salvadores. Y así continúa la gran obra, ellos haciendo allí un trabajo que nosotros no podemos hacer aquí, y nosotros haciendo aquí un trabajo que ellos no pueden hacer allí, ambos necesarios, cada uno complementando al otro, logrando así la salvación de todos los hijos de Dios que serán salvos.

purificados, recibirán una recompensa según sus obras, porque son herederos de salvación.[26]

4. *El hombre, mientras está en la tierra, tiene la obligación de ayudar a sus antepasados muertos, investigando su genealogía y haciendo la obra en el templo por ellos, y predicándoles el evangelio cuando pasa al mundo espiritual. El hombre no puede alcanzar la perfección hasta que todos sus antepasados hayan tenido la oportunidad de aceptar el evangelio.*

El profeta José Smith enseñó:

> De ahí la responsabilidad, *la tremenda responsabilidad que descansa sobre nosotros en relación con nuestros muertos, porque todos los espíritus que no han obedecido el evangelio en la carne, deben obedecerlo en el espíritu o ser condenados.* ¡Qué pensamiento más solemne! ¡Qué pensamiento más terrible!...
>
> *La responsabilidad más grande que Dios ha puesto sobre nosotros en este mundo, es el de buscar a nuestros muertos.* El apóstol dice: 'Ellos no pueden ser perfeccionados sin nosotros,' porque es necesario que el poder sellador esté en nuestras manos para sellar a nuestros hijos y a nuestros muertos para el cumplimiento de la dispensación de los tiempos—una dispensación dentro de la cual encontramos las promesas hechas por Jesucristo antes de la fundación del mundo para la salvación del hombre.
>
> Ahora hablaré a Pablo y a los santos de su época: Tú, Pablo, no puedes ser perfecto sin nosotros. *Es necesario que aquellos que van antes y aquellos que vienen después de nosotros alcancen la salvación junto con nosotros. Por eso Dios ha puesto esta obligación sobre el hombre.*[27]

Esta declaración fue un comentario sobre Hebreos 11:40 lo cual concluye la exposición de Pablo sobre los sufrimientos y muerte de los primeros santos. Pablo dice: "Proveyendo Dios alguna cosa mejor para nosotros, *para que no fuesen perfeccionados sin nosotros.*"[28]

5. *El objetivo principal de la obra misional y de la obra vicaria por los muertos es atar a los justos de todas las épocas formando una cadena inquebrantable de relaciones familiares bajo el orden patriarcal del sacerdocio. Los justos unidos de esa manera vivirán en esta relación familiar después de la resurrección.*

El presidente Brigham Young explicó esta enseñanza de la manera siguiente:

---

[26] D. y C. 138:30-34, 57-59.
[27] HC 6:312-313, 7 de abril de 1844.
[28] He. 11:40. Véase D. y C. 128:18.

> Nuestros padres no pueden perfeccionarse sin nosotros y nosotros no podemos perfeccionarnos sin ellos. *Debe existir esta cadena del santo sacerdocio. Debe unir la última generación que vive sobre la tierra con todas las generaciones que han vivido en la tierra hasta el padre Adán,* y debe traer de vuelta a todos los que puedan ser salvos y ubicarlos donde puedan recibir salvación y gloria en algún reino. Este sacerdocio tiene que hacerlo. Este sacerdocio existe para cumplir con ese propósito.[29]

El élder Parley P. Pratt amplió esta doctrina cuando explicó que:

> El orden celestial no sólo está dedicado a dar vida eterna, sino también a *establecer un orden eterno de gobierno familiar* fundado sobre los principios más puros y santos de unión y afecto. . . . Entonces cada quién será organizado con autoridad de acuerdo a su primogenitura y oficio, en su familia, generación y nación. *Cada uno obedecerá y será obedecido conforme a su ubicación como miembro de la gran familia celestial.*[30]

En la gran cadena de relaciones familiares que existirá en el reino celestial, se han previsto los casos de familias incompletas. Por eso puede omitirse una generación de una familia si ninguno en esa era de la mortalidad merece la exaltación. Simplemente los eslabones de la cadena serán sellados excluyendo a los inicuos. En algunos casos en que los hijos hayan muerto y merezcan la exaltación pero queden sin conexión familiar a causa de la iniquidad de su familia, entonces entrará en vigencia el poder de la adopción, como lo explicó el presidente Brigham Young:

> Los impíos que fueron los padres de los tabernáculos de estos hijos, ¿tendrán el privilegio de ir allí? No, pues no pueden ir adonde están Dios y Cristo. Quizás a algunos de ellos se les predicó el evangelio y lo rechazaron. Entonces ¿qué será de los hijos? Tales casos abundan en las cortes celestiales. Allí hay millares y millares de ellos y continuamente van más. ¿Qué se va a hacer con ellos? Quizás debiera mencionar que *alguien tendrá el privilegio de decir a nuestras hermanas jóvenes que han muerto en la fe: 'Yo le asigno tantos de estos niños a Ud., y tantos otros a Ud. Les son entregados por la ley de adopción, y serán tan vuestros como si los hubiérais dado a luz en la tierra. Y vuestra simiente continuará a través de ellos para siempre jamás.'* Algunos podrían pensar que cuando las personas mueren jóvenes se les

[29] JD 13:280, 30 de octubre de 1870. Concerniente a la unión de las familias más allá del velo, Heber Q. Hale dijo:

> Una de las cosas más grandes y sagradas del cielo es la relación familiar. *Llegar a formar una cadena familiar completa, sin eslabones rotos, brinda plenitud de gozo.* Los eslabones familiares totalmente maleados serán reemplazados por otros, o los dos eslabones contiguos serán unidos. Los hombres y mujeres del mundo son impulsados por sus antepasados muertos a buscar sus genealogías. Esos son los eslabones de las cadenas. La unión de esos eslabones son las ordenanzas del bautismo, investiduras y sellamientos realizadas por los vivos para el beneficio de los muertos en los templos de Dios.

[30] Lynn A. McKinley, *Life Eternal* (por el autor, 1950), págs. 173-174.

disminuirán las bendiciones y los privilegios que tiene Dios para sus hijos, pero no es así. *Los fieles nunca perderán una sola bendición por haber sido llevados de aquí.* [11]

La Prisión Espiritual

Tal como las palabras "paraíso" e "infierno", la expresión "prisión espiritual" tiene diferentes significados que dependen de quién las usa y en qué contexto. Deben entenderse estos significados para comprender plenamente las declaraciones de las autoridades de la Iglesia sobre la vida futura. Tres interpretaciones de la expresión "prisión espiritual" deberían ser consideradas:

1. *Todo el mundo espiritual, incluyendo el infierno y el paraíso.* En este sentido este término es sinónimo con "mundo espiritual." Así es usado en 1 P. 3:18-20, cuando se considera esa escritura en conjunto con la "Visión de la Redención de los Muertos" de Joseph F. Smith, D. y C. 138.

2. *Todo el mundo espiritual excepto el paraíso.* A veces "prisión espiritual" se usa para incluir a una categoría general de los "inicuos." Cuando se usa el término de este modo, a veces no se hace diferencia entre aquellos que rechazaron el evangelio y vivieron vidas de gran maldad y aquellos que nunca oyeron el evangelio.

3. *Un área separada tanto del paraíso como del infierno.* Los relatos de quienes han visitado o visto en visión el mundo espiritual, denotan que la expresión "prisión espiritual" debería ser usada para identificar a un grupo numeroso de seres espirituales que ni están en el paraíso ni están bajo el dominio completo de Satanás. En este sentido se empleará en el presente capítulo. Todavía no está claramente documentado que la morada de este grupo está dentro de los "límites geográficos" del infierno o en un área exterior. Pero, aparentemente hay un gran número de individuos que aún no se han entregado ni a Cristo ni a Satanás, y ésos, por elección o asignación, viven juntos, pero apartados de los que son condenados al infierno. Como se demostró en el capítulo III, los habitantes del mundo espiritual moran en numerosas "esferas" o "departamentos," y progresan de un nivel al otro a medida que avanzan en su preparación eterna. La prisión espiritual parece ser un nivel o una serie de "esferas" para habitantes más avanzados que los que moran en el infierno, pero que no están

[11] JD 14:230, 16 de septiembre de 1871.

todavía preparados para las bendiciones y asociaciones más elevadas que se encuentran en el paraíso.

Ningún pasaje de las escrituras define con claridad si el infierno y la prisión espiritual están localizados en la misma área o no. Ni existe una posición doctrinal de la Iglesia sobre esta cuestión. Ninguna autoridad de la Iglesia ha declarado haber recibido una revelación que defina específicamente si el infierno y la prisión espiritual están en el mismo lugar o no. Sobre el tema sólo se han expresado opiniones, las cuales son numerosas. Pero el consenso general aparentemente está de acuerdo en que el infierno y la prisión espiritual son un mismo lugar y en que las palabras son sinónimas. Varios comentaristas, pasados y presentes, han aceptado esta conclusión y han presentado sus puntos de vista basados en esa suposición. Con este uso, los términos infierno, prisión, prisión espiritual, cautiverio, obscuridad, etc. han llegado a estar tan entrelazados y confundidos que es difícil estar completamente seguro del significado correcto de cualquier documentación que se encuentre sobre el tema.

El autor ha concluído hace mucho, que la única manera de resolver la cuestión es hallar nuevas evidencias, porque la evaluación de las opiniones expresadas en el pasado ha conducido a mucha confusión e incertidumbre. Por eso él ha decidido volver a relatos de testigos visuales para obtener información que no ha sido tomada en cuenta anteriormente. Examinando docenas de testimonios dados por individuos que han visto más allá del velo, ha buscado cuidadosamente la respuesta a este problema. A muchos individuos se les ha mostrado que al otro lado del velo se predica el evangelio, como se ha citado en este capítulo y en los anteriores. El autor ha notado que ni una sola vez en los muchos relatos considerados, existe la mínima indicación de que los espíritus entregados a Satanás en el infierno moran entre aquellos que aún no han escuchado el evangelio y residen en la prisión espiritual. Al contrario, parece haber pruebas impresionantes de que aquellos a quienes se les enseña el evangelio en la prisión espiritual viven en áreas y en ciudades especiales separadas del reino de Satanás. Basado en esta evidencia el autor concluye que la prisión espiritual y el infierno son lugares separados y que cada uno está habitado por una categoría diferente de individuos.

Las diferencias que existen entre los habitantes de la prisión espiritual y los habitantes del infierno, se pueden ver en esta simple comparación:

Prisión Espiritual	*Infierno*
1. Sus habitantes no han aceptado ni rechazado el evangelio. Su suerte eterna todavía no está decidida.	1. Sus habitantes han rechazado el evangelio.
2. Sus habitantes aún tienen libre albedrío como lo tuvieron en la mortalidad. Pueden ser atraídos por el bien y por el mal.	2. Sus habitantes están sujetos a Satanás y son obligados a obedecer su voluntad.
3. Sus habitantes aún pueden vivir de acuerdo a Dios en el espíritu.	3. Sus habitantes están encomendados a rechazar el evangelio y a rebelarse.
4. Sus habitantes tienen la luz de Cristo. Pueden ser inspirados como lo fueron en la mortalidad.	4. Sus habitantes no tienen la luz de Cristo.
5. Sus habitantes viven en un estado de espera, aguardando la predicación del evangelio y la realización de las ordenanzas vicarias.	5. Sus habitantes viven en un estado de angustia extrema con "llanto, lloro y crujir de dientes" continuo. Temen el juicio que vendrá.
6. Sus habitantes son visitados por los misioneros, tal como lo sugieren numerosos relatos.	6. No hay evidencias de que sus habitantes sean visitados por misioneros. Un "gran abismo" los separa de los justos.
7. Como en la mortalidad, sus habitantes pueden vivir en condiciones placenteras, acompañados por vecinos honorables de su propia elección.	7. Sus habitantes están acompañados sólo por los inicuos.
8. Sus habitantes están ocupados en actividades constructivas, relacionadas principalmente con el estudio del evangelio.	8. Sus habitantes están ocupados realizando actos inicuos y maliciosos con la intención de obstruir la obra de Dios.
9. Sus habitantes pueden retornar a la esfera mortal sólo con propósitos legítimos, bajo la dirección de la autoridad del sacerdocio.	9. Satanás permite a sus habitantes regresar a los lugares de iniquidad mortal y vagar sobre la tierra.

10. Sus habitantes pueden dejar la prisión espiritual antes de la resurrección si aceptan el evangelio y las ordenanzas vicarias realizadas en su beneficio.	10. Sus habitantes deben morar en el infierno espiritual hasta la segunda resurrección. Los hijos de perdición serán "inmundos todavía" e irán al infierno establecido después de la resurrección.
11. Sus habitantes todavía pueden lograr o la gloria celestial o la gloria terrestre.	11. Sus habitantes sólo pueden lograr la gloria telestial o el reino sin gloria.
12. Si rechazan el evangelio, sus habitantes aún pueden ser arrojados al infierno.	12. Sus habitantes no tienen alternativa. No pueden escapar del infierno.

Así que la posición, las oportunidades y las posibilidades de los habitantes de la prisión espiritual son completamente distintas del estado y del curso de acción que pueden seguir los que están bajo el dominio total de Lucifer en el infierno. Según la tercera definición, los que viven en la prisión no están clasificados como habitantes del infierno, sino que son considerados como un grupo aparte en el plan divino de salvación de Dios.

Desde el punto de vista del autor, con el conocimiento de que el infierno y la prisión espiritual son lugares separados y habitados por diferentes tipos de seres, se resuelven una cantidad de problemas que con la teoría opuesta quedaban sin resolver. También se solucionan numerosos conflictos entre escrituras. Por ejemplo, si los habitantes del infierno y los de la prisión espiritual son diferentes y están separados, ya no existen conflictos entre pasajes que afirman la continuidad del libre albedrío de los espíritus prisioneros y los pasajes que sostienen que quienes están en el infierno están sujetos por las cadenas de las tinieblas y a la voluntad de Satanás. Si la prisión espiritual y el infierno están separados, entonces se desvanece el conflicto que surge entre las enseñanzas que dicen que el hombre puede pasar de la prisión espiritual al paraíso cuando acepta el evangelio, y los que aseguran que los que están en el infierno deben permanecer allí hasta la segunda resurrección. Si los habitantes de la prisión espiritual están separados del populacho del infierno, entonces, cesa el conflicto entre la aparente necesidad del hombre de tener el espíritu y la luz de Cristo para conocer la veracidad del mensaje misional predicado en la prisión, y el hecho de que los que están en el infierno no tienen parte ni porción del espíritu del Señor. Si los habitantes de la prisión espiritual y el infierno están separados entonces desaparece el conflicto entre los pasajes que enseñan que algunos habitantes de la prisión obtendrán la resurrección terrestre, y las referencias que señalan que los que moran en el infierno no ganarán más que el reino telestial. Si los habitantes de la prisión espiritual son distintos a los del infierno, no surgen problemas con los pasajes que representan a los habitantes de la prisión levantándose en la primera resurrección, y a los del infierno esperando la segunda resurrección. Si los misioneros trabajan en la prisión espiritual, pero no en el infierno, entonces no tienen que predicar en las terribles tinieblas de ese infierno, lo cual sería, sin lugar a dudas, mucho más penoso.

Si los hombres íntegros que aún no han escuchado el evangelio, pero que lo aceptarán gustosos cuando les sea predicado, están en la prisión espiritual y no en el infierno, entonces no están sujetos a la desagradable compañía de los inicuos e injustos. Si la prisión espiritual y el infierno son distintos uno del otro, no hay razón para alarmarse al notar que muchos individuos que han visto la predicación del evangelio en el mundo espiritual, no han mencionado haber visto las tinieblas del infierno, o el diablo y sus ángeles. Y si la prisión espiritual y el infierno están separados, no hay confusión en los informes de hombres como Lorenzo Dow Young, quien vio que la prisión y el infierno son distintos y separados, o el de James LeSueur quien vio a los habitantes de la prisión espiritual recogidos en ciudades especiales donde dedicaban su tiempo al estudio del evangelio.

Algunos pasajes de las escrituras distinguen el infierno de la prisión espiritual y muestran que el destino de los que están en el infierno está sellado hasta la segunda resurrección, mientras que la venida del arrepentimiento, la aceptación del evangelio y el progreso están a disposición de quienes están en la prisión espiritual. "La Vision," por ejemplo, habla del grupo de "los que murieron sin ley. . . quienes no recibieron el testimonio de Jesús en la carne, mas después lo recibieron." Y éstos "son *los espíritus de los hombres encerrados en prisión, a quienes el Hijo visitó y predicó el evangelio,* para que pudieran ser juzgados según los hombres en la carne," y ganen la gloria "terrestre."[32] En la revelación se contrastan esos espíritus con un grupo

---

[32] D. y C. 76:71-74.

menos digno: "aquellos que son arrojados al infierno," que "*no serán redimidos del diablo* sino hasta la última resurrección" por causa de su rechazo del "testimonio de Jesús," y que sólo serán recompensados con la gloria "telestial."[33] Parece ser que el grupo de la prisión espiritual todavía tiene una oportunidad para arrepentirse, mientras que los que están en el infierno han rechazado la oportunidad.

En la Perla de Gran Precio, el Señor volvió a diferenciar entre los habitantes del infierno y los que moran en la prisión espiritual. Habló de la iniquidad de los padres antes de la época de Enoc, y dijo que "*Satanás será su padre, y miseria su destino;* y todos los cielos llorarán sobre ellos."[34] Este destino era el infierno. Luego habló de aquellos que vivieron cinco siglos más tarde, en la época del diluvio, y dijo:

> ... éstos que tus ojos ven morirán en los diluvios; y he aquí, los encerraré; *he preparado una prisión para ellos.*
>
> Y aquel a quien he escogido ha abogado ante mi faz. Por consiguiente, *él padece por sus pecados, si es que se arrepienten* el día en que mi Elegido vuelva a mí. . . .[35]

Así otra vez el Señor diferencia entre los habitantes del infierno y los habitantes de la prisión espiritual. Y nuevamente demuestra que los de la prisión espiritual van a tener una oportunidad posterior de arrepentirse mientras que aquellos en el infierno han perdido ese privilegio y son ángeles del diablo por lo menos hasta el tiempo de la segunda resurrección.

Una lectura cuidadosa de la parábola de Lázaro y del hombre rico también indica que el infierno y la prisión espiritual no son un mismo lugar. Mientras es un hecho que los misioneros del paraíso pueden entrar en la prisión espiritual, las palabras del Salvador aclaran que la entrada al infierno desde el paraíso (simbolizado en la parábola como el seno de Abraham) es imposible, del mismo modo que el paso del infierno al paraíso es prohibido. Si el infierno no estuviera separado de la prisión espiritual, el Señor estaría diciendo que los misioneros del paraíso no pueden entrar a la prisión espiritual:

> Y aconteció que murió el mendigo, y fue *llevado por los ángeles* al seno de Abraham; y murió también el rico, y fue sepultado.

---

[33] D. y C. 76:81-84.

[34] Moisés 7:36-37.

[35] Moisés 7:38-39. Véase 1 P. 3:18-20; 4:6. Algunos comentaristas no se han dado cuenta de la diferencia cronológica entre los días de Enoc y la época del diluvio, y han supuesto que ese pasaje habla de un solo grupo. Pero son dos grupos separados por más de quinientos años.

> Y *en el infierno alzó sus ojos, estando en los tormentos,* y vio a Abraham de lejos, y a Lázaro en su seno.
>
> Entonces él, dando voces, dijo: Padre Abraham, ten misericordia de mí, y envía a Lázaro para que moje la punta de su dedo en el agua, y refresque mi lengua; porque soy atormentado en esta llama.
>
> Y díjole Abraham: Hijo, acuérdate que recibiste tus bienes en tu vida, y Lázaro también males; mas ahora éste es consolado aquí, y tú atormentado.
>
> Y además de todo esto, *una grande sima está constituída entre nosotros y vosotros, que los que quisieren pasar de aquí a vosotros, no pueden, ni de allá pasar acá.*[36]

Se acepta sin dudar que Cristo, después de su crucifixión, envió misioneros del paraíso a la prisión espiritual tal como lo han dicho varios intérpretes del pasaje. Aún así, si el infierno está separado de la prisión espiritual, el abismo mencionado en la parábola no es aquel sobre el cual el Señor estableció "un puente." ¿Todavía existe el abismo? Que sepa el autor, ninguna escritura, visión del mundo espiritual o autoridad de la Iglesia enseña que los espíritus del infierno tienen acceso al paraíso, ni que los espíritus del paraíso estén predicando a Satanás, sus ángeles o los espíritus muertos que los siguieron en el infierno. Al contrario, todas las evidencias demuestran que ese abismo todavía existe. En 2 Nefi 1:13, el profeta Lehi lo llama: "*eterno abismo* de miseria y angustia." Un ángel hablando al profeta Nefi (1 Nefi 12:16-18), dice que "un grande y terrible abismo los separa." En Helamán 3:29 nuevamente se hace referencia a la "*eterna sima* de miseria que se ha dispuesto para hundir a los inicuos." No son los espíritus del infierno bajo el dominio completo de Satanás los que están recibiendo a los misioneros. Son los espíritus indecisos en la prisión espiritual. El hecho de que ellos sean visitados es indicación de que están separados del infierno.

El profeta José Smith indicó su comprensión de que la prisión espiritual era distinta y separada del infierno cuando dijo:

> Yo no creo en la . . . doctrina de enviar a hombres honestos y de

[36]Lc. 16:22-26. La explicación ofrecida ocasionalmente de que Cristo, después de la crucifixión, tendió un puente sobre el abismo, está basada completamente en la presunción de que la prisión espiritual y el infierno son sinónimos. Si esa suposición no es válida, entonces la teoría del puente tendido sobre el abismo tampoco tiene validez. Si la prisión espiritual y el paraíso están separados entonces cuando Cristo instruyó a los misioneros en el paraíso, no tendió un puente entre éste y el infierno, y el abismo que los divide aún subsiste. Cristo enseñó con claridad y énfasis que existe una separación completa y un abismo entre el paraíso y el infierno. Resulta difícil creer que en menos de dos meses, después de ser crucificado y de haber entrado al reino espiritual, cambiara completamente su enseñanza.

> mentes nobles al infierno junto con el asesino y el adúltero. . . . Si es que puedo, enviaré a hombres que les prediquen en la prisión y que los salven.[37]

Orson Pratt también entendió que la prisión espiritual y el infierno eran áreas separadas, y trazó una profunda línea divisoria entre los dos:

> He mencionado a los que heredarán la gloria de las estrellas. ¿Quiénes son? No son los paganos, porque ellos irán más alto, a la gloria terrestre. Entonces, ¿quiénes son aquellos a los que sólo se les permite heredar una gloria tipificada por las estrellas? Son la humanidad en general, *los que han oído pero no han obedecido el evangelio del Hijo de Dios.* Ellos serán castigados. ¿Por cuánto tiempo? Hasta que Jesús haya reinado mil años sobre la tierra. . . . ¿Dónde estarán esos espíritus todo ese tiempo? No en una gloria, porque no podrán heredar gloria alguna hasta que haya pasado el castigo. *A ellos no se les permite entrar en la prisión.* Mucha gente, y quizás entre ellos algunos Santos de los Ultimos Días, han supuesto que esos personajes irán a la prisión. *No conozco ninguna revelación en ningún lugar que diga que esta clase de persona sea puesta jamás en la prisión. ¿Adónde van? A un lugar totalmente diferente de la prisión. Una prisión es para los que nunca oyeron el evangelio en la carne, pero que han cometido algunos pecados sin el conocimiento de la ley revelada y que tienen que recibir algunos azotes en la prisión.* Pero aquellos que, como las naciones de esta dispensación, oyen el evangelio, no pueden ir a la prisión. No es el lugar para ellos. *Ellos caen debajo de una prisión, en las tinieblas de afuera o en el infierno, donde habrá llanto, lloro y crujir de dientes. Allí tienen que permanecer con el diablo y sus ángeles en tormento y miseria hasta el fin, y luego saldrán.*[38]

Los que han visto la prisión espiritual dicen que es un lugar para los que no han aceptado ni rechazado el evangelio. A sus habitantes se les enseña el plan divino, y si lo aceptan, y aceptan las ordenanzas vicarias realizadas por ellos en la tierra, pueden pasar al paraíso.[39] Del mismo modo, parece que si rechazan el evangelio, pasan al infierno. La prisión espiritual entonces, es una morada temporal, un lugar de aprendizaje, evaluación y prueba, antes de recibir un plano de existencia superior o inferior. El ángel que guió a Lorenzo Dow Young cuando le mostró la prisión espiritual, recalcó la naturaleza de esta área del mundo espiritual:

> Casi instantáneamente estuvimos en otro mundo. *Era de tal magnitud que no logré formarme una idea de su tamaño.* Estaba lleno de innumerables huestes de seres que se mezclaban sin distinciones, así como es en la

---

[37]HC 6:365, 12 de mayo de 1844.

[38]JD 15:322, 19 de enero de 1873.

[39]Véase Is. 24:22; 42:6-7; 61:1; Job 33:27-30; *Doctrinas de Salvación* Vol. II:125, 150.

tierra. Su ambiente y aspecto indicaban que *estaban en un estado de espera, aguardando algún evento de importancia considerable para ellos.*[40]

En el verano del año 1900, el élder James W. LeSueur recibió una importante demostración de la naturaleza y actividades de la prisión espiritual. Cuatro años antes, un profeta de la Iglesia le había prometido lo siguiente: "al toque de tu ángel guardián, tu visión espiritual será vivificada y verás, más allá de este mundo de carne, un mundo de espíritus y te comunicarás con tus muertos para su redención."[41] En respuesta a sus continuas súplicas al Señor para poder ver a su hermano recientemente asesinado, el élder LeSueur recibió la siguiente manifestación:

> Pocas semanas despues de regresar a casa, mi padre y yo hicimos un viaje a los campos de pastoreo de las ovejas en las montañas. Era el primero que hacíamos desde la muerte de Frank. *Sentí que su espíritu visitaba los campos con nosotros.* Quería verlo, quería hablar con él, quería saber qué estaba haciendo al otro lado.
>
> Mi padre y yo hicimos nuestra cama bajo los pinos. Mi padre se acostó temprano, pero yo fui a un espeso bosque cerca de ahí, y me arrodillé suplicando al Señor por el privilegio de ver a Frank y saber qué estaba haciendo. Tenía una fe absoluta de que mi oración sería contestada. Luego regresé a mi cama para dormir, pero apenas me había acostado, *mi espíritu dejó a mi cuerpo.* Podía ver mi cuerpo y el de mi padre reposando en la cama. *Al lado de mi espíritu estaba un personaje que supe era mi ángel guardián.* Con dulce voz me dijo: 'Ven conmigo.' Instantáneamente empezamos a recorrer el espacio con la velocidad de la luz, y en cuestión de segundos, *llegamos a una ciudad grande y hermosa, superior a cualquier otra que yo haya visto. Los edificios no estaban demasiado ornamentados. Su grandiosidad era a la vez simple. Las calles eran anchas, pavimentadas y completamente limpias. Estaban rodeadas de árboles y flores cuya belleza no se puede expresar en palabras. La mayoría de las casas eran blancas y grises, y el mármol parecía ser el principal material de construcción. Esta era una de las ciudades en las cuales los espíritus de los que han muerto sin aceptar el evangelio de Cristo, estaban siendo preparados para aceptarlo, por medio del servicio misional desarrollado por los que en la mortalidad habían sido fieles y obedientes al Señor. . . .*
>
> *En medio había un edificio de mármol de cuatro pisos, que ocupaba casi toda una manzana.* Cuando llegamos frente a él, el ángel me dijo: 'Entraremos aquí.' Inmediatamente se abrió una puerta y una hermosa joven con el rostro radiante de alegría nos dio la bienvenida. En

[40] Lorenzo Dow Young, *Fragments of Experience, op cit.*, pág. 28. Esta escena contrasta con su visión del infierno. Véase el capítulo V.

[41] James W. LeSueur, "A Peep into the Spirit World," manuscrito inédito en poder de la señora Ruth Gregory de Smithfield, Utah. El élder LeSueur fue consejero en la presidencia del templo de Arizona.

respuesta a mi pregunta mental, el ángel dijo: 'Esta joven dama es pariente tuya, es una misionera entre tus familiares que murieron sin el conocimiento del evangelio, y *todos los que tú ves en este cuarto son tus parientes, reunidos para que se les enseñe el evangelio.'*

Miré *el auditorio. Era amplio, bien iluminado y arreglado.* Me complació su *belleza y simplicidad. El púlpito estaba en el centro del salón, como a unos seis metros más abajo de donde yo estaba. Los asientos estaban acomodados en círculo, comenzando al nivel del estrado del discursante y elevándose cada fila más alta que la anterior para que el orador pudiera ver a todos los presentes sin que ninguno estuviera muy lejos de él. Estimé que había de diez a doce mil* sentados allí, esperando algo con vehemente ansiedad. Cuando estaba mirando los rostros de esa atenta audiencia, oí que una persona comenzaba a hablarles. Habló de la gran expiación hecha por el Salvador, de la vida y las obras del Señor Jesucristo y de Sus enseñanzas. (El orador) les rogaba que aceptaran a Jesucristo como su Redentor, que se arrepintieran de sus pecados y obedecieran el evangelio. Si lo hacían, las ordenanzas que hubieran tenido que realizar en la mortalidad serían hechas vicariamente . . . en la tierra por parientes y amigos viviendo en la mortalidad.

Cuando finalizó su discurso, me miró y vi que era mi hermano Frank, quien había sido asesinado. Su rostro aparecía radiante de felicidad. Mi espíritu se estremeció de emoción. El se sentía sumamente feliz dando ese servicio. *Al lado de Frank estaba una hermosa joven ataviada con una túnica más blanca que la nieve más pura. Ella era de mediana estatura, cabello obscuro, cara redonda, ojos grandes color castaño y su felicidad estaba más allá de toda descripción.* '¿Quién es ella?' fue el pensamiento que cruzó por mi mente. *'Ella va a ser la esposa de Frank,'* dijo el ángel. Cuando murió Frank tenía 19 años y no era casado.

Frank me sonrió y me hizo un ademán de despedida. Miré a la audiencia y vi cuán complacidos estaban todos con el servicio. El ángel dijo: 'Ahora pasaremos a otros cuartos.' *El siguiente salón contenía miles de personas acomodadas en clases, algunos con maestros, otros estudiando solos, todos profundamente interesados en las lecciones y en los libros que estaban estudiando. Luego fuimos a otro salón grande en donde había otros miles de personas. Estas parecían ser de un orden de inteligencia mucho menor.* Estaban riñendo y discutiendo. Había alboroto y confusión. Se me informó que *todos los que estaban en esos dos cuartos eran familiares míos y que estaban siendo preparados para que eventualmente estuvieran listos para oír y aceptar el evangelio del Señor Jesucristo. Los del último cuarto habían vivido sobre la tierra en épocas de obscuridad, en un período de gran iniquidad e ignorancia. Redimirlos tomaría siglos.*

'Ahora regresaremos a tu tabernáculo carnal,' dijo el ángel guardián. Viajamos con la velocidad de la luz y en pocos minutos, estuvimos en el campo de los pastores en las montañas. Allí estaban las ovejas descansando como rebaño, los pinos majestuosos, y a nuestros pies, la cama. Le di una buena mirada a mi propio cuerpo y a mi padre. El ángel sonrió. Me hizo una señal afirmativa con la cabeza, y en un abrir y cerrar de ojos, mi espíritu regresó a mi tabernáculo de carne. Desperté a mi padre de su sueño y le conté mi maravillosa experiencia.[42]

Puede haber sido el mismo edificio o uno de naturaleza similar en la prisión espiritual, el que le fue mostrado al élder James W. Ure, mientras bautizaba en la pila del templo de Lago Salado el 16 de marzo de 1897:

> *Vi un edificio grande* al norte de la fuente. *La puerta estaba abierta y vi que dentro del edificio había una multitud. Parecían esperar con ansiedad cualquier oportunidad de poder salir. Un hombre vestido de blanco cuidaba la puerta. Adentro había otro que estaba llamando* a algunos para que salieran cuando el

---

[42]James W. LeSueur, *op cit.* El élder Le Sueur incluyó las siguientes evidencias en su relato de su entrada a la prisión:

> '¡Qué sueño fantástico!' os oí decir. No. Estáis equivocados. Mi espíritu realmente dejó a mi cuerpo, tan seguro como el espíritu de Lázaro dejó al suyo y luego fue llamado de vuelta por Jesús. La joven que nos recibió a la puerta era una prima mía, Margaret Odekirk. En la mortalidad, mientras cabalgaba, cayó de su caballo, pero su pie quedó enganchado en el estribo y el despavorido animal la arrastró en su carrera durante cuatrocientos metros. Cuando el caballo se detuvo, ella estaba muerta.
>
> Al tiempo de mi experiencia yo no sabía que esto había ocurrido. Pero cuando le conté a mi madre y describí a la joven, mi madre reconoció a esta prima en mi descripción.
>
> La joven dama que iba a ser la esposa de Frank continuó siendo un misterio hasta que una señora de apellido Kempe vino a vernos desde un pueblo vecino y nos dijo que su hija, quien había muerto, le había dicho en su lecho de muerte que quería ser sellada en matrimonio por la eternidad a Frank LeSueur, que él se le había aparecido, viniendo del mundo espiritual, y le había pedido que hiciera eso. Mi hermano y esa joven habían sido compañeros de estudios en la universidad. La señora Kempe trajo una foto de la joven, y al verla reconocí instantáneamente a la joven cuyo espíritu estaba parado junto a Frank cuando él pronunciaba su discurso sobre el evangelio. Se realizó la ordenanza. Mi cuñado tomó vicariamente el lugar de Frank y mi hermana el de Jennie Kempe, y fueron sellados por toda la eternidad como esposo y esposa, los vivos obrando por los muertos.
>
> La Biblia nos dice (en Mateo capítulo 22, versículos 23 al 30) que en el cielo ni se casarán ni se darán en casamiento. El matrimonio, como el bautismo, es una ordenanza terrenal. (1 Corintios capítulo 15, versículo 29) y debe ser realizado aquí. Debe ser hecho por los agentes señalados por Dios o no tendrá validez, por alguien como Pedro que tenga la autoridad de atar en la tierra para que esté atado en el Cielo. (Mateo capítulo 16, versículo 19)
>
> Que uno puede actuar vicariamente a favor de otro es una doctrina del evangelio. ¿Acaso Jesucristo no pagó por nosotros, el justo por los injustos? También nosotros podemos obrar vicariamente por otros, y llegar a ser salvadores sobre el Monte de Sión. La profecía de Malaquías (capítulo 4, versículos 5 y 6) se ha cumplido, y los corazones de los hijos se están volviendo a los padres (que están muertos) para hacer una obra por ellos. Y los espíritus de los padres (que están muertos) buscan que esta obra sea hecha. De no ser así, la tierra sería herida con una maldición y la mayoría de la humanidad no tendría el privilegio de la salvación.
>
> Además de la evidencia que cité más arriba, tengo escritas y registradas las palabras del profeta de cuatro años antes, diciendo que yo tendría la experiencia de ver más allá del mundo carnal, un mundo de espíritus. Y yo sé con seguridad que mi espíritu dejó al cuerpo y visitó el mundo espiritual. Fue una gran experiencia y doy gracias a Dios por ella.
>
> (Firmado: James W. LeSueur)

El élder Melvin J. Ballard relató una manifestación que apoya la idea de que aquellos que han muerto pueden eligir sus compañeros:

registrador, ubicado junto a la pila, pronunciaba sus nombres. Cuando salían, se paraban y presenciaban el bautismo y la confirmación hechos en su beneficio, y luego seguían caminando dando muestras de sentir un gran gozo.[43]

El presidente Rudger Clawson, hablando en una conferencia general sobre las labores de un fiel obrero del templo, contó de una visión recibida por el obrero concerniente al estado de las parejas que no han sido selladas por la eternidad, en la prisión espiritual:

> El añadió: 'En una ocasión vi en una visión a mi padre y a mi madre que no habían recibido el evangelio en sus vidas y no eran miembros de la Iglesia. Descubrí que *vivían separados y aparte en el mundo espiritual.* Cuando les pregunté el porqué, mi padre me dijo: *'Es una separación forzada,* y tú eres la única persona que puede unirnos. Tú puedes hacer esa obra. ¿La harás?' Eso dijo él, queriendo indicar que el hijo debería ir a la Casa del Señor, y allí oficiar por sus padres que habían muerto, y mediante la ordenanza del sellamiento juntarlos y unirlos en la relación familiar más allá del velo.'[44]

De acuerdo a Brigham Young, los seres en la prisión espiritual reciben, además de los misioneros, a los embajadores inicuos del infierno quienes los persiguen. Sin embargo, no sufren la influencia de Satanás al grado de ser afligidos por los inicuos en el infierno. El presidente Young explicó que:

> *Los espíritus de las personas que han vivido sobre la tierra de acuerdo con la mejor luz que tuvieron, hombres y mujeres que fueron honestos y sinceros, pero que vivieron sobre la tierra sin el privilegio del evangelio y del sacerdocio y sus llaves, aún están hasta cierto punto bajo el poder y el control de espíritus inicuos.* No importa en qué lugar de la faz de la tierra vivieron, todos los hombres y mujeres que han muerto sin las llaves y el poder del sacerdocio, aunque hayan sido honestos y sinceros y hayan hecho todo lo que pudieron, están en mayor o menor grado bajo la influencia del diablo. *¿Lo están tanto como otros? No, no. Consideran a aquellos que son intencionalmente inicuos, quienes a*

Perdí un hijo de seis años de edad, y *después de su muerte lo vi como un hombre en el mundo espiritual. Vi como había ejercitado su libre albedrío y como obtendría una compañera por su propia voluntad y decisión, y en su debido tiempo él y todos los que sean dignos tendrán todas la bendiciones y privilegios y sellamiento que se pueden obtener en la Casa del Señor.* No os preocupéis por eso. Ellos están seguros. Ellos están bien.

Entonces, ¿qué será de vuestras hijas que murieron sin haber sido selladas a un hombre? A menos que os sea hecho saber, dejad las cosas como están. *Ellas os harán saber los arreglos y contratos en que han entrado. El poder sellador estará con esta Iglesia por siempre jamás, y se les proveerá a ellas. No podemos correr más ligero de lo que el Señor ha designado.* Ellas recibirán sus bendiciones y privilegios en el debido tiempo. Entre tanto, están seguras.
(Bryant S. Hinckley, *Sermons and Missionary Services of Melvin Joseph Ballard* (Salt Lake City, Utah: Deseret Book Co., 1949), pág. 260.)

[43] *A Book of Remembrance, op cit.*, pág. 90.

[44] Archibald F. Bennett, *Saviors on Mount Zion, op cit.*, pág. 207.

sabiendas vivieron sin el evangelio teniéndolo a su alcance. Estos son entregados al diablo y se vuelven instrumentos del diablo y espíritus diabólicos.[45]

Los espíritus en la prisión espiritual mantienen su libre albedrío, y cuando se les predica el evangelio son libres de aceptarlo o rechazarlo. En contraste, como se vio en el capítulo anterior, los espíritus en el infierno, mientras permanecen allí, están bajo el completo control de Satanás y son forzados a cumplir sus órdenes.

Así como misioneros del paraíso trabajan entre los espíritus en prisión, también embajadores inicuos del infierno van entre ellos y tratan de influenciarlos para que rechacen el mensaje del evangelio. El presidente Brigham Young lo expresó de esta manera:

> Los que han muerto sin el evangelio son afligidos continuamente por esos espíritus malvados que les dicen—'No vayáis a escuchar predicar a ese hombre José Smith, o a David Patten, o a ninguno de sus asociados, porque son engañadores.'[46]

Indudablemente los misioneros del paraíso que van a la prisión espiritual, sentirán gozo al ganar conversos para Cristo. Pero como hay diferentes niveles de asociación, ir a la prisión espiritual puede resultarles desagradable. Como observó Orson Pratt:

> Suponed que fuerais espíritus justos, y que . . . fuerais enviados a una misión en las moradas de las tinieblas, entre aquellos que no son tan justos como vosotros. *Aunque pudiérais tener paz de conciencia y felicidad en vuestros pechos como reflejo de vuestra conducta pasada, aún así la asociación con aquellos con quienes debéis mezclaros* por un breve período para impartirles el conocimiento, la sabiduría e información que les beneficie, *es en cierta medida, desagradable. Estáis forzados por un tiempo a mezclaros con quienes son inferiores en capacidad a vosotros.* Cuando os encontráis con ellos, *hay algo desagradable en tal asociación.* Sentís pena por ellos por su ignorancia, condición y circunstancias. Su conversación no es agradable, como lo es la de vuestros iguales en la presencia de Dios.[47]

La Obra Misional en la Prisión Espiritual

El mayor esfuerzo de los espíritus en el paraíso está dirigido a la obra misional entre los espíritus en la prisión espiritual. La naturaleza del programa misional fue revelada al presidente Joseph F. Smith en su "Visión de la Redención de los Muertos."

> . mis ojos fueron abiertos y se vivificó mi entendimiento, y percibí que

[45]JD 3:370, 22 de junio de 1856.
[46]*Ibid.*, pág. 371.
[47]JD 2:241, 15 de octubre de 1854

el Señor no fue en persona entre los inicuos ni los desobedientes que habían rechazado la verdad, para instruirlos;

mas he aquí, organizó sus fuerzas y nombró mensajeros de entre los justos, investidos con poder y autoridad, y los comisionó para que fueran y llevaran la luz del evangelio a los que se hallaban en tinieblas, es decir, a todos los espíritus de los hombres; y así se predicó el evangelio a los muertos.[48]

Parece que este programa misional en la prisión espiritual ha continuado desde la muerte de Cristo, y que está organizado de una manera similar a la obra misional que tenemos ahora sobre la tierra. Se encuentran evidencias de esto en el informe de Henry Zollinger, quien en el mundo espiritual encontró a sus dos cuñados, y vio que uno de ellos trabajaba como presidente de misión:

Luego tuvimos el privilegio de visitar a mis dos cuñados que habían muerto. William, quien había estado en una misión en Australia . . . me dijo que *estaba presidiendo sobre una misión grande, y que se sentía muy feliz con su trabajo,* y que le dijera a sus padres y a su gente que no se lamentaran, porque él no estaba perdiendo nada sino que estaba haciendo mucho. Luego fuimos a ver a John, su hermano mayor. Estaba explicando el evangelio a una congregación numerosa, dándoles su fuerte testimonio. Cuando terminó, me dijo que *era muy feliz en su trabajo y que no sentía pena alguna por estar allí.* Y me pidió que les dijera a los suyos que no se afligieran.[49]

Heber Q. Hale, mientras estaba en el mundo espiritual, vio que además de predicar, la obra misional también incluye la recolección de datos genealógicos para facilitar la obra vicaria por los muertos en la tierra:

Todos los hombres y mujeres dignos *habían sido asignados a un servicio especial y regular bajo un plan de acción bien organizado, dirigido principalmente a la predicación del evangelio a los no convertidos, enseñando a aquellos que buscan conocimiento, estableciendo relaciones familiares y recogiendo genealogías* para el uso y beneficio de los mortales sobrevivientes de sus respectivas familias, para que la obra del bautismo y las ordenanzas selladoras por los muertos pudieran ser realizadas vicariamente en los templos de Dios en la tierra.[50]

---

[48]D. y C. 138:29-30. No está claro si la obra misional en el mundo espiritual empezó con la visita del Salvador después de su crucifixión, o si ya se estaba llevando a cabo. Una visión del profeta Enoc puede ser una indicación de que ya se había realizado mucha obra misional. Se le mostró a Enoc la resurrección de los santos después de la crucifixión de Cristo. Vio que "*se levantaron cuantos espíritus se hallaban en la prisión,* y se pusieron a la diestra de Dios; y el *resto* quedó en cadenas de tinieblas hasta el juicio del gran día." (Moisés 7:55-57)

[49]Henry Zollinger, *op cit.*

[50]Heber Q. Hale, *op cit.*

Parece que, del mismo modo en que la Iglesia utiliza la experiencia y talento del hombre sobre la tierra, en el mundo espiritual se hace un esfuerzo para ubicar a cada uno en la posición donde pueda ser más efectivo. Por ejemplo, el presidente Hale vio al general Richard W. Young, quien había sido comandante de la Guardia Nacional de Utah, y un veterano de la guerra hispano-norteamericana y de la insurrección Filipina, predicando a una vasta hueste de soldados que habían muerto durante la primera guerra mundial:

> Contemplé *una inmensa multitud de hombres,* la cantidad más grande que jamás haya visto reunida en un sólo lugar. *Inmediatamente me di cuenta de que eran soldados, los millones que habían sido despachados tan salvajemente al mundo de los espíritus durante la Gran Guerra Mundial.* Entre ellos se movía calmada y majestuosamente un gran general en comando supremo. Cuando me acerqué, recibí la sonrisa amable y la generosa bienvenida de ese gran hombre, el general Richard W. Young. *Luego llegó a mi alma la convicción absoluta de que entre todos los hombres vivos o muertos no hay ninguno que se ajuste tan bien como él a esa gran misión.* Inmediatamente atrae la atención y el respeto de todos los soldados. *Era a la vez un gran general y un sumo sacerdote de Dios. Ningún área de trabajo que se le hubiera podido asignar sería tan importante y extensa como el que hacía allí.* Salí de ese lugar para regresar más tarde, cuando descubrí que *el general Young tenía completamente organizado este vasto ejército en divisiones con sus oficiales,* todos sentados alrededor de él. Y él les estaba predicando el evangelio con gran ahínco.[51]

Una manifestación recibida por Luella Child Wilkes Blacker indica que su esposo, John, y su hijo, DeLloyd, después de su muerte, pertenecían a esa organización militar o a otra similar:

> Su hijo murió durante la Segunda Guerra Mundial. Poco antes de su muerte ella se enfermó de gripe y esa noche se le aparecieron su esposo y su hijo menor. Dijo que su esposo se acercó a su cama y la tocó en el hombro, depertándola. Se inclinó sobre ella y le preguntó '¿Cómo estás, querida?' Ella le dijo '¡Oh, Johnny! ¿Has venido a buscarme?' El contestó diciendo: 'No, todavía no. *Estamos muy ocupados, tenemos mucho que hacer. Vendré por ti, querida, cuando hayas terminado tu obra.'*
>
> Luego lo vio alejarse. El *conducía una larga columna de gente—como soldados.* Mientras los miraba marcharse, llegó su hijo menor muerto quien, *aunque había muerto a los 10 años, apareció como hombre adulto. También él dirigía una columna de gente.* Ella no reconoció a DeLloyd hasta que él sonrió y le dijo: 'Madre.' Luego todos desaparecieron.
>
> Ella me dijo que todo era tan vívido y tan real que toda la mañana y el día siguiente, estando en cama, se ponía la mano sobre el hombro

---

[51] *Ibid.*

donde Johnny la había tocado. El sonido de su voz había sido tan natural como en vida, y continuó resonando en sus oídos todo el día.[52]

Hay indicaciones de que un programa general de predicación a los no-redimidos no es el único programa misional más allá del velo, porque allá todavía tendremos la obligación de buscar a nuestros familiares y llevarles el mensaje del evangelio.[53] Parece que allende el velo funcionan organizaciones familiares y que algunos, cuando mueren, inmediatamente comienzan a llevar el evangelio a sus antepasados. Merrill Neville por ejemplo, llamó a su hermana al mundo espiritual, mandándola de vuelta con la noticia de que allí él vivía con sus abuelos. "Dijo que en la guerra habían muerto tantos de su familia que *su abuelo necesitaba a Merrill para que lo ayudara en la obra misional entre sus familiares muertos.*"[54] Wilford Woodruff supo por revelación que su hijo Brigham, quien se ahogó en el norte de Utah, había sido llamado a trabajar por sus parientes detrás del velo:

> Aproximadamente en esa época uno de sus hijos más espirituales, Brigham Y. Woodruff, se ahogó en el río. El presidente Woodruff, que había tenido grandes esperanzas para el futuro de este noble hijo, estaba muy afligido por su muerte. Aunque nunca murmuró contra la voluntad del Todopoderoso, pidió al Señor saber el por qué las cosas tenían que ser así. *El Señor le reveló que porque él mismo estaba haciendo tanto*

---

[52]Registros personales de Fern R. Morgan en poder de su hija la señora Jaynann de Payne, de Provo, Utah.

[53]Esto será una continuación del programa actual de investigación genealógica de la Iglesia. El *Handbook for Genealogy and Temple Work* (edición de 1956, publicado por la Sociedad Genealógica de la Iglesia de Jesucristo de los Santos de los Ultimos Días, pág. 68), dice lo siguiente:

> El siguiente párrafo es una cita del profeta José Smith: 'Pero, ¿cómo llegarán a ser salvadores en el Monte de Sión? Construyendo sus templos, levantando sus pilas bautismales, recibiendo todas sus ordenanzas, bautismos, confirmaciones, lavamientos, unciones, ordenaciones y poderes selladores sobre sus cabezas, para el beneficio de todos sus progenitores que han muerto, redimiéndolos para que puedan levantarse en la primera resurrección. . . .'
>
> *Deberá notarse que se les ordena a los Santos que busquen a 'sus progenitores.' En otros escritos del profeta sobre genealogía y la obra del templo, se refiere repetidamente a 'nuestros muertos' y a 'nuestros progenitores.' En cada caso se usa el pronombre posesivo.*
>
> Para que los miembros de la Iglesia puedan cumplir los mandamientos antes mencionados, *toda la investigación genealógica debe ir encaminada a establecer árboles genealógicos y grupos familiares que encadenarán cada generación con la precedente y la siguiente.* Si no se toma esta precaución no hay seguridad de que los datos obtenidos pertenezcan a 'nuestros familiares muertos.' *A menos que los grupos de familia estén conectados, no podrán realizarse en el templo todas las ordenanzas requeridas para el beneficio de los muertos.* Cada padre es, forzosamente, un hijo en otro grupo familiar, de modo que la mayoría de los hijos aparecerán como padres en otro grupo familiar. Todas esas conexiones son necesarias para que los sellamientos sean realizados apropiadamente en la Casa del Señor.

[54]"Manifestation About Building of Temples." *Deseret Evening News*, 18 de mayo de 1918.

trabajo por los muertos en los templos, necesitaban a su hijo Brigham en el mundo espiritual, para predicar el evangelio y trabajar entre sus familiares allí.[55]

También al apóstol Merriner W. Merrill se le mostró que su hijo había pasado a través del velo de la muerte para trabajar con sus familiares muertos:

> En una ocasión cuando regresaba a su hogar poco después de la muerte de su hijo, se sentó en su carruaje y se quedó tan profundamente sumido en sus pensamientos en su hijo, que perdió la noción del mundo que lo rodeaba. Repentinamente volvió a la realidad al detenerse el caballo. Al mirar vio a su hijo parado en el camino, junto a él. Su hijo le habló diciendo '¡Padre, estás lamentando indebidamente mi partida! Estás demasiado preocupado por mi familia (su hijo había dejado una familia grande con niños pequeños) y su bienestar. *Yo tengo mucho trabajo que hacer allí, y tu aflicción me preocupa. Puedo rendir mucho servicio a mi familia. Deberías consolarte, porque tú sabes que aquí hay mucho trabajo para hacer y era necesario que yo fuera llamado. Tú sabes que el Señor lo hace todo bien.' Diciendo eso, el hijo se alejó.*[56]

Otros son llamados como misioneros al mundo espiritual debido a su dominio de idiomas. El élder Glen Wood, hijo de Edward J. Wood, presidente del templo canadiense, aparentemente fue llamado a través del velo debido a su conocimiento en el idioma Samoano:

---

[55]Andrew Jenson, *Latter-day Saint Biographical Encyclopedia, op cit.*, Vol. I, pág. 24. Más tarde el presidente Woodruff comentó:

> No siempre podemos comprender los procedimientos de la Providencia, pero ahora me siento calmado y sereno, y reconciliado ante esta pérdida. *He trabajado y sigo trabajando mucho por los muertos. Puede ser necesario que uno de mi familia esté en el mundo espiritual para trabajar entre aquellos por quienes estamos oficiando en el Templo del Señor.* (Matthias F. Cowley, *Wilford Woodruff, op cit.*, pág. 499) Véase también su referencia a este evento en *Millenial Star,* 58:742.

[56]Bryant S. Hinckley, *The Faith of our Pioneer Fathers, op cit.*, págs. 182-183. El élder Joseph F. Merrill, miembro del Quórum de los Doce, describió más ampliamente la visita que el hijo fallecido hizo a su padre, Marriner W. Merrill, mientras hablaba en un funeral el 28 de diciembre de 1937:

> Mi padre hizo una vez esa pregunta, cuando murió mi hermano mayor. Mi hermano mayor estaba entonces a cargo de velar por los intereses de mi padre en su ciudad natal, cuidando de sus negocios y asuntos económicos. Repentinamente murió, dejando a su familia con niños pequeños. Papá sufrió mucho por su ausencia. Nunca había sufrido tanto en su vida. Era difícil. Y se preguntaba: ¿Cómo podía ser que su hijo fuera más necesitado en el más allá que en su hogar en Montana? Pero papá contó que una noche, mientras estaba pensando en eso, miró hacia arriba y ahí estaba su hijo junto a él en forma espiritual. Y le habló diciendo: 'Padre, no sufras. ¿Quieres saber por qué las cosas son así? Tú sabes que estás haciendo obra por los muertos aquí. Has recogido tu genealogía y obtenido todo lo posible de los registros, y puedes estar aquí haciendo la obra en el templo por esos muertos. *Esos muertos aún no se han convertido y, en el mundo espiritual, yo estoy predicándoles el evangelio tal como me fue prometido en mi bendición patriarcal. Estoy muy ocupado. Dedico todo mi tiempo a esa obra. Tú y yo estamos salvando a nuestra familia. Tú haces la obra en el templo y yo trabajo entre ellos.'* Mi padre no se lamentó nunca más, sino que agradeció al Señor Su bondad al hacer posible que nuestros familiares disfrutaran de las bendiciones de

Junio de 1933 fue un mes triste para el presidente Wood. Glen, su primer hijo, y obispo del barrio Glenwood, fue llevado al hospital con 'envenenamiento de la sangre.' 'Desde el principio pareció saber que no se recuperaría,' escribió el padre. *Glen le contó a su padre un sueño que había tenido, en el cual él estaba en el cuarto de sellamientos del templo cuando vino un 'mensajero' que le dijo que no podría ser sanado. También le contó a su padre que su tío y otros que estaban muertos lo habían visitado, y que había sido llamado para predicarles a los Samoanos en el mundo espiritual.* (El había hecho una misión en Samoa.) Comenzó a hablarle a su padre en Samoano, diciéndole que iba a hacer un 'malanga fou,' un nuevo viaje. Entonces le dijo a sus hermanos que estaban junto a su cama, que no lo demoraran porque tenía que irse. *'Casi al borde de la muerte,'* escribió el presidente Wood, *'comenzó a hablar en Samoano a los Santos del mundo espiritual. Luego murió.'*[57]

En el otoño de 1915 la hermana Lerona A. Wilson recibió una manifestación espiritual en la cual aprendió, entre otras cosas, que una familiar suya había sido llamada al mundo espiritual a causa de su habilidad como traductora:

> Yacía al mediodía, en mi lecho, mi vida pendiendo de un hilo, sufriendo dolor y angustia, y orando fervientemente con toda mi fe, para obtener alivio. *Repentinamente mi cuarto quedó brillantemente iluminado con una luz blanca y suave. Luego cierto número de parientes muertos vinieron a mi habitación. Primero vino mi padre, luego mi madre, mi hermana y su nuera, y dos doctores que estaban entre nuestros antepasados y por quienes habíamos hecho las ordenanzas del templo.* Todos se pararon alrededor de mi cama, y mi padre se dirigió a mí diciendo: 'Pareces estar sufriendo.'
>
> Contesté que sí, y que no sabía cuanto más podría soportar.
>
> Mi padre vestía un uniforme como el que usaba como oficial de la Legión de Nauvoo, en los comienzos de la historia de la Iglesia. Muchos aún recuerdan al Mayor Monroe cuando vivía en Ogden y tomaba parte en campañas cuando hubo problemas con las tribus Indias.
>
> Continuando, él dijo: *'He venido para hablar contigo acerca de realizar la obra del templo por nuestros antepasados muertos.'*
>
> En ese momento miré a la esposa de mi sobrino, cuya muerte era la más reciente. Había dejado a cuatro niños pequeños, uno de ellos un

---

la salvación eterna, porque si ellos aceptan, las puertas del Reino Celestial se abrirán para ellos.

Puede ser que no tengamos el privilegio de conocer todas las condiciones que rodean a los seres queridos que han muerto antes de nosotros, pero tenemos la seguridad de que están cerca de nosotros. . . . Y sentimos su buena influencia en nuestra lucha diaria. Hay muchos que no tienen la oportunidad de conocer mucho sobre el otro mundo y les resulta difícil comprender por qué no pueden tener ese conocimiento. No han cumplido con las condiciones necesarias para ver. Vivimos en un universo de ley y de orden. (De una transcripción de los servicios funerarios.)

[57]Melvin S. Tagg, *The Life of Edward James Wood, op cit.*, pág. 108.

bebé. Me había costado mucho aceptar su muerte, y le dije: '¡Oh! Lydia ¿cómo están tus niños?'

Ella contestó: 'Están bien. Están con su padre.'

Volví a preguntarle: 'Pero ¿por qué los dejaste?'

Mi padre respondió por ella: *'La necesitábamos como traductora. No podíamos seguir sin ella.'*

Pregunté: '¿Qué mejor llamamiento para una madre que el cuidar de sus hijos?'

Papá me contestó: 'Otros pueden cuidar bien de sus niños, pero *hay pocos que pueden hacer el trabajo que ella está haciendo. Ella se había preparado bien.'* (Y yo sabía que era verdad.)[58]

El trabajo por los muertos en el mundo espiritual es extenso y variado. Todo se realiza de acuerdo con la voluntad de Dios en cumplimiento de su divino plan de salvación.

La Muerte No Cambia Nuestra Actitud Hacia el Evangelio

Amulek, el gran misionero del Libro de Mormón, advirtió enérgicamente a quienes él enseñaba, que la muerte no alteraría nuestra actitud hacia el evangelio, y que es imposible arrepentirse en el lecho de muerte:

> No podréis decir, cuando os halléis ante esa terrible crisis: Me arrepentiré, me volveré a mi Dios. No, no podréis decir esto; porque *el mismo espíritu que posea vuestros cuerpos al salir de esta vida, ese mismo espíritu tendrá poder para poseer vuestro cuerpo en aquel mundo eterno.*[59]

La enseñanza de que los espíritus de los muertos llevarán consigo la misma devoción o antagonismo a los principios de justicia, es básica para entender el plan del evangelio. Al atravesar el velo, no cambiará nuestra actitud. Los justos se encontrarán entre justos en el paraíso, y los inicuos se encontrarán tan sujetos a la voluntad de Satanás como lo estuvieron en la tierra. Brigham Young afirmó lo siguiente:

> Suponed que un hombre es inicuo en su corazón—totalmente entregado al mal, y que muere en esa condición. *Su espíritu entrará al mundo espiritual empeñado en la maldad.*[60]

El apóstol Melvin J. Ballard advirtió que el hombre despertará

---

[58]Lerona A. Wilson "My Testimony Concerning Temple Work," *Relief Society Magazine*, Vol. III, No. 2, pág. 82, febrero de 1916.

[59]Al. 34:34.

[60]JD 7:333, 8 de octubre de 1859.

más allá del sepulcro con las mismas debilidades y con los mismos problemas que tenía en la tierra:

> Un hombre puede recibir el sacerdocio y todos sus privilegios y bendiciones, pero no puede entrar en el Reino Celestial de Dios a menos que subyugue la carne, su temperamento, su lengua y su tendencia a entregarse a las cosas que Dios ha prohibido. Debe vencerlos ya sea en esta vida o en la venidera. Pero esta vida es el tiempo en que el hombre debe arrepentirse. *No nos imaginemos que podremos descender a la tumba sin haber vencido las corrupciones de la carne y luego en el sepulcro perder todos nuestros pecados y tendencias inicuas.* Ellos estarán con nosotros. Estarán con el espíritu cuando esté separado del cuerpo. . . . *Algunos suponen que cuando mueran, desaparecerán los problemas de su vida y que entonces sabrán que éste es el evangelio de Jesucristo.* He oído a personas decir que creen que cuando mueran verán a Pedro, y que él les aclarará todo. Yo digo: 'Nunca veréis a Pedro hasta que aceptéis el evangelio del Señor Jesucristo de manos de los élderes de la Iglesia, vivos o muertos. . . .'
>
> *Así que los hombres, cuando están muertos, no sabrán más que cuando estaban vivos. Sólo habrán pasado por el cambio llamado muerte. Allá las verdades del evangelio se entienden por medio del mismo proceso que aquí.*[61]

Porque la muerte no cambia la actitud de una persona, parece que muchos de los muertos en la prisión espiritual se negarán a aceptar el evangelio y las ordenanzas vicarias aun cuando se les dé la oportunidad. Henry Zollinger descubrió esto cuando, junto con su madre en el mundo espiritual, visitó a muchos por quienes su padre había hecho las ordenanzas vicarias, y encontró que "todavía muchos permanecían dormidos."[62] Tal como lo dijo Melvin J. Ballard:

> Cuando muráis y vayáis al mundo de los espíritus, trabajaréis muchos años tratando de convertir a individuos que estarán siguiendo su propio camino. *Algunos se arrepentirán, algunos escucharán. Otro grupo será rebelde y seguirá su propia voluntad y sus propias ideas.* Pero ese grupo se irá empequeñeciendo cada vez más hasta que toda rodilla se doble humildemente y toda lengua confiese.[63]

Muchos Pierden la Oportunidad de Aceptar el Evangelio y de Cumplir con las Ordenanzas Exaltadoras Mientras están en la Tierra Porque Dejan Pasar el Tiempo

Amulek describió el destino de los inicuos que rehusan arrepentirse durante la mortalidad y dijo que esta vida es el tiempo de

---

[61] N. B. Lundwall, *The Vision, op cit.*, págs. 46, 47-48.
[62] Henry Zollinger, *op cit.*
[63] N. B. Lundwall, *The Vision, op cit.*, pág. 48.

prepararse para encontrar a Dios. Aparentemente, quienes rechazan el mensaje del evangelio y demoran su arrepentimiento, están sujetos al espíritu del diablo, que se adhiere a ellos después de la muerte, haciendo de su sujeción su "estado final" en el mundo espiritual:

> Porque he aquí, *esta vida es cuando el hombre debe prepararse para comparecer ante Dios;* si, el día de esta vida es el día en que el hombre debe ejecutar su obra.
>
> Y como os dije antes, ya que habéis tenido tantos testimonios, os ruego, por lo tanto, que no demoréis el día de vuestro arrepentimiento hasta el fin; porque después de este día de vida, que se nos da para prepararnos para la eternidad, he aquí que *si no mejoramos nuestro tiempo durante esta vida, entonces viene la noche de tinieblas en la cual no se puede hacer nada. . . .*
>
> Porque si habéis demorado el día de vuestro arrepentimiento, aún hasta la muerte, he aquí, *os habéis sujetado al espíritu del diablo que os sellará como cosa suya; por tanto, se retira de vosotros el Espíritu del Señor y no tiene cabida en vosotros; y el diablo tiene todo poder sobre vosotros, y éste es el estado final del malvado.*[64]

Frecuentemente se pregunta si el hombre tiene más de una oportunidad de aceptar el evangelio. Los que se rehusan a aceptar el mensaje del evangelio aquí en la tierra, ¿tendrán el privilegio de oirlo en el mundo espiritual y aceptarlo allí? En las escrituras no hay indicación de que tengan tal oportunidad. No se les garantiza una segunda ocasión. De acuerdo con el presidente Joseph Fielding Smith, si algunos individuos escuchan el evangelio por segunda vez y lo aceptan en el mundo espiritual habiéndose demorado y rehusado a aceptarlo en la carne, habrán perdido la exaltación. Después de la resurrección sólo podrán obtener el segundo reino o gloria terrestre:

> *La justicia del Señor queda de manifiesto cuando concede a todos los hombres derecho de oír el plan de salvación y de recibirlo.* Algunos tienen ese privilegio en esta vida; si obedecen el evangelio, bien. *Si lo rechazan, en el mundo espiritual las mismas oportunidades, con la misma plenitud, no les serán dadas.*
>
> Si mueren en esta vida sin esa oportunidad, esta misma les será dada en el mundo de los espíritus. Allá el evangelio les será declarado, y si están deseosos de aceptarlo, se les toma en cuenta como si lo hubieran recibido en la mortalidad. De esta manera, la justicia se extiende a cada hombre. Todos son puestos en igualdad delante del tribunal de Dios.
>
> *Los que tienen la oportunidad aquí, a aquellos a quienes es declarado el mensaje de salvación, los que son enseñados y han recibido esta verdad en esta vida—y sin embargo lo niegan y rehusan recibirla—no tendrán un lugar en el reino de Dios.*

---

[64]Al. 34:32-33, 35

No estarán con aquellos que mueren sin ese conocimiento y que sin embargo lo aceptan en el mundo espiritual. . . .

Hay en este mundo demasiadas personas que han escuchado el mensaje del evangelio y que piensan que pueden continuar hasta el fin de esta vida mortal viviendo como les plazca, y luego aceptar el evangelio después de la muerte, confiando en que sus amigos ejecutarán por ellas las ordenanzas que por sí mismas no efectuaron y que finalmente recibirán las bendiciones en el reino de Dios. *Esto es un error.*

En esta vida los hombres tienen el deber de arrepentirse. *Todo hombre que escucha el mensaje del evangelio está bajo la obligación de recibirlo. Si no lo hace, entonces en el mundo espiritual será llamado a recibirlo, pero se le negará la plenitud* que vendrá a quienes en su fidelidad han sido justos y fieles, sea en esta vida o en el mundo de los espíritus.[65]

El élder Bruce R. McConkie enseña la misma creencia:

No hay tal cosa como una segunda oportunidad de ganar la salvación aceptando el evangelio en el mundo espiritual después de desatenderse de él, rechazarlo o abandonarlo en esta vida. Es verdad que puede haber una segunda oportunidad de escuchar y de aceptar el evangelio, pero aquellos que han demorado de tal modo su aceptación de las verdades que salvan, no ganarán la salvación en el reino de Dios.

La salvación para los muertos es el sistema por medio del cual *'los que fallecieron sin tener el conocimiento del evangelio.'* (D. y C. 128:5) pueden obtener tal conocimiento en el mundo espiritual. Y luego, después de la realización vicaria de las ordenanzas necesarias, les es posible llegar a ser herederos de la salvación tal como si las verdades del evangelio hubiesen sido obedecidas en la mortalidad. *La salvación para los muertos está expresamente limitada a quienes no tuvieron la oportunidad de aceptar el evangelio en esta vida, pero que, si se les hubiera dado esa oportunidad, lo habrían aceptado. . . .*

Para aquellos que tuvieron la oportunidad de aceptar el evangelio en esta vida y no lo hicieron, no existe ninguna promesa, en ninguna revelación, de que tendrán otra oportunidad de ganar la salvación en el mundo espiritual. Por el contrario, existe la estipulación expresa de que los hombres no pueden ser salvos si en esta vida tuvieron la oportunidad de aceptar el evangelio y no lo hicieron. . . .

Aquellos que tienen la oportunidad de aceptar el evangelio en esta vida y no lo hacen, pero quienes luego (por algún milagro de conversión) lo aceptan al escucharlo en el mundo espiritual, no irán al reino celestial sino al terrestre.[66]

---

[65]Bruce R. McConkie (comp.), *Doctrinas de Salvación—Sermones y Escritos de Joseph Fielding Smith* (México, 1979), Vol. II, págs. 172-173.

[66]Bruce R. McConkie, *Mormon Doctrine—A Compendium of the Gospel* (Salt Lake City, Utah: Bookcraft Inc., 1958), págs. 617-618.

Las declaraciones de los élderes Smith y McConkie en parte están basadas en la revelación de los tres grados de gloria dada a José Smith en 1832. Una diferencia fundamental entre aquellos que obtienen el reino celestial y aquellos que están restringidos al reino terrestre es que entre los últimos están los que *"no son valientes* en el testimonio de Jesús."[67] Aquellos que carecen de fe y de amor al Señor de tal modo que demoran su aceptación del evangelio hasta más allá de la tumba, ciertamente no son lo suficientemente valientes en la causa de Cristo para merecer la exaltación. La revelación lo declara con suficiente claridad cuando describe a los que heredarán el reino terrestre:

> He aquí éstos son los que murieron sin ley;
>
> y también los que son los espíritus de *los hombres encerrados en prisión,* a quienes el Hijo visitó y predicó el evangelio, para que pudieran ser juzgados según los hombres en la carne;
>
> *quienes no recibieron el testimonio de Jesús en la carne, mas después lo recibieron.*
>
> Estos son los hombres honorables de la tierra que fueron cegados por artimañas de los hombres.
>
> Son los que reciben de su gloria, mas no de su plenitud.[68]

Otros, aunque han aceptado el evangelio en la tierra, demoran el cumplimiento de las ordenanzas del templo y pierden el derecho a las bendiciones eternas derivadas de ellas. Una visitante del otro lado del velo que se le apareció a la hermana Eliza Neville, en enero de 1917, dejó bien aclarado que uno debe hacer la obra por sí mismo y no dejarla para que después de la muerte otros la hagan vicariamente. Ella apareció antes de la muerte de la hija de la hermana Neville, cuando ésta cuidaba a su hija moribunda junto a su lecho en el hospital:

> Mientras estaba en el hospital con su hija, la hermana Neville se preparó para descansar en posición reclinada para poder ver al mismo tiempo cada movimiento de su hija. De repente fue sobrecogida por una sensación completamente nueva para ella, y vio a la abuela de su esposo parada a los pies de la cama. *Se veía exactamente igual como la hermana Neville la recordaba en vida, con su cuerpo doblado por los años y muy encorvado.* Parecía tener mucha prisa. La hermana Neville exclamó: '¡Vaya, aquí está la abuela Stiff! ¿Qué es lo que quiere?' Al oirla la abuela caminó al lado de la cama, se paró perfectamente derecha, *con su rostro brillante y sus manos blancas como perlas.* Se frotó una mano con la otra mientras decía: '*¡Diles que se apresuren! ¡Diles que se apresuren! ¡Tienen que hacer la obra! ¡Tienen que hacer la obra! ¡Nadie puede hacer la obra por aquellos que tuvieron el privilegio de*

---

[67] D. y C. 76:79.

[68] D. y C. 76:72-76.

hacerla por sí mismos aquí! ¡Tiene que ser hecha en esta tierra! ¡No puede ser hecha en el más allá!' Se quedó en silencio por un momento, y la hermana Neville preguntó: '¿Qué quiere decir con eso?'

Finalmente la abuela le contestó: *'William y Elizabeth nunca han sellado sus hijos a ellos. Debe haber una cadena perfecta hasta nuestro Padre Adán, y si ellos descuidan su obra, se perderá un eslabón.'* Parecía tener tanta prisa que la hermana Neville le preguntó: '¿Del otro lado tienen que tener tanta prisa y preocupación?'

La abuela le dijo: '¡Mira!' La hermana Neville miró y *vió a multitudes de personas, y le pareció que la abuela Stiff tenía que hacer algo por ellos y por eso tenía tanta prisa.* Golpeando con el índice de una mano la palma de la otra, le dijo: *'Te doy completa responsabilidad para que veas que se cumpla con esa obligación.'* Y luego desapareció.[69]

El presidente Joseph Fielding Smith presentó la misma enseñanza, aseverando que aquellos que tienen la oportunidad de realizar estas ordenanzas, pero se demoran y no lo hacen, pierden las bendiciones correspondientes. Pero aquellos que no tuvieron el privilegio de entrar a un templo pueden disfrutar de estas bendiciones por medio de la obra vicaria hecha en su beneficio después de su muerte:

Pero el Señor no ofreció el privilegio de *otra* oportunidad en el mundo de los espíritus a aquellos que tuvieron *toda* oportunidad mientras estuviesen en esta existencia mortal.

La obra de investidura y sellamiento por los muertos es para los que mueren sin haber tenido la oportunidad de oír y recibir el evangelio; también, es para quienes fueron fieles miembros de la Iglesia y vivieron en tierras lejanas o donde, durante su vida, no tuvieron el privilegio de ir al templo, y sin embargo se convirtieron y fueron miembros leales de la Iglesia. La obra en bien de los difuntos no está dirigida a los que recibieron conocimiento y luego rehusaron aceptarlo, ni para quienes no tuvieron suficiente interés como para buscar estas ordenanzas cuando vivían.[70]

Es difícil juzgar quién ha tenido suficiente oportunidad de aceptar el evangelio y realizar las ordenanzas necesarias, y quién no ha tenido tal privilegio. El hombre es afortunado al no tener que juzgar. El Señor juzgará, y El ha revelado que:

Todos los que han muerto sin un conocimiento del evangelio, pero que lo hubieran recibido si se les hubiera permitido quedarse, serán herederos del reino celestial de Dios. También todos los que mueran en el futuro sin un conocimiento del evangelio, pero que lo hubieran

---

[69] "Manifestation About Building of Temples." *Deseret Evening News*, 18 de mayo de 1918.
[70] Bruce R. McConkie, *Doctrinas de Salvación*, *op cit.*, Vol. II, pág. 174.

recibido de todo corazón, serán herederos de ese reino. *Porque yo, el Señor, juzgaré a todos los hombres de acuerdo con sus obras, y de acuerdo con el deseo de sus corazones.*[71]

Los Espíritus en Prisión Buscan que Sea Realizada por Ellos la Obra Vicaria en el Templo

Parece que muchos de los que van a la prisión espiritual escuchan el evangelio allí. Pero luego se ven obligados a esperar durante largos períodos hasta que seres mortales realicen las ordenanzas vicarias necesarias por ellos en la tierra. Tal espera resulta angustiosa para ellos. Durante la dedicación del templo de Saint George, Brigham Young describió lo que ellos deben sentir, cuando dijo:

> ¿Qué suponéis que dirían los padres si pudieran hablar desde la tumba? Dirían: '*Hemos estado en esta cárcel durante miles de años, atados y encadenados junto al inmundo y al corrupto.*' Si ellos tuvieran el poder, los mismos truenos del cielo resonarían en nuestros oídos.[72]

De acuerdo con las pruebas disponibles, quienes han aceptado el evangelio en el mundo espiritual y están esperando la realización de las ordenanzas vicarias, a veces pueden comunicar sus necesidades a los seres mortales y así aceleran su propio progreso. Esto resultó evidente para el presidente Heber Q. Hale cuando estuvo en el mundo espiritual. Y más tarde él informó que "hombres y mujeres de todo el mundo *están siendo impulsados por sus antepasados muertos para reunir sus datos genealógicos.*"[73]

Los seres espirituales no sólo impulsan a los mortales a buscar datos de genealogía, sino que conocen qué datos se pueden conseguir y quienes los tienen en su poder. Por ejemplo, mientras Henry Zollinger estaba en el mundo espiritual, su madre le dijo que: "Mi padre recibiría otra gran cantidad de registros de nuestros familiares muertos." También relató que, mientras estaba en el mundo espiritual, otro guía le dijo que "Thomás Stirland obtendría un registro de sus muertos."[74] Ya se ha hecho referencia, a un obrero en el templo de Manti que en su camino al templo, encontró a un grupo de parientes muertos que le dijeron: "Hoy cuando vayas al templo, encontrarás registros que dan nuestros nombres."[75]

[71] HC 2:380, 21 de enero de 1836.

[72] Matthias F. Cowley, *Wilford Woodruff, op cit.*, pág. 494.

[73] Heber Q. Hale, *op cit.*

[74] Henry Zollinger, *op cit.*

[75] N. B. Lundwall, *Temples of the Most High, op cit.*, pág. 124. El relato completo de esta visita fue transcrito en el capítulo IV del presente libro.

Así como los espíritus influencian a los mortales para que hagan investigacion genealógica, también los llaman para que realicen las ordenanzas vicarias por ellos en los templos. Una visión dada a Martin Harris le indicó que su padre buscaba que se hiciera su obra en el templo. De acuerdo con Edward Stevenson, cuya influencia fue decisiva en hacer que el hermano Harris regresara a reunirse con los Santos en Utah, una manifestación causó que Martin se re-bautizara y fuera bautizado vicariamente por sus seres queridos:

> Poco después de llegar a la ciudad de Lago Salado, Martin vino a mi casa y me dijo que el Espíritu del Señor le había manifestado que no sólo *debía ser bautizado* por sí mismo, sino también *por sus muertos. Había visto a su padre a los pies de una escalera luchando por subir hacia él, y él descendía, tomando a su padre de la mano y ayudándole a subir.*[76]

Henry Zollinger habló de las peticiones que le hicieron dos individuos en el mundo espiritual para que él hiciera sus ordenanzas vicarias cuando regresara a la mortalidad:

> Cuando regresamos vi a un hombre que había sido un ministro de la iglesia Campbelita en Texas, cuando yo había hecho mi misión allá, tres años atrás. Había sido un gran amigo y nos había abierto muchas veces las puertas de su casa para que predicáramos allí. El había muerto mientras yo aún estaba en el campo misional. *Me preguntó si podía hacer en el templo la obra necesaria para su salvación.* Le dije que la haría y me pareció complacido. Luego encontré a un hombre al que jamás había visto antes. Su esposa se había convertido a la Iglesia y había sido bautizada después de que él había muerto. Durante mi misión ella me había hablado para que se hiciera la obra por él en el templo. Pero como supe que ella ya le había hablado a otros élderes para que se hiciera la obra, yo había ignorado su pedido. Le dije al hombre que yo haría que la obra se hiciera.[77]

Otro ejemplo de seres espirituales pidiendo que se hiciera su obra en el templo, se encuentra en el regreso de la muerte de los padres de Lerona A. Wilson en el otoño de 1915:

> *Mi padre me pidió que fuera al templo para realizar las ordenanzas por nuestros familiares muertos.*
>
> Yo le dije: '¿Cómo puedo dejar mi trabajo y mi familia?'
>
> Esta vez habló mi madre diciendo: 'Yo tuve que dejar a mi familia cuando más me necesitaban. Tú puedes permanecer con la tuya. Solamente necesitarás usar parte de tu tiempo en el templo.'

---

[76]Andrew Jenson, *Latter-day Saint Biographical Encyclopedia, op cit.*, Vol, I, pág. 274.
[77]Henry Zollinger, *op cit.*

Luego mi hermana me dijo: 'Yo también tuve que dejar a mi familia cuando me necesitaban tanto, y Lydia tuvo que dejar a sus niños pequeñitos.'

Todas esas observaciones hicieron que mis excusas perdieran su validez. *Papá quería que le prometiera que haría esa obra, y le prometí que la haría.*

Me dijo: 'Recuerda que necesitarás mucha fe. ¿Piensas que puedes tener suficiente fe?'

'Padre, haré todo lo que pueda,' le contesté, porque mientras estaba bajo esa influencia enaltecedora parecía muy fácil tener fe.

Luego mi padre desenvainó su espada y la pasó rápidamente por encima de mi cabeza. Su tono de voz cambió de la de un padre amoroso a la voz fuerte y severa de un oficial de mando, diciendo:

'Si no lo haces, te cortaré como a rastrojo, y te removeré y levantaré a otro para que lo haga.'

Sintiendo más plenamente las dificultades de la tarea que había tomado sobre mí, quise saber como podía obtener ayuda para salir adelante con la obra.

Papá me dijo: 'Llama a tus hermanos, y ellos te ayudarán.'

'¿Por qué no fuiste a verlos a ellos?' le pregunté.

Me contestó: *'Traté de hacerlo una y otra vez, pero no pude impresionarlos.'*

'Entonces ¿cómo es que yo puedo oírte?' fue mi próxima pregunta.

'Lee la sección 89 de Doctrina y Convenios, y entenderás.' (Esa sección contiene la palabra de sabiduría.)

Entonces mi padre citó algunas escrituras refiriéndose a ciertos capítulos y versículos y *me enseñó la ley del bautismo con más fuerza y belleza de las que yo hubiera oído jamás, y me explicó que esta ordenanza no puede ser realizada en el mundo espiritual. Los vivos deben realizarla por las personas que han muerto sin el bautismo.*

Se refirió a nuestros parientes diciendo que eran buenas personas y que habían recibido el evangelio y que ellos estaban muy ansiosos por avanzar. Necesitaban progresar junto con otros espíritus que están en la misma condición para dar lugar a las innumerables multitudes que se están acumulando en ese mundo.[78]

Hay evidencias de que espíritus de la prisión espiritual que han aceptado el evangelio, se dan cuenta de situaciones en que pueden ser pasados por alto cuando se efectúan ciertas ordenanzas del templo. Y tienen el poder de manifestar sus deseos de recibir las bendiciones que

---

[78]Lerona A. Wilson, *Relief Society Magazine, op cit.*, Vol, III, pág. 83.

traen esas ordenanzas. Edward J. Wood, presidente del templo canadiense recibió una de esas manifestaciones:

> El 23 de julio de 1931, durante una excursión al templo, la hermana Newlun, una conversa a la Iglesia de la ciudad de Portland, estaba en el cuarto de sellamientos para ser sellada a su esposo muerto y luego sellar a sus hijos muertos a ellos. El lugar del esposo y de los hijos iba a ser ocupado vicariamente por amigos. Cuando el presidente Wood estaba listo para sellar los hijos a sus padres, se sintió impulsado a preguntar si la información de la planilla de sellamientos estaba completa. Luego de asegurarse de que el registro era correcto, comenzó la ceremonia de nuevo. Pero otra vez sintió la inspiración de preguntarle a ella si había tenido otros hijos cuyos nombres debieran figurar en la hoja. Ella le dijo que tenía otros hijos adultos vivos que no eran miembros de la Iglesia y por lo tanto sus nombres no deberían de figurar en la planilla. Por tercera vez el presidente inició la ceremonia, pero se detuvo de nuevo, y dijo: Oí una voz muy clara diciendo: '*Yo soy su hija.*' Nuevamente le preguntó a la madre si no tenía otro niño que no estuviera en la hoja. Ella, con lágrimas en los ojos, le contestó: '*Sí, tuve otra hija que murió cuando tenía 12 días, y fue pasada por alto al preparar la información.*' Cuando el grupo supo del medio por el cual el presidente se había enterado de la otra hija, 'Todos en el cuarto virtieron lágrimas de gozo al saber de la aparente proximidad de nuestros parientes fallecidos.'[79]

También otros han tenido la inspiración de que los registros de sellamientos eran incorrectos. En el templo de Lago Salado, por ejemplo:

> El 26 de octubre de 1896, en el cuarto de sellamientos, mientras ayudaba en la ordenanza de sellamiento de hijos a padres, la hermana Amanda H. Wilcox *vio, parado junto al altar, al difunto padre de esos hijos quien le dijo que él y su esposa, la madre de aquellos hijos, aún no habían sido sellados.* La hermana Wilcox informó al presidente Winder, quien estaba oficiando, y la ceremonia fue suspendida para hacer la investigación necesaria. Entonces se descubrió que lo que el espíritu del hombre le había dicho era correcto. Se realizó debidamente el sellamiento de este hombre a la madre, y luego los hijos fueron sellados a los padres.[80]

---

[79] Melvin S. Tagg, *The Life of Edward James Wood, op cit.*, págs. 118-119. La misma biografía relata otra experiencia de naturaleza similar:

> También fue relatado por Edward J. Wood un incidente muy parecido al anterior. El relató que una viuda había venido al templo para sellarse a su esposo muerto y a sus hijos. Los dos niños, de nueve y doce años, estaban parados junto a la puerta en el cuarto de sellamientos para presenciar el sellamiento de sus padres, cuando sobre los niños apareció una luz resplandeciente, y el presidente Wood dijo: '*Vi a otro niño parado con ellos dos.*' Le pregunté a la madre acerca de un tercer hijo y descubrí que había habido otro, pero que por negligencia, la información no había sido registrada. 'Cuando le dije cómo me había enterado,' relata el presidente Wood, 'el niño desapareció.' (*Ibid.*, pág. 119)

[80] *A Book of Remembrance—A Lesson Book for First Year Junior Genealogical Classes* (Salt Lake City, Utah: The Genealogical Society of Utah, 1936), pág. 78.

En el templo de Manti sucedió una experiencia del mismo tipo:

> En el pasado mes de enero, una hermana proveniente del sur de los Estados Unidos, a quien llamaremos Hermana D., estaba en Manti. Ella era una persona que había hecho muchos sacrificios por su religión. Ese día ella no pudo ir personalmente al templo, así que me pidió que llevara algunos de sus nombres para que se hiciera la obra por ellos. Más tarde esa misma semana, al ir a visitarla para traerle otros registros del templo, me contó la siguiente historia con relación a algunos de los nombres que ella me había dado el martes anterior. Debo de mencionar que los nombres que ella me había dado eran nombres de familiares cercanos que había extraído de su memoria y de fuentes familiares, porque como todos sabemos, los registros civiles en el Sur son muy escasos.
>
> La hermana D. me dijo que acostumbraba levantarse a las 6:20 de la mañana. Unos pocos días antes se había despertado como de costumbre, pero se sintió llena de sueño, así que se fue a dormir de nuevo. En esa condición *se le apareció su difunta madre, quien sonriendo, pronunció palabras de aliento para la obra que su hija estaba realizando en el templo, sacrificando muchas de sus comodidades terrenales. Puso ante sus ojos una planilla del templo sobre la cual estaban escritos algunos nombres con letra clara y delicada. Su madre le mostró el nombre de Sarah, el cual la hermana D. había omitido, y le dijo que era tía de su padre, una mujer joven que nunca había sido casada pero que había alcanzado la madurez, y que estaba apenada porque su nombre no aparecía junto con el de todos sus hermanos y hermanas.*
>
> La hermana D. me dijo que tenía un vago recuerdo de haber oído a su padre hablar de una tía Sarah cuando ella era una niña, pero que con el paso de los años la había olvidado. La familia del padre amaba a la madre de la hermana D., y por eso le habían dado el privilegio de visitar a su hija para traerle esa información que no hubiera podido obtener de ningún otro modo, porque su padre ya había muerto. Esto, para la hermana D., era un gran testimonio del valor de la obra que estaba realizando por los muertos y de cuán apreciada era la obra.[81]

Quizás el caso más conocido de esfuerzos por parte de espíritus en prisión, para que su obra en el templo fuera hecha, es la aparición al presidente Wilford Woodruff en el templo de Saint George, a comienzos de marzo de 1877, de los hombres que firmaron la Declaración de Independencia de los Estados Unidos de Norteamérica. Seis meses después, en un discurso en el tabernáculo, él describió la aparición de esos seres ante él:

> Dondequiera y cuandoquiera que hablo a los Santos, me siento inclinado a hablarles de una sola cosa: la construcción de estos templos y

[81] *The Forefather Quest—A Lesson Book for Third Year Junior Genealogical Classes* (Salt Lake City, Utah: The Genealogical Society of Utah, 1936), págs. 27-28.

de la prisa que tenemos por terminarlos. *Los muertos estarán detrás de vosotros, os buscarán como nos buscaron en Saint George. Nos visitaron sabiendo que poseemos las llaves y el poder para redimirlos.*

Antes de terminar diré que dos semanas antes de salir de Saint George, *los espíritus de los muertos se reunieron en mi derredor, queriendo saber por qué no los redimíamos.* Me dijeron: *'Habéis estado usando durante años la Casa de Investiduras, y aún así, nada se ha hecho por nosotros. Nosotros pusimos las bases del gobierno que ahora disfrutáis y hemos permanecido fieles a Dios.' Esos eran los que firmaron la Declaración de Independencia,* y me visitaron dos días y dos noches. Me pareció peculiar que aunque se había realizado tanta obra por los muertos, nada se había hecho por ellos. Supongo que eso nunca se nos había ocurrido porque estábamos tan ansiosos por nuestros amigos y parientes inmediatos. Fui directamente a la fuente bautismal y *llamé al hermano McCallister para que me bautizara por los que firmaron la Declaración de Independencia e hice la obra por otros cincuenta hombres eminentes, teniendo un total de cien hombres, entre ellos John Wesley, Colón y otros. Luego yo bauticé al hermano McCallister por todos los presidentes de los Estados Unidos, con la excepción de tres.* Y cuando la causa de ellos sea justa, alguien hará la obra por ellos.[82]

De acuerdo con el presidente Brigham Young, la comunicación de información concerniente a la obra en el templo, entre los seres espirituales y los mortales, será algo común en la época en que se construya Sión, la Nueva Jerusalén. El dijo que ese día:

Algunos de los que han muerto vendrán y dirán: 'Aquí hay mil nombres. Ocúpense de ellos en este templo. Y cuando la obra haya sido terminada, os daré otros mil.' Y los élderes de Israel y sus esposas

---

[82]JD 19:229, 16 de septiembre de 1877. Véase también su discurso en la conferencia del 10 de abril de 1898. En su diario personal con fecha 21 de agosto de 1877 el presidente Woodruff relató:

Yo, Wilford Woodruff, fui al templo del Señor esta mañana, y fui bautizado por 100 personas muertas incluyendo a los que firmaron la Declaración de Independencia de los Estados Unidos de Norteamérica, excepto John Hancock y William Floyd. Yo fui bautizado por los siguientes: (a continuación sigue una lista de nombres).

Yo bauticé al hermano McAllister por todos los presidentes de los Estados Unidos que no estaban en mi lista, *excepto Buchanan, Van Buren y Grant.* Fue un día muy interesante. Estoy agradecido por haber tenido el privilegio y el poder para ministrar por los muertos dignos, especialmemte por los hombres que firmaron la Declaración de Independencia, porque en tanto que ellos habían establecido los cimientos de nuestro gobierno, nosotros deberíamos hacer por ellos tanto como ellos hicieron por nosotros. (Copiado del diario personal de Wilford Woodruff que está en la Oficina del Historiador de la Iglesia, tal como está registrado en el libro por Archibald F. Bennett, *Saviors on Mount Zion, op cit.,* págs. 153-154.

En sus referencias el hermano Bennett indica que:

–John Hancock había sido bautizado el 29 de mayo de 1877 y había sido investido el 30 de mayo de 1877, por Levi Ward Hancock, su primo en 3er grado.

–El presidente Ulysses S. Grant vivía en ese entonces y no murió hasta 1885. De ahí la omisión de su nombre.

oficiarán por sus antepasados; los hombres por los hombres y las mujeres por las mujeres.[83]

Los Espíritus en Prisión Saben Cuando se Realiza la Obra Vicaria por Ellos

Brigham Young afirmó el hecho de que los espíritus en prisión saben cuando se realiza la obra vicaria en el templo en su favor. Dijo:

> Un hombre es ordenado y recibe sus lavamientos, unciones e investiduras por los hombres de entre sus progenitores y los de su esposa, y su esposa por las mujeres.
>
> *En el mundo espiritual luego dirán: '¿No véis a nadie trabajando por vosotros? El Señor os tiene en mente y ha revelado a Sus siervos en la tierra lo que deben de hacer por vosotros.'*[84]

El presidente Joseph F. Smith enseñó lo mismo. Cuando amonestó a los Santos para que hicieran la obra por los muertos, describió los efectos de tales labores diciendo:

> Hagamos la obra necesaria para que sean librados de sus prisiones. Mediante nuestros esfuerzos en bien de ellos, las cadenas de la servidumbre caerán de sus manos y se disiparán las tinieblas que los rodean, a fin de que brille sobre ellos la luz. Y *sabrán en el mundo de los espíritus acerca de la obra que sus hijos han hecho aquí por ellos, y se regocijarán con nosotros en nuestro cumplimiento de estos deberes.*[85]

Mientras estaba en el mundo espiritual, el presidente Heber Q. Hale descubrió que:

> Los representantes autorizados y las familias en el mundo espiritual *tienen acceso a los registros del templo y son plenamente informados* del trabajo que en ellos se efectúa.[86]

También informó que para dar énfasis a la importancia de las ordenanzas realizadas vicariamente en la tierra y para que los que reciben esas ordenanzas en el mundo espiritual estén más conscientes de las obligaciones que asumen,

> Se realizan ordenanzas en el mundo espiritual para que tengan efecto en aquellos que las reciben, para que éstos puedan disfrutar de los mismos principios del evangelio realizados vicariamente aquí.[87]

---

[83] Brigham Young, "Preaching To Spirits in Prison," *The Contributor,* Vol. X, No. 9, pág. 322, julio de 1889.

[84] JD 3:372, 22 de junio de 1856.

[85] Joseph F. Smith, *Doctrina del Evangelio, op cit.,* Vol. II, pág. 285.

[86] Heber Q. Hale, *op cit.*

[87] *Ibid.*

Hay evidencias de que algunos seres espirituales saben cuando las ordenanzas son hechas por ellos en la tierra, porque han asistido y presenciado esas ordenanzas en los templos de los Santos de los Ultimos Días. Por ejemplo, el élder Horatio Pickett, obrero en el templo de Saint George, recibió la siguiente visión el 19 de marzo de 1914:

> Un día, mientras se estaban efectuando confirmaciones ante la pila bautismal, donde gran número de mujeres estaban siendo bautizadas vicariamente, vino a mi mente un pensamiento: *Las personas por quienes se está realizando esta obra ¿saben que se hace por ellos? Y si lo saben, ¿ aprecian el esfuerzo?* Mientras este pensamiento corría por mi mente, miré hacia el rincón sudeste del cuarto y allí *vi a un grupo grande de mujeres que llenaba toda esa parte del cuarto. Parecían estar paradas a unos treinta centímetros del piso, y todas miraban atentamente los bautismos.* Cuando el registrador pronunció un nombre, una de esas mujeres *bastante alta, muy delgada, de unos 35 años de edad,* dio un salto y miró al registrador. Luego sus ojos se dirigieron a la pareja en el agua, mirando atentamente el bautismo. Luego sus ojos siguieron a la hermana que estaba siendo bautizada, mientras ésta salía del agua y era confirmada. Y cuando terminó la ordenanza, *fue hermoso poder contemplar la expresión de gozo y de felicidad que se extendió por su rostro.*
>
> La que fue llamada a continuación parecía ser *más joven, de estatura ligeramente inferior a la mediana.* Era de naturaleza nerviosa y emocional. No podía quedarse quieta. Parecía que quería saltar ella misma al agua. Y cuando terminó la ordenanza, *parecía rebosante de alegría. Iba de una compañera a otra como si les estuviera contando lo feliz que se sentía.*
>
> La tercera era una mujer muy grande, de aspecto musculoso, no gorda sino huesuda, de estructura masculina, de frente muy amplia y rostro inteligente. Su *cabello veteado de gris* estaba peinado al estilo de las ancianas de mi niñez. Parecía ser de naturaleza más tranquila y estoica que las otras, sin demostraciones extremas de cuales eran sus sentimientos. Pero había algo en su mirada que parecía decir que ella apreciaba tanto como las demás lo que se estaba haciendo. Y cuando terminó la ceremonia, asintió con la cabeza y movió los labios como si hubiera dicho 'Amén.'
>
> Justo cuando terminó la obra por ella, hubo un ruido en la oficina del presidente Cannon, como si un libro o alguna otra cosa se hubiera caído al piso. Eso me hizo mirar en esa dirección, y aunque instantáneamente volví mi vista, la visión se había desvanecido. Y con ella se fueron todas las dudas y preguntas que pudieran existir en mi mente sobre ese tema. *Estaba satisfecho, y aún estoy complacido porque nuestros amigos detrás del velo saben y se dan cuenta de lo que se está haciendo por ellos y esperan ansiosamente que llegue su momento.*

Pienso que no sería posible que alguien mirara las caras de esas mujeres como yo lo hice, viendo el ahínco con que observaban los procedimientos, el gozo y la felicidad que iluminaban sus rostros cuando eran llamadas y se hacía la obra por ellas, sin sentir lo mismo que yo. *No fue una visión nocturna ni un sueño. Eran aproximadamente las tres horas de una tarde soleada y brillante, mientras estaba ante la pila bautismal ayudando en las ordenanzas.*[88]

El élder F. T. Pomeroy y sus compañeros experimentaron una manifestación similar cuando participaron en el sellamiento vicario de su pariente Richimir II, el 2 de noviembre de 1927:

Cuando comenzó la ceremonia, yo tenía la cabeza inclinada en oración. Repentinamente tuve la impresión de que estaba sucediendo algo extraordinario. Levanté la vista, y con gozo y sorpresa vi, parado en frente de la puerta y mirándome a mí directamente, *la forma y el rostro sonriente de un personaje. Era alto y fuerte. Tenía la mirada penetrante, cejas espesas y pómulos bastante altos. La parte inferior de su cara estaba cubierta por una barba gris que llegaba hasta su pecho. Sentí que ése era el personaje por quien se estaba realizando la ceremonia.* Aunque me sentí sumamente sobrecogido, en ese momento no dije nada. Después de la ceremonia el hermano Weston me pidió información sobre Richimir II, y le di la información que tenía.

Medité sobre la visión, atesorándola como algo exclusivamente mío. Y no pensaba decirle nada a nadie acerca de ella. A la mañana siguiente, vino el hermano Weston y me dijo: 'Hermano Pomeroy, supongo que se preguntará por qué estaba tan ansioso por obtener información sobre el hombre por quien obré vicariamente ayer. Quería escribir en mi diario acerca de él, porque alguien *estuvo allí y presenció la ceremonia. Yo sentí su presencia.*' 'Me alegro de oir eso' le dije, '*porque yo vi su rostro y lo reconoceré cuando lo encuentre en el mundo espiritual.*' La hermana Hayne y el presidente LeSueur también testificaron de que sintieron una presencia mientras se desarrollaba la ceremonia.[89]

El élder Joseph H. Smith, obrero en el templo de Lago Salado, registró el siguiente caso de seres espirituales presenciando sus ordenanzas en el templo:

---

[88]N. B. Lundwall, *The Vision, op cit.*, págs. 142-143. El élder Picket introdujo su relato mencionando el deseo de su corazón, que fue satisfecho con la manifestación:

Mientras trabajaba aquí, en el templo de Saint George, a menudo pensaba en el gran gasto de dinero, de tiempo, y trabajo necesario para sostener el templo, y para realizar en él las ordenanzas necesarias para la salvación de los muertos. Y frecuentemente me preguntaba: *Ellos, los muertos, ¿saben lo que se está haciendo por ellos y aprecian el sacrificio que hacen sus hermanos y hermanas en los templos en su beneficio?*

A menudo pedí al Señor que me diera suficiente de Su Espíritu para que pudiera entender mejor la obra del templo.

[89]F. T. Pomeroy, "A Genealogical Development and Testimony," *The Genealogical and Historical Magazine*, Mesa, Arizona, Vol. XII, No. 3, julio de 1935, págs. 29-30. Esta experiencia es de gran interés para los genealogistas porque Richimir II vivió hace 1600 años.

El hermano Joseph Warburton y su hija estaban ejecutando sellamientos en el templo de Lago Salado, el primero de diciembre de 1898. Después de terminar su trabajo en el cuarto de sellamientos, fueron hasta el presidente John R. Winder y le expresaron su gratitud por haberles ayudado con estos sellamientos.

Después de que hubieron pasado al siguiente cuarto, la hija se volvió al padre y le preguntó: '¿Viste a las tres parejas en el cuarto de sellamientos, junto a nosotros?'

Su respuesta fue: 'No, no las vi.'

Luego ella le relató: *'Había tres parejas en el cuarto. Todos estaban vestidos con las ropas del templo, y el cuarto estaba iluminado por una luz sobrenatural. Cuando nos arrodillamos ante el altar y pronunciaron los nombres de las personas por quienes íbamos a ser sellados, cada pareja por turnos se arrodilló a nuestro lado. Al realizarse la ordenanza ellos demostraron por la expresión de sus rostros cuán complacidos estaban. Cuando nos acercamos a agradecer al presidente Winder ellos también se acercaron. Y después que nosotros expresamos nuestro agradecimiento, desaparecieron.'*

El hermano Warburton le preguntó si podía describir a las personas que había visto. Contestó que podía hacerlo muy bien y procedió a describir a cada pareja. Luego su padre le dijo: 'La primera pareja son mis bisabuelos, la segunda mis abuelos, y la tercera mi tío abuelo y tía abuela.' El los había conocido a todos en vida y por la descripción de su hija reconoció a las personas por quienes se habían realizado los sellamientos ese día.[90]

El presidente del templo canadiense, Edward J. Wood relató el siguiente testimonio de un trabajador en el templo:

> Unos pocos años después de la apertura de nuestro templo para la obra de ordenanzas, uno de los obreros del templo, el presidente Duce, estaba sentado en el cuarto de sellamientos. De ahí *vio que el corredor principal que lleva al cuarto de sellamientos estaba lleno de gente mirando dentro del cuarto y tomando notas mientras las ordenanzas selladoras se administraban a una persona tras otra.*
>
> Vio claramente que *cuando se hacía la obra de una persona, ésta estrechaba las manos de los que aguardaban en el corredor y se iba.* Pero al terminar el trabajo en el cuarto de sellamientos, aún quedaban muchos esperando en el pasillo. Y ésos aparentemente se quedaron muy desilusionados porque había terminado el trabajo de ese día y no se había realizado ninguna obra por ellos.
>
> Esto nos hace creer que hay mucha buena gente en el mundo de los espíritus que saben lo que se está haciendo en el templo, y que cuando no se hace la obra por ellos, se decepcionan grandemente.[91]

[90] *A Book of Remembrance, op cit.,* págs. 77-78.

[91] *Ibid.,* págs. 80-81.

Parece que otros espíritus pueden comunicar su agradecimiento a los mortales que realizan la obra genealógica y vicaria que ellos necesitan. J. Hatten Carpenter, registrador en el templo de Manti, recibió una manifestación de esa naturaleza:

> El 15 de abril de 1908, fui al templo con mi esposa y fuimos sellados por unas diez parejas de mis antepasados. Entre ellos estaba un tal Warncombe Carpenter y su esposa Eleanor Taylor. Durante la ceremonia tuve una sensación muy peculiar que nunca había tenido en mi vida—*una sensación de calidez en mi pecho que se extendió hacia arriba e hizo brotar lágrimas de mis ojos, consumiéndome con la intensidad de sus efectos.* Pero cuando fui sellado por las otras nueve parejas no tuve esta sensación. *Me di cuenta de que se les había permitido a Warncombe y su esposa demostrar su gratitud por la obra realizada, dándonos una muestra del gozo que existe en el cielo, un gozo tan intenso como jamás había sentido antes,* pero que desde entonces he vuelto a experimentar en siete u ocho ocasiones. Cuando regresábamos a casa, hablé con mi esposa sobre la experiencia, y ella había sentido lo mismo que yo.[92]

Por supuesto que en la mayoría de los casos los mortales no reciben indicación del estado de los muertos por quienes trabajan. Aun así, más adelante podrán conocer la gratitud de los espíritus a quienes libran del cautiverio. Tal como lo dijo el profeta José Smith:

> En la resurrección, aquellos por quienes se ha hecho la obra caerán a los pies de los que la han hecho, besarán sus pies, abrazarán sus rodillas y expresarán el agradecimiento más profundo. Nosotros no comprendemos la magnitud de la bendición que estas ordenanzas representan para ellos.[93]

RESUMEN

1. El evangelio de Jesucristo puede ser definido como "el camino de Cristo a la perfección." Es un sendero de principios, ordenanzas y convenios, el cual el hombre puede caminar para lograr su exaltación.

2. Los que en la mortalidad no tienen la oportunidad de escuchar el evangelio son enviados a la prisión espiritual, donde se les predicará. Ahí, aunque no están sujetos a las órdenes de Lucifer, son influenciados por las tentaciones e insinuaciones de los espíritus malvados, tanto como son influenciados por la predicación y el ejemplo de los misioneros que visitan el paraíso.

---

[92]N. B. Lundwall, *Temples of the Most High, op cit.*, pág. 122. El relato del élder Carpenter fue registrado el 10 de mayo de 1940.

[93]N. B. Lundwall, *The Vision, op cit.*, pág. 141.

3. En la sabiduría y justicia de Dios, todos los hombres tienen la oportunidad de oír y aceptar el evangelio de Cristo, ya sea en esta vida o en la prisión espiritual. Así todos los hombres serán medidos con la misma luz.

4. Los Santos de los Ultimos Días reconocen como propia la responsabilidad de predicar el evangelio a todos los hombres, aunque relativamente pocos lo acepten.

5. La doctrina de la obra vicaria por los muertos incluye los siguientes principios:

   A. Para recibir los beneficios del sacrificio expiatorio de Cristo, el hombre debe recibir las ordenanzas del evangelio, abandonar el pecado, buscar la rectitud y servir a Dios haciendo Su voluntad.

   B. Las ordenanzas salvadoras del evangelio, siete en total, deben ser realizadas en la tierra. Los mortales deben realizarlas para sí mismos, y vicariamente por los muertos.

   C. En la prisión espiritual se enseñará el evangelio a quienes no tuvieron oportunidad de escucharlo durante su vida mortal. Tendrán su albedrío para aceptarlo o rechazarlo.

   D. Se requiere que el hombre haga la obra por sus muertos tanto aquí en la tierra como en el mundo espiritual. No se puede obtener la exaltación hasta que esa obra haya sido hecha.

   E. El objetivo principal del trabajo del hombre por los demás es establecer una cadena completa de relaciones familiares justas que llegue hasta Adán, en el orden patriarcal del sacerdocio.

6. Después de su crucifixión, el Salvador fue al paraíso. Allí organizó a los justos en una fuerza misional efectiva y los envió a trabajar entre los espíritus en prisión.

7. Parece que los esfuerzos misionales en la prisión espiritual están organizados de manera similar a la obra misional en la tierra, con presidentes de misión, diversas congregaciones, etc.

8. La obra misional en el mundo espiritual incluye: predicar a los no miembros, enseñar a los conversos y recopilar datos genealógicos para ayudar a completar las ordenanzas vicarias en la tierra.

9. Parece que en el mundo espiritual se hacen esfuerzos por asignar a cada hombre tareas de acuerdo con su capacidad.

10. Se conocen ciertos hechos concernientes a los seres espirituales y a la vida que llevan:

A. Los que trabajan en el mundo espiritual parecen estar muy ocupados.

B. Los espíritus cuando regresan a la esfera mortal, pueden pararse en el aire arriba del suelo.

C. Aparentemente los espíritus mantienen las mismas características que tuvieron en la mortalidad: forma, altura, peso, peinado, barba, gestos, etc.

11. Aunque muchos en el paraíso son asignados a predicar el evangelio en la prisión espiritual de acuerdo con áreas misionales, otros han sido llamados a trabajar específicamente entre sus propios parientes muertos.

12. La muerte no cambia la actitud hacia el evangelio. Los seres espirituales continuarán buscando, ignorando o rechazando a la Iglesia y sus enseñanzas tal como lo hicieron en la tierra.

13. Hay evidencias de que quienes no realizan sus propias ordenanzas en la tierra pierden su derecho a ellas cuando mueren. La realización de estas ordenanzas vicarias por quienes demoraron su oportunidad mientras vivían, no los beneficiará. Tales obras sólo benefician a quienes no conocieron el evangelio o a quienes realmente no tuvieron la oportunidad de entrar a los templos cuando estuvieron en la tierra.

14. Los que escuchan el evangelio por primera vez en el mundo espiritual, y lo aceptan, son candidatos al reino celestial. Los que lo escuchan y lo aceptan allí, después de haberlo rechazado en la tierra, se cree que están limitados al reino terrestre.

15. El Señor juzgará a los hombres de acuerdo con sus obras y deseos. Los que hubieran recibido el evangelio en la tierra si lo hubieran conocido, podrán ganar el reino celestial.

16. Los espíritus justos en la prisión buscan que sean realizadas las ordenanzas necesarias por ellos en la tierra. A veces pueden comunicar sus necesidades a los mortales e impulsarlos a recoger datos genealógicos y realizar la obra en el templo.

17. Los seres espirituales conocen la ubicación de sus registros en la tierra.

18. Los espíritus en prisión saben cuando se realiza la obra vicaria por ellos. Ciertos espíritus justos tienen acceso a los registros del templo en la tierra. Hay evidencias de que en el mundo espiritual se realizan ciertas ordenanzas que hacen efectiva la aceptación de la obra vicaria realizada en la tierra. A algunos espíritus se les permite regresar a la tierra y presenciar las ordenanzas realizadas vicariamente en su beneficio.

CAPITULO VII

LA RESURRECCION

La doctrina de la resurrección es una de las más gloriosas enseñanzas de las escrituras. Una parte integral de esta enseñanza es la esperanza de vida eterna, la cual ha proveído fuerza y valor a innumerables millones de seres a través de los siglos. Los mártires Cristianos han entregado su vida gustosamente debido a su fe en una vida después de la muerte, padres se han regocijado con la promesa de, una vez más, poder encontrarse en el más allá con un niño fallecido, y vidas torcidas y llenas de pecado se han enderezado por el deseo de una existencia gloriosa en el futuro. Fe y esperanza en una resurrección gloriosa es el baluarte de fuerza contra el pecado y la adversidad. Con esa clase de fe, el sufrido Job pudo testificar:

> Yo sé que mi Redentor vive, y al fin se levantará sobre el polvo;
> Y *después de deshecha esta mi piel, aún he de ver en mi carne a Dios;*
> Al cual yo tengo de ver por mí, y mis ojos lo verán, y no otro, aunque mis riñones se consuman dentro de mí.[1]

Esta misma fe hizo que Jacob, que había luchado junto con su familia para llegar a la tierra prometida de América, testificara: "Yo sé que . . . nuestra carne tiene que perecer y morir; no obstante, *en nuestros cuerpos veremos a Dios.*"[2]

Algunas enseñanzas concernientes a la resurrección están clara y abundantemente establecidas en las escrituras, otras están basadas en las enseñanzas de los profetas de los últimos días. Es ese entendimiento que viene de las escrituras, el que será considerado primero aquí.

Todos los Hombres Resucitarán

En las escrituras es muy prominente la enseñanza de que todos los hombres, justos e injustos, resucitarán. Esta fue la enseñanza de Pablo

---

[1]Job 19:25-27.
[2]2 Ne. 9:4.

cuando se defendió delante de Tértulo y Félix diciendo, "ha de haber resurrección de los muertos, así de justos como de injustos."[3] Así también enseñó, "porque así como en Adán todos mueren, así también en Cristo *todos serán vivificados.*"[4]

Jacob enseñó que todos los hombres ganarán cuerpos incorruptibles:

> ¡Oh cuán grande es el plan de nuestro Dios! . . . *espíritu y cuerpo son restaurados de nuevo el uno al otro, y todos los hombres se tornan incorruptibles e inmortales; y son almas vivientes,* teniendo un conocimiento perfecto semejante a nosotros en la carne, salvo que nuestro conocimiento será perfecto.[5]

El Salvador mismo enseñó que todo aquel que se encuentre en la tumba se levantará:

> No os maravilléis de esto; porque vendrá hora, cuando *todos los que están en los sepulcros oirán su voz;*
>
> Y los que hicieron bien, *saldrán* a resurrección de vida; mas los que hicieron mal, a resurrección de condenación.[6]

Al igual que el Libro de Mormón y el Nuevo Testamento, Doctrina y Convenios también indica que todo hombre será resucitado. Habla de una resurrección final, un poco antes del fin del mundo, cuando todos los hombres que aún permanezcan en sus tumbas se levantarán:

> Mas he aquí, de cierto os digo que antes que pase la tierra, Miguel, mi arcángel, sonará su trompeta, *y entonces todos los muertos despertarán, porque se abrirán sus sepulcros y saldrán, sí, todos;*
>
> Y serán reunidos los justos a mi derecha para vida eterna; y de los malvados, a mi izquierda, me avergonzaré de reconocer ante mi Padre.[7]

La Resurrección es la Reunión del Espíritu y del Cuerpo

Las escrituras enseñan claramente que la resurrección es la reunión del Espíritu con el cuerpo. El Señor reveló por medio de José Smith que:

> Mediante la redención que se ha hecho por vosotros, se lleva a efecto la resurrección de los muertos.

[3] Hch. 24:15.
[4] 1 Co. 15:22.
[5] 2 Ne. 9:13.
[6] Jn. 5:28-29.
[7] D. y C. 29:26-27.

Y el espíritu y el cuerpo son el alma del hombre.
Y la resurrección de los muertos es la redención del alma.[8]

Alma enseñó la misma doctrina a su hijo Coriantón:

> Te digo, hijo mío, que el plan de la restauración es indispensable para la justicia de Dios, porque es esencial que todas las cosas sean restablecidas a su propio orden. He aquí, *es preciso y justo, según el poder y resurrección de Cristo, que el alma del hombre sea restituida a su cuerpo, y que al cuerpo le sean restauradas todas sus partes.*[9]

Mucha gente de otras creencias sigue hoy día las doctrinas pronunciadas por los filósofos Griegos, así como las de otros movimientos que se desviaron de la Cristiandad en los primeros siglos después de Cristo, los cuales sostuvieron la idea de que todo lo material es malo y que por lo tanto Cristo, siendo perfecto y bueno, sólo podía tener un cuerpo de espíritu en Su estado resucitado. Sin embargo, el propio testimonio de Jesús después de Su resurrección contradice tal creencia:

> Mirad mis manos y mis pies, que yo mismo soy: Palpad, y ved; que *el espíritu ni tiene carne ni huesos, como veis que yo tengo.*[10]

Esa idea es apoyada por Doctrina y Convenios:

> Cuando se manifieste el Salvador, lo veremos como es. Veremos que es un varón como nosotros.[11]

Y por Pablo:

> Mas nuestra vivienda es en los cielos; de donde también esperamos al Salvador, al Señor Jesucristo;
> *El cual transformará el cuerpo de nuestra bajeza, para ser semejante al cuerpo de su gloria,* por la operación con la cual puede también sujetar a sí todas las cosas.[12]

De acuerdo al apóstol Pablo, el espíritu de Jesús nunca jamás será separado de Su cuerpo porque "sabiendo que Cristo, habiendo

---

[8]D. y C. 88:14-16. Aunque este pasaje afirma claramente, en la terminología del Señor, que el espíritu y el cuerpo juntos forman el alma del hombre, debe notarse que la mayoría de los profetas que hablaron antes de esta revelación, no usaron el término *alma* en ese sentido. Ejemplos del uso de este término en referencia solamente al espíritu del hombre se encuentran en 1 R. 17:21; 2 R. 4:27; Mt. 10:28; 1 Ts. 5:23; 1 Ne. 14:3; 15:31; Al. 39:17; 40:11, 15, 18, 21, 23; D. y C. 63:4; etc. Este término también se usa en ocasiones en las escrituras con el significado del cuerpo solamente y no del espíritu. Véase He. 4:12; D. y C. 33:1; etc.

[9]Al. 41:2.

[10]Lc. 24:39.

[11]D. y C. 130:1. Véase 1 Jn. 3:2.

[12]Fil. 3:20-21.

resucitado de entre los muertos, *ya no muere;* la muerte no se enseñoreará más de él."[13]

Así como el espíritu y el cuerpo de Cristo están conectados inseparablemente, todos los seres resucitados tendrán sus espíritus y cuerpos inseparablemente unidos por la eternidad. Esta fue la enseñanza del Maestro cuando habló concerniente a los seres resucitados:

> *Porque no pueden ya más morir:* porque son iguales a los ángeles, y son hijos de Dios, cuando son hijos de la resurrección.[14]

Los Cuerpos Resucitan de Acuerdo a sus Respectivos Reinos

De acuerdo con lo que el Señor ha revelado, el tipo de cuerpo que se recibe en la resurrección será determinado por la gloria que vivifique al cuerpo, y será el apropiado para que los hombres puedan disfrutar plenamente del reino que habrán merecido:

> Aquellos que son de un espíritu celestial *recibirán el mismo cuerpo que fue el cuerpo natural; sí, vosotros recibiréis vuestros cuerpos, y vuestra gloria será aquella por medio de la cual vuestro cuerpo sea vivificado.*
>
> Vosotros que seáis vivificados por una porción de la gloria celestial, recibiréis entonces de la misma, sí, una plenitud.
>
> Y los que sean *vivificados por una porción de la gloria terrestre, recibirán entonces de la misma,* sí, una plenitud.
>
> Y también los que sean *vivificados por una porción de la gloria telestial, recibirán entonces de la misma,* sí, una plenitud.[15]

El apóstol Pablo estableció esta doctrina con claridad, y enseñó que los diferentes tipos de cuerpos resucitados diferirían en su gloria como la luz del sol, la luz de la luna, y la luz de las estrellas difieren en brillo:

> Mas dirá alguno: ¿Cómo resucitarán los muertos? ¿O con qué cuerpo vendrán? . . .
>
> *Toda carne no es la misma carne; mas una carne ciertamente es la de los hombres, y otra carne la de los animales, y otra la de los peces, y otra la de las aves.*
>
> *Y cuerpos hay celestiales, y cuerpos terrestres;* mas ciertamente una es la gloria de los celestiales, y otra la de los terrestres.
>
> *Otra es la gloria del sol, otra la gloria de la luna, y otra la gloria de las estrellas:* porque una estrella es diferente de otra en gloria.
>
> *Así también es la resurrección de los muertos.* Se siembra en corrupción, y se levantará en incorrupción.[16]

---

[13]Ro. 6:9.

[14]Lc. 20:36. También véase D. y C. 63:49.

[15]D. y C. 88:28-31.

[16]1 Co. 15:35, 39-42.

En la sección setenta y seis de Doctrina y Convenios, el Señor habla de los cuerpos resucitados de aquellos que heredarán el reino celestial:

> *Estos son aquellos cuyos cuerpos son celestiales, cuya gloria es la del sol, sí, la gloria de Dios,* el más alto de todos, de cuya gloria está escrito que tiene como tipo el sol del firmamento.[17]

También él habla de aquellos que heredarán el reino terrestre:

> Son los que reciben de la presencia del Hijo, mas no de la plenitud del Padre.
>
> Por consiguiente, *son cuerpos terrestres y no son cuerpos celestiales, y difieren en gloria como la luna difiere del sol.*[18]

El élder Orson Pratt resumió esta enseñanza declarando que los seres resucitados "tendrán inteligencia en proporción a la condición exaltada de sus espíritus y cuerpos."[19]

La Expiación de Cristo Hace Posible la Resurrección

Una doctrina básica del evangelio de Jesucristo es que el Señor murió a fin de efectuar la resurrección de los muertos. El profeta Lehi enseñó este principio a su hijo Jacob, de la siguiente manera:

> Por lo tanto, cuán grande es la importancia de dar a conocer estas cosas a los habitantes de la tierra, para que sepan que ninguna carne puede morar en la presencia de Dios, sino por medio de los méritos, y misericordia, y gracia del *Santo Mesías, quien da su vida según la carne, y la vuelve a tomar por el poder del Espíritu, para poder efectuar la resurrección de los muertos,* siendo el primero que ha de resucitar.[20]

Después Jacob explicó la misma doctrina:

> Y viene al mundo para que pueda salvar a todos los hombres, si éstos escuchan su voz; porque he aquí, él sufre los dolores de toda criatura viviente, tanto hombres como mujeres y niños, que pertenecen a la familia de Adán.
>
> Y *sufre esto a fin de que la resurrección llegue a todos los hombres,* para que todos comparezcan ante él en el gran día del juicio.[21]

Esto también fue la enseñanza del Profeta Abinadí:

> Mas hay una resurrección; por tanto, no hay victoria para el sepulcro, y *el aguijón de la muerte es consumido en Cristo.*[22]

---

[17] D. y C. 76:70.

[18] D. y C. 76:77-78.

[19] JD 18:319, 3 de diciembre de 1876. Para una definición de la inteligencia a la que él se refiere, véase D. y C. 93:36.

[20] 2 Ne. 2:8.

[21] 2 Ne. 9:21-22.

[22] Mos. 16:8.

Y Samuel el Lamanita también enseñó que la muerte de Cristo fue lo que hizo posible la resurrección:

> Pues he aquí, de cierto *tiene que morir para que pueda venir la salvación; sí, a él corresponde y se hace necesario que muera para efectuar la resurrección de los muertos,* a fin de que por este medio los hombres puedan ser llevados a la presencia del Señor.
>
> Sí, he aquí *esta muerte lleva a efecto la resurrección y redime a todo el género humano* de la primera muerte, esa muerte espiritual; porque, hallándose desterrados de la presencia del Señor por la caída de Adán, todos los hombres son considerados como si estuvieran muertos, tanto en lo que respecta a las cosas temporales como a las cosas espirituales.[23]

Cristo fue el Primero en Resucitar; Otros También Salieron de la Tumba en esa Ocasión

Aunque millones habían pasado al mundo de los espíritus antes del meridiano de los tiempos, ellos se vieron obligados a esperar la muerte y resurrección del Mesías antes de que pudieran tener el privilegio de levantarse de la tumba. Según el apóstol Pablo, Cristo fue el primero en resucitar:

> Mas ahora Cristo ha resucitado de los muertos; *primicias de los que durmieron es hecho. . . .*
>
> Porque así como en Adán todos mueren, así también en Cristo todos serán vivificados.
>
> Mas cada uno en su orden: *Cristo las primicias; luego los que son de Cristo, en su venida.*[24]

Mucho antes de que Jesús se levantara de la tumba, el profeta Lehi había predicho que El sería "el primero que ha de resucitar."[25]

Según la Biblia y el Libro de Mormón, otros se levantaron de la tumba inmediatamente después de la resurrección de Cristo. Al parecer, en Jerusalén,

> . . . abriéronse los sepulcros, y muchos cuerpos de santos que habían dormido, se levantaron;
>
> Y *salidos de los sepulcros, después de su resurrección,* vinieron a la santa ciudad, y aparecieron a muchos.[26]

---

[23] Hel. 14:15-16.

[24] 1 Co. 15:20, 22-23. También véase la visión de Enoc concerniente a la resurrección de los santos y de una parte de los espíritus en prisión que tomaría lugar en esta ocasión: Moisés 7:55-57.

[25] 2 Ne. 2:8.

[26] Mt. 27:52-53.

Lo mismo sucedió en el continente Americano, porque el Salvador, durante Su ministerio ahí, dijo:

> Yo mandé a mi siervo, Samuel el Lamanita, que testificara a este pueblo, que el día *en que el Padre glorificara su nombre en mí, habría muchos santos que se levantarían de entre los muertos, y aparecerían a muchos, y ministrarían en bien de ellos.* Y les dijo: ¿No fue así?
>
> Y sus discípulos le contestaron, y dijeron: Sí, Señor, Samuel profetizó según tus palabras, y *todas se cumplieron.*
>
> Y Jesús les dijo; ¿Cómo es que no habéis escrito esto, *que muchos santos se levantaron, y se aparecieron a muchos, y los ministraron?*[27]

La Primera y la Segunda Resurrección, o Las Resurrecciones de los Justos y de los Injustos

Los profetas han hablado de dos resurrecciones diferentes: el levantamiento de los justos y la resurrección de los inicuos. El profeta Daniel vio más allá de su época, hacia los últimos días y vio que "muchos de los que duermen en el polvo de la tierra serán despertados, *unos para vida eterna, y otros para vergüenza y confusión perpetua.*"[28] El mensaje del profeta Abinadí fue que "Y esto que es mortal se vestirá de inmortalidad . . . si fueren buenos, *a la resurrección de una vida eterna y felicidad;* y si fueren malos, *a la resurrección de una condenación eterna.*"[29]

El Señor, que en el meridiano de los tiempos habló del levantamiento de los buenos "a una resurrección de vida," y de los malvados "a resurrección de condenación,"[30] ha revelado en los últimos días que esas resurrecciones se llevarán a cabo en diferentes períodos. Una revelación básica para el entendimiento de la resurrección se encuentra en la sección ochenta y ocho de Doctrina y Convenios. Esta revelación describe cuatro trompetas angelicales que llamarán de sus tumbas a cuatro grupos diferentes. Las primeras dos trompetas (que juntas comprenden la primera resurrección, o la resurrección de los justos) precederán la gloriosa venida de Cristo, y aparentemente el proceso de la resurrección continuará a través del reino milenial del Mesías sobre la tierra. Las últimas dos trompetas (que juntas describen la segunda resurrección, o la resurrección de los injustos) anuncian a aquellos que saldrán de sus tumbas después que

---

[27]3 Ne. 23:9-11. También véase Hel. 14:14-26

[28]Dn. 12:2.

[29]Mos. 16:10-11.

[30]Jn. 5:29. También D. y C. 76:17.

el Salvador haya reinado por mil años sobre la tierra, y poco antes del fin del estado mortal del mundo.

Primera Trompeta.

Y él tocará su trompeta larga y fuertemente, y todas las naciones la oirán.

Y habrá silencio en el cielo por el espacio de media hora; e inmediatamente después se desplegará el velo del cielo, como un rollo que se desenvuelve después de haber sido arrollado, y la faz del Señor será descubierta.

Y los santos que se hallen sobre la tierra, que estén vivos, serán vivificados y arrebatados para recibirlo.

Y los que han dormido en sus sepulcros saldrán, porque serán abiertos sus sepulcros; y también ellos serán arrebatados para recibirlo en medio del pilar del cielo.

Ellos son de Cristo, las primicias, los que descenderán con él primero, y los que se encuentran en la tierra y en sus sepulcros, que son los primeros en ser arrebatados para recibirlo; y todo por la voz del son de la trompeta del ángel de Dios.

Segunda Trompeta.

Y después de ésto, otro ángel tocará, y será la segunda trompeta; y entonces viene la redención de los que son de Cristo en Su venida, los que han recibido su parte en aquella prisión preparada para ellos, a fin de que recibiesen el evangelio y fuesen juzgados según los hombres en la carne.

Tercera Trompeta.

Y además, sonará otra trompeta, que es la tercera trompeta; y entonces vienen los espíritus de los hombres que han de ser juzgados, y que se hallan bajo condenación.

Y éstos son el resto de los muertos; y no vuelven a vivir sino hasta que pasen los mil años, ni vivirán hasta el fin de la tierra.

Cuarta Trompeta.

Y sonará otra trompeta, que es la cuarta trompeta, diciendo: Se encuentran entre los que han de quedar hasta ese grande y postrer día, sí, el fin, quienes permanecerán sucios aún.[31]

Aparentemente la primera resurrección[32] incluirá la resurrección

---

[31]D. y C. 88:94-102. Concerniente a la naturaleza literal de estas y otras trompetas, el élder Orson Pratt dijo:

> El tiempo vendrá, cuando los siete ángeles con las últimas siete trompetas *sonarán literalmente sus trompetas, y su sonido será oído entre las naciones*, en preparación para la venida del Hijo del Hombre. (JD 18:227, 26 de agosto de 1876)

[32]Hay dificultad en cuanto a la terminología que se usa al discutir los tiempos de las dos resurrecciones. Abinadi habla de una "primera" resurrección y aplica su terminología a la época

de aquellos que heredarán los reinos celestial y terrestre. Al enumerar las características de los seres celestiales, Doctrina y Convenios menciona que éstos "son los que tendrán parte en la primera resurrección . . . quienes saldrán en la resurrección de los justos."[33]

Los que así salgan en la primera resurrección vivirán en la tierra y reinarán con Cristo por mil años:

> Y vi tronos, y se sentaron sobre ellos, y les fue dado juicio; y vi las almas de los degollados por el testimonio de Jesús, y por la palabra de Dios, y que no habían adorado la bestia ni a su imagen, y que no recibieron la señal en sus frentes, ni en sus manos; y *vivieron y reinaron con Cristo mil años.*
>
> *Mas los otros muertos no tornaron a vivir hasta que sean cumplidos mil años. Esta es la primera resurrección.*
>
> Bienaventurado y santo el que tiene parte en la primera resurrección: la segunda muerte no tiene potestad en éstos: antes *serán sacerdotes de Dios y de Cristo, y reinarán con él mil años.*[34]

Las personas que sigan viviendo durante la época del milenio, cuando lleguen a cierta edad, serán cambiados a seres resucitados en un abrir y cerrar de ojos:

> Y el que viva cuando el Señor venga, y haya guardado la fe, bendito es; sin embargo, le es señalado morir a la edad del hombre.
>
> Por tanto, los niños crecerán hasta envejecer; los ancianos morirán; *mas no dormirán en el polvo, antes serán cambiados en un abrir y cerrar de ojos.*
>
> Así que por esta causa los apóstoles predicaron al mundo la resurrección de los muertos.[35]

---

de la resurrección de Cristo en el meridiano de los tiempos. (Mos. 15:2-27) Alma usa la misma terminología y dice que esa primera resurrección incluirá a aquellos desde Adán hasta Cristo. (Al. 40:16-20)

Sin embargo, parecería que el uso prevalente de los términos "primera" y "segunda" resurrección, en la Iglesia hoy día, se refiere a las resurrecciones de los justos e injustos en un período que todavía está en el futuro. La siguiente declaración del presidente José Fielding Smith es típica de este uso:

> Aunque se produjo una resurrección general de los justos en la época en que Cristo se levantó de entre los muertos, es costumbre entre nosotros hablar de la resurrección de los justos con relación a la segunda venida de Cristo y llamarla la primera resurrección. Es la primera para nosotros, pues tenemos poco que pensar o poca preocupación en cuanto a lo que ya pasó. El Señor ha prometido que al tiempo de su segunda venida los sepulcros se abrirán y los justos saldrán para reinar con El en la tierra durante mil años. (*Doctrina de Salvación, op. cit.,* Vol. II, pág. 278)

[33]D. y C. 76:64-65. El tiempo de resurrección para los que heredan el reino terrestre no está bien determinado. Sólo cuando se consideran dos escrituras juntas: D. y C. 88:99 y D. y C. 76:72-74, se obtiene una indicación de que este grupo se levantará en la primera resurrección, cerca del tiempo de la gloriosa venida de Cristo.

[34]Ap. 20:4-6.

[35]D. y C. 63:50-52. También D. y C. 101:30-31; 1 Co. 15:51-53.

Aquellos mortales que estén todavía viviendo sobre la tierra al fin del milenio y al fin de la tierra, también serán cambiados a su estado resucitado en un abrir y cerrar de ojos:

> Porque Satanás será atado; y cuando de nuevo quede libre, reinará solamente una corta temporada, y entonces vendrá el fin de la tierra.
>
> Y *el que viviere en rectitud será cambiado en un abrir y cerrar de ojos,* y la tierra pasará como si fuera por fuego.[36]

La segunda resurrección tendrá lugar al finalizar el milenio y será para aquellos que heredarán el reino telestial y los que serán Hijos de Perdición. Hablando de los herederos del reino telestial, Doctrina y Convenios dice:

> Son éstos los que *no serán redimidos del diablo sino hasta la última resurrección* hasta que el Señor, Cristo el Cordero, haya cumplido Su obra.[37]

La Tierra Será Resucitada

El Señor ha revelado que la tierra misma será vivificada:

> Y además, de cierto os digo que la tierra soporta la ley de un reino celestial, porque cumple la medida de su creación y no traspasa la ley;
>
> Así que será santificada; sí, *a pesar de que morirá, será vivificada de nuevo; y soportará el poder que la vivifica* y los justos la heredarán.[38]

Algunas escrituras indican que la tierra es una entidad viviente, y que por eso es capaz de recibir muerte y resurrección. El profeta Enoc, por ejemplo, declaró que él oyó a la tierra lamentarse:

> Y sucedió que Enoc miró a la tierra; y oyó que venía una voz de sus entrañas, y decía: *¡Ay; ay de mí, la madre de los hombres! ¡Estoy afligida, estoy fatigada por causa de la iniquidad de mis hijos!* ¿Cuándo descansaré y quedaré limpia de la impureza que de mí ha salido? *¿Cuándo me santificará mi Creador para que yo pueda descansar, y more la justicia sobre mi faz por un tiempo?*
>
> Y cuando *Enoc oyó que la tierra se lamentaba,* lloró, y clamó al Señor, diciendo: Oh Señor, ¿No tendrás compasión de la tierra?[39]

Este mismo profeta podía mandar a la tierra, y ésta le obedecía. El "habló la palabra del Señor, y tembló la tierra, *y huyeron las montañas, de acuerdo con su mandato.*"[40] De la misma manera, un profeta del Libro de

---

[36] D. y C. 43:31-32.

[37] D. y C. 76:85.

[38] D. y C. 88:25-26. Para mayor clarificación concerniente a la tierra en su estado final y santificado, véase el capítulo XI.

[39] Moisés 7:48-49.

[40] Moisés 7:13.

Mormón pudo ordenarle a un monte que se moviera y éste se movió en obediencia a su mandato: "porque el hermano de Jared dijo al monte de Zerín: *¡Apártate!; y se apartó.* Y si él no hubiera tenido fe, *el monte no se habría movido.*"[41] Al rebelarse Coré, Moisés como señal de que él era el verdadero líder, habiendo sido instruido por el Señor, habló "Y abrió la tierra su boca, y tragólos a ellos y a sus casas y a todos los hombres de Coré, y a toda su hacienda."[42] El Salvador mismo dijo que la tierra respondería al mandato de autoridad hecho con fe poderosa, diciendo: "si tuviéreis fe como un grano de mostaza, diréis a este monte: Pásate de aquí allá: y se pasará."[43]

La tierra no sólo se considera capaz de sentir y responder a mandos, sino que ciertos teólogos Santos de los Ultimos Días creen que nuestro planeta está pasando por ciertos procesos del evangelio en preparación para su vivificación y estado final. El diluvio en los días de Noé se considera como su bautismo de agua,[44] y la purificación de la tierra por fuego, a la venida del Salvador en Su gloria, se considera como su bautismo de fuego.[45] La disolución de la tierra será su muerte,[46] y su re-creación en una forma celestializada se entiende que es su resurrección.

Concerniente a la resurrección de la tierra, Brigham Young dijo que, "Nosotros somos de la tierra, terrenales, y no sólo la porción de la madre tierra que compone estos cuerpos será resucitada, *sino la tierra misma* . . . La tierra está organizada para una gloriosa resurrección."[47]

---

[41]Et. 12:30.

[42]Nm. 16:32.

[43]Mt. 17:20.

[44]Véase JD 1:274; 1:331; 16:313-314; 21:323-324.

[45]Véase JD 1:331.

[46]Concerniente a la muerte de la tierra Orson Pratt explicó:

El segundo capítulo de Génesis (nueva traducción) nos informa que los espíritus de las aves fueron creados en el cielo. Los espíritus de los peces y del ganado, y de todas las cosas que moran en la tierra tuvieron su pre-existencia. *Fueron creados en el cielo, la parte espiritual de ellos, no su carne y hueso.* También se nos dice en esta traducción inspirada, que estos árboles vivientes que vemos—porque Dios ha dado vida a todas las cosas—*tuvieron su existencia espiritual en los cielos antes de su existencia temporal.* Toda hierba y todo árbol, antes de que fueran plantados sobre la tierra, tuvieron su parte espiritual, la que les da vida, que los anima, que les da poder de dar fruto de su propia especie. Esa parte espiritual existió en los cielos, porque primero fue la creación espiritual. *También se nos dice que la tierra fue organizada en una forma espiritual, es decir, la porción que le da vida.* Leemos que la tierra morirá y que será vivificada una vez más. *¿Qué es lo que causará que la tierra muera.? Será que su elemento espiritual le será retirado, aquello que le da vida—aquello que la anima y causa que dé fruto. Y lo que vivifica a la tierra es el Espíritu de Dios.* (JD 24:200-201. 12 de noviembre de 1879. Véase también JD 1:282, 291-294.)

[47]JD 1:274, 14 de agosto de 1853.

La enseñanza de Orson Pratt concerniente a la resurrección de la tierra fue que,

> Esta se desmoronará, o en otras palabras, los elementos serán separados en pedazos, y el mundo dejará de existir. ¿Y después? Otro gran cambio será forjado. *Los mismos elementos que constituyen la tierra y la atmósfera, serán juntados otra vez, de tal manera que la nueva tierra será semejante a un mar de cristal,* y aquellos que son dignos de la gloria celestial la habitarán para siempre.[48]

En otro discurso, mientras describía los eventos finales en los últimos días, el hermano Pratt enseñó que:

> Después de que la ciudad santa y la Nueva Jerusalén sean levantadas a los cielos, la tierra huirá de la presencia de aquel que se sienta en el trono. La tierra misma pasará por un cambio similar al que nosotros hemos de atravesar. Al regresar nuestros cuerpos a la madre tierra, volverán a ser parte de ella, habiendo perdido su propia entidad: de ese modo será también con la tierra. *No sólo se derretirán los elementos con calor ardiente sino que el gran globo mismo dejará de existir. Cesará de existir como mundo organizado.* Dejará de existir como uno de los mundos habitables. *El fuego devorará todas las cosas, convirtiendo la tierra a su forma elemental original. Así dejará de existir en el espacio.*
>
> Pero ni una sola partícula de esos elementos que forman la tierra será destruida o aniquilada. Todos esos elementos seguirán existiendo y serán juntados de nuevo por un poder de organización infinitamente más grande que cualquier otro conocido al hombre. *La tierra deberá ser resucitada de nuevo al igual que nuestros cuerpos. Sus elementos serán reunidos, juntados por el poder de la palabra de Dios. En ese entonces El organizará los elementos que ahora forman la tierra, de tal manera que no habrá maldición vinculada con la nueva compuesta.* Por ahora la muerte está conectada con esos elementos, pero entonces todo será organizado en el más perfecto orden tal como estaba cuando el Señor formó la tierra.[49]

El Señor ha revelado que no sólo el hombre, la tierra y los cielos serán resucitados, sino que la resurrección también se extenderá a las creaciones menores que se hallan sobre la tierra. De acuerdo con Su palabra, toda vida animal también será levantada de los muertos:

> Y vendrá el fin, y el cielo y la tierra serán consumidos y pasarán y habrá un cielo nuevo y una tierra nueva.
>
> Porque todas las cosas viejas pasarán, y todo será hecho nuevo, *el cielo y la tierra, y toda la plenitud de ellos, tanto hombres como bestias, las aves del aire, y los peces del mar;*
>
> *Y ni un cabello ni una mota se perderán,* porque es la obra de mis manos.[50]

---

[48] JD 21:205, 12 de noviembre de 1879.

[49] JD 18:346-347, 25 de febrero de 1877.

[50] D. y C. 29:23-25.

La Manera de Levantarse de la Tumba

El Señor ha revelado el proceso por el cual los hombres se levantarán de la tumba. El dio a José Smith esa visión:

> ¿Se sorprenderían si relato lo que yo he visto en una visión respecto a este interesante tema? Los que han muerto en Jesucristo, al salir de la tumba, pueden anticipar recibir esa plenitud de gozo que tuvieron o que esperaron tener aquí.
>
> Fue tan clara la visión, que *vi a los hombres antes que se hubiesen levantado de la tumba, como si estuviesen levantándose lentamente. Se dieron la mano y exclamaron el uno al otro: '¡Mi padre, mi hijo, mi madre, mi hija, mi hermano, mi hermana!'* Y cuando *se oiga la voz que ordene a los muertos que se levanten,* y suponiendo que estuviese sepultado al lado de mi padre, ¿Cuál sería el primer gozo de mi corazón? Ver a mi padre, mi madre, mi hermano, mi hermana. Y si se hallan a mi lado, yo los tomaré en mis brazos y ellos a mí.[51]

La enseñanza de que una voz llamará a los hombres de la tumba también se encuentra en las escrituras en las palabras de Jesús:

> *Los muertos oirán la voz del Hijo de Dios:* Y los que oyeren vivirán. . . .
> No os maravilléis de esto; porque vendrá hora, cuando todos los que están en los sepulcros *oirán su voz;*
> Y los que hicieron bien, saldrán a resurrección de vida.[52]

Sin embargo, parecería que la voz no será un fuerte llamado general que será oído por todos simultáneamente. Tampoco será siempre la voz de Cristo la que se oirá. Aparentemente, en este proceso, al igual que en muchas otras ordenanzas, la autoridad y responsabilidad será delegada a otros. El presidente Brigham Young enseñó que la resurrección de aquellos que habrán vivido en los últimos días se llevará a cabo bajo la dirección de José Smith. El Presidente Young dijo,

> Si preguntamos quien estará a la cabeza de la resurrección en esta última dispensación, la respuesta es—José Smith, hijo, el Profeta de Dios. El es el hombre que será resucitado y recibirá las llaves de la resurrección, y sellará esta autoridad sobre otros. Y éstos buscarán a sus amigos y los resucitarán después de haber oficiado por ellos para que se levanten. Y recibiremos revelaciones para reconocer a nuestros antepasados hasta llegar a nuestros padres Adán y Eva, y entraremos a los Templos de Dios para oficiar por ellos. Entonces el hombre será sellado al hombre en una cadena perfecta hasta llegar a Adán, para que

---

[51]HC 5:361-362, 16 de abril de 1843.
[52]Jn. 5:25, 28-29.

haya una cadena perfecta de sacerdocio desde Adán hasta el desenlace final.[53]

En otra ocasión Brigham Young dijo que "*a alguna persona que posee las llaves de la resurrección y que ha pasado previamente por esa prueba, le sería delegado el resucitar nuestros cuerpos,* y que nuestros espíritus estarían ahí preparados para entrar en nuestros cuerpos."[54]

El élder Erastus Snow, uno de los primeros apóstoles, también enseñó que los seres resucitados a quienes se les ha sido delegada la autoridad, llamarían a otros de la tumba. Fue también su enseñanza de que José Smith sería el primero que resucitaría en esta dispensación:

> La próxima misión será la de venir y preparar el camino en Sión, en sus estacas, y en los templos de nuestro Dios para abrir la puerta para la resurrección de los muertos, para levantar a aquellos que duermen y para exaltarlos entre los Dioses. *¿Y quién será el primero y el principal? Por supuesto será él a quien Dios ha escogido y establecido como el primero y principal, el que posee las llaves de ésta, la última dispensación.* ¿ Cuánto tiempo tomará? No se me ha autorizado decir el mes, el día o la hora, pero se me ha permitido decir que la hora viene con rapidez. El tiempo está próximo, (más cerca de lo que cualquiera de nosotros puede ahora entender), cuando José Smith será vestido de inmortalidad, cuando su hermano Hyrum será vestido de inmortalidad también, cuando los mártires saldrán de entre los muertos junto con sus fieles hermanos que han llevado a cabo una buena misión en el mundo de los espíritus. *Estos últimos también serán llamados para ayudar en la obra de la resurrección gloriosa.* El Señor Jesucristo, quien fue el primer fruto de entre los muertos, el primer fruto de los que duermen y el que posee las llaves de la resurrección, llevará a cabo la resurrección del Profeta José y de sus hermanos. Entonces El *los apartará para el trabajo de llevar a cabo la resurrección de sus hermanos* de la misma manera que los ha apartado desde el principio para trabajar en todas las otras partes de la obra.[55]

[53]JD 15:138-139, 24 de agosto de 1872. En otro discurso él dijo:

> ¿Está glorificado José Smith? No, él está predicando a los espíritus encarcelados. *El obtendrá su resurrección primero que todos los demás en este reino,* porque él fue el primero que Dios escogió para llevar a cabo la obra en los últimos días. (JD 3:371, 22 de junio de 1856)

[54]JD 9:139, 28 de julio de 1861.

[55]JD 25:33-34, 2 de febrero de 1884. Erastus Snow era uno de los que creían que el profeta y muchos de los santos serían resucitados mucho antes de la época de la gloriosa venida final de Cristo. El dijo:

> Y el Señor Jesús aparecerá y se mostrará a sus siervos en su templo, en lugares santos, para aconsejar, instruir y dirigir. Aparecerá en la gloria de Su Padre, en Su cuerpo resucitado, entre los que puedan aguantar Su presencia y gloria. *Y todo esto yo espero que suceda mucho antes que destruya a los inicuos de sobre la faz de la tierra.* En verdad, en nuestro entendimiento limitado, muchos de nosotros quizás nos hemos imaginado que esta resurrección gloriosa habrá de venir de repente sobre nosotros y sobre todo el mundo como la alborada del sol. *Pero tendréis que recordar que el sol no se levanta a la misma hora y al mismo momento sobre toda la*

No se sabe con claridad si el proceso por el cual un ser resucitado llama a otro de la tumba es el usado en la segunda resurrección o no, pero la poca evidencia que existe parece indicar que no. Wilford Woodruff habló de una visita angelical en la cual se le mostró esa resurrección, y la describió así:

El me mostró lo que se ha llamado la segunda resurrección. En frente de mí había vastos campos de tumbas y *el Espíritu de Dios descansaba sobre la tierra como una suave llovizna. Cuando ésta cayó sobre las tumbas, se abrieron y una inmensa hueste de seres humanos se levantó,* todos vestidos de diferente manera

---

tierra. Toma 24 horas para salir y 24 horas para ponerse. Así será con la resurrección. Hay un día señalado para la resurrección de los justos. Y se ha sellado sobre la cabeza de muchos que si son fieles y verdaderos saldrán 'en la mañana de la primera resurrección,' pero *la mañana dura desde la primera hora del día hasta el medio día, y el día dura hasta la noche.*

Otros también compartieron este modo de pensar o creencia. Orson Pratt dijo al discutir la posibilidad de que José Smith guiaría a los Santos de regreso a Misuri:

No es difícil que lo haga. *El brazo de Dios no se ha acortado para que no pueda levantarlo a él aún de la tumba misma.* Vivimos en la dispensación del cumplimiento de los tiempos, la dispensación de la resurrección, y *puede haber algunos que se levantarán de sus tumbas para ciertos propósitos y para efectuar ciertas transacciones* sobre la tierra decretadas por el Gran Jehová. Y *si el Señor piensa que es apropiado levantar al profeta antes de la culminación de los tiempos para guiar al ejército de Israel, él así lo hará.* Y si El considera conveniente enviarlo como un personaje espiritual para guiar el campamento de Israel a la tierra de su herencia, pues que sea así. (JD 15:363, 9 de marzo de 1873)

En una profecía dada a Amanda H. Wilcox, Heber C. Kimball, profetizó que "el Profeta José Smith y otros aparecerán y aquellos que hayan permanecido fieles serán seleccionados para regresar al Condado de Jackson, Misuri, para participar en la edificación de esa hermosa ciudad, la Nueva Jerusalén." ("Prophecy of Heber C. Kimball," Church Section, pág. 3, *The Deseret News*, 23 de mayo de 1931.)

Una declaración hecha por el élder Kimball en 1861, indica claramente que él creía que el Profeta José Smith regresaría como ser resucitado:

Seréis bendecidos, y veréis el día en que *los presidentes Young, Kimball, y Wells, y los doce apóstoles estarán en el condado de Jackson, Misuri, preparando vuestra herencia. ¿En la carne? Por supuesto.* Estaremos ahí en la carne, y todos nuestros enemigos no podrán evitarlo. *Hermano Wells, Ud. puede escribir esto. Ud. estará ahí y Willard estará ahí, y también Jedediah, y José y Hyrum Smith, y David y Parley.* Y el día llegará cuando también veré a esos hombres en la asamblea general de la Iglesia del Primogénito, en el gran concilio de Dios en Jerusalén. (JD 9:27, 7 de abril de 1861.)

Estas declaraciones le dan significado a la bendición pronunciada sobre José Smith por su padre, el patriarca de la Iglesia:

Poseerás las llaves de este ministerio aún la presidencia de esta Iglesia, por tiempo y eternidad. Y estarás de pie en el Monte de Sión cuando las tribus de Jacob vengan gritando del Norte. Y con tus hermanos los hijos de Efraín, los coronarás en el nombre de Jesucristo. (N. B. Lundwall, *Faith Like the Ancients, op. cit.*, p. 8)

Peter E. Johnson, quien fue al mundo de los espíritus en 1898, recibió información concerniente al presente estado de José Smith. A él se le había dado la opción de permanecer en el mundo de los espíritus o de volver a la tierra. Así relató él esta porción de su conversación:

Después de una corta conversación, esta pregunta fue repetida recibiendo la misma respuesta. Entonces pregunté: "Si me quedo, ¿qué se me requerirá hacer?" Se me informó que les predicaría el evangelio a los espíritus que se encontraban ahí, tal como lo había estado haciendo con la gente aquí, y que *lo haría bajo la dirección inmediata del Profeta José Smith.* Este comentario trajo a mi mente la pregunta que tanto se había discutido aquí.

> como nosotros estamos ahora, o como se hallaban cuando los pusieron en la tumba.[56]

Es importante notar que el hombre será resucitado en el lugar exacto donde su cuerpo fue enterrado.[57] Aquellos que desean estar en la compañía de sus seres queridos en la mañana de la resurrección, deberían procurar ser enterrados cerca de ellos cuando mueran. El profeta José Smith comentó, en una ocasión, que los santos deberían ser sepultados en el continente Americano, en la tierra de Sión, cerca uno de otro. Hizo este comentario al leer en una carta de la muerte de Lorenzo Dow Barnes, que había muerto en Inglaterra cuatro meses antes:

> Para mí sería una de las bendiciones más grandes, si es que tuviese que sufrir aflicciones en este mundo, estar donde pudiera hallar hermanos y amigos por todos lados. Pero no es ésto a lo que deseo referirme, *sino al privilegio de poder sepultar a nuestros muertos en la tierra que Dios ha señalado para recoger a Sus Santos, y donde no habrá otros sino Sus Santos, una tierra donde tendrán el privilegio de depositar sus cuerpos en el lugar sobre el cual aparecerá el Hijo del Hombre,* y donde podrán oir el son de la trompeta que

---

> sobre si el Profeta José es ahora un ser resucitado o no. Aunque no hice la pregunta, *la leyeron en mi mente,* e inmediatamente dijeron: '¿Deseas saber si el Profeta tiene su cuerpo o no?' Respondí: 'Sí, me gustaría saber.' *Se me dijo que el Profeta tenía su cuerpo al igual que su hermano Hyrum, y que tan pronto yo pudiera hacer con mi cuerpo más de lo que podía hacer sin él, sería resucitado.* (Peter E. Johnson, *The Relief Society Magazine, op. cit.*, Vol. VII, págs. 451-452.)

[56]Wilford Woodruff, "Obtaining the Spirit of God," *Millenial Star,* Vol. 67 Núm. 39, pág. 612. Este discurso fue dado el 19 de octubre de 1896. Es interesante notar que al parecer no sólo los cuerpos, sino la ropa de los muertos se levanta en la resurrección. Un poco antes en la visión, él vio que aquellos que salían en la primera resurrección, se encontraban vestidos de túnicas blancas:

> Mientras me encontraba arrodillado orando, mi habitación se llenó de luz. Miré a mi alrededor y vi a un mensajero junto a mí. Me levanté y este personaje me dijo que había venido a enseñarme. Me presentó un panorama y *me dijo que quería que yo viera con mis propios ojos y entendiera en mi mente lo que se llevaría a cabo en la tierra antes de la venida del Hijo del Hombre.* Comenzó con lo que las revelaciones dicen acerca de que el sol se convertirá en tinieblas, la luna en sangre, y que las estrellas se caerán del cielo. Todas estas cosas me fueron presentadas, una tras otra, como supongo que será cuando sucedan antes de la venida del Hijo del Hombre.
>
> Entonces me mostró la resurrección de los muertos—o lo que llaman la primera y la segunda resurrección. En la primera resurrección no vi tumbas ni a nadie que se levantara de ellas. *Pero vi legiones de seres celestiales, hombres y mujeres que habían recibido el evangelio, todos vestidos de túnicas blancas.* En esa forma en que se me fueron presentados, ya habían sido levantados de la tumba.

[57]La información que se le dio a Peter Johnson al entrar al mundo de los espíritus, tiene mucho significado en este contexto: "Se me informó con énfasis que mi primera obligación sería el vigilar mi cuerpo hasta que se deshicieran de él, *ya que esa información era necesaria para mí en la resurrección.*" (Peter E. Johnson, *Relief Society Magazine, op. cit.*, Vol. VII, pág. 452.)

los llamará a que salgan a verlo, *a fin de que en la mañana de la resurrección salgan todos juntos, y se levanten de sus tumbas y se den la mano el uno al otro inmediatamente en eterna gloria y felicidad, en lugar de estar separados por grandes distancias*. . . .

Creo que es envidiable la condición de aquellos que han sepultado aquí a sus muertos. Acordémonos de Jacob y de José en Egipto, y de cómo hicieron prometer a sus amigos que los sepultaran en la tumba de sus padres. Consideremos lo que debe haberles costado embalsamar los cuerpos y preparar el viaje de la gran compañía al lugar de la sepultura. . . .

Yo he dicho: Padre, deseo morir aquí entre los santos. Pero si no es Tu voluntad que así sea, y estando lejos de aquí muriese, *concede que algún buen amigo haga volver mi cuerpo y junte a mis amigos que han muerto en tierras lejanas y los traiga aquí, para que todos podamos estar juntos.*

Yo os diré lo que deseo. Si mañana tuviese que yacer en aquella tumba, quisiera tomar a mi padre de la mano en la mañana de la resurrección, y exclamar: 'Padre mío;' y él dirá: 'Hijo mío,' en cuanto se parta la piedra, y antes de que salgamos de nuestras tumbas.

Y ¿podemos esperar que así se verifiquen estas cosas? Sí, *si aprendemos cómo hemos de vivir y cómo hemos de morir. Al acostarnos, pensamos cómo vamos a levantarnos a la mañana siguiente; y cuán placentero es que los amigos reposen juntos, y unidos por los vínculos del amor, descansen y despierten en compañía el uno del otro y reanuden su conversación.*[58]

El Cuerpo Resucitado Será Restaurado a Su Perfecto Estado

Las escrituras enseñan claramente la doctrina de que el cuerpo será restaurado al espíritu en perfecta condición, y que partes del cuerpo que se hayan perdido anteriormente serán restauradas.

En una discusión con Zeezrom el anticristo, Amulek el gran misionero de esa época, declaró:

El espíritu y el cuerpo serán reunidos otra vez en su perfecta forma; los miembros así como las coyunturas serán restaurados a su propia forma, tal como nos hallamos ahora; y seremos llevados ante Dios, conociendo tal como ahora conocemos, y tendremos un vivo conocimiento de toda nuestra culpa.

Pues bien, *esta restauración vendrá sobre todos,* tanto viejos como jóvenes, esclavos así como libres, varones así como hembras, malvados así como justos; y *no se perderá ni un solo pelo de su cabeza, sino que todo será restablecido a su perfecta forma, o en el cuerpo,* cual se encuentra ahora, y serán llevados y presentados ante el tribunal de Cristo el Hijo, y Dios el Padre,

[58]HC 5:361, 16 de abril de 1843.

y el Espíritu Santo, que son un eterno Dios, para ser juzgados según sus obras, sean buenas o malas.[59]

El profeta Alma enseñó esta doctrina a su hijo Coriantón:

> El alma será restaurada al cuerpo, y el cuerpo al alma; sí, y *todo miembro y coyuntura serán restablecidos a su cuerpo; sí, ni un cabello de la cabeza se perderá; sino que todo será restablecido a su propia y perfecta forma.*[60]

Y una vez más:

> Te digo, hijo mío, que el plan de la restauración es indispensable para la justicia de Dios, porque *es esencial que todas las cosas sean restablecidas a su propio orden.* He aquí, es preciso y justo, según el poder y resurrección de Cristo, que el *alma del hombre sea restituída a su cuerpo, y que al cuerpo le sean restauradas todas sus partes.*[61]

Como dijo Amulek, un ser resucitado es incapaz de morir y es "libre de corrupción":

> He aquí, te he hablado concerniente a la muerte del cuerpo terrenal y también acerca de la resurrección del cuerpo terrenal. Te digo que este cuerpo terrenal, se levantará como *cuerpo inmortal,* es decir, de la muerte, sí, de la primera muerte a vida, de modo que *no pueden morir ya más; sus espíritus se unirán a sus cuerpos para no ser separados nunca más; por que esta unión se torna espiritual e inmortal, para no volver a ver corrupción.*[62]

Aunque los seres resucitados serán tangibles, de carne y huesos, los cuerpos serán espirituales en su naturaleza. El Señor ha revelado que los justos que hereden la tierra, "se levantarán también cuerpos espirituales."[63] El apóstol Pablo enseñó la misma doctrina:

> Así también está escrito: Fue hecho el primer hombre Adán en alma viviente; *el postrer Adán en espíritu vivificante.*
>
> Mas lo espiritual no es primero, sino lo animal; *luego lo espiritual.*
>
> El primer hombre es de la tierra, terreno: el segundo hombre, que es el Señor, es del cielo.
>
> Cual el terreno, tales también los terrenos; y cual el celestial, tales también los celestiales.
>
> Y como trajimos la imagen del terreno, traeremos también la imagen del celestial.
>
> Esto empero digo, hermanos: que la *carne y la sangre no pueden heredar el reino de Dios; ni la corrupción hereda la incorrupción.*[64]

---

[59]Al. 11:43-44.
[60]Al. 40:23.
[61]Al. 41:2.
[62]Al. 11:45.
[63]D. y C. 88:27.
[64]1 Co. 15:45-50.

Parece ser que, aunque un cuerpo resucitado tendrá carne y huesos,[65] estará sin sangre, la parte que hace mortal al hombre.[66] En su lugar una sustancia más fina compuesta de materia espiritual[67] fluirá por sus venas. El profeta José Smith enseñó que "El Dios Omnipotente habita en fuego eterno; Y *allí no puede ir lo que es de carne y sangre, porque el fuego consume toda corrupción.* 'Nuestro Dios es fuego consumidor.' Cuando nuestra carne sea vivificada por el Espíritu, *no habrá sangre en este cuerpo.*"[68] De modo que un cuerpo resucitado es un cuerpo espiritual porque será sin sangre. No hay contradicción alguna en esta enseñanza y la declaración de Pablo con respecto a que "Carne y sangre no pueden heredar el reino de Dios."

El proceso de santificación[69] prepara al individuo para la gloria celestial. Como el Señor reveló:

> Porque quienes son fieles hasta obtener estos dos sacerdocios de los cuales he hablado, y magnifican sus llamamientos, *son santificados por el Espíritu para la renovación de sus cuerpos.*[70]

---

[65]Vuélvase a ver Lc. 24:39, D. y C. 130:1, 22.

[66]Lv. 17:11.

[67]Los Santos de los Ultimos Días consideran al espíritu como una materia compuesta de elementos más finos que los elementos que ahora conoce el hombre. En Doctrina y Convenios se declara que:

> No hay tal cosa como materia inmaterial. Todo espíritu es materia, pero es más pura o refinada y sólo los ojos más puros la pueden percibir.
>
> No lo podemos ver. Pero al purificar nuestros cuerpos, veremos que todo es materia. (D. y C. 131:7-8. Véase también HC 4:575; 5:393; 3:387; 6:308-309.)

[68]HC 6:366, 12 de mayo de 1844.

[69]El presidente Brigham Young, al explicar este proceso, dijo:

> Le daré mi propia definición al término santificación, y diré que *consiste en vencer todo pecado y de ese modo sujetar todo a la ley de Cristo. Dios ha colocado en nosotros un espíritu puro. Cuando éste reine y predomine sin obstáculo alguno, triunfe sobre la carne,* y reine, gobierne y controle como el Señor controla a los cielos y a la tierra, a eso llamo yo la bendición de santificación. (JD 10:173, 24 de mayo, 1863)

[70]D. y C. 84:33. Véase también 89:18-21; Pr. 3:5-8. El entendimiento de que el proceso de santificación lleva hacia un cambio físico en los seres mortales, no es nuevo. Al comentar sobre este pasaje, el élder Orson Pratt enseñó:

> El vendrá a su Templo de repente y purificará a los hijos de Moisés y Aarón hasta que estén preparados para ofrecer en ese Templo una ofrenda que sea aceptable a la vista del Señor. Al hacer eso, él purificará no sólo las mentes del sacerdocio en ese Templo, sino que también purificará sus cuerpos hasta que sean vivificados, renovados y fortalecidos. Y serán cambiados parcialmente, no a la inmortalidad, sino cambiados en parte para que puedan ser llenos del poder de Dios y puedan pararse en la presencia de Jesucristo y aguantar su faz en aquel Templo. (JD 15:365-366, 9 de marzo de 1873.)

El Dr. Sidney B. Sperry, un teólogo moderno en la Iglesia, escribe lo siguiente:

> Quienquiera que sea fiel en obtener estos dos sacerdocios, y magnifique sus llamamientos, son santificados, o hechos santos, por el Espíritu hasta la renovación de sus cuerpos (versículo 33). Como poseedores dignos y activos del poder y la autoridad de Dios, sus cuerpos son cambiados, elevados y espiritualizados. Literalmente llegan a ser una raza

En verdad, el Señor ha mostrado que por medio del proceso de santificación, el Espíritu produce un cambio en el hombre, el cual lo altera, llenándolo de luz, y haciéndolo limpio:

> Mi espíritu es verdad; la verdad perdura y no tiene fin; y si está en vosotros, abundará.
>
> Y si vuestra mira de glorificarme es sincera, *vuestro cuerpo entero será lleno de luz y no habrá tinieblas en vosotros; y el cuerpo lleno de luz comprende todas las cosas.*
>
> *Por lo tanto, santificaos para que vuestras mentes sean sinceras para con Dios,* y vendrán los días en que lo veréis. . . .
>
> Y os doy . . . el mandamiento de que . . . os preparéis y *santifiquéis; sí, purificad vuestro corazón; limpiad vuestras manos y vuestros pies ante mí, para que yo os haga limpios;*
>
> a fin de que pueda testificar a vuestro Padre, y vuestro Dios, y mi Dios, que sois limpios de la sangre de esta perversa generación.[71]

Parecería, según las escrituras, que los seres resucitados pueden pasar a través de paredes y otros objetos sólidos.[72]

Aquellos que hayan contraído matrimonio por la eternidad y que hayan ganado el más alto grado de exaltación tendrán el poder de procrear, o tener, una "continuación de las simientes por siempre jamás."[73]

Las escrituras muestran claramente que los seres resucitados comen al igual que los mortales. El Salvador, por ejemplo, se refirió al tiempo cuando los apóstoles serían resucitados y El les diría, "Yo pues os ordeno un reino, . . . para *que comáis y bebáis en mi mesa en mi reino,* y os sentéis sobre tronos juzgando a las doce tribus de Israel."[74] El Salvador resucitado comió pescado y un panal de miel delante de Sus discípulos.[75] El Señor probablemente se unió a Sus discípulos

---

nueva de hombres, 'los hijos de Moisés y Aarón y la semilla de Abraham, la iglesia y reino, y los elejidos de Dios.' (Sidney B. Sperry, *Doctrine and Covenants Compendium* (Salt Lake City, Utah: Bookcraft, Inc. 1960), pág. 395.)

[71] D. y C. 88:66-68, 74-75. Aparentemente este proceso tiene que completarse antes de que el hombre pueda levantarse de la tumba. Según lo dijo el élder Melvin J. Ballard: "Ningún hombre o mujer se levantará en la resurrección hasta que haya completado su obra, hasta que haya vencido, hasta que haya hecho tanto como le sea posible hacer." (N. B. Lundwall, *The Vision, op. cit.*, pág. 47)

[72] Véase J. Smith—Hist. 43-45; Jn. 20:19.

[73] D. y C. 132:19. Véase 131:1-4. Sin embargo, la aserción de que aquellos que heredan reinos menores no tendrán sexo, y no serán ni hombres ni mujeres, es tan absurda que no es digna de ser examinada aquí. Ciertamente no hay fundamento para tal creencia en las escrituras. Además, ninguna indicación de ello ha sido dada por los miles de testigos que han pasado al otro lado del velo o tenido visiones de la vida venidera.

[74] Lc. 22:29-30. También véase Mt. 26:29; Mt. 8:11.

[75] Lc. 24:41-43. Brigham Young dijo: "En la resurrección habrá una reunión de espíritus y cuerpos, y *estos caminarán, hablarán, comerán, beberán y se regocijarán.* (JD 8:225, 21 de octubre de 1860)

comiendo los alimentos que él mismo había preparado a la orilla del Mar de Galilea,[76] y también cuando se sentó y partió el pan con ellos en Emmaus.[77] Al hablar de seres celestiales, Juan el Revelador dijo: "Porque el Cordero que está en medio del trono los pastoreará, y los guiará a *fuentes vivas de agua.*"[78] El Señor mismo reveló que "la hora viene cuando *beberé del fruto de la vid* con vosotros en la tierra; y con Moroni, . . . Elías, . . . Juan, . . . Elías el profeta, . . . José, . . . Jacob , . . . Isaac, . . . Abraham, . . . Miguel, . . . y también con Pedro, Santiago y Juan."[79]

Según lo que el Señor ha revelado, seres resucitados llevarán consigo el conocimiento que hayan adquirido en la vida mortal:

> *Cualquier principio de inteligencia que logremos en esta vida se levantará con nosotros en la resurrección;*
>
> Y si en esta vida una persona logra más conocimiento e inteligencia que otra, por medio de su diligencia y obediencia, hasta este grado le llevará la ventaja en el mundo venidero.[80]

Los Hombres Saldrán como se Encuentren en la Tumba, Entonces Sus Deformidades Serán Corregidas

Se entiende que el tamaño físico, forma y edad no cambiarán mientras se encuentre el cuerpo en la tumba, y que el cuerpo se levantará igual que como fue sepultado. José Smith comentó: Solamente diré que todos los hombres saldrán de la tumba *tal como mueren, sean viejos o jóvenes.* No se añadirá un codo a su estatura, ni se quitará de ella; todos resucitarán por el poder de Dios y *habrá espíritu en sus cuerpos y no sangre.*"[81]

Se entiende, sin embargo, que las extremidades que hayan sido amputadas serán restauradas al levantarse el hombre en la resurrección.[82] Esto es posible debido a que el proceso de la resurrección es una recreación del cuerpo del hombre, usando los mismos elementos con los cuales estaba hecho originalmente. Según dijo el presidente Brigham Young;

---

[76]Véase Jn. 21:9-15.

[77]Véase Lc. 24:30.

[78]Ap. 7:17.

[79]D. y C. 27:5-12. Véase también D. y C. 101:101; Ap. 2:17; 21:6; D. y C. 38:17-18; Is. 25:6-9; 66:17-22; 33:14-17; Lc. 14:15. También véanse las referencias que parecen indicar que seres espirituales comen igual que los seres resucitados, en el capítulo III del presente libro.

[80]D. y C. 130:18-19.

[81]HC 4:555, 20 de marzo de 1842.

[82]Vuélvase a ver Al. 11:43-44; 40:23; 41:2

> El cuerpo del hombre puede haber sido sepultado en el océano, devorado por bestias salvajes, o quemado y convertido en cenizas y éstas esparcidas a los cuatro vientos. Pero *los elementos que lo componen no serán incorporados a ninguna forma de vida vegetal o animal para formar parte de su estructura*. . . . Al sonar la trompeta de Dios *cada partícula de nuestra estructura física, necesaria para hacer nuestros tabernáculos perfectos, será juntada* para reunirse con el espíritu, todo hombre en su debido orden. Ni una sola partícula se perderá.[83]

El presidente Young presentó la misma enseñanza en otro discurso cuando dijo:

> Cuando el ángel que posee las llaves de la resurrección suene su trompeta, entonces los elementos fundamentales que formaron parte de nuestros cuerpos aquí, si les damos su debido honor, y *aunque estén depositados en las profundidades del océano, o aunque uno esté en el norte, otro en el sur, otro en el este, y otro en el oeste, esos elementos se volverán a juntar en el abrir y cerrar de un ojo* y nuestros espíritus tomarán posesión de ellos.[84]

Parece ser que siguiendo la resurrección habrá un período de ajuste durante el cual los defectos, las deformidades y cicatrices etc, serán removidos. Según lo explicó el presidente José Smith:

> Qué glorioso es pensar . . . que, a aquellos de quienes nos hemos separado aquí, los encontraremos otra vez y los veremos como son. Encontraremos al mismo ser con quien nos asociamos aquí en la carne— no será alguna otra alma, algún otro ser, o el mismo ser en alguna otra forma, sino la misma identidad y la misma forma y semejanza, la misma persona que conocimos y con quien nos asociamos en nuestra existencia mortal, *aún con las heridas de la carne. Esto no significa que una persona estará para siempre marcada con cicatrices, heridas, deformidades, defectos, o debilidades, porque todo ésto será removido* en su debido tiempo, de acuerdo a la misericordiosa providencia de Dios. *Las deformidades serán removidas, los defectos serán eliminados, y hombres y mujeres obtendrán la perfección adquirida por sus espíritus,* la perfección que Dios diseñó en el principio.[85]

---

[83]Daniel H. Ludlow, *Latter-day Prophets Speak,* (Salt Lake City, Utah: Bookcraft, 1951), pág. 42.

[84]JD 8:28, 25 de marzo de 1860.

[85]Daniel H. Ludlow, *Latter-day Prophets Speak, op. cit.*, págs. 43-44. Sin embargo, no está claro si esta corrección se lleva a cabo sobre un período de tiempo o si es simultáneo con la resurrección. El presidente Smith también dijo:

> *Nuestros tabernáculos se levantarán como se enterraron aunque una restauración tendrá lugar.* Todo órgano, toda extremidad que haya sido amputada, toda deformidad causada por accidente o de cualquier otro modo, serán restaurados y corregidos. Toda extremidad y coyuntura será restaurada a su perfecta forma. (JD 24:81-82, 2 de febrero de 1883)

El único caso revelado del cual se puede aprender concerniente a la corrección de deformidades después de la resurrección, es él del Señor Jesucristo. El todavía tenía las cicatrices de sus heridas al salir de la tumba. Estas marcas se le mostraron a Tomás (Jn. 20:24-28), y a los Nefitas (3 Ne. 11:14-15). Esas cicatrices siguen existiendo, parecería, porque serán mostrados a los judíos en el Monte de los Olivos durante la batalla de Armagedón. (D. y C. 45:48-52; Zac.

El Estado de los Niños Después de la Resurrección

El 20 de marzo de 1842, José Smith hizo dos declaraciones concernientes al estado de los niños pequeños después de la resurrección:

> Los niños, habiendo sido redimidos por la sangre del Cordero, serán entronizados en la presencia de Dios y del Cordero, *con cuerpos de la misma estatura que tuvieron en la tierra.* Allí gozarán de la plenitud de esa luz, gloria e inteligencia que se ha preparado en el reino celestial.[86]

Dos años más tarde, en el sermón que pronunció en el funeral de King Follet, el profeta José Smith repitió esta enseñanza:

> Se podría preguntar—'¿Tendrán las madres sus hijos en la eternidad?' ¡Sí! ¡Sí! Madres, vosotras tendréis vuestros hijos; pues ellos tendrán vida eterna, porque su deuda ha sido pagada. No hay condenación que les espera porque ya están en el espíritu. Pero *como muere el niño, así se levantará de entre los muertos y vivirá siempre adquiriendo el conocimiento de Dios. Nunca crecerá;*[87] *continuará siendo niño, en la misma forma*[88] *como era antes de morir entre los brazos de su madre,* pero poseyendo la inteligencia de un Dios. Los niños viven en mansiones de gloria y ejercen poder, pero su apariencia es la misma que tenían en la tierra. *La eternidad está llena de tronos, sobre los cuales están miles de niños, reinando en tronos de gloria, sin que nada se añada a su estatura.*[89]

Aparentemente hubo cierto malentendido o mala interpretación en relación a estas dos declaraciones hechas por el profeta. Pero algunos han testificado que durante los dos meses entre el discurso de King Follett y su martirio, José Smith clarificó y corrigió la impresión de que aquellos que murieran como niños, permanecerían de la misma estatura después de la resurrección, enseñando que los niños crecerían hasta alcanzar la madurez después de levantarse de la

---

13:6.) Lo que no se puede afirmar con certeza, es si el hecho de que permanezcan en El tiene un propósito especial o es algo típico de todos los seres resucitados.

[86] HC 4:555-556, 20 de marzo de 1842.

[87] En este pasaje, el élder B. H. Roberts, quien compiló la historia, insertó las palabras "en la tumba."

[88] Aquí el élder B. H. Roberts también insertó "cuando se levante."

[89] HC 6:316, 7 de abril de 1844. En un sermón el día 12 de mayo de 1844, el profeta José Smith dijo:

> A fin de que podáis recibir a vuestros hijos, necesitaréis alguna promesa, alguna ordenanza, alguna bendición, para que logréis algo más que un principado, o de lo contrario, quizá no seréis más que un ángel. *Los niños se levantarán precisamente como murieron:* allá podremos saludar a nuestros hermosos niños con la misma gloria, la misma belleza en la gloria celestial, donde todos gozan de la misma felicidad. *Son diferentes en estatura, en tamaño;* el mismo espíritu glorioso les da la semejanza de la gloria en flor; el anciano con su cabello plateado resplandecerá en gloria y belleza. (HC 6:366.)

tumba. Sin embargo no fue sino hasta la presidencia de Wilford Woodruff, cincuenta y dos años más tarde, que se hizo un dedicado esfuerzo para clarificar el asunto. De acuerdo a su declaración publicada en la revista de la Iglesia, *Improvement Era,* en 1918, el presidente José F. Smith fue el que procuró esta clarificación durante la época en que él sirvió como apóstol y consejero en la Primera Presidencia:

> José Smith enseñó la doctrina de que un infante que muere se levantaría en la resurrección como niño. Señalando a la madre[90] de un niño muerto, el profeta le dijo: '*Tendrás el gozo, el placer y la satisfacción de criar a este niño, después de la resurrección hasta que alcance la medida y estatura completa de su espíritu. Después de la resurrección de los muertos, hay restitución, hay crecimiento, hay desarrollo.* Me encanta esta verdad. Produce montañas de felicidad, gozo y gratitud a mi alma. Gracias al Señor que nos ha revelado estos principios.'
>
> En *1854*, me encontré con mi tía, la esposa de mi tío Don Carlos Smith, quien era la madre de la pequeña de quien José Smith habló cuando *dijo que la madre tendría el gozo, el placer, y la satisfacción de criar a esa pequeña, después de la resurrección, hasta que alcanzara la estatura completa de su espíritu. El profeta explicó que sería un gozo aún mayor del que la madre hubiera tenido durante la mortalidad porque estaría libre de las penas, de los temores y de las incapacidades de la vida mortal y que sabría más de lo que pudiera haber sabido en esta vida.* Conocí a esa viuda, la madre de esa niña, y ella me dijo de este incidente, y me dio testimonio de que esto fue lo que el profeta dijo cuando habló en el funeral de su pequeña hija.
>
> También tuve una conversación con mi cuñado, *Lorin Walker,* quien se casó con mi hermana mayor. Durante la conversación él mencionó que *había estado presente en el funeral de mi prima Sofronia y que había oído al Profeta José Smith declarar las mismas palabras que mi tía Agnes me había dicho.*
>
> Le dije, 'Lorin, ¿Qué dijo el profeta?' y él reportó, tan exacto como podía recordar, lo que el Profeta José dijo en relación a los niños pequeños. *El cuerpo permanece en la tumba sin desarrollarse, pero el espíritu regresa a Dios quien lo dio. Después, en la resurrección, el espíritu y el cuerpo serán reunidos; el cuerpo se desarrollará y crecerá a la estatura completa del espíritu; y el alma resucitada irá hacia la perfección.* Así que tengo la declaración de dos testigos que oyeron la doctrina presentada por el Profeta José Smith, la fuente de información.
>
> Eventualmente, conversé con *la hermana M. Isabella Horne.* Y ella

[90]Por el contexto, parecería que esa madre era Agnes Coolbrith Smith, quien se casó con el hermano menor de José Smith, Don Carlos Smith, el 30 de julio de 1835. (HC 4:393.) La pequeña difunta era Sophronia C. Smith. (HC 4:399.) El padre (Don Carlos) murió tres años antes de que José le hiciera esta declaración a su viuda el 7 de agosto de 1841. (HC 4:393.)

comenzó a relatarme las circunstancias de su presencia en el funeral de referencia, cuando el Profeta habló de la muerte de niños pequeños, de su resurrección como pequeños, y de la gloria, honor, gozo y *felicidad que la madre tendría al criar a sus pequeños a la estatura completa de sus espíritus.* 'Pues sí' dijo ella, 'oí al Profeta José decirlo. Yo estaba en el funeral.' Esto me dijo la hermana Horne.

Entonces yo le dije: '¿Por qué no habló de esto antes? ¿Cómo fue que se guardó esto por tantos años? ¿Por qué no se lo hizo saber a la Iglesia?'

Ella contestó: 'Yo no sabía si era mi obligación hacerlo o si sería apropiado.'

Le pregunté: '¿Quién más estuvo ahí?'

'Mi esposo estuvo ahí.'

'¿Lo recuerda él?'

'¡Sí, lo recuerda!'

'Bien, ¿Me darían ustedes una declaración por escrito, describiendo los hechos y jurándolo?'

Ella dijo: 'Con el mayor de los gustos.'

Asi que *tengo una declaración jurada y por escrito de los hermanos Horne, además del testimonio de mi tía y del testimonio de mi cuñado con respecto a lo que dijo el Profeta José en aquel funeral.*

Un poco después, para mi gozo y satisfacción, oí *al primer hombre que mencionó esa doctrina en público, Franklin D. Richards; y cuando él la mencionó yo sentí en mi alma que la verdad finalmente había salido.* La verdad prevalecerá. Es poderosa y vivirá, porque no hay poder alguno que la pueda destruir. *Los presidentes Woodruff y Cannon aprobaron la doctrina y después yo la he predicado.*[91]

Según el élder B. H. Roberts, la declaración jurada por los Horne

. . . fue entregada en la presencia del presidente Angus M. Cannon, de la Estaca de Lago Salado, y el élder Arthur Winter, en la casa del hermano Horne, en la ciudad de Lago Salado, el 19 de noviembre de 1896, y fue

[91] Joseph F. Smith, *Gospel Doctrine, op. cit.*, págs. 455-457. La declaración con la que el Presidente Smith continuó su relato tiene significado en este contexto:

> *Es bueno que evitemos el proponer nueva doctrina* o nuevas ideas en relación a los principios y doctrinas que pertenecen, o se supone que pertenezcan, al evangelio de Jesucristo, *antes de considerarlas cuidadosamente con la experiencia de los años, antes de que intentemos convertirlas en prueba doctrinal y darlas al pueblo del Señor.* Hay tantas verdades, simples verdades, que necesitan ser entendidas y que se nos han revelado en el evangelio, que está por demás que intentemos ir más allá de la verdad que se ha revelado, hasta que comprendamos y dominemos la verdad que tenemos. Hay mucho a nuestro alcance que aún no hemos entendido.

registrada en taquigrafía por Arthur Winter el reportero oficial de la Iglesia.

La hermana M. Isabella Horne declaró:

'Una vez en Nauvoo, en conversación con el Profeta José Smith, el tema de los niños en la resurrección fue traído al caso. *Creo que era en la casa de la hermana Lenora Cannon Taylor.* Ella acababa de perder a uno de sus hijos y, previamente, yo había perdido uno también. El Profeta quería consolarnos, y nos dijo que recibiríamos a esas criaturas en la mañana de la resurrección igual como las habíamos sepultado, en pureza e inocencia, y *que las criaríamos y cuidaríamos por ser sus madres.* Dijo que los niños serían levantados en la resurrección igual como fueron sepultados, y que obtendrían toda la inteligencia necesaria para ocupar tronos, principalidades y poderes. *La idea que obtuve de lo que él dijo respecto a que los niños crecerían y se desarrollarían en el Milenio, y que sus madres tendrían el placer de prepararlos y cuidarlos, de lo cual habían sido privadas en esta vida.*

Esto sucedió un poco después del funeral de King Follett el cual yo presencié.'

El hermano Joseph Horne declaró:

'Oí al Profeta José Smith decir que las madres recibirían a sus niños igual que como los habían sepultado, y que tendrían el privilegio de hacer por ellos lo que no habían podido hacer aquí en esta vida. El profeta comentó: "¿Cómo los reconocerían si no los encontraban tal como los sepultaron?" *También capté la idea de que los niños crecerían y se desarrollarían después de la resurrección, y que las madres los cuidarían y los prepararían.*'

Por la presente certificamos que lo anterior es un relato verdadero, correcto y completo de las declaraciones hechas por José Smith y por M. Isabella Horne sobre el tema antes mencionado.

Angus M. Cannon
Arthur Winter

Hemos leído lo anterior y certificamos que es correcto.

Joseph Horne
M. Isabella Horne[92]

El élder B. H. Roberts también hizo nota del testimonio del presidente Wilford Woodruff (quien con otros tres había registrado el discurso del Profeta dado en el entierro de King Follett) que el Profeta había clarificado el asunto durante el período de los dos meses entre el discurso y su martirio.

El escritor de esta nota distintamente recuerda haber oído al difunto

[92]Nótese HC 4:556-557

> presidente Wilford Woodruff (quien reportó el mencionado sermón del 20 de marzo de 1842) decir que *el profeta corrigió la impresión causada por su discurso de King Follett,* que los niños e infantes permanecerían en la estatura de su infancia antes y después de la resurrección. El presidente Woodruff, en 1888 ó 1889, muy enfáticamente dijo sobre el tema, que *el profeta había enseñado inmediatamente después de su sermón de King Follett, que los niños, si bien resucitarán en la estatura en que murieron, se desarrollarán en la resurrección a la estatura total de hombres y mujeres.* También dijo que las impresiones contrarias a ésto, creadas por los reportes del sermón durante el funeral de King Follett, habían sido causadas por malinterpretaciones a sus comentarios.[93]

El presidente Woodruff aparentemente no estaba dispuesto a anunciar esta enseñanza como doctrina oficial de la Iglesia, aunque obviamente él creía en ella. Cuando Matthias F. Cowley preparaba la biografía de Wilford Woodruff, usando el diario personal del presidente, escribió lo siguiente, el 3 de septiembre de 1884:

> El visitó Provo donde asistió a los funerales de Margarette T. Smoot. En esa ocasión *dio como su opinión personal* que los niños crecerían y se desarrollarían después de la resurrección y obtendrían todas las bendiciones de una persona adulta.[94]

No fue sino hasta el ministerio del presidente José F. Smith que ésta enseñanza llegó a ser doctrina. Como B. H. Roberts reportó en la conclusión de su nota explanatoria antes mencionada:

> En la revista Improvement Era de junio de 1904, el presidente José F. Smith, en un editorial acerca de la resurrección dice lo siguiente:
>
> 'El cuerpo se levantará tal como se colocó en el entierro, porque no hay crecimiento o desarrollo en la tumba. Como se sepultó así se levantará *y los cambios para la perfección vendrán por la ley de restitución.* Pero el espíritu continuará expandiéndose y desarrollándose, y *el cuerpo, después de la resurrección, se desarrollará a la estatura completa de los hombres.'*
>
> Esto puede ser aceptado como doctrina de la Iglesia en lo que respecta a la resurrección de los niños y su desarrollo futuro a la estatura completa de hombres y mujeres; y está de acuerdo a lo que se considera como razonable y deseable.[95]

RESUMEN

1. **La esperanza de una resurrección gloriosa es un baluarte importante de fuerza contra el pecado y la adversidad.**

---

[93]Nótese HC 4:556.
[94]Matthias F. Cowley, *Wilford Woodruff,* op. cit. pág. 553.
[95]Nótese HC 4:557.

2. Todos los que han pasado por la vida mortal resucitarán, ya sean justos o injustos.
3. La resurrección es cuando el espíritu vuelve a entrar en el cuerpo, el cual ha sido creado otra vez con los mismos elementos con que se encontraba formado en la vida mortal.
4. El Cristo resucitado tiene un cuerpo tangible de carne y huesos. Los cuerpos de todos los demás seres resucitados serán también entidades tangibles físicas.
5. Los seres resucitados no pueden volver a morir. Nunca más pueden pasar por la separación del cuerpo y del espíritu, lo cual es el proceso de la muerte.
6. Los cuerpos que los hombres heredarán serán celestiales, terrestres, telestiales o cuerpos sin gloria. Sus cuerpos serán caracterizados por la misma luz y gloria que el reino que heredarán; esto como resultado de la vida que hayan llevado en el mundo pre-mortal, mortal, y el de los espíritus.
7. La expiación de Cristo ha hecho posible la resurrección. "El aguijón de la muerte es deshecho en Cristo."
8. Cristo fue el primero en resucitar. Cuando él resucitó muchos otros también fueron resucitados, tanto en Palestina como en el Continente Americano. Esta resurrección se llama una resurrección preliminar y no debe confundirse con la "primera" resurrección, la cual está aún por venir.
9. Habrá una "primera" y una "segunda" resurrección en los últimos días. La primera resurrección precederá y acompañará la gloriosa venida de Cristo. La segunda resurrección se llevará a cabo mil años después, al final del reinado milenial de Cristo.
10. Aquellos que heredarán los reinos celestial y terrestre, se levantarán en la primera resurrección o la resurrección de los justos. Aquellos que han sufrido en el infierno, y que heredarán el reino telestial o el reino sin gloria, se levantarán en la segunda resurrección o la resurrección de los injustos.
11. Aquellos que se levanten en la primera resurrección morarán con Cristo sobre la tierra durante Su reinado milenial. Los seres mortales que mueran durante este período de los mil años, no irán al mundo espiritual, sino que serán cambiados instantáneamente a un estado resucitado.
12. La tierra ha de morir para luego ser vivificada de nuevo en una resurrección celestial. Hay evidencias en las escrituras de que la tierra es una entidad viviente. Los animales y todos los otros seres vivientes también serán preservados eternamente en forma resucitada.

13. Aunque los tiempos de las resurrecciones han de ser anunciados por las trompetas angelicales, parece ser que la gente de esta dispensación será llamada de la tumba por la voz del Señor o de Sus representantes autorizados bajo la dirección de José Smith. En su visión de la segunda resurrección, el presidente Wilford Woodruff vio que los injustos fueron llamados de la tumba por el "Espíritu de Dios," el cual "descansaba sobre la tierra como una suave llovizna."

14. Parece ser que aquellos que se levanten en la primera resurrección estarán vestidos con túnicas blancas. Los que se levanten en la segunda resurrección estarán vestidos en forma variada. Los cuerpos saldrán de la tumba en el mismo lugar donde hayan sido sepultados.

15. Los cuerpos de seres resucitados tendrán forma perfecta, y todas las cosas serán restauradas en su propio y perfecto estado. Los seres resucitados están libres de corrupción y deterioro físico.

16. La sangre es la substancia que hace mortal al hombre. Esta será reemplazada por una substancia espiritual más fina, lo que permitirá que los seres resucitados vivan por la eternidad. Debido a esta substancia se dice que cuerpos resucitados son cuerpos espirituales, aunque sean entidades físicas y tangibles de carne y huesos.

17. La santificación es el proceso que prepara al hombre para el estado resucitado. Conforme se libra de las tinieblas y de la iniquidad, se llena de luz y del espíritu, lo cual renueva su cuerpo y lo prepara para la gloria celestial. La gloria emana de los seres resucitados en proporción directa a su grado de santificación.

18. Seres resucitados tienen la capacidad de pasar a través de objetos sólidos. Los que ganen la exaltación en la resurrección celestial retendrán el poder de procrear. Los seres resucitados están libres de hambre, sed y otras necesidades físicas. Sin embargo, la poca evidencia que existe al respecto indica que pueden comer, etc., pero las cosas que requerirán para sus necesidades físicas se podrán obtener fácilmente.

19. Los cuerpos en la resurrección no serán alterados en tamaño, forma o edad. Sin embargo, las partes del cuerpo que se hayan perdido en la vida mortal, serán restauradas en la resurrección. Parece ser que otros defectos o dolores serán también eliminados después de la resurrección, para que cada individuo (por lo menos en la resurrección celestial) pueda vivir por la eternidad en una condición física perfecta.

20. Los mismos elementos que ahora forman el cuerpo del hombre, lo formarán al ser resucitado. Las partículas de los restos de un cuerpo mortal no se harán parte íntegra de ninguna forma de vida

vegetal o animal durante el período entre la muerte y la resurrección.

21. La enseñanza actual de los profetas es que los niños que hayan muerto serán resucitados en sus cuerpos de niños en la primera resurrección. Así, durante el milenio sus padres tendrán el privilegio de criarlos hasta su edad adulta.

Debe observarse que aún queda mucho por ser revelado concerniente a la doctrina de la resurrección. Al hombre se le ha mostrado menos sobre el proceso de la resurrección que sobre el mundo espiritual. De lo escrito aquí sobre el tema, muy poco, en comparación, está basado en conocimiento revelado en las escrituras, visiones o manifestaciones. Esto requiere del lector un grado mayor del espíritu de discernimiento.

CAPITULO VIII

EL JUICIO FINAL

El Gran Día del Juicio Final

LAS ACTIVIDADES DE CADA HOMBRE EN LA VIDA PRETERRENAL, EN LA vida mortal y en el mundo espiritual alcanzarán su culminación al ser revisadas y examinadas en el gran día del juicio final. Esa gran prueba y evaluación final sirve de línea de demarcación entre la preparación del hombre y el recibimiento de sus responsabilidades eternas y herencia celestial. Todas sus labores y esfuerzos por innumerables milenios, sólo han sido una preparación para este gran evento.

Aunque el tiempo de cada hombre para comparecer ante la barra del juicio de Cristo sea breve, el tiempo total de juicio para todos los hombres tiene necesariamente que ser un período largo. Si a cada hombre se le dieran sólo diez minutos, ¡imagínense cuántos años tomaría considerar el caso de todos! Según los comentarios de Orson Pratt:

> Podemos anticipar un ajuste general de cuentas con todos los habitantes de la tierra, justos e injustos. No se ha revelado cuán largo será ese día que llaman el día del juicio. *Pero puede ser bastante más extenso de lo que suponemos.*[1]

Aunque las revelaciones no declaran explícitamente la duración del día del juicio final, ciertos indicios revelados en varios pasajes de la escrituras demuestran ampliamente que ese día se extenderá sobre un período de mil años o más. Por eso, con referencia a la palabra día[2] del juicio, todos deberíamos recordar la admonición de Pedro que dijo: "no ignoréis esta una cosa: que *un día delante del Señor es como mil años y mil años como un día.*"[3]

Las escrituras dan evidencia de que el juicio final comenzará inmediatamente después de que Cristo haya venido en su gloria, y

---

[1]J.D. 17:182, 11 de octubre de 1874.

[2]El tiempo del juicio es a menudo llamado específicamente, un "día." Véase, por ejemplo, Hch. 17:31; Moisés 7:57; D. y C. 19:3; Jn. 12:48; D. y C. 41:12; etc.

[3]2 P. 3:8.

continuará durante Su reinado milenario, pasando la segunda resurrección, hasta que la tierra haya pasado y todos los hombres hayan sido enviados al reino de Gloria que se les haya asignado. No se debe permitir ninguna confusión concerniente a la naturaleza del juicio final mientras hablamos de su duración. El término, juicio *final*, se refiere al examen que todo hombre recibirá después de su resurrección. Aunque a su venida, Cristo juzgará a todo mortal que se encuentre en la tierra,[4] tal juicio no se considera como el final, ya que los que mueran en ese día, todavía se levantarán en la resurrección para de nuevo dar cuenta de sus obras.

Parece que aquellos que se levantan en la primera resurrección, al principio del milenio, serán juzgados inmediatamente al salir de la tumba, en vez de esperar hasta el fin del milenio. Esto se demuestra por medio de varios pasajes que indican los resultados del juicio final pero que cronológicamente, se refieren al comienzo de la época milenaria. Por ejemplo, Juan El Revelador escribió:

> Y vi *tronos, y se sentaron sobre ellos, y les fue dado juicio;* y vi las almas de los degollados por el testimonio de Jesús, y por la palabra de Dios, y que no habían adorado la bestia, ni a su imagen, y que no recibieron la señal en sus frentes ni en sus manos; y *vivieron y reinaron con Cristo mil años.*
>
> Mas los otros muertos no tornaron a vivir hasta que sean cumplidos mil años. *Esta es la primera resurrección.*
>
> Bienaventurado y santo el que tiene parte en la primera resurrección: la segunda muerte no tiene potestad en estos: antes *serán sacerdotes de Dios y de Cristo, y reinarán con él mil años.*[5]

Las palabras reveladas por el Salvador contienen Su promesa:

> Porque en mi propio y debido tiempo vendré sobre la tierra *en juicio, y mi pueblo será redimido y reinará conmigo sobre la tierra.*
>
> Porque vendrá el gran Milenio, del cual he hablado por boca de mis siervos.[6]

Una vez más el Maestro, durante los últimos días de Su vida mortal, describió eventos concernientes a Su gloriosa venida al comienzo del milenio, que indican que ese será el tiempo del juicio para los justos que se levantarán en la primera resurrección:

---

[4]Véase D. y C. 29:9-11; 101:24-25; J. Smith-Historia 2:37; Is. 24:5-6; etc.

[5]Ap. 20:4-6. Gobernar y reinar sobre tronos es una característica del estado final del hombre, después de su día de juicio. Véase D. y C. 121:29, 32; 132:19, 49.

[6]D. y C. 43:29-30. El pueblo del Señor que será juzgado y redimido durante el milenio serán seres resucitados (véase D. y C. 88:16), que habrán sido perfeccionados (véase D. y C. 45:46), lo que solamente puede ocurrir mediante el perdón y la intercesión de Cristo que le será otorgado al hombre en el proceso del juicio.

> *Y cuando el Hijo del hombre venga en su gloria, y todos los santos ángeles con él, entonces se sentará sobre el trono de su gloria.*
>
> Y serán reunidas delante de él todas las gentes: y los apartará los unos de los otros, como aparta el pastor las ovejas de los cabritos.
>
> Y pondrá las ovejas a su derecha, y los cabritos a la izquierda.
>
> *Entonces el Rey dirá a los que estarán a su derecha: Venid, benditos de mi Padre, heredad el reino preparado para vosotros desde la fundación del mundo.*[7]

El apóstol Pablo dijo:

> Para que sean *confirmados vuestros corazones* en santidad, irreprensibles delante de Dios y nuestro Padre, *para la venida de nuestro Señor Jesucristo con todos sus Santos.*[8]

Y finalmente, el Señor ha revelado que aquellos que le ayudan a juzgar a los justos de la casa de Israel vendrán en Su Gloriosa Venida a juzgar a aquellos que hayan guardado los mandamientos "Y a nadie más":

> . . . y ha salido como un firme decreto por la voluntad del Padre, que *mis apóstoles, los Doce que estuvieron conmigo durante mi ministerio en Jerusalén, estarán a mi diestra, el día de mi venida* en una columna de fuego, ataviados con vestidos de justicia, y coronas sobre su cabeza, en gloria igual que yo, *para juzgar a toda la casa de Israel, sí, a cuantos me hayan amado y guardado mis mandamientos, y a ningún otro.*
>
> Porque sonará una trompeta larga y fuertemente, así como en el Monte de Sinaí, y toda la tierra temblará; y *saldrán, sí, los que murieron en mí, para recibir una corona de justicia y ser revestidos así como yo,* para estar conmigo, a fin de que seamos uno.[9]

Otros pasajes indican que el proceso del juicio continuará o será resumido al fin del milenio, después de la segunda resurrección. El juicio que se llevará a cabo en ese tiempo se concretará a los inicuos que se levantarán en la resurrección de los injustos. El Señor ha revelado: "Mas he aquí, he guardado al resto de los inicuos en cadenas de tinieblas *hasta el juicio del gran día que vendrá al fin de la tierra.*"[10] Y mientras revelaba la naturaleza de las trompetas que controlarán los eventos de los últimos días, el Señor reveló que:

> Y además, sonará otra trompeta, que es la tercera trompeta; y

---

[7] Mt. 25:31-34. Más adelante en este capítulo, se demostrará que el juicio final es, en parte, el proceso de asignarles a los hombres sus moradas en el reino de los cielos.

[8] 1 Ts. 3:13. Llegar a ser irreprensible solamente se puede lograr por medio del perdón y de la expiación de Cristo. Esto es una característica del proceso del juicio en el cual, según dice Cristo: ". . . Los poseeré *y serán míos, el día en que yo venga para integrar mis joyas.*" (D. y C. 101:3)

[9] D. y C. 29:12-13.

[10] D. y C. 38:5.

> entonces vienen *los espíritus de los hombres que han de ser juzgados, y que se hallan bajo condenación.*
>
> Y éstos son el resto de los muertos; y no vuelven a vivir sino hasta que pasen los mil años, ni vivirán *hasta el fin de la tierra.*[11]

Así que se entiende que el día del juicio incluirá y aún se extenderá más allá de la época milenaria. El hombre puede esperar ser juzgado individualmente poco después del día de su resurrección. Aquellos que se levantan en la primera resurrección, serán juzgados en los primeros días del milenio, mientras que aquellos que sean retenidos hasta la segunda resurrección, se enfrentarán a su Creador al final de la existencia mortal de la tierra. El hombre determina durante su estado mortal su día de juicio, así como también escoge su reino en el mundo espiritual y su grado de resurrección y gloria. Según lo que el Señor ha revelado:

> He aquí, mis ojos ven y conocen todas sus obras, y tengo reservado en su sazón *un juicio repentino* para todos ellos;
>
> *porque para cada hombre hay una hora señalada, de acuerdo con sus obras.*[12]

Todos Serán Juzgados

El gran juicio final será universal; ningún hombre se librará de él. Según escribió Pablo a los Corintios:

> *Porque es menester que todos nosotros comparezcamos ante el tribunal de Cristo,* para que cada uno reciba según lo que hubiere hecho por medio del cuerpo, ora sea bueno o malo.[13]

A los Santos en Roma les escribió lo siguiente:

> *Porque todos hemos de estar ante el tribunal de Cristo.*
>
> Porque escrito está: Vivo yo, dice el Señor, que a mí se doblará toda rodilla, y *toda lengua confesará a Dios.*[14]

Para nosotros en los últimos días, Mormón nos dio su testimonio de que,

> Todos tendréis que comparecer ante el tribunal de Cristo, sí, *toda alma que pertenece a la familia humana completa de Adán;* y os presentaréis para ser juzgados por vuestras obras, ya sean buenas o malas.[15]

No solamente todo hombre y mujer será juzgado, sino que todo

---

[11] D. y C. 88:100-101.
[12] D. y C.121:24-25.
[13] 2 Co. 5:10.
[14] Ro. 14:10-11.
[15] Morm. 3:20.

acto oculto será examinado en el gran día del juicio final. "Porque Dios traerá toda obra a juicio, el cual se hará sobre toda cosa oculta, buena o mala."[16]

Cristo el Juez

El proceso del juicio está centrado en Jesucristo. Sobre esto, el Salmista escribió lo siguiente:

> Vendrá nuestro Dios, y no callará: fuego consumirá delante de él, y en derredor suyo habrá tempestad grande.
>
> *Convocará a los cielos de arriba, y a la tierra, para juzgar a su pueblo.*
>
> Juntadme mis santos; los que hicieron conmigo pacto con sacrificio.
>
> Y denunciarán los cielos su justicia; *porque Dios es el juez.*[17]

Aunque se verá que mucha de la responsabilidad para juzgar será delegada, este pasaje parece indicar que el Salvador bendecirá a los justos con el privilegio de reunirse personalmente con El mientras reciben su recompensa eterna. Cristo mismo clarifica que El es el Dios de quien la escritura habla, cuando declara a un grupo de Judíos no creyentes:

> *Porque el Padre a nadie juzga, mas todo el juicio dio al Hijo.*
>
> Para que todos honren al Hijo como honran al Padre.[18]

La responsabilidad de juzgar la tierra, fue en verdad una delegación de autoridad de Dios el Padre a Jesucristo.

> Porque como el Padre tiene vida en sí mismo, así dio también al Hijo que tuviese vida en sí mismo:
>
> *Y también le dio poder de hacer juicio,* en cuanto es el Hijo del hombre.[19]

Por esta razón Pablo escribió que Jesús "nos mandó que predicásemos al pueblo, y testificásemos que *él es el que Dios ha puesto por Juez* de vivos y muertos."[20]

Otros Servirán de Jueces Bajo Cristo

En una ocasión el apóstol Orson Pratt, mientras consideraba la manera en que se conduciría el juicio, comentó:

> *Me parece que a menos que haya un gran número de seres encargados de juzgar a los*

---

[16]Ec. 12:14.
[17]Sal. 50:3-6.
[18]Jn. 5:22-23.
[19]Jn. 5:26-27.
[20]Hch. 10:42.

> *muertos, ese proceso requeriría un período muy largo de tiempo.* Para que alguien investigue personalmente todas las palabras y pensamientos ociosos de los hijos de los hombres, desde los días de Adán hasta nuestros días, requeriría muchos millones de años. Por lo tanto, *he llegado a otra conclusión, y ésa es que Dios tiene Sus agentes, y que a través de esos agentes serán juzgados los muertos.*[21]

Estos comentarios no son meramente la lógica personal de Orson Pratt, porque el Señor ha revelado que otros lo ayudarán durante el juicio. A sus apóstoles en Palestina, Cristo dijo:

> Yo pues os ordeno un reino, como mi Padre me lo ordenó a mí,
>
> Para que comáis y bebáis en mi mesa en mi reino, y *os sentéis sobre tronos juzgando a las doce tribus de Israel.*[22]

Según el profeta Mormón, mientras los doce discípulos de Jerusalén juzgarán a toda la Casa de Israel, los doce discípulos que Jesús seleccionó en América juzgarán a los Nefitas y a los Lamanitas, después de que ellos mismos hayan sido juzgados por los doce discípulos de Jerusalén:

> Sí, he aquí, escribo a todos los extremos de la tierra; sí, a vosotros, doce tribus de Israel, *que seréis juzgadas según vuestras obras por los doce que Jesús escogió en la tierra de Jerusalén para que fuesen sus discípulos.*
>
> Y escribo también *al resto de este pueblo, que igualmente será juzgado por los doce que Jesús escogió en esta tierra;* y éstos serán juzgados por los otros doce que Jesús escogió en la tierra de Jerusalén.[23]

Parecería que en el juicio, así como en la vida mortal, el mundo espiritual y la resurrección, la responsabilidad será delegada por dispensaciones y por generaciones dentro de cada dispensación. José Smith, como cabeza de la dispensación del cumplimiento de los tiempos, será responsable de juzgar a todos los que hayan vivido durante los últimos días. Como Parley P. Pratt enseñó:

> Este día les doy este testimonio de que José Smith fue y es un Profeta, Vidente, y Revelador—*un apóstol que posee las llaves de esta última dispensación del reino de Dios, bajo la dirección de Pedro, Santiago, y Juan.* Y no sólo fue un profeta y apóstol de Jesucristo que vivió y murió como un profeta sino que ahora vive en el mundo espiritual y posee las mismas llaves para toda esta generación. Así también él poseerá esas llaves por toda la eternidad. Y ningún poder en el cielo o en la tierra jamás se las quitará, porque permanecerán con él por toda la eternidad. Y él se levantará—sí, otra vez en la carne sobre esta tierra, a la cabeza de los

---

[21] J.D. 17:182, 11 de octubre de 1874.
[22] Lc. 22:29-30. Véase también D. y C. 29:12.
[23] Morm. 3:18-19.

Santos de los Ultimos Días bajo la dirección de Jesucristo, y de Pedro, Santiago y Juan. *El poseerá las llaves para juzgar a la generación de aquellos a quienes fue enviado, y juzgará a mis hermanos que presiden sobre mí. Y me juzgará a mí, junto con los apóstoles que han sido ordenados por la palabra del Señor a través de él y bajo su administración.*

Cuando ésto se lleve a cabo, esos apóstoles juzgarán a esta generación y a los Santos de los Ultimos Días. Y los juzgarán con ese juicio que Jesucristo les dará a ellos. Y ellos tendrán el mismo espíritu y la misma mente que Cristo, y el juicio de ellos será Su juicio, porque serán uno. . . .

Yo espero, por el poder de la resurrección y por el poder vivificante de la gloria celestial, que mi memoria será perfeccionada, y que podré recordar todos los hechos, deberes y actos de mi propia vida. También recordaré, más correcta y perfectamente, cada acto de benevolencia que jamás haya sido hecho por mí en el nombre del Señor y por causa de mi llamamiento. Y recordaré con más claridad, toda negligencia y todo desprecio de parte de aquellos a quienes he sido enviado.

Podré decirle al justo, 'Bien hecho, siervo bueno y fiel, porque has hecho bien a mí y a mis hermanos: por lo tanto, entrad en el gozo del Señor.' También podré decirles a otros, 'Alejáos de mí porque sufrí hambre y no me alimentásteis. Estuve desnudo, y no me vestísteis. Estuve enfermo o encarcelado, o perdido, y no me ayudásteis. Tuve una misión que cumplir, y no mostrásteis interés en ella.'

Así será con el hermano José, o el hermano Brigham, o con cualquiera de los apóstoles o élderes que tienen una porción de las llaves del sacerdocio en esta generación, si las mantienen fielmente. Podrán recordar y entender todos sus propios actos y todos los hechos de esta generación a quienes han sido enviados. Y ellos juzgarán en el nombre del Señor Jesucristo. *Nosotros seremos juzgados por José Smith, y él será juzgado por Pedro, Santiago y Juan, y sus compañeros. El hermano Brigham, quien preside ahora sobre nosotros, poseerá las llaves bajo la dirección del hermano José. Y él y sus hermanos, quienes poseen las llaves junto con él o bajo su dirección, juzgarán al resto de la gente.* Y ellos poseerán esas llaves por toda la eternidad, a través de mundos sin fin. Con esas llaves ellos tendrán que juzgar a esta generación. Y Pedro, Santiago y Juan poseerán las llaves para presidir, juzgar, y dirigir al hermano José Smith a través de toda la eternidad. Y Jesucristo poseerá las llaves sobre ellos y sobre nosotros, bajo la dirección del Padre para quien sea toda la gloria. *Este es mi testimonio y en obediencia a esas llaves si Dios me abre el camino y me concede la vida, continuaré mi obra.*[24]

También parece que juzgar no sólo les corresponde a los apóstoles, sino también a muchos miembros justos de la Iglesia de Cristo. Cristo ha revelado:

---

[24]J.D. 5:195-196, 7 de septiembre de 1856.

> He aquí, en estos postreros días, yo, el Señor, he hecho a mi Iglesia semejante a un juez que se sienta en un monte, o en un lugar alto, *para juzgar a las naciones.*
>
> Pues sucederá que los *habitantes de Sión juzgarán todas las cosas pertenecientes a Sión.*[25]

El Profeta Daniel vio los últimos días y vio que "Se dio el juicio a los Santos del Altísimo; y vino el tiempo, y los Santos poseyeron el reino."[26] Y Pablo les escribió a los Santos en Corinto, diciendo:

> ¿O no sabéis que *los santos han de juzgar al mundo?*...
>
> ¿O no sabéis que *hemos de juzgar a los ángeles?* ¿Cuánto más las cosas de este siglo?[27]

Como vemos, el ser juez es parte de la responsabilidad y bendición de aquellos que llegarán a ser "sacerdotes y reyes"[28] en el mundo celestial. Aunque parte de esta responsabilidad puede ser la de participar en el proceso del juicio final, el llamamiento para actuar como juez también consistirá en continuar como una autoridad para presidir y gobernar en la misma forma que lo hacían los jueces de la Biblia,[29] los jueces que gobernaron en la época del Libro de Mormón,[30] así como nuestros obispos hoy. Esta manera de juzgar ha sido definida en una revelación del Señor:

> Y el que desempeñe esta misión es nombrado para ser juez en Israel, como fue en los días antiguos, *para repartir las tierras de la herencia de Dios a sus hijos;*
>
> y para *juzgar a su pueblo por el testimonio de los justos, y con la ayuda de sus consejeros,* conforme a las leyes del reino dadas por los profetas de Dios.
>
> Pues de cierto os digo que se guardará mi ley en esta tierra.
>
> *No piense ningún hombre ser gobernante; más bien, gobierne Dios, según el designio de su voluntad,* al que juzga, o en otras palabras, al que aconseja o se sienta en el tribunal.[31]

Los Propósitos del Juicio Final

El proceso del juicio final logrará por lo menos ocho propósitos que son necesarios en el gran plan de salvación que Dios ha preparado. Cada fase del proceso es esencial al hombre en su relación futura con Dios. Esos propósitos son:

[25]D. y C. 64:37-38.
[26]Dn. 7:22.
[27]1 Co. 6:2-3.
[28]D. y C. 76:56.
[29]Tales como Débora, Gedeón, Jephte, Samsón, etc. Véase el libro de los Jueces.
[30]Tales como Alma, Nefíah, Pahorán, Helamán, Nefi, etc. Véanse los libros de Alma y de Helamán.
[31]D. y C. 58:17-20.

1. *Causar que el hombre se dé cuenta de que sus propios actos determinan su destino.* "El Señor sabe todas las cosas desde el principio,"[32] "sabe todas las cosas que han de suceder,"[33] y "conoce todas las épocas que le están señaladas al hombre."[34] El "no tenía necesidad que alguien le diese testimonio del hombre; porque él sabía lo que había en el hombre."[35] El conoce las habilidades del hombre, su fortaleza y sus debilidades. Y tiene presciencia divina para anticipar el destino final del hombre aún antes de que el individuo entre en la vida mortal. El juicio noha sido diseñado para el beneficio de Dios, porque El ya sabe los resultados. Al contrario, el juicio tiene el propósito de beneficiar al hombre que pasa por ese proceso.

El hombre no podrá alegar que la presciencia de Dios controló sus acciones y lo predestinó a cierto destino, porque aunque Dios le haya dado pruebas y desafíos, también le ha dejado su libre albedrío para "escoger la libertad y la vida eterna . . . o escoger la cautividad y la muerte."[36] Y El ha proclamado que:

> Para que todo hombre pueda obrar en doctrina y principio pertenecientes a lo futuro, de acuerdo con el albedrío moral que yo le he dado, para que todo hombre responda por sus propios pecados en el día del juicio.[37]

En ese día de juicio, ningún hombre podrá decir que se le negó su albedrío. Todos se verán obligados a admitir que eligieron el comportamiento que determinó su destino eterno.

2. *Causar que el hombre revise su vida mortal.* Al presentarse el hombre ante el tribunal de Dios, revisará totalmente su existencia probatoria y tendrá un conocimiento perfecto de todos sus actos, buenos y malos. El proceso por medio del cual esto se llevará a cabo, puede ser similar a lo que experimentó el Presidente George Albert Smith cuando fue desafiado por su abuelo en el mundo de los espíritus. Según él relató:

> *Todo lo que antes había hecho pasó frente a mis ojos como una película sobre una pantalla*—todo lo que había hecho. Muy rápido esta clara visión del pasado llegó hasta el momento mismo en que la experimentaba. Toda mi vida se había proyectado delante de mí.[38]

[32]1 Ne. 9:6.
[33]P. de Morm. 7.
[34]Al. 40:10.
[35]Jn. 2:25.
[36]2 Ne. 2:27.
[37]D. y C. 101:78.
[38]George Albert Smith, *Sharing the Gospel with Others, op. cit.*, pág. 112.

Parecería que el recuerdo de su pasado como lo describió el Presidente Smith, fue similar a la experiencia profetizada por el profeta Jacob:

> Por lo que tendremos *un conocimiento perfecto de toda nuestra culpa, y nuestra impureza, y nuestra desnudez;* y los justos, hallándose vestidos de pureza, sí, con el manto de rectitud, tendrán *un conocimiento perfecto de su gozo y de su justicia.*
>
> Y acontecerá que cuando todos los hombres hayan pasado de esta primera muerte a la vida, de modo que hayan llegado a ser inmortales, *deberán comparecer ante el tribunal del Santo de Israel; y entonces viene el juicio, y luego deben ser juzgados según el santo juicio de Dios.*[39]

Como veremos más adelante en este capítulo, en el proceso de repasar todos los hechos de la vida, será usada la evidencia de varios registros y libros, así como, en algunos casos, confrontaciones con testigos.

Por eso, el juicio final causará que todos los hombres repasen todos los hechos de su vida con el propósito de entender plenamente la razón de la recompensa obtenida.

3. *Causar que el hombre reconozca la justicia del juicio de Dios.* Una tercera responsabilidad que el hombre debe cumplir en el juicio final, es el reconocer que la determinación de justicia del Señor es, en su caso, justa y verdadera. Alma enseñó:

> . . . tendremos que ir y presentarnos ante él en su gloria, y en su fuerza, en su poder, majestad y dominio, y *reconocer, para nuestra eterna vergüenza, que todos sus juicios son rectos; que él es justo en todas sus obras y es misericordioso* con los hijos de los hombres, y que tiene todo poder para salvar a todo hombre que crea en su nombre y dé fruto digno de arrepentimiento.[40]

Cada hombre se verá obligado a proclamar el mensaje que Juan el Revelador oyó desde el altar de Dios: "Ciertamente, Señor Dios Todopoderoso, tus juicios son verdaderos y justos."[41]

4. *Causar que el hombre reconozca que Jesús es el Cristo.* Aunque muchos han rechazado el evangelio y rehusado poner sus vidas en orden de acuerdo con el programa de Dios, en el día del juicio toda persona se verá obligada a reconocer la divinidad de Cristo y que El es el rey supremo, quien establece la ley. La voz del Señor ha proclamado que "Todos éstos doblarán la rodilla, y toda lengua confesará al que se sienta sobre el trono para siempre jamás."[42] El profeta Alma enseñó:

[39]2 Ne. 9:14-15.
[40]Al. 12:15.
[41]Ap. 16:7. También véase Ap. 19:2; Ro. 2:2; D. y C. 127:3.
[42]D. y C. 76:110.

> Sí, *toda rodilla se doblará, y toda lengua confesará ante él.* Sí, en el postrer día, cuando *todos los hombres se presenten para ser juzgados por él, entonces confesarán que él es Dios;* y los que vivan sin Dios en el mundo entonces confesarán que el juicio de un castigo eterno sobre ellos es justo; y se estremecerán y temblarán, y se encogerán bajo la mirada de su ojo que todo lo penetra.[43]

De acuerdo al horario de los eventos de los últimos días, establecido en la sección 88 de Doctrina y Convenios, la trompeta angelical dará la orden de postrarse delante de Dios. Esa trompeta será oída y obedecida por todos los hombres, ya sea que estén en el cielo o en la tierra o que sus cuerpos estén todavía en la tumba:

> Y otra trompeta sonará, la cual es la quinta trompeta, y es el quinto ángel que vuela por en medio del cielo y entrega el evangelio eterno a todas las naciones, tribus, lenguas y pueblos;
>
> Y éste será el sonido de su trompeta, diciendo a todo pueblo, tanto en el cielo como en la tierra, y debajo de la tierra; *porque todo oído lo oirá, y toda rodilla se doblará, y toda lengua confesará, al escuchar el sonido de la trompeta,* que dice: Temed a Dios y dad gloria al que se sienta sobre el trono, para siempre jamás; porque la hora de su juicio ha llegado.[44]

Los cuatro propósitos del juicio enumerados anteriormente serán cumplidos por la persona bajo juicio. Pero los cuatro propósitos siguientes serán cumplidos por el Señor y Sus representantes.

5. *Otorgar perdón por los pecados.* Dios ha revelado que "nada impuro puede entrar en su reino,"[45] y también dijo que "no podéis ser salvos en vuestros pecados."[46] Sin embargo, "todos pecaron, y están destituídos de la gloria de Dios."[47] Por eso, a menos que haya un camino por medio del cual el hombre pueda arrepentirse y ser perdonado de sus pecados, ninguna persona podrá entrar en el reino celestial. Por medio de su expiación, Cristo puede permitirle al hombre sufrir por sus propios pecados o excusarlo del sufrimiento por medio del proceso del perdón. Esta decisión tiene que ser hecha por el Señor o Sus siervos, basándose en la actitud de la persona, sus obras, grado de arrepentimiento y deseo de confesar voluntariamente sus pecados en el día del juicio. Como testificó el apóstol Juan:

---

[43]Mos. 27:31.

[44]D. y C. 88:103-104. El ángel que sonará la trompeta aparentemente será Moroni quien le encomendó a José Smith el evangelio contenido en el Libro de Mormón. (Véase Ap. 14:6-7; J. Smith-Hist. 34; D. y C. 20:6-9, 27:5.)

[45]3 Ne. 27:19.

[46]Al. 11:37. También véase Al. 7:21; Mos. 2:37.

[47]Ro. 3:23. Véase Ro. 3:10-12.

> . . . y la sangre de Jesucristo . . nos limpia de todo pecado.
> Si dijéramos que no tenemos pecado, nos engañamos a nosotros mismos, y no hay verdad en nosotros.
> *Si confesamos nuestros pecados, él es fiel y justo para que nos perdone nuestros pecados, y nos limpie de toda maldad.*[48]

El perdón y la exoneración de toda responsabilidad de pecado por medio del arrepentimiento es a lo que Amulek se refería cuando dijo que "los justos se sentarán en su reino, para ya no volver a salir; y *sus vestidos serán blanqueados por medio de la sangre del Cordero.*"[49]

En el gran plan de salvación, el tiempo asignado para que el hombre reciba la remisión de sus pecados es durante la vida mortal, por medio del bautismo.[50] A los que se bautizan les es dado el mandamiento de luchar para retener siempre "la remisión de vuestros pecados."[51] Si así lo hacen, encontrarán que la promesa del Señor se cumplirá en el día del juicio, "y nunca más me acordaré de sus pecados e iniquidades."[52] Otros, sin embargo, no serán redimidos durante la vida mortal, pero habiendo mejorado su situación ante Dios en el mundo de los espíritus, se les otorgará el perdón a la hora del juicio final.

6. *Interceder ante Dios a favor del hombre.* Cristo "es mediador del nuevo testamento."[53] En Su responsabilidad de intermediario entre el hombre y Dios el Padre, el Señor "conforme a la voluntad de Dios intercede por los Santos."[54] Cristo maneja los asuntos de la tierra en el nombre de Su Padre y se prepara para "cuando entregue el reino y lo presente sin mancha al Padre."[55] El Padre ha encomendado todo juicio en las manos de Cristo, y por eso aceptará Su testimonio concerniente al mérito de aquellos que entran en el reino. El hombre recibe el testimonio de aprobación de Cristo ante el Padre al esforzarse por guardar los mandamientos del Señor y al hacerse digno del sacrificio expiatorio. Según lo que Juan escribió,

> . . . y si algunos hubieren pecado, abogado tenemos para con el Padre, a Jesucristo el justo;
> Y él es la propiciación por nuestros pecados: y no solamente por los nuestros, sino también por los de todo el mundo.

[48] 1 Jn. 1:7-9.
[49] Al. 34:36.
[50] Mr. 1:4; Lc. 3:3; Hch. 2:38.
[51] Mos. 4:12.
[52] Heb. 10:17. También véase Ez. 18:22; 33:16.
[53] Heb. 9:15.
[54] Ro. 8:27. También véase 8:34.
[55] D. y C. 76:107.

Y en esto sabemos que nosotros le hemos conocido, si guardamos sus mandamientos.[56]

Entonces, una parte del juicio es que Cristo abogará por la causa del hombre ante el Padre, y certificará que el juicio es justo, testificando que cada uno merece la recompensa que recibe.

7. *Restaurar al hombre para bien o para mal.* El séptimo propósito del juicio es restaurar al hombre a una vida que sea compatible con sus obras y deseos mortales. Alma explicó este principio diciendo:

> . . . *el plan de la restauración es indispensable para la justicia de Dios, porque es esencial que todas las cosas sean restablecidas a su propio orden.* He aquí, es preciso y justo, según el poder y resurrección de Cristo, que el alma del hombre sea restituída a su cuerpo, y que al cuerpo le sean restauradas todas sus partes.
>
> Y es indispensable para la justicia de Dios, *que los hombres sean juzgados según sus obras; y si sus hechos fueron buenos en esta vida, y buenos los deseos de sus corazones, que también sean ellos restituídos a lo que es bueno en el postrer día.*
>
> *Y si sus obras son malas, les serán restituídas para mal.* Por tanto, todas las cosas serán restablecidas a su propio orden; cada cosa a su forma natural—la mortalidad levantada en inmortalidad; la corrupción en incorrupción—resucitada a una felicidad sin fin para heredar el reino de Dios, o a una miseria interminable para heredar el reino del diablo; una cosa por un lado y otra por el otro;
>
> *uno resucitado a la dicha, de acuerdo con sus deseos de felicidad, o a lo bueno, según sus deseos del bien; y el otro al mal, según sus deseos de maldad;* porque así como ha deseado hacer mal todo el día, así recibirá su recompensa de maldad cuando venga la noche.
>
> Y así sucede del otro lado. *Si se ha arrepentido de sus pecados y deseado la justicia hasta el fin de sus días, en igual manera será recompensado en justicia.*"[57]

Alma continuó explicando que, en el juicio final, el hombre será restituído al mismo nivel de vida que caracterizó su vida mortal:

> *Y he aquí, ¿significa la palabra restauración tomar una cosa de un estado natural y colocarla en un estado innatural, o ponerla en una condición que se opone a su naturaleza?*
>
> Oh, hijo mío, *tal no es el caso; sino que el significado de la palabra restauración es volver de nuevo mal por mal,* o carnal por carnal, o diabólico por diabólico; *bueno por lo que es bueno,* recto por lo que es recto, justo por lo que es justo, clemente por lo que es clemente.
>
> Por tanto, hijo mío, procura ser misericordioso con tus hermanos; trata con justicia, juzga con rectitud, y haz lo bueno sin cesar; y si haces todas estas cosas, entonces recibirás tu galardón; sí, la misericordia te

[56] 1 Jn. 2:1-3.
[57] Al. 41:2-6.

será restablecida de nuevo; la justicia te será restaurada otra vez; se te restituirá un justo juicio nuevamente; y se te recompensará de nuevo con lo bueno.

Porque lo que de ti salga, volverá otra vez a ti, y te será restituído; por tanto, la palabra restauración condena al pecador más plenamente, y en nada lo justifica.[58]

Así que la recompensa final del hombre es una continuación de su curso mortal, y el juicio sirve para las condiciones que verdaderamente buscó y creó para sí mismo durante su vida mortal.

8. *Asignar al hombre al lugar de su herencia final.* El juicio final será cuando el hombre será asignado a su herencia individual en una de la muchas mansiones del Padre.[59] Como el Salvador lo explicó en la parábola de los talentos, vendrá un tiempo cuando el Señor dirá a los fieles,

Bien, buen siervo y fiel; sobre poco has sido fiel, sobre mucho te pondré: entra en el gozo de tu Señor.[60]

Pero a los inicuos les ordenará: "apartaos de mí, obradores de maldad."[61]

Debe notarse que, para el día del juicio, el hombre ya habrá resucitado y sabrá qué reino de gloria va a heredar. Parece que ese día será también una ocasión para totalizar y establecer el galardón y la posición final del hombre. Pero la herencia celestial del hombre no podrá ser recibida sino hasta que la tierra sea renovada como esfera celestial despues del reino de Cristo, la segunda resurrección y el cumplimiento del juicio.

La Ley de Cristo es la Norma para el Juicio

Antes de presentarse ante el tribunal de Dios, cada persona habrá tenido la oportunidad, tanto en la tierra como en el mundo de los espíritus, de escuchar la ley de Jesucristo. Tal como lo explicó el presidente José Fielding Smith:

En su justicia, nuestro Padre Celestial dará a cada hombre el privilegio de oír el evangelio. Ni una sola alma será dejada a un lado u olvidada. Ya que esto es verdad, ¿qué acontecerá con los miles que han muerto y nunca oyeron de Cristo, que nunca tuvieron la oportunidad de arrepentirse y de tener Su autoridad? Algunos de nuestros buenos vecinos cristianos os dirán que ésos están perdidos para siempre, pues no hay esperanza más allá.

[58] Al. 41:12-15.
[59] Jn. 14:2.
[60] Mt. 25:23.
[61] Mt. 7:23.

> ¿ Sería justo eso? ¿Sería equitativo? ¡No! *El Señor dará a cada hombre la oportunidad de oír y recibir la vida eterna, o un lugar en su reino.* Somos muy afortunados porque hemos tenido ese privilegio aquí y hemos pasado de muerte a vida.
>
> El Señor ha dispuesto su plan de redención para que *todos los que han muerto sin esta oportunidad en vida la reciban en el mundo espiritual.* Allá, élderes de la Iglesia están proclamando el evangelio entre los muertos. . . . El Señor ha hecho saber que su misericordia se extiende hasta los extremos de la tierra y que *cada alma tiene el derecho de oír el plan del evangelio, ya sea en esta vida o en el mundo espiritual. Todos los que oyen y creen, se arrepienten y reciben el evangelio en su plenitud, sean vivos o muertos, serán herederos de la salvación en el reino de Dios.*[62]

La ley y los mandamientos que se encuentran en las enseñanzas de Cristo, proveerán el criterio de conducta por el cual todo hombre será juzgado. Según el apóstol Pablo, el día del juicio es el día en que "juzgará el Señor lo encubierto de los hombres, *conforme a mi evangelio,* por Jesucristo."[63] Pablo enseñó que "por la ley es el conocimiento del pecado,"[64] y que "Todos los que en la ley pecaron, por la ley serán juzgados."[65]

El Rey Benjamín entendió que los mandamientos de Cristo serían la norma para el juicio en el último día. Por eso enseñó a su pueblo:

> Y ahora he declarado las palabras que Dios el Señor me ha mandado.
>
> Y así dice el Señor: *Estarán como reluciente testimonio contra los de este pueblo en el día del juicio, y por las cuales ellos serán juzgados según sus obras,* ya sea que fueren buenas o que fueren malas.[66]

Durante su ministerio mortal, Cristo enseñó concerniente a aquellos que decidieron no creer en Sus palabras, diciendo que El no juzgaría personalmente a tales individuos sino que Su palabra serviría como la norma de juicio:

> Y el que oyere mis palabras, y no las creyere, *yo no le juzgo;* porque no he venido a juzgar al mundo, sino a salvar al mundo.
>
> El que me desecha, y no recibe mis palabras, tiene quien le juzgue; *la palabra que he hablado, ella le juzgará en el día postrero.*[67]

---

[62] Bruce R. McConkie. *Doctrinas de Salvación, op. cit.,* Vol.II págs. 124-125. También véase D. y C. 1:2, 4, 11; 42:58; 43:20-28; 68:8; 84:75; 88:104; 90:8-11; 133:9-10.

[63] Ro. 2:16.

[64] Ro. 3:20.

[65] Ro. 2:12.

[66] Mos. 3:23-24.

[67] Jn. 12:47-48.

En los últimos días el Maestro nuevamente ha revelado que Sus mandamientos, como se encuentran en las escrituras, serán la norma del juicio:

> Se os dan estas palabras y son puras ante mí; por tanto, tened cuidado de cómo las consideráis, *porque vuestras almas responderán por ellas en el día del juicio.*[68]

Las escrituras no sólo servirán como base para el juicio, sino que con la palabra de Dios mismo viene la obligación de prepararnos por medio del estudio. Los Santos de los Ultimos Días, quienes gozan de mayor oportunidad de conocer la palabra de Dios que el mundo en general, están bajo una obligación mayor de vivir de acuerdo a la palabra revelada de Dios. Según enseñó Cristo:

> *Porque el siervo que entendió la voluntad de su señor, y no se apercibió, ni hizo conforme a su voluntad, será azotado mucho.*
>
> Mas el que no entendió, e hizo cosas dignas de azotes, será azotado poco: *porque a cualquiera que fue dado mucho, mucho será vuelto a demandar de él.*[69]

El Señor reveló el mismo principio aún con mayor claridad en los últimos días:

> *Porque de aquel a quien mucho se da, mucho se requiere; y el que peque contra mayor luz, mayor condenación recibirá.*
>
> Pedís revelaciones en mi nombre, y os las concedo; *y si no observáis mis instrucciones que os doy, os hacéis trangresores;* y justicia y juicio son el castigo que prescribe mi ley.[70]

El Hombre Se Juzgará a Sí Mismo

El hombre mismo testificará en el día del juicio final, y su testimonio lo exaltará o lo condenará. Como Pablo enseñó: "cada uno de nosotros *dará a Dios razón de sí.*"[71] Y a los Fariseos el Maestro les dio este mensaje:

> Mas yo os digo, que toda palabra ociosa que hablaren los hombres, de ella *darán cuenta* en el día del juicio.
>
> *Porque por tus palabras serás justificado, y por tus palabras serás condenado.*[72]

El presidente John Taylor explicó lo justa que es esta forma de juzgar, diciendo:

---

[68]D. y C. 41:12.
[69]Lc. 12:47-48.
[70]D. y C. 82:3-4.
[71]Ro. 14:12.
[72]Mt. 12:36-37.

> El hombre dormirá por un tiempo en el sepulcro y eventualmente se levantará otra vez para ir al juicio final. Entonces todos los pensamientos secretos de todos los hombres serán revelados ante Dios. *No podremos esconder nuestros pensamientos. Sería en vano que un hombre diga en ese entonces: no hice esto o aquello. La orden será: Que se lea el registro que él ha hecho de sí mismo, y que eso testifique en relación a estas cosas, y todos lo verán.* Si un hombre ha cometido fraude contra su vecino, ha matado o cometido adulterio, o cualquier otra cosa y quiere encubrirlo, ese registro estará delante de él mirándole en la cara. *El hombre mismo contará la historia, testificando contra sí mismo.* Está escrito que Jesús juzgará no con la vista del ojo, o con lo que oye el oído, sino con justicia juzgará al pobre, y reprenderá con equidad al sufrido de la tierra. El hombre no será juzgado y condenado por lo que alguna otra persona haya visto y oído, sino *por ese registro que fue escrito por el hombre mismo en las tablas de su propia mente. Ese registro no puede mentir. En ese día, ese registro será abierto ante Dios, los ángeles, y aquellos que se sentarán como jueces.*[73]

Es por el hecho de que este juicio es decidido por la persona misma, que Jesús dijo: "No puedo yo de mí mismo hacer nada: *como oigo, juzgo:* y mi juicio es justo."[74] Este juicio propio tendrá que ver especialmente con las mayordomías a las que el hombre ha sido llamado durante la mortalidad. El Señor reveló lo siguiente concerniente a la mayordomía de los líderes de la Iglesia:

> Yo, el Señor, los he nombrado y ordenado mayordomos de las revelaciones y mandamientos que les he dado, y que en lo porvenir les daré;
>
> y *les exigiré un informe de esta mayordomía en el día del juicio.*[75]

Este método de juicio es completamente equitativo, porque cada hombre testificará concerniente a sus actos, conociendo el grado de entendimiento de lo bueno y de lo malo que tenía cuando dichos actos fueron cometidos. Cada hombre sabrá si sus malas acciones fueron intencionales o accidentales, pecado deliberado o accidental, y de acuerdo a eso así testificará. Se juzgará a sí mismo de acuerdo al conocimiento que tuvo durante la vida mortal. Por eso Pablo advirtió:

> Por lo cual eres inexcusable, oh hombre, cualquiera que juzgas: *porque en lo que juzgas a otro, te condenas a tí mismo; porque lo mismo haces, tú que juzgas.*
>
> Mas sabemos que el juicio de Dios es según verdad contra los que hacen tales cosas.
>
> ¿Y piensas esto, oh hombre, que juzgas a los que hacen tales cosas, y haces las mismas, que tú escaparás del juicio de Dios?[76]

[73] J.D. 11:78-79, 5 de febrero de 1865.
[74] Jn. 5:30.
[75] D. y C. 70:3-4.
[76] Ro. 2:1-3. También véase Mt. 7:1-5.

El juicio del hombre cubrirá todo aspecto de su vida: sus pensamientos, palabras, acciones y obras, pecados de omisión y comisión. Como advirtió Alma,

> *Porque nuestras palabras nos condenarán, sí, todas nuestras obras nos condenarán; no nos hallaremos sin mancha, y nuestros pensamientos también nos condenarán.* Y en esa terrible condición no nos atreveremos a mirar a nuestro Dios, sino que nos daríamos por felices con poder mandar a las piedras y montañas que cayesen sobre nosotros, para que nos escondiesen de su presencia.[77]

Libros y Testigos También Serán Usados en el Juicio

Parece ser que además del relato personal que cada hombre tiene que dar en el día del juicio, el hombre también será confrontado por testigos y por la historia escrita en los registros del cielo y de la tierra. Por ejemplo, Moroni advirtió a los lectores del Libro de Mormón que él los confrontaría ante el tribunal de Dios:

> Y os exhorto a que recordéis estas cosas; pues se acerca rápidamente el tiempo en que sabréis que no miento, *porque me veréis ante el tribunal de Dios; y Dios el Señor os dirá: ¿No os declaré mis palabras, que fueron escritas por este hombre,* como si fuese uno que clamaba de entre los muertos, sí, como uno que hablaba desde el polvo?[78]

En verdad, los ángeles actuarán de testigos, proclamando los pensamientos, intentos y actos secretos de todos los hombres en el día del juicio:

> Y entonces el primer ángel hará sonar de nuevo su trompeta en los oídos de todos los vivientes, *y revelará los hechos secretos de los hombres, y las prodigiosas obras de Dios* durante el primer milenio.
>
> Y entonces el segundo ángel tocará su trompeta, y *revelará las obras secretas de los hombres, y los pensamientos e intenciones de su corazón, y las prodigiosas obras de Dios* durante el segundo milenio.
>
> Y así hasta que el séptimo ángel toque su trompeta.[79]

El testimonio de registros celestiales y terrenales también será considerado en el gran día del juicio final. Juan el Revelador vio que: *"fueron juzgados los muertos por las cosas que estaban escritas en los libros, según sus obras."*[80] Hay siete tipos de registros mencionados en las escrituras que tienen que ver con el juicio final. Estos son:

---

[77]Al. 12:14. También véase Al. 41:3-6.

[78]Moro. 10:27. José Smith también dejó la misma advertencia diciendo: "Cuando sea llamado por la trompeta del arcángel y pesado en la balanza, *entonces todos vosotros me conoceréis.*"(HC 6:317)

[79]D. y C. 88:108-110.

[80]Ap. 20:12.

1. *Las escrituras*—como se vio anteriormente, contienen el criterio que se usará en el juicio. Jesús reveló:

> Porque mando a todos los hombres, tanto en el este, como en el oeste, y en el norte, así como en el sur y en las islas del mar, *que escriban las palabras que yo les hable; porque de los libros que se escriban juzgaré yo al mundo,* cada cual según sus obras, conforme a lo que esté escrito.[81]

2. *Las minutas y registros estadísticos de la Iglesia*—Estos registros mostrarán las ordenanzas llevadas a cabo, la asistencia y actividad, las contribuciones financieras, y los llamamientos y asignaciones que desempeñó cada miembro. Dichos registros deben mantenerse localmente.

> . . . en cada barrio de la ciudad se puede nombrar un registrador que sea hábil para tomar notas precisas; y ejerza él mucho esmero y exactitud al levantar un acta de todo lo transcurrido, dando fe en su registro que vio con sus ojos y oyó con sus oídos, citando la fecha, nombres, etcétera, y la relación completa de todo el asunto. . . .[82]

Se debe de mantener "una lista formal de los nombres de todos los miembros de la Iglesia."[83] Los nombres de miembros que abandonan la Iglesia o son excomulgados serán borrados . . . "del registro general de nombres de la iglesia."[84]

3. *El Libro de la Ley de Dios*—En la historia y registro general de nombres de la Iglesia hay indicaciones sobre el valor o la falta de diligencia de varios miembros, así como comentarios sobre su grado de dedicación, su fe, sus obras, sus genealogías, etc. Estas cosas también serán consideradas en el gran día del juicio. En una carta que José Smith escribió a W. W. Phelps en 1832, la cual más tarde fue incluída en Doctrina y Convenios, se establece la manera de guardar tales registros:

> Es el deber del secretario del Señor, a quien él ha nombrado, *llevar una historia y un registro general en la iglesia de todas las cosas que acontecen en Sión, y de todos los que consagran bienes* y reciben legalmente herencias del obispo;
>
> *así como su manera de vivir, su fe y obras; y también de los apóstatas que se apartan después de recibir sus herencias.*
>
> Es contrario a la voluntad y mandamiento de Dios *que estén inscritos con los del pueblo de Dios* los nombres de aquellos que no reciban su

[81] 2 Ne. 29:11.
[82] D. y C. 128:3.
[83] D. y C. 20:82.
[84] D. y C. 20:83. También véase Sal. 69:28.

> herencia por consagración, conforme a su ley que él ha dado, para que pueda diezmar a su pueblo, a fin de prepararlo para el día de la venganza y el fuego.
>
> *Ni tampoco se guardará su genealogía ni ha de hallarse* en ninguno de los registros o historia de la iglesia.
>
> Ni sus nombres, ni los nombres de sus padres, ni los de sus hijos se hallarán escritos en *el libro de la ley de Dios,* dice el Señor de las Huestes.[85]

En varias ocasiones, José Smith escribió que en este libro, él había registrado los nombres y acciones de Santos fieles.[86] También en otras dispensaciones se han mantenido registros similares. Por ejemplo, el Salvador les pidió a los doce apóstoles Nefitas,

> *Escribid los hechos de este pueblo,* que serán, tal como se ha escrito, de aquello que ya ha pasado.
>
> Pues he aquí, *por los libros que se han escrito, y los que se escribirán, será juzgado este pueblo,* porque por medio de ellos serán manifestadas sus obras a los hombres.[87]

4. *Otros Registros e Historias*—Varios registros seculares tales como archivos de cortes, archivos de escuelas, historias, diarios personales, etc., también incluirán comentarios sobre los actos de los hombres durante su vida mortal. Y si fuera pertinente y necesario, esos registros podrán ser escudriñados durante la hora del juicio, porque toda evidencia será considerada. Tales registros podrían ser parte de lo que vio Juan el Revelador en su visión del día del juicio, concerniente a la cual escribió, ". . . los libros fueron abiertos . . . y fueron juzgados los muertos por las cosas que estaban escritas en los libros, según sus obras."[88]

5. *Libros de Memorias*—Un verdadero libro de memorias es un relato de nuestros actos y pensamientos preservado, como dice el profeta Malaquías, "para los que temen a Jehová, y para los que piensan en su nombre."[89] Parecería que todos los que verdaderamente buscan al Señor y Su reino son dirigidos por inspiración a mantener un registro personal. Moisés relató que desde el principio de esta tierra ". . . se llevaba un libro de memorias, el cual se escribía en el lenguaje de Adán, *porque a cuantos invocaban a Dios les era concedido escribir por el espíritu de inspiración.*"[90] Enoc dijo: "porque hemos escrito un libro de

[85] D. y C. 85:1-5.
[86] Véase HC 5:124-127; 4:518.
[87] 3 Ne. 27:24-25.
[88] Ap. 20:12. También véase D. y C. 128:6-7
[89] Mal. 3:16. También véase 3 Ne. 24:16.
[90] Moisés 6:5.

memorias entre nosotros, *de acuerdo con el modelo dado por el dedo de Dios.*"[91]

Es una ofensa seria ante los ojos del Señor no tener registrado nuestro nombre e información básica en un libro de memorias. El ha dicho:

> *Y todos aquellos cuyos nombres no estén asentados en el libro de memorias, no hallarán herencia* en aquel día, antes serán desarraigados y se les señalará su porción entre los incrédulos, en donde es el lloro y el crujir de dientes.[92]

6. *El registro familiar*—El hombre debe de establecer debidamente su lugar correcto en el orden patriarcal por medio de un cuidadoso registro de sus antepasados y de sus descendientes. Esta práctica comenzó con Adán quien "declaró esta profecía al ser inspirado por el Espíritu Santo, y *se guardaba una genealogía de los hijos de Dios.*"[93] El no tener un registro genealógico adecuado puede ocasionar serias consecuencias como aconteció con los desafortunados hijos de algunos de los sacerdotes en los días de Esdras:

> Estos buscaron su registro de genealogías, y no fue hallado; y fueron echados del sacerdocio.[94]

El profeta José Smith propuso lo siguiente en relación a este tipo de registro el cual se lleva individualmente y es recopilado colectivamente por la Iglesia:

> Ofrezcamos, pues, como iglesia y como pueblo, y como Santos de los Ultimos Días, una ofrenda al Señor en justicia; y *presentemos en su santo templo, cuando quede terminado, un libro que contenga el registro de nuestros muertos,* el cual sea digno de toda aceptación.[95]

Todos los registros mencionados hasta ahora son registros temporales. Serán escritos por mortales en material perecedero que eventualmente se descompondrá y se volverá polvo. Sin embargo, estos no estarán perdidos para Dios, porque "*todas las cosas son escritas por el Padre;* por consiguiente, el mundo será juzgado por los libros que se escriban."[96] Según escribió el profeta José Smith ". . . y cual los registros en la tierra relacionados con vuestros muertos, debidamente

---

[91]Moisés 6:46.
[92]D. y C. 85:9.
[93]Moisés 6:8.
[94]Ez. 2:62. También véase D. y C. 85:11-12.
[95]D. y C. 128:24.
[96]3 Ne. 27:26.

llevados, tales también los registros en los cielos."[97] En otra ocasión, advirtió, "aquello que registréis en la tiera será registrado en los cielos, y *lo que no registréis en la tierra no será registrado en los cielos.*"[98]

Hay un séptimo tipo de registros que influenciará al hombre en el gran día del juicio final. Este no es un registro mortal, sino un registro muy importante que se lleva en el cielo. Este es:

7. *El Libro de la Vida del Cordero*—Este es el más importante de los libros que se usarán en el juicio, y es el que más frecuentemente se menciona en las escrituras. Parece que es "el libro de los nombres de los santificados, a saber los del mundo celestial."[99] "Son aquellos cuyos nombres están escritos en el cielo,"[100] quienes se han unido "a la congregación de los primogénitos,"[101] y los que entrarán en la Ciudad Santa de Dios.[102] Son los que "trabajaron juntamente" en el evangelio,[103] y que han vencido todas las cosas, porque el Salvador reveló que:

> *El que venciere* será vestido de vestiduras blancas; y *no borraré su nombre del libro de la vida,* y confesaré su nombre delante de mi Padre, y delante de sus ángeles.[104]

Este registro divino ayudará en la selección de aquellos que se levantarán en la primera resurrección.[105] Este libro de la vida representa la fuerza selladora de las ordenanzas del evangelio,[106] porque el Señor ha revelado:

> Entonces se escribirá en el Libro de la Vida del Cordero, . . . les será cumplido en todo cuanto mi siervo haya declarado sobre ellos, por tiempo y por toda la eternidad; y estará en pleno vigor cuando ya no estén en el mundo.[107]

José Smith enseñó:

> Hasta que hayamos logrado el amor perfecto, corremos peligro de caer y *cuando tengamos el testimonio de que nuestros nombres han quedado grabados*

[97]D. y C. 128:14.
[98]D. y C. 128:8.
[99]D. y C. 88:2.
[100]D. y C. 76:68. También véase Lc. 10:20; D. y C. 128:6.
[101]He. 12:23.
[102]Ap. 21:24-27.
[103]Fil. 4:3.
[104]Ap. 3:5.
[105]Véase Dn. 12:1-2.
[106]Véase D. y C. 128:8.
[107]D. y C. 132:19.

> *en el libro de la vida del Cordero, tendremos el amor perfecto.* Entonces será imposible que nos engañen los falsos Cristos.[108]

En cambio, aquellos que adoraron falsamente no aparecerán en el libro de la vida del Cordero.[109] El Señor ha declarado "Al que pecare contra mí, a éste raeré yo de mi libro."[110]

La Misericordia no Puede Robar a la Justicia

Ya que todos los hombres han caído en pecado, sólo por medio de la misericordia y expiación de Jesucristo podrán ser redimidos. El puede interceder ante el Padre por aquellos que creen en El, y de esa forma lograr que sean admitidos en la gloria celestial. Sin embargo esto no puede ser hecho por los rebeldes que no se han arrepentido porque la ley de oposición demanda tanto el castigo como el galardón. Este principio lo explicó el profeta Lehi:

> Por tanto, la redención viene en, y por medio del Santo Mesías, porque él es lleno de gracia y de verdad.
>
> He aquí, él se ofrece a sí mismo en sacrificio por el pecado, para satisfacer las demandas de la ley, por todos los de corazón quebrantado y de espíritu contrito; y por nadie más responde ante los requerimientos de la ley.
>
> Por lo tanto, cuán grande es la importancia de dar a conocer estas cosas a los habitantes de la tierra, para que sepan que *ninguna carne puede morar en la presencia de Dios, sino por medio de los méritos, y misericordia, y gracia del Santo Mesías,* quien da su vida, según la carne, y la vuelve a tomar por el poder del Espíritu, para poder efectuar la resurrección de los muertos, siendo el primero que ha de resucitar.
>
> De manera que él es las primicias para Dios, pues *él intercederá por todos los hijos de los hombres; y los que crean en él serán salvos.*
>
> *Y por motivo de la intercesión hecha por todos, todos los hombres vienen a Dios; de modo que comparecen ante su presencia para que él los juzgue* de acuerdo con la verdad y santidad que hay en él. Por tanto, lo que demanda la ley que ha sido dada por el Muy Santo, es la imposición del castigo que se ha fijado, el cual *castigo que se ha fijado se halla en oposición a la ley de la felicidad, que se ha fijado, para cumplir los fines de la expiación.*
>
> *Porque es preciso que haya una oposición en todas las cosas.* Pues de otro modo, mi primer hijo nacido en el desierto, no se podría llevar a efecto la justicia ni la iniquidad, ni tampoco la santidad ni la miseria, ni el bien ni el mal.[111]

---

[108] Joseph Fielding Smith (comp.), *Teachings of the Prophet Joseph Smith,* (Salt Lake City, Utah: The Deseret News Press, 1938), pág.9. (También véase J.D. 6:297, 15 de agosto de 1852.)

[109] Ap. 13:8; 17:8.

[110] Ex. 32:33.

[111] 2 Ne. 2:6-11.

De acuerdo al Rey Benjamín, la rebelión en contra de Dios causa que el hombre se aparte de Su presencia y por eso que pierda el derecho de participar de la misericordia de Cristo:

> Y ahora os digo, hermanos míos, que después de haber sabido y de haber sido instruídos en todas estas cosas, *si transgredís y obráis contra lo que se ha hablado, de modo que os separáis del Espíritu del Señor,* para que no tenga cabida en vosotros para guiaros por las sendas de la sabiduría, a fin de que seáis bendecidos, prosperados y conservados,
>
> os digo que el hombre que esto hace, *tal se declara en rebelión manifiesta contra Dios;* por tanto, prefiere obedecer al mal espíritu y *se convierte en enemigo de toda rectitud; por tanto, el Señor no tiene lugar en él,* porque no habita en templos impuros.
>
> De manera que si ese hombre no se arrepiente, y permanece y muere enemigo de Dios, *las demandas de la divina justicia despiertan en su alma inmortal un vivo sentimiento de su propia culpa que lo hace retroceder de la presencia del Señor,* y le llena el pecho de culpa, dolor y angustia, que es como un fuego inextinguible, cuya llama asciende para siempre jamás.
>
> Y ahora, os digo que *la misericordia no tiene derecho sobre ese hombre; por tanto, su destino final es padecer un tormento sin fin.*[112]

El profeta Alma dio una explicación más extensa aún de la relación entre la misericordia y la justicia. El enseñó que la expiación de Jesucristo satisfizo las demandas de la justicia para que Cristo pudiera extender misericordia a aquellos que se arrepintieran, pero también para que las demandas de la justicia y el castigo reclamaran a todos aquellos que no se arrepintieran:

> Por tanto, según la justicia, el plan de redención no podría realizarse sino de acuerdo con las condiciones del arrepentimiento en este estado probatorio, sí, este estado preparatorio; porque a menos que fuera por estas condiciones, *la misericordia no podría surtir efecto, salvo que destruyese la obra de la justicia. Pero la obra de la justicia no podía ser destruída; de ser así, Dios dejaría de ser Dios.*
>
> Y así vemos que *toda la humanidad se hallaba caída, y que estaba en manos de la justicia;* sí, la justicia de Dios que los consignaba para siempre a estar separados de su presencia.
>
> Ahora, no se podría realizar el plan de la misericordia salvo que se efectuase una expiación; *por tanto, Dios mismo expía los pecados del mundo, para realizar el plan de la misericordia, para apaciguar las demandas de la justicia, para que Dios sea un Dios perfecto, justo y misericordioso también.*
>
> Mas el arrepentimiento no podía llegar a los hombres a menos que se fijara un castigo, igualmente tan eterno como la vida del alma, en oposición al plan de la felicidad, tan eterno también como la vida del alma. . . .

---

[112] Mos. 2:36-39.

Mas se ha dado una ley, y se ha fijado un castigo, y *se ha concedido un arrepentimiento, el cual la misericordia exige; de otro modo, la justicia demanda al ser viviente y ejecuta la ley, y la ley impone el castigo;* pues de no ser así, las obras de la justicia serían destruídas, y Dios dejaría de ser Dios.

Mas Dios no cesa de ser Dios, y *la misericordia reclama al que se arrepiente; y la misericordia viene a causa de la expiación;* y la expiación lleva a efecto la resurrección de los muertos; y la resurrección de los muertos lleva a los hombres de regreso a la presencia de Dios; y así son restaurados a su presencia, para ser juzgados según sus obras, de acuerdo con la ley y la justicia.

Pues he aquí, la justicia ejerce todos sus derechos, y también la misericordia reclama cuanto le pertenece; y así, nadie se salva sino los que verdaderamente se arrepienten.

¡Qué! ¿Supones tú que la misericordia puede robar a la justicia? Te digo que no, ni un ápice. Si fuera así, Dios dejaría de ser Dios.

Y de este modo realiza Dios sus grandes y eternos propósitos, que fueron preparados desde la fundación del mundo.[113]

RESUMEN

1. El gran día del juicio final se extenderá desde el comienzo del reinado milenario de Cristo, por más de mil años, pasando la segunda resurrección, hasta el fin del estado temporal de la tierra. No se sabe si será intermitente o si continuará durante todo ese tiempo.

2. El día de juicio de cada hombre seguirá inmediatamente después de su resurrección. Por lo tanto, aquellos que se levantan en la primera resurrección al comienzo del milenio, serán juzgados temprano, mientras que aquellos que resucitan en la segunda resurrección no serán juzgados hasta después de la época milenaria.

3. El juicio final no debe confundirse con otros juicios tales como el que se espera cuando Cristo venga en Su gloria. El juicio final representa la última vez en que el hombre se presentará ante el tribunal de Dios con el propósito de recibir una evaluación relacionada con esta tierra y su estado mortal.

4. Cada persona se enfrentará al juicio final.

5. El Padre ha delegado todo juicio a Su Hijo, Jesucristo, pero otros servirán de jueces bajo la dirección del Salvador. Parece que el proceso del juicio será organizado por dispensaciones y por generaciones dentro de cada dispensación. José Smith presidirá el proceso del juicio para nuestra dispensación.

6. Los doce apóstoles de Palestina juzgarán a toda la casa de Israel.

[113] Al. 42:13-16, 22-26.

Juzgarán también a los doce apóstoles Nefitas, quienes a su vez juzgarán a los Lamanitas y a los Nefitas. Muchos de los Santos recibirán responsabilidades para juzgar.

7. El juicio final satisfará por lo menos, ocho propósitos. Los primeros cuatro serán llevados a cabo por la misma persona que esté bajo juicio. Los otros cuatro estarán a cargo de Cristo y de Sus representantes:

   A. El hombre verá que sus propias acciones determinan su destino.
   B. El hombre revisará su vida mortal.
   C. El hombre reconocerá la justicia del juicio de Dios.
   D. El hombre reconocerá que Jesús es el Cristo.
   E. Cristo otorgará el perdón por los pecados.
   F. Cristo intercederá ante Dios a favor del hombre.
   G. Cristo restaurará al hombre para bien o para mal.
   H. Cristo asignará al hombre al lugar de su herencia final.

8. El juicio final es básicamente más para el beneficio del hombre que para el de Dios. Desde el principio Dios ha tenido conocimiento del juicio final del hombre.

9. El evangelio de Jesucristo será la base para el juicio. Para el día del juicio final, todo hombre habrá tenido la oportunidad de aceptar o rechazar el mensaje, y podrá ser juzgado bajo el mismo criterio. De aquellos que gozaron de un conocimiento mayor, se esperará que hayan avanzado a un nivel más alto.

10. El hombre ha de servir como su propio acusador y defensor. Pudiendo recordar perfectamente todos sus pensamientos, motivos, hechos y acciones, se juzgará a sí mismo con el mismo conocimiento con que juzgó a otros y a sí mismo durante su estado mortal.

11. Testigos testificarán en contra de algunos individuos en el día del juicio.

12. Seis clases de registros que se llevan en la tierra serán usados como evidencia en el juicio. Algunos de esos registros, habrán sido duplicados en el cielo para asegurar que estén disponibles en ese día.

   A. Las escrituras.
   B. Los registros estadísticos y minutas de la Iglesia.
   C. El Libro de la Ley de Dios.
   D. Otros registros e historias.
   E. Libros de memorias.
   F. Registros familiares.

13. El Libro de la Vida del Cordero es un registro que se lleva en el cielo sobre aquellos que heredarán el reino celestial.

14. La misericordia no robará a la justicia. La expiación de Cristo le permite extender misericordia y perdón a aquellos que se arrepienten. Aquellos que no se arrepienten, sino se rebelan en contra de Dios, están sujetos a la justicia y al castigo. La misericordia de Dios ya no estará al alcance de tales personas.

CAPITULO IX

LOS HIJOS DE PERDICION—SU PECADO Y DESTINO

La Resurrección y el Reino Sin Gloria

Ya se vio en el capítulo VIII que todos los hombres se levantarán del sepulcro y que sus espíritus y sus cuerpos serán reunidos en la resurrección. "En Cristo todos serán vivificados,"[1] y a nadie que haya obtenido un cuerpo en la vida mortal, se le negará la oportunidad de reunirse otra vez con su cuerpo en la resurrección. La gran mayoría de los hombres heredarán cuerpos llenos de la gloria del reino celestial, del reino terrestre o del reino telestial. Sin embargo, el Señor ha revelado que algunos resucitarán con tan poca rectitud que no podrán morar bajo la ley de ninguno de estos reinos, y tendrán que ser enviados a otro lugar:

> El que no puede soportar la ley de un reino telestial, no puede soportar una gloria telestial, por tanto, no es digno de un reino de gloria. Por consiguiente, *deberá soportar un reino que no es de gloria.*[2]

Tales individuos han perdido voluntariamente el derecho a las bendiciones de los reinos de gloria, y se verán obligados a volver a la clase de vida que vivieron en el infierno antes de la resurrección:

> Y los que queden *serán vivificados también; sin embargo, volverán otra vez a su propio lugar* para gozar de lo que están dispuestos a recibir, porque no quisieron gozar de lo que pudieron haber recibido.[3]

El profeta Alma enseñó que aquellos que heredan un reino sin gloria estarán sujetos al dominio de Satanás. El único beneficio que habrán recibido de la expiación de Cristo, será el de tener sus cuerpos resucitados, los cuales no podrán ser destruidos o separados de sus espíritus:

> Entonces es cuando sus tormentos serán como un lago de fuego y

---

[1] 1 Co. 15:22.
[2] D. y C. 88:24
[3] D. y C. 88:32

azufre, cuya llama asciende para siempre jamás; entonces es cuando *serán ligados a una sempiterna destrucción, según el poder y cautividad de Satanás,* pues él los habrá sujetado a su voluntad.

Os digo que entonces *se hallarán como si no se hubiese hecho ninguna redención; porque no pueden ser redimidos de acuerdo con la justicia de Dios; y no pueden morir, dado que no hay más corrupción.*[4]

Los Habitantes del Reino Sin Gloria Son Hijos de Perdición

¿Quiénes son los que sufrirán tan trágico destino? ¿Y cómo es que llegarán a merecerlo? La gran visión que el Señor reveló a José Smith y a Sidney Ridgon en 1832, nos da la respuesta. Esa visión nos mostró como Lucifer cayó de los cielos y fue llamado "perdición" (que significa perdido), y como sujetó a otros bajo su voluntad, haciéndoles "hijos de perdición":

> Y esto también vimos, de lo cual damos testimonio, que un ángel de Dios, que tenía autoridad delante de Dios, el cual se rebeló en contra del Hijo Unigénito, a quien el Padre amaba y el cual estaba en el seno del Padre, fue arrojado de la presencia de Dios y del Hijo.
>
> *Y fue llamado Perdición, porque los cielos lloraron por él, y era Lucifer,* un hijo de la mañana.
>
> Y vimos; y he aquí, ¡ha caído, un hijo de la mañana ha caído!
>
> Y mientras nos hallábamos aún en el Espíritu, el Señor nos mandó que escribiésemos la visión; porque vimos a Satanás, la serpiente antigua, sí, el diablo, que se rebeló contra Dios y procuró usurpar el reino de nuestro Dios y su Cristo;
>
> por tanto, *les hace la guerra a los santos de Dios, y los rodea por todos lados.*
>
> Y vimos una visión de los sufrimientos de aquellos a quienes hizo la guerra y venció, porque la voz del Señor vino a nosotros en estas palabras:
>
> Así dice el Señor concerniente a todos los que conocen mi poder, y del cual han participado, y *a causa del poder del diablo se dejaron vencer, y niegan la verdad y desafían mi poder.*
>
> *Estos son los hijos de perdición, de quienes digo que mejor hubiera sido para ellos no haber nacido;*
>
> *porque son vasos de ira, condenados a padecer la ira de Dios con el diablo y sus ángeles en la eternidad;*
>
> Concerniente a los cuales he dicho que no hay perdón en este mundo ni en el venidero.[5]

Cuando Cristo oraba al Padre, mostró que todos los hombres heredarán algún grado de gloria, con la excepción de los hijos de perdición que estarían perdidos:

---

[4]Al. 12:17-18.
[5]D. y C. 76:25-34.

Cuando estaba con ellos en el mundo, yo los guardaba en tu nombre; a los que me diste, yo los guardé, y *ninguno de ellos se perdió, sino el hijo de perdición*. . . [6]

El Pecado Imperdonable — El Pecado Contra el Espíritu Santo

¿Cuál es el peor de todos los pecados? ¿Cuál es el pecado que hunde al hombre aún más abajo del reino telestial donde van los mentirosos, hechiceros, adúlteros y fornicarios? ¿Cuál es el pecado que es imperdonable? José Smith se refirió a ese pecado en el famoso discurso que el profeta pronunció en el entierro de King Follett, cuando dijo:

> Dios ha proveído medios para que todo espíritu en el mundo espiritual pueda ser rescatado y salvo, *a menos que haya cometido ese pecado imperdonable del cual no hay remisión ni en esta vida ni en el mundo de los espíritus*. Dios ha proveído una salvación para todos los hombres, a menos que hayan cometido un cierto pecado. Y todo hombre que tiene un amigo en el mundo eterno puede salvarlo, *a menos que ese amigo haya cometido el pecado imperdonable*. Así que podéis ver hasta qué grado podéis llegar a ser un salvador.
>
> *Un hombre no puede cometer el pecado imperdonable después de salir del cuerpo.*[7]

El pecado imperdonable ha sido llamado la blasfemia contra el Espíritu Santo. Algunas declaraciones por profetas de los últimos días clarifican nuestro entendimiento de ese pecado. José Smith lo definió de esta manera:

> Todos los pecados serán perdonados excepto el pecado contra el Espíritu Santo, porque Jesús salvará a todos con la excepción de los hijos de perdición. ¿Qué tiene que hacer un hombre para cometer el pecado imperdonable? Deberá haber recibido el Espíritu Santo, haber visto los cielos abiertos y *haber conocido a Dios, y entonces pecar contra él*. Después de que un hombre ha pecado contra el Espíritu Santo, no hay arrepentimiento para él. *Tendrá que decir que el sol no brilla aunque lo esté viendo; tendrá que negar a Jesucristo cuando los cielos le han sido abiertos, y tendrá que negar el plan de salvación aunque sus ojos han sido abiertos a esa verdad*. Desde ese momento él viene a ser un enemigo. Este es el caso de muchos apóstatas de la Iglesia de Jesucristo de los Santos de los Ultimos Días.
>
> Cuando un hombre *comienza a ser un enemigo de esta obra, me persigue, busca matarme, y nunca cesa de desear mi sangre. Obtiene el espíritu del diablo—el mismo espíritu que tuvieron los que crucificaron al Señor—el mismo espíritu que peca*

[6] Jn. 17:12.
[7] HC 6:313-314, 7 de abril de 1844.

> *contra el Espíritu Santo.* No podéis salvar a tales personas. No podéis traerlos al arrepentimiento. *Declaran guerra abierta, igual como lo hace el diablo mismo,* y las consecuencias son terribles.
>
> Yo os aconsejo a todos vosotros que tengáis cuidado de lo que hacéis o, con el tiempo, encontraréis que habéis sido engañados. ¡Permaneced firmes y no cedáis! No os precipitéis y podréis salvaros. Si estáis en la amargura, tened paciencia. Tal vez cierto hombre sea pecador, pero si se arrepiente será perdonado. ¡Tened cuidado y esperad! Cuando veáis un espíritu que quiere derramar sangre o asesinar, ese espíritu no es de Dios, sino del diablo. De la abundancia del corazón del hombre, habla la boca.
>
> Los mejores hombres hacen las mejores obras. El hombre que os habla palabras de vida es el hombre que puede salvaros. *Os advierto que tengáis cuidado de todos los hombres malvados que pecan contra el Espíritu Santo, porque no hay redención para ellos ni en este mundo ni en el venidero.*[8]

El presidente Brigham Young también dio la misma definición cuando dijo:

> ¿Quiénes no se salvarán? *Los que recibieron la verdad* o tuvieron el privilegio de recibirla *y entonces la rechazaron*. . . . Podéis orar por los que os persiguen—aquellos que os odian, y os vituperan, y quienes hablan toda clase de mal en contra de vosotros, si lo hacen por ignorancia. *Pero si lo hacen con entendimiento, la justicia tendrá que seguir su curso con respecto a ellos, y a menos que se arrepientan, vendrán a ser hijos de perdición.* Este es mi testimonio.[9]

Orson Pratt explicó el pecado imperdonable cuando enseñó:

> Nosotros somos lo que el Señor llama Santos de los Ultimos Días—hemos recibido luz y conocimiento de los cielos al grado que, si obedecemos, seremos exaltados a altos privilegios de los cuales yo he hablado. En cambio, si no obedecemos, *esa misma luz y ese conocimiento serán suficientes para hundirnos más abajo de todas las cosas. Así que de un cierto modo estamos en terreno peligroso, y necesitamos tener miedo de pecar en contra de esa luz, porque entonces no tendríamos el privilegio de ir siquiera al mundo telestial.* Permitidme citar la palabra del Señor en estos últimos días: *'Aquel que rechaza este convenio y se aleja completamente de él, no tendrá perdón en este mundo ni en el venidero.'* ¿Estáis escuchando? Si lo escucháis, entonces luchad con todo vuestro corazón y sed fieles. Luchad para manteneros bajo el convenio que habéis recibido. *Nosotros no hacemos las cosas a medias—tenemos que permanecer fieles a este convenio, porque si nos apartamos de él, no podremos aspirar ni siquiera a la gloria que el mundo tendrá cuando venga la última resurrección: perdición será nuestro destino—y moraremos con el diablo y sus ángeles por toda la eternidad.* ¿Por qué? Porque ellos una vez tuvieron luz y conocimiento. Moraron en la presencia de Dios y supieron de las glorias

---

[8] *Ibid.,* págs. 314-315. Véase HC.6:304.
[9] JD 8:35-36, 6 de abril de 1860.

de su reino. *Pero se rebelaron, y no guardaron la ley que se les dio, pecaron contra la luz y el conocimiento y fueron arrojados en cadenas de obscuridad, para permanecer ahí hasta el gran día del juicio final. Si no queremos estar con ellos por toda la eternidad, debemos permanecer en el convenio que hemos hecho.*[10]

Se puede ver por estas declaraciones que el pecado imperdonable no puede ser cometido por todos los hombres, sino sólo por aquellos que pertenecen a la Iglesia y han recibido la guía del Espíritu Santo. Según enseñó José Smith,

> Ningún hombre puede cometer el pecado imperdonable después de dejar el cuerpo, *tampoco en esta vida hasta que recibe el Espíritu Santo.* Pero tiene que ocurrir en este mundo.[11]

Debido a la seriedad de este gran pecado, sería preciso examinar las escrituras que explican, (1) quién es elegible y capaz de cometerlo, (2) la naturaleza exacta de tal pecado, y (3) el destino de aquellos que lo cometen.

Los que Son Capaces de Cometer el Pecado Imperdonable

Una lista completa de los requisitos que tienen que llenarse antes de que se pueda cometer ese pecado, se encuentra en las escrituras:

1. *Ellos han recibido el nuevo y sempiterno convenio de Cristo. (D. y C. 132:27)* El nuevo y sempiterno convenio es la plenitud del evangelio de Jesucristo.[12] Recibir el evangelio significa haber ejercitado la fe y el arrepentimiento, haber sido bautizado, y haber recibido el mandamiento de obtener el Espíritu Santo por medio de la ordenanza de la confirmación por los que tienen la autoridad.[13] En esta época sólo aquellos que han sido bautizados como miembros de la Iglesia de Jesucristo de los Santos de los Ultimos Días, tienen la capacidad de cometer el pecado imperdonable de blasfemar contra el Espíritu Santo.

2. *Ellos conocen y han participado del poder de Cristo. (D. y C. 76:31)*

3. *Ellos han probado de los poderes del mundo venidero. (He. 6:5)* Para llenar estos requisitos el individuo debe poseer el sacerdocio o haber tenido una manifestación personal de los poderes del mismo (tal como haber sido sanado por la ministración del sacerdocio.) El usar el sacerdocio o el tener una manifestación de su poder significa haber

[10] JD 15:323, 19 de enero de 1873.
[11] HC 6:314, 7 de abril de 1844.
[12] Véase D. y C. 39:11; 66:2; 133:57.
[13] 3 Ne. 27:19-21.

alcanzado un grado suficiente de rectitud, porque "los derechos del sacerdocio están inseparablemente unidos a los poderes del cielo, y . . . éstos no pueden ser gobernados ni manejados sino conforme a los principios de justicia."[14]

4. *Ellos han recibido el Espíritu Santo. (D. y C. 76:35)*

5. *Ellos han sido iluminados. (He. 6:4)*

6. *Ellos han gustado del don celestial. (He. 6:4)*

7. *Ellos fueron hechos partícipes del Espíritu Santo. (He. 6:4)* El acto de ser confirmado en la Iglesia no es suficiente para llenar estos requisitos, por que ésto es sólo un mandamiento para que el individuo busque la inspiración del Espíritu Santo. Parece que hay muchos que han crecido dentro la Iglesia, y que nunca han recibido la dirección del Espíritu Santo. Nunca obedecieron el mandamiento de "recibe el Espíritu Santo" y nunca disfrutaron de su dirección y guía. Nunca recibieron revelación. La negligencia de escuchar este mandamiento ha retardado seriamente su crecimiento religioso, pero en cambio los ha hecho también inelegibles para cometer el pecado de blasfemia en contra del Espíritu Santo.

Aquí entonces se encuentra el punto central de la pregunta de si una persona puede cometer el pecado imperdonable, o blasfemia en contra del Espíritu Santo: sólo se puede cometer si el individuo sabe con certeza que recibió la guía y el testimonio de ese ser y por lo tanto entiende el proceso de la comunicación divina.

8. *Ellos tienen un testimonio revelado de que Jesús es el Cristo, el Hijo de Dios. (D. y C. 76:43)* Antes de que una persona pueda cometer el pecado imperdonable, debe de saber por medio de la inspiración o revelación, que Jesús es verdaderamente el Cristo. El apóstol Pablo escribió "Nadie puede llamar a Jesús Señor, sino por el Espíritu Santo."[15] José Smith enseñó que este pasaje debería decir "nadie puede *saber* que Jesús es el Señor, sino por el Espíritu Santo."[16] El conocimiento de la divinidad de Cristo puede venir como un abrumador bautismo de fuego como sucedió con Lorenzo Snow,[17] o

---

[14]D. y C. 121:36. Para recibir el poder del sacerdocio se necesita también obediencia y/o perdón. Véase por ejemplo, Stg. 5:14-15; D. y C. 42:44.

[15]1 Co. 12:3.

[16]HC 4:603, 28 de abril de 1842.

[17]Poco después de su bautismo y confirmación en junio de 1836, Lorenzo Snow se puso muy preocupado porque aún no había recibido ninguna manifestación del Espíritu Santo. Con

puede venir como un testimonio de que un individuo autorizado es un verdadero portavoz de Dios y que por consiguiente, su testimonio del Salvador es verdadero, tal como sucedió con Amasa M. Lyman.[18] Una manera muy común de recibir un testimonio de la divinidad del Salvador, es escuchar a otra persona, estando bajo la influencia del Espíritu Santo, dar testimonio de Su divinidad por ese mismo poder. "Porque cuando un hombre habla por el poder del Espíritu Santo, *el poder del Espíritu Santo lo lleva al corazón de los hijos de los hombres.*"[19]

Tal testimonio y conocimiento, revelado por medio del Espíritu Santo, nos obliga aún más que una visita personal del Salvador. Jesús mismo advirtió:

> Todo pecado y blasfemia será perdonado a los hombres: mas la *blasfemia contra el Espíritu no será perdonada a los hombres.*
>
> *Y cualquiera que hablare contra el Hijo del hombre, le será perdonado: mas cualquiera que hablare contra el Espíritu Santo no le será perdonado,* ni en este siglo ni en el venidero.[20]

Un testimonio revelado de la divinidad de Jesucristo es común entre los miembros de la Iglesia que han hecho del Espíritu Santo su compañero constante. Aquellos que han recibido tal testimonio son los que tienen capacidad de cometer el pecado imperdonable.

9. *Ellos han probado la buena palabra de Dios.(He. 6:5)* Este requisito implica un conocimiento de los principios y doctrinas del

determinación fue a un lugar apartado y derramó los deseos de su corazón ante Dios. Lo siguiente es un relato de lo que sucedió:

> Tan pronto como abrí mis labios tratando de orar, oí un ruido directamente arriba de mi cabeza como el rumor de una túnica de seda. Inmediatamente *el Espíritu de Dios descendió sobre mí, envolviendo totalmente mi ser, llenándome desde la coronilla de mi cabeza hasta la planta de mis pies, y ¡oh que gozo y felicidad sentí!* No hay palabras que puedan describir la transición casi instantánea de una densa nube de obscuridad espiritual, a un fulgor de luz y conocimiento, que en ese momento se impartió a mi entendimiento. *Recibí un conocimiento perfecto de que Dios vive, de que Jesucristo es el Hijo de Dios, y de la restauración del Santo Sacerdocio, y de la plenitud del evangelio. Fue un bautismo completo—una inmersión tangible en un elemento o principio eterno, el Espíritu Santo,* aún más física en sus efectos sobre cada parte de mi sistema que la inmersión de agua. (Andrew Jenson, *Latter-day Saint Biographical Encyclopedia, op. cit.*, Vol. I pág. 27)

[18]Amasa M. Lyman conoció a José Smith por primera vez a la edad de diecinueve años. En esa ocasión el Espíritu le dio el siguiente testimonio:

> Esto . . . me dio la oportunidad de ver al hombre de Dios. De las impresiones producidas diré que, aunque no había nada extraño o diferente a otros hombres en su apariencia física, sin embargo, cuando estrechó mi mano en esa manera tan cordial (conocida por todos los que lo conocieron en la honesta simplicidad de la verdad) me sentí como en la presencia del Señor; me sentí débil, de tal modo que necesité un esfuerzo muy grande para mantenerme de pie. Pero a pesar de todo ésto no tenía ningún temor sino que la serenidad y paz de los cielos penetraron en mi alma, y la *quieta y apacible voz del espíritu susurró su testimonio viviente en las profundidades de mi alma, donde ha permanecido, de que él era el Hombre de Dios.* (*Ibid.*, p. 97)

[19]2 Ne. 33:1.

[20]Mt. 12:31-32.

evangelio, que viene de dos fuentes: el estudio personal y el "Espíritu de verdad," el cual "os guiará a toda verdad."[21]

Estas, entonces, son las cosas que un hombre debe lograr antes que sea capaz de cometer el pecado de blasfemia contra el Espíritu Santo. Debe de ser miembro de la Iglesia y tener un conocimiento del evangelio. Pero lo más importante es que el individuo debe de estar familiarizado con la inspiración del Espíritu Santo y debe de haber recibido dirección y un testimonio revelado de la divinidad de Cristo.

La Naturaleza del Pecado Imperdonable

Después de ganar todas las ventajas antes mencionadas en el evangelio, el individuo tendrá que rechazar todas esas bendiciones y rebelarse contra ellas para cometer blasfemia contra el Espíritu Santo. Otra vez las escrituras nos dan un análisis detallado de la naturaleza exacta del pecado imperdonable. Los hijos de perdición:

1. *Son los que niegan la verdad. (D. y C. 76:31)* Deberán rechazar el evangelio y su testimonio aunque hayan conocido su veracidad. Esta negación debe de ser un rechazo completo de toda rectitud. José Smith describió bien a tal individuo: "Tendrá que decir que el sol no brilla aunque lo esté viendo, . . . y negar el plan de salvación aunque sus ojos hayan sido abiertos a esa verdad."[22]

2. *Son los que niegan el Espíritu Santo después de haberlo recibido. (D. y C. 76:35)*

3. *Son los que hablan en contra del Espíritu Santo. (Mt. 12:31-32)*

4. *Son los que se retiran del Espíritu del Señor. (Moisés 2:36)* Rechazan a ese Santo Ser, hablan irreverentemente de la guía que da al hombre, y niegan impíamente que dicho ser se les haya manifestado. Lo niegan como su guía y revelador.

5. *Son los que niegan al Unigénito del Padre. (D. y C. 76:35, 43)*

6. *Son los que exponen a Cristo a pleno vituperio. (D. y C. 76:35)* Así como rechazan y vilipendian al Espíritu Santo, así también se niegan a admitir la naturaleza divina de Jesucristo. Ridiculizan y profanan Su Santo nombre y tratan de vituperarlo y deshonrarlo.

7. *Son los que consienten a la muerte de Jesucristo. (D. y C. 132:27)*

---

[21] Jn. 16:13.
[22] HC 6:314, 7 de abril de 1844.

8. *Son los que crucifican a Cristo para sí mismos. (D. y C. 76:35; He. 6:6)* Aquellos que cometen el pecado imperdonable se rebelan en contra de Cristo y desean frustrar la obra de Su Iglesia. En su rebelión se vuelven tan miserables que se regocijan en el sufrimiento y crucifixión del Salvador afirmando que le darían muerte si viviera en su tiempo. Según los comentarios de José Smith:

> Esta generación es tan corrupta como la generación de los Judíos que crucificaron a Cristo: Y si El estuviera aquí hoy día, y predicara la misma doctrina que predicó entonces, le darían muerte.[23]

9. *Son los que desafían el poder de Cristo. (D. y C. 76:31)*

10. *Son los que se rebelan abiertamente en contra de Dios.*[24] *(Moisés 2:37)*

11. *Son los que se retractan y quebrantan el juramento y convenio del sacerdocio. (D. y C. 84:41)* Aquellos que cometen el pecado imperdonable completa y abiertamente se rebelan contra el poder de Cristo manifestado en la tierra. Se oponen a la autoridad del sacerdocio y activamente luchan en contra de la Iglesia. Tratan de derrocar a sus líderes y de traer miseria a todo aquel que sigue los senderos de la verdad y de justicia. Este espíritu de oposición y rebelión es el que lleva a miembros descontentos de la iglesia hacia la apostasía y al destino de los hijos de perdición.

12. *Son los que se dejan vencer por el poder del diablo. (D. y C. 76:31)*

13. *Son los que llegan a ser enemigos de toda justicia. (Mos. 2:37)* El que es culpable de este pecado, "prefiere obedecer al mal espíritu,"[25] y "permanece y muere enemigo de Dios."[26] Ha llegado a amar a Lucifer y a odiar a Cristo, así como lo advirtió el Salvador:

---

[23]HC 6:58, 15 de octubre de 1843.

[24]Concerniente a esa rebelión, José Smith amonestó:

> ¡Os digo a vosotros los doce! ¡Y a todos los Santos! Sacad provecho de esta importante llave: en todas vuestras tribulaciones, problemas, tentaciones, aflicciones, encarcelamientos y muerte, *guardaos de traicionar los cielos: de traicionar a Jesucristo; de traicionar a los hermanos; de traicionar las revelaciones de Dios,* ya sea la Biblia, el Libro de Mormón, Doctrina y Convenios, o cualquier otra revelación que haya sido o sea dada a los hombres en este mundo o en el venidero. *Sí, aunque hagáis otras tonterías, no hagáis esas cosas, no sea que se encuentre sangre inocente en vuestros vestidos y os vayáis al infierno. Ningún otro pecado se puede comparar al pecado contra el Espíritu Santo y ser un traidor a los hermanos.*
>
> Os daré una de las llaves de los misterios del Reino. Es un principio eterno que ha existido con Dios por toda la eternidad: *Como vive Dios, el hombre que se levanta para condenar a otros, encontrando faltas en la Iglesia, diciendo que está fuera del camino mientras que él es justo, sabed con seguridad que ese hombre está en el camino a la apostasía; y si no se arrepiente, de seguro apostatará.*

(HC 3:385, 2 de julio de 1839)

[25]Mos. 2:37.

[26]Mos. 2:38.

> Ninguno puede servir a dos señores; porque o aborrecerá al uno y amará al otro, o se llegará al uno y menospreciará al otro: no podéis servir a Dios y a Mammón.[27]

14. *Son los que cometen homicidio, es decir, que vierten sangre inocente. (D. y C. 132:27)* Para que el homicidio sea clasificado como parte del pecado imperdonable en contra del Espíritu Santo, tiene que ser cometido por uno que ha sido "sellado por el Santo Espíritu de la promesa" después de haber recibido el nuevo y sempiterno convenio.[28] El presidente Joseph Fielding Smith explicó y documentó cuidadosamente esa enseñanza:

> *El nuevo y sempiterno convenio es la suma total de todos los convenios y obligaciones del evangelio. . . . Es todo—la plenitud del evangelio.* De manera que el casamiento efectuado debidamente, el bautismo, la ordenación al sacerdocio, todo lo demás—*todo contrato, toda obligación, toda ordenanza que pertenezca al evangelio de Jesucristo, sellado por el Santo Espíritu de la Promesa* de acuerdo con esta ley aquí dada, *es parte del nuevo y sempiterno convenio.*[29]

El profeta José Smith explicó a William Clayton el papel que desempeña el homicidio en el pecado imperdonable:

> *Tu vida está guardada en Cristo bajo el Padre, así como la de muchos otros. Nada sino el pecado imperdonable podrá impedirte que heredes la vida eterna, porque has sido sellado a la vida eterna, por el poder del sacerdocio,* habiendo dado el paso necesario para ello.
>
> A menos que un hombre y su esposa entren en el convenio sempiterno y sean casados por toda la eternidad, por el poder y la autoridad del Santo Sacerdocio mientras están en su estado probatorio, cesarán de multiplicarse cuando mueran. Es decir, no tendrán hijos después de la resurrección. Pero *aquellos que se casan por el poder y la autoridad del sacerdocio en esta vida, y continúan sin cometer el pecado contra el Espíritu Santo,* seguirán multiplicándose y teniendo hijos en la Gloria Celestial. *El pecado imperdonable es el derramar sangre inocente o ser cómplice de ello.* Todos los otros pecados serán juzgados y penalizados en esta vida, siendo el Espíritu entregado a las bofetadas de Satanás hasta el gran día de Jesús el Señor.[30]

De modo que el miembro de la Iglesia que ha llenado todos los requisitos que se han mencionado para ser un hijo de perdición, será condenado a vivir para siempre sin perdón. Sin embargo parece que los asesinos que no llenen estos requisitos no serán hijos de perdición.

---

[27] Mt. 6:24.

[28] D. y C. 132:26-27.

[29] Bruce R. McConkie, *Doctrinas de Salvación, op. cit.*, Vol. I, págs. 151, 153. Véase toda la explicación, págs. 147-155.

[30] HC 5:391-392, 16 de mayo de 1841. Véase también D. y C. 42:18, 79.

Los asesinos serán echados al infierno, y permanecerán allí hasta que llegue el momento de la segunda resurrección, habiendo pagado el último denario. Entonces recibirán el perdón y se les permitirá entrar en el reino telestial. José Smith enseñó:

> Es evidente, según varios pasajes de las escrituras, que la doctrina del juicio eterno era entendida perfectamente por los apóstoles. Por eso Pedro les predicó el arrepentimiento y bautismo para la remisión de los pecados a los Judíos que habían sido guiados por sus líderes a la violencia y al derramamiento de sangre. *En cambio a los gobernantes les dijo: 'Ojalá que por ignorancia lo hubiéseis hecho, como lo hicieron los que gobernáis.'* 'Así que arrepentíos y convertíos para que sean borrados vuestros pecados; pues que vendrán los tiempos del refrigerio (redención) de la presencia del Señor, y enviará a Jesucristo que os fue antes anunciado.' etc. Ese tiempo de redención mencionado aquí, se refiere al tiempo cuando Cristo vendrá. Entonces, y no antes, esos pecados serán borrados. ¿Por qué? *Porque fueron asesinos, y ningún asesino tiene la vida eterna. Aún David tendrá que esperar hasta los tiempos del refrigerio antes de que se levante de nuevo y de que sus pecados sean borrados.* Al hablar de él Pedro dijo: 'David no subió a los cielos, porque su sepulcro está aún con nosotros en este día.' Sus restos en ese entonces, se encontraban en la tumba. Así que leemos que muchos de los cuerpos de los Santos se levantaron durante la resurrección de Cristo, probablemente todos ellos, pero parece ser que David no se levantó. ¿Por qué? Porque él había sido un asesino. Si los ministros religiosos entendieran claramente la doctrina del juicio eterno, no se encontrarían ministrando al individuo que desperdició su vida al quebrantar las leyes del país derramando sangre inocente. *Tales individuos no pueden ser perdonados hasta que hayan pagado hasta el último denario. Las oraciones de todos los ministros en el mundo, no pueden cerrarles las puertas del infierno.*[31]

Así como David sabía que no sería abandonado a la influencia de Satanás por toda la eternidad,[32] los asesinos, (los que no son hijos de perdición porque no han pecado contra la luz del evangelio) se juntarán con los otros habitantes del reino telestial después del juicio final. "Mas los *perros* estarán fuera, y los *hechiceros,* los *disolutos,* y los *homicidas,* y los *idólatras,* y cualquiera que ama y hace mentira."[33]

[31] HC 4:359, 16 de mayo de 1841. Parecería que eventualmente el perdón puede ser obtenido para los asesinos que tienen un conocimiento parcial del evangelio pero que no han progresado lo suficiente como para ser hijos de perdición. El conocimiento de que el Espíritu Santo ha sido negado parece ser el factor que separa a los dos grados de pecado. Alma hizo un contraste de las dos situaciones:

> Porque, he aquí, *si niegas al Espíritu Santo, una vez que haya morado en ti, y sabes que lo niegas, he aquí, es un pecado que es imperdonable; sí y al que asesina contra la luz y conocimiento de Dios, no le es fácil obtener perdón.* (Alma 39:6)

[32] Véase Sal. 16:8-11, Hch. 2:27.

[33] Ap. 22:15. Véase también D. y C. 76:103-106. Las enseñanzas concernientes a la expiación por sangre y la pena capital son asuntos más allá de los límites del tema aquí tratado. Véase Bruce R. McConkie, *Doctrinas de Salvación, op. cit.*, Vol I, págs. 127-132; José F. Smith, Jr.,

Los catorce elementos proporcionados por las escrituras, juntos, forman el pecado imperdonable o la blasfemia contra el Espíritu Santo. El cometer uno de estos pecados causa que un hombre caiga presa en las redes de Satanás, y antes de que se dé cuenta, es llevado más y más lejos hasta que sea culpable de todos ellos, ubicándose más allá de los poderes de redención y perdón.

El Destino de los Hijos de Perdición

En las escrituras se encuentra bastante información concerniente al estado final de los hijos de perdición. Sin embargo uno debe tener cuidado de no confundir los pasajes que tienen que ver con su condición eterna después del juicio final, con los pasajes que nos hablan de su condición inmediata en el infierno, antes de la segunda resurrección. Pasajes relacionados al juicio final clarifican esta diferencia. Cuando Nefi recibió de su padre la interpretación de la visión sobre el árbol, la barra de hierro, y el río, se le dio entendimiento sobre el estado final de los inicuos. Acerca de ésos él escribió que serían echados fuera de los dominios de Dios, a un lugar de inmundicia, inmediatamente después del juicio final:

> Y me dijeron: ¿Qué significa *el río* que nuestro padre vio?
>
> Y les respondí que *el agua que mi padre vio representaba la inmundicia;* y que su mente se hallaba absorta en otras cosas a tal grado que no vio la asquerosidad del agua.
>
> *Y les dije que era un abismo horroroso que separaba* a los inicuos del árbol de la vida, y también de los Santos de Dios.
>
> Y les dije que *era una representación de aquel infierno terrible que el ángel me dijo había sido preparado para los inicuos.*
>
> Y les dije que nuestro Padre también vio que la *justicia de Dios separaba a los malos de los justos;* y su resplandor era como el de una llama de fuego que asciende hasta Dios para siempre jamás y no tiene fin.
>
> Y me preguntaron: ¿Significa esto el tormento del cuerpo en los días de probación, o significa el estado final del alma, después de la muerte del cuerpo temporal, o se refiere a las cosas que son temporales?
>
> Y aconteció que les dije que *aquello era una representación de cosas temporales así como espirituales; porque habría de llegar el día en que serían juzgados por sus obras;* sí, según las obras efectuadas por el cuerpo temporal en sus días de probación.
>
> Por lo tanto, si moran en su iniquidad, *tendrían que ser rechazados también, con respecto a las cosas que son espirituales, las cuales se relacionan con la justicia;* de modo que deberán comparecer ante Dios para ser juzgados según sus obras. *Y si sus obras han sido inmundicia, por fuerza ellos son inmundos; y si son inmundos, por fuerza ellos no pueden morar en el reino de Dios;* de lo contrario, el reino de Dios también sería inmundo.

Blood Atonement and the Origin of Plural Marriage (Salt Lake City, Utah: The Deseret News Press. n.d.); JD 4:219-220.

> Pero he aquí, os digo que el reino de Dios no es inmundo, y ninguna cosa impura puede entrar en el reino de Dios; de modo que *es necesario que se prepare un lugar de inmundicia para lo que es inmundo.*
>
> *Y se ha preparado un lugar; sí, aquel infierno horroroso de que he hablado, y su fundación es el diablo. Por tanto, el estado final de las almas de los hombres es morar en el reino de Dios, o ser expulsados por razón de esa justicia a que me he referido.*
>
> *Así que los malos son separados de los justos,* y también de aquel árbol de la vida, cuyo fruto es el más precioso y el más deleitable de todos los frutos. . . .[34]

Jacob, el hermano del profeta Nefi, también sabía del destino final de los hijos de perdición. El también se refirió a su continua inmundicia cuando escribió,

> Y acontecerá que *cuando todos los hombres hayan pasado de esta primera muerte a vida, de modo que hayan llegado a ser inmortales, deberán comparecer ante el tribunal del Santo de Israel;* y entonces viene el juicio, y luego deben ser juzgados según el santo juicio de Dios.
>
> Y tan cierto como el Señor vive, porque el Señor Dios lo ha dicho, y es su palabra eterna que no puede dejar de ser, que aquellos que son justos serán justos todavía, *y los que son inmundos serán inmundos todavía; por lo tanto, los inmundos son el diablo y sus ángeles; e irán al fuego eterno, preparado para ellos; y su tormento es como un lago de fuego y azufre, cuya llama asciende para siempre jamás, y no tiene fin.*[35]

El profeta Alma mientras le predicaba al pueblo de Gideón, enseñó la misma doctrina:

> Y él no habita en templos impuros; *y ni la suciedad ni cosa inmunda alguna pueden ser recibidas en el reino de Dios;* por tanto os digo que vendrá el tiempo, sí, y *será en el postrer día, que el que sea inmundo permanecerá en su inmundicia.*[36]

El ángel cuya trompeta anunciará la segunda resurrección, proclamará también la continuación de su inmundicia diciendo, "Se encuentran entre los que han de quedar hasta ese grande y postrer día, sí, el fin, *quienes permanecerán sucios aún.*"[37]

Los hijos de perdición son aquellos que han sufrido la segunda muerte, una muerte con respecto a la rectitud. Alma definió esta terrible muerte cuando dijo:

> Dios les dio mandamientos de no cometer iniquidad, el castigo de lo cual sería *una segunda muerte, que era una muerte eterna respecto de las cosas*

---

[34] 1 Ne. 15:26-36.

[35] 2 Ne. 9:15-16.

[36] Al. 7:21.

[37] D. y C. 88:102.

> *pertenecientes a la rectitud; porque en éstos el plan de redención no podía influir, pues* de acuerdo con la suprema bondad de Dios, *las obras de la justicia no podían ser destruídas.*[38]

El Señor ha revelado que esta muerte será semejante a la primera muerte espiritual que experimentó Adán cuando fue echado del jardín de Edén:

> Por lo tanto, yo, Dios el Señor, hice que fuese echado del jardín de Edén, de mi presencia, a causa de su trangresión, y en ésto *murió espiritualmente, que es la primera muerte, la misma que es la última muerte, que es espiritual, y la cual se pronunciará sobre los inicuos cuando yo diga: Apartaos, malditos.*[39]

El profeta Jacob en su gran discurso se refirió a esta segunda muerte como a un lago de fuego y azufre,

> ¡Oh hermanos míos, escuchad mi palabra, estimulad las facultades de vuestra alma; sacudíos para que podáis despertar del sueño de la muerte; y libraos de los sufrimientos del infierno para que no lleguéis a ser *ángeles del diablo para ser echados en ese lago de fuego y azufre que es la segunda muerte!*[40]

Juan el Revelador también hizo alusión al mismo destino cuando escribió lo que seguiría a la segunda resurrección: "Y el infierno y la muerte fueron lanzados en el lago de fuego. Esta es la muerte segunda."[41]

Otros pasajes de las escrituras dan indicios adicionales sobre el destino de los hijos de perdición. El Señor, en "La Visión" dada a José Smith y a Sidney Rigdon, reveló lo siguiente;

> *Estos son los hijos de perdición, de quienes os digo que mejor hubiera sido para ellos no haber nacido;*
>
> porque son vasos de ira, *condenados a padecer la ira de Dios con el diablo y sus ángeles en la eternidad;*
>
> Concerniente a los cuales he dicho que *no hay perdón en este mundo ni en el venidero. . . .*
>
> Estos son los que *irán al lago de fuego y azufre, con el diablo y sus ángeles,*

---

[38]Al. 12:32. Véase también 12:16-18; 13:30; 2 Ne. 2:28-29.

[39]D. y C. 29-41. Concerniente a la segunda muerte, el presidente Brigham Young advirtió:

A nosotros nos toca escoger si seremos herederos junto con Jesucristo o si aceptaremos una gloria inferior. Y nos toca escoger si pecaremos en contra del Espíritu Santo, el pecado que no puede ser perdonado ni en esta vida ni en la venidera, y cuyo castigo es sufrir la segunda muerte. ¿A qué es lo que llamamos muerte comparado con la segunda muerte? *Si pudieran ver lo que el profeta y Sidney Rigdon vieron, pedirían que se les cerrara la visión, porque no podrían soportarla. Tampoco podrían soportar la visión del Padre y el Hijo en su gloria, porque los consumiría.* (JD 18:217, 15 de agosto de 1876)

[40]Jac. 3:11.

[41]Rev. 20:14. Véase también 21:8.

> Y los *únicos sobre quienes tendrá poder alguno la segunda muerte;*
> sí, en verdad, *los únicos que no serán redimidos en el debido tiempo del Señor,* después de padecer su ira. . . .
> Y éste es el evangelio, las buenas nuevas, que la voz de los cielos nos testificó:
> Que vino al mundo, sí, Jesús. . . .
> Y él glorifica al Padre y *salva todas la obras de sus manos, menos a esos hijos de perdición* que niegan al Hijo después que el Padre lo ha revelado.
> Por lo tanto, a todos salva él menos a ellos; *éstos irán al castigo perpetuo, que es castigo sin fin, castigo eterno, para reinar con el diablo y sus ángeles por la eternidad, donde su gusano no muere y el fuego no se apaga lo cual es su tormento.*[42]

Un comentario importante sobre el último versículo de este pasaje, así como de D. y C. 19:6-12, fue escrito por el Profeta José Smith y otros hermanos a W.W. Phelps, el 25 de junio de 1833. Aparentemente, algunos miembros habían empezado a enseñar que eventualmente vendría un tiempo cuando Satanás y los hijos de perdición serían exonerados de su destino y redimidos por el Señor. Esta enseñanza errónea fue censurada en la siguiente carta:

> Decidle a los hermanos Hulet y a todos los demas, que *el Señor nunca les autorizó a decir que el diablo, sus ángeles o los hijos de perdición, serían jamás restaurados.* El estado de su destino no fue revelado al hombre, no ha sido revelado y jamás será revelado, salvo a aquellos que participan de ello. Consecuentemente aquellos que enseñan esta doctrina no la han recibido del Señor. *De hecho el hermano Oliver ha declarado que es una doctrina de demonios. Por lo tanto os mandamos que esta doctrina ya no sea enseñada en Sión. Confirmamos la decisión del obispo y de su concilio de que enseñar esta doctrina sea un impedimento para tomar el sacramento.*[43]

Otro indicio concerniente a su destino fue revelado por Alma cuando dijo que en la resurrección serían levantados a "una miseria interminable para heredar el reino del diablo."[44] Empero Satanás algún día tendrá que entregar su dominio a otro que tendrá ascendencia sobre él. Caín, a quien también se le conoce como "Perdición," tiene la promesa de Dios de que gobernará sobre Lucifer.[45]

Si haces lo bueno, serás aceptado; y si no haces lo bueno, el pecado está a

[42] D. y C. 76:32-34, 36-38, 40-41, 43-44.
[43] HC 1:366.
[44] Al. 41:4.
[45] Parecería que el poseer un cuerpo físico será el factor que le dará a Caín ascendencia sobre Satanás. José Smith enseñó que "todos los seres que tienen cuerpos tienen poder sobre aquellos que no lo tienen." (Franklin D. Richard y James A. Little. *A Compendium of the Doctrine of the Gospel,* 1925 edition. Salt Lake City, Utah: Geo. Q. Cannon & Sons Co. Printers, p. 271.)

la puerta, y Satanás desea poseerte; y a menos que escuches mis mandamientos, te entregaré, y será hecho contigo según la voluntad de él. Y tú *te enseñorearás de él;*

porque desde ahora en adelante tú serás el padre de sus mentiras; serás llamado Perdición; porque también tú existías antes que el mundo."[46]

Así que aunque el cuadro no esté completamente claro, ciertos indicios se pueden combinar para presentar un resumen sobre el destino final de los hijos de perdición que han vivido en la vida mortal:

1. Ellos serán resucitados con cuerpos que ya no pueden morir, pero que sólo pueden soportar el morar en un reino sin gloria. (D. y C. 88:24, 32; Al. 12:17-18)
2. Ellos regresan a su propio lugar para gozar sólo de aquello que estuvieron dispuestos a recibir. (D. y C. 88:32)
3. Ellos son recipientes de ira, condenados a sufrir la ira de Dios con el Diablo y sus ángeles. (D. y C. 76:33, 44; 2 Ne. 9:16)
4. Ellos están perdidos para Dios. (Jn. 17:12; D. y C. 76:43)
5. Ellos todavía son inmundos y moran en un reino de inmundicia. (1 Ne. 15:33, 2 Ne. 9:16; Al. 7:21; D. y C. 88:102)
6. Ellos están completamente separados y rechazados por los justos. (1 Ne. 15:28, 30, 33-34, 36)
7. Ellos una vez más moran en un infierno horrible (1 Ne. 15:29, 35; Al. 13:30; 2 Ne. 2:29)
8. Ellos sufren la segunda muerte—una muerte espiritual con respecto a las cosas de justicia. (1 Ne. 15:33; Al. 12:32; D. y C. 29:41; 76:37)
9. Ellos van a un fuego sempiterno. (2 Ne. 9:16; D. y C. 76:36; 43:33)
10. Ellos van a un tormento que es como un lago de fuego y azufre, y cuyas llamas ascienden para siempre. (2 Ne. 9:16; Al. 12:17; Jac. 3:11; Ap. 20:16; 21:8)
11. Ellos están sujetos a la voluntad de Satanás, de acuerdo a su poder y cautividad. (Al. 12:17; 2 Ne. 2:29; Jac. 3:11)

---

[46]Moisés 5:23-24.

12. Ellos no pueden ser redimidos por la justicia de Dios y son como si no hubiera habido redención. (Alma 12:18, 32; D. y C. 76:38)
13. Ellos serán maldecidos por Dios quien los mandará apartarse de El. (D. y C. 29:41)
14. Ellos no tienen perdón en este mundo ni en el venidero. (D. y C. 76:34; Mt. 12:31)
15. Ellos reciben un castigo sempiterno, sin fin, y eterno. (D. y C. 76:44)
16. Ellos sufren de un gusano que no muere y de un fuego que no se apaga, lo cual es su tormento. (D. y C. 76:44)
17. Ellos sufren de una miseria sin fin. (Al. 41:4)
18. Ellos no pueden entrar en la Gloria de Cristo. (D. y C. 132: 27)
19. Ellos son condenados. (D. y C. 132:27)

De estas evidencias se puede derivar un pequeño grado de entendimiento concerniente al estado final de los hijos de perdición. Pero este conocimiento es limitado porque así lo quiere Dios, pues él ha revelado que:

> *Y ni el fin de ellos, ni el lugar, ni su tormento, ningún hombre lo sabe;* ni tampoco fue, ni es, ni será revelado al hombre, salvo a quienes se hacen partícipes de ello;
>
> Sin embargo, yo, el Señor, lo manifiesto en visión a muchos, pero en seguida lo cierro otra vez;
> *Por consiguiente, no comprenden el fin, la anchura, la altura, la profundidad o miseria del mismo,* ni tampoco hombre alguno, sino los que son ordenados a esta condenación.[47]

El Señor ha revelado:

> La tierra pasará como si fuera por fuego.
> Y los inicuos irán al fuego inextinguible, *y ningún hombre en la tierra sabe su fin ni lo sabrá jamás, sino hasta que comparezcan delante de mí en juicio.*[48]

¿Habrá muchos que sufrirán la segunda muerte volviéndose hijos de perdición? Al dar a José Smith su definición de lo que es blasfemar contra el Espíritu Santo y al establecer quienes serían los culpables del

[47]D. y C. 76:45-48. La visión de su destino eventual fue mostrada al apóstata Alphaeus Cutler, quien organizó "La Verdadera Iglesia de los Santos de los Ultimos Días." Véase la referencia a esa experiencia en el capítulo 2.

[48]D. y C. 43:32-33.

gran pecado imperdonable, dijo que "*Este es el caso con muchos apóstatas de la Iglesia de Jesucristo de los Santos de los Ultimos Días.*"[49]

RESUMEN

1. Todos los hombres resucitarán. Los hijos de perdición que han vivido una vida mortal tendrán sus cuerpos inseparablemente reunidos a sus espíritus. Estos cuerpos serán cuerpos sin gloria, diseñados sólo para morar en reinos sin gloria. La capacidad de tales cuerpos no ha sido revelada aunque las escrituras advierten de que "su gusano no morirá," lo cual puede ser una indicación que pasarán tanto por sufrimiento físico como por sufrimiento espiritual.
2. El pecado imperdonable es blasfemar contra el Espíritu Santo. Esto puede ser definido como un *rechazo, con pleno conocimiento de causa, del Espíritu Santo y de la verdad que El ha revelado, junto con la rebelión en contra de la Iglesia de Cristo, sus doctrinas y miembros. Esto sólo puede ser cometido por miembros de la Iglesia que han experimentado manifestaciones espirituales y a quienes se les ha dado un testimonio revelado de verdades eternas.*
3. El derramamiento de sangre inocente por un miembro de la Iglesia que ha entrado totalmente en el nuevo y sempiterno convenio, condena a éste al destino de hijo de perdición. Aquellos que cometen homicidio premeditado sin haber experimentado los beneficios de la dirección del Espíritu Santo, posiblemente puedan recibir el perdón y ser admitidos al reino telestial después de pagar el último denario en el infierno, y esperar la segunda resurrección.
4. El pecado imperdonable no puede ser cometido después de la vida mortal, y sólo puede ser cometido por aquel que ha recibido el Espíritu Santo.
5. Listas comprensivas de escrituras proveídas en este capítulo contienen información sobre quienes son capaces de cometer el pecado imperdonable, la naturaleza de ese pecado, y el destino de los hijos de perdición. Esta información debería ser cuidadosamente revisada.
6. Caín ganará ascendencia sobre Satanás y eventualmente reinará sobre él.
7. La condición de los hijos de perdición después de la segunda resurrección y el juicio final será permanente y eterna. La enseñanza de que algún día serán redimidos y perdonados es errónea.
8. El estado final de los hijos de perdición no ha sido totalmente revelado. El Señor ha creído conveniente no dar una descripción completa del lugar donde morarán, excepto a aquellos que lo heredarán.

[49] HC 6:314, 7 de abril de 1844.

CAPITULO X

LOS TRES GRADOS DE GLORIA

Mundos Sin Fin Han Sido Creados por Dios

HAY MUCHOS REINOS EN LOS CUALES LOS HOMBRES MORARÁN DESPUÉS de la resurrección. El Salvador se refirió a ellos cuando le dijo a Pedro: "*En la casa de mi Padre muchas moradas hay*; de otra manera os lo hubiera dicho."[1] El apóstol Pablo explicó que estos reinos varían en gloria, cuando dijo que "Otra es la gloria del sol, y otra la gloria de la luna, y otra la gloria de las estrellas; porque una estrella es diferente de otra en gloria."[2] Entonces modestamente, (ya que se refería a él mismo), escribió: "Conozco a un hombre en Cristo, que hace catorce años (si en el cuerpo, no lo sé; si fuera del cuerpo, no lo sé: Dios lo sabe) *fue arrebatado hasta el tercer cielo.*"[3]

Una gran revelación dada a Moisés muestra que hay muchos mundos, y que gran número de estos se encuentran más allá del poder del hombre de contarlos o comprenderlos porque han "dejado de ser" y sirven ahora de lugares para el descanso final de sus habitantes. En esa revelación Dios establece el propósito de Su gran programa creador:

> Y *vio muchas tierras; y cada tierra se llamaba mundo, y había habitantes sobre la faz de ellos.*
>
> Y sucedió que Moisés imploró a Dios, diciendo: Te ruego que me digas ¿por qué son estas cosas así, y por qué medio las hiciste?
>
> Y he aquí, la gloria del Señor cubrió a Moisés, de modo que Moisés estuvo en la presencia de Dios y habló con él cara a cara. Y Dios el Señor le dijo a Moisés: *Para mi propio objeto he hecho estas cosas. He aquí sabiduría, y en mí permanece.*
>
> *Y las he creado por la palabra de mi poder,* que es mi Hijo Unigénito, lleno de gracia y de verdad.

---

[1]Jn. 14:2. Concerniente a ese pasaje, José Smith dijo: "*La casa aquí mencionada debió de haber sido traducida como reino.* Y cualquier persona que es exaltada a la mansión más alta tendrá que someterse a una ley celestial, y a toda esa ley."(HC 6:184, 21 de enero de 1844) En otra ocasión el profeta enseñó que, "Debería ser—'En el reino de mi Padre hay muchos reinos,' para que puedan ser herederos de Dios y coherederos conmigo." (HC 6:365, 12 de mayo de 1844)

[2]1 Co. 15:41. Véase también Sal. 148:1-6.

[3]2 Co. 12:2. Concerniente a este pasaje, José Smith dijo: "Pablo vio el tercer cielo, pero yo vi más."(HC 5:392, 16 de mayo de 1843)

> *Y he creado incontables mundos, y también los he creado para mi propio fin;* y por medio del Hijo, que es mi Unigénito, los he creado.
>
> Y al primer hombre de todos los hombres he llamado Adán, que significa muchos.
>
> Pero sólo te doy un relato de esta tierra y sus habitantes. Porque he aquí, *hay muchos mundos que por la palabra de mi poder han dejado de ser. Y hay muchos que hoy existen, y son incontables para el hombre; pero para mí todas las cosas están contadas, porque son mías y las conozco.*
>
> Y aconteció que Moisés habló al Señor, diciendo: Sé misericordioso para con tu siervo, oh Dios, y dime acerca de esta tierra y sus habitantes, y de los cielos también; y entonces quedará conforme tu siervo.
>
> Y Dios el Señor habló a Moisés, diciendo: *Los cielos son muchos, y son innumerables para el hombre; pero para mí están contados, porque son míos.*
>
> *Y así como dejará de existir una tierra con sus cielos, así aparecerá otra; y no tienen fin mis obras, ni tampoco mis palabras.*
>
> *Porque, he aquí ésta es mi obra y mi gloria: Llevar a cabo la inmortalidad y la vida eterna del hombre.*[4]

Concerniente a los muchos reinos de entre estos numerosos mundos que serán otorgados a los hombres como galardón eterno, el Presidente Brigham Young comentó,

> Los reinos que Dios ha preparado son innumerables. . . . No se nos ha revelado cuántos reinos hay, pero son innumerables. Los discípulos de Jesús fueron a morar con él. *¿A dónde irá el resto? A reinos preparados para ellos, donde vivirán y perdurarán.*[5]

En otra ocasión, concerniente a los varios niveles o grados de gloria, también dijo:

> El reino celestial es el más alto de todos. También se habla del reino telestial y del reino terrestre. *Cuántos más reinos de gloria hay, no me corresponde a mí decirlo. Sé que son innumerables.* Esto es motivo de gran gozo para mí.[6]

El apóstol Orson Pratt explicó que las muchas mansiones del Padre son mundos de mayor y menor magnitud:

> Esta tierra, esta creación, llegará a una gloria. *Las glorias que existen ahora son innumerables para el hombre. Dios por toda la eternidad ha estado organizando, redimiendo y perfeccionando creaciones en la inmensidad del espacio. Todas esas creaciones, cuando son santificadas por la ley celestial y hechas nuevas y eternas, serán la morada de sus antiguos habitantes que fueron fieles, los cuales también ganarán inmortalidad de acuerdo con y por medio de la ley celestial.* Esas son las moradas a las que se refirió el Salvador cuando dijo: "En la casa de mi padre muchas moradas hay." En otras palabras, se podría decir: en los

[4] Moisés 1:29-39.
[5] JD 8:154, 26 de agosto de 1860.
[6] JD 8:35, 6 de abril de 1860.

dominios de nuestro Padre hay muchas moradas. *No son como las moradas edificadas por los hombres, pero mundos de mayor y menor magnitud.* Los de primer grado son cuerpos celestiales exaltados de los cuales la luz celestial radiará por la inmensidad del espacio.[7]

Cuando el Señor reveló la naturaleza de la ley celestial, también proclamó que;

A todos los reinos se ha dado una ley;

Y *hay muchos reinos; pues no hay espacio en el cual no haya reino, ni hay reino en el cual no haya espacio, bien sea un reino mayor o menor.*

Y a cada reino se ha dado una ley; y para cada ley también hay ciertos límites y condiciones.

Todos los seres que no se sujetan a esas condiciones no son justificados.[8]

El Señor reveló el papel que El Padre desempeña en los mundos eternos, mostrándonos que El fue creador, gobernador, e inspector de los sistemas celestiales:

El juicio va ante la faz de aquel que se sienta sobre el trono y gobierna y ejecuta todas las cosas.

El comprende todas las cosas, y todas las cosas están delante de él, y todas las cosas están alrededor de él; y él está sobre todas las cosas, y en todas las cosas, y por en medio de todas las cosas, y circunda todas las cosas; y *todas las cosas son por él, y de él, sí, Dios, para siempre jamás.*

Y además, de cierto os digo, *él ha dado una ley a todas las cosas, mediante la cual se mueven en sus tiempos y estaciones;*

Y sus cursos son fijos, sí, los cursos de los cielos y de la tierra, que comprenden la tierra y todos los planetas.

Y se dan luz unos a otros en sus tiempos y estaciones, en sus minutos, en sus horas, sus días, sus semanas, sus meses y sus años. Todos éstos son un año para Dios, mas no para el hombre.

La tierra rueda sobre sus alas, y el sol da su luz de día, y la luna da su luz de noche, y las estrellas también dan su luz, a medida que ruedan sobre sus alas en su gloria, *en medio del poder de Dios.*[9]

Por medio del Urim y Tumim, se le dio a Abraham un entendimiento básico de las vastas galaxias que Dios ha creado.

Y vi las estrellas, y que eran muy grandes, y que *una de ellas se hallaba más próxima al trono de Dios; y había muchas de las grandes que estaban cerca;*

y el Señor me dijo: *Estas son las que rigen; y el nombre de la mayor es Kólob,* porque está cerca de mí, pues yo soy el Señor tu Dios, *a ésta la he puesto para regir a todas las que pertenecen al mismo orden que ésa sobre la cual estás.*

---

[7] JD 18:322, 3 de diciembre de 1876.
[8] D. y C. 88:36-39.
[9] D. y C. 88:40-45.

Y el Señor me dijo por el Urim y el Tumim que *Kólob era conforme a la manera del Señor, según sus tiempos y estaciones en sus revoluciones; que una revolución era un día para el Señor, según su manera de contar, que es mil años de acuerdo con el tiempo que le es señalado a ésa donde estás.* Esta es la computación del tiempo del Señor, según el cómputo de Kólob.

Y el Señor me dijo: *El planeta que es el luminar menor, más pequeño que aquel que ha de señorear el día, a saber, la noche, está más arriba, o es mayor que aquel donde te encuentras, en cuanto a computación, pues se mueve en orden más despacio;* esto va en orden, porque se halla sobre la tierra en la cual estás; por consiguiente, no es tanta la computación de su tiempo, en lo que respecta a su número de días, de meses y de años.

Y el Señor me dijo: Abraham, estos dos hechos existen, he aquí, tus ojos lo ven; te es concedido conocer los tiempos de computar y el tiempo fijo, sí, el tiempo fijo de la tierra sobre la cual estás, así como el *tiempo fijo del luminar mayor que se ha puesto para gobernar el día y el tiempo fijo del luminar menor que se ha puesto para señorear la noche.*

Ahora, el tiempo fijo del luminar menor es más largo, en cuanto a su computación, que la computación del tiempo de la tierra sobre la cual estás.

Y donde existan estos dos hechos, habrá otro sobre ellos, es decir, *habrá otro planeta cuya computación de tiempo será más larga todavía;*

Y así habrá la computación del tiempo de un planeta sobre otro, hasta acercarte de Kólob, el cual es según la computación del tiempo del Señor. Este Kólob está colocado cerca del trono de Dios para gobernar a todos aquellos planetas que pertenecen al mismo orden que aquel sobre el cual estás.[10]

El Señor dio esta parábola para mostrar la relación de Dios con cada uno de Sus muchos reinos:

He aquí, compararé estos reinos a un hombre que tiene un campo, y envió a sus siervos a cavar en él.

Y dijo al primero: Ve y trabaja en el campo, y en la primera hora vendré a ti, y verás el gozo de mi semblante.

Y dijo al segundo: Ve tú también al campo, y en la segunda hora te visitaré con el gozo de mi semblante;

y también al tercero, diciendo: Te visitaré;

y al cuarto, y así hasta el duodécimo.

Y el señor del campo visitó al primero en la primera hora, y permaneció con él toda aquella hora, y se alegró con la luz del semblante de su Señor.

Entonces se retiró del primero para poder visitar también al segundo, y al tercero, y al cuarto, y así hasta el duodécimo.

Y así, todos recibieron la luz del semblante de su señor, cada hombre en su hora, en su tiempo, y en su sazón,

---

[10] Abraham 3:2-9. El dibujo y la explicación revelada que acompaña al libro de Abraham en la Perla de Gran Precio provee información adicional.

empezando por el primero, y así hasta el último; y desde el último hasta el primero; y desde el primero hasta el último;

cada hombre en su propio orden, hasta que se cumplió su hora, de acuerdo con lo que su señor le había mandado, para que su señor se glorificara en él, y él en su señor, a fin de que todos fuesen glorificados.

Por consiguiente, compararé todos estos reinos y sus habitantes a esta parábola, cada reino en su hora y en su tiempo y su sazón, de acuerdo con el decreto que Dios ha establecido.[11]

El Hombre Hereda Futuros Reinos de Acuerdo a la Ley a la que se Somete en la Vida Mortal

Al parecer, los planetas que "ya han dejado de existir" y han ganado su estado final, han sido clasificados dentro de tres niveles: celestial, terrestre, y telestial. Como Pablo lo vio, sus respectivas glorias se comparan a la luz del sol, de la luna, y de las estrellas[12] según el hombre ve a éstos desde la tierra. Una revelación moderna nos muestra que hay varios grados de gloria o galardón, aún dentro de cada una de estas tres categorías generales o reinos:

> Y la gloria de lo celestial es una, así como la gloria del sol es una.
>
> Y la gloria de lo terrestre es una, así como es una la gloria de la luna.
>
> Y la gloria de lo telestial es una, así como la gloria de las estrellas es una; *porque como una estrella es diferente de otra en gloria, así difieren uno y otro en gloria en el mundo telestial.*[13]

Otra revelación también muestra que hay diversos grados en el más alto de los tres grados de gloria, porque dice que, "En la gloria celestial hay tres cielos o grados."[14]

El Señor ha revelado que después del juicio final, los hombres serán asignados a vivir en uno de estos tres niveles con un cuerpo resucitado que tenga la capacidad apropiada para ese nivel. Esta asignación será basada en el nivel de la ley que el individuo haya vivido mientras estuvo sobre la tierra;

> Se ha decretado que los pobres y los mansos de la tierra la heredarán.
>
> *Por tanto, es menester que sea santificada de toda injusticia, a fin de estar preparada para la gloria celestial;*
>
> porque después de haber cumplido la medida de su creación, será coronada de gloria, sí, con la presencia de Dios el Padre;
>
> para que los cuerpos que son del reino celestial puedan poseerla

[11] D. y C. 88:51-61.
[12] Véase 1 Co. 15:40-41.
[13] D. y C. 76:96-98.
[14] D. y C. 131:1.

para siempre jamás; porque para este fin fue hecha y creada, y para este fin ellos son santificados.

Y aquellos que no son santificados por la ley que os he dado, a saber, la ley de Cristo, deberán heredar otro reino, ya sea un reino terrestre o un reino telestial.

Porque el que no es capaz de soportar la ley de un reino celestial, *no puede soportar una gloria celestial.*

Y el que no puede soportar la ley de un reino terrestre, *no puede soportar una gloria terrestre.*

Y el que no puede soportar la ley de un reino telestial, *no puede soportar una gloria telestial,* por tanto, no es digno de un reino de gloria. Por consiguiente, deberá soportar un reino que no es de gloria.[15]

Según lo entendió Brigham Young, "*Todas esas diferentes glorias son ordenadas para satisfacer la capacidad y condición del hombre.*"[16] Al ir al reino que se le haya asignado, el hombre recuperará la compañía de aquellos con quienes se asoció mientras estuvo sobre la tierra: "Uno resucitado a la dicha, de acuerdo con sus deseos de felicidad, o a lo bueno, según sus deseos del bien; y el otro al mal, según sus deseos de maldad."[17]

El apóstol Orson Pratt entendió bien la manera en que los diferentes reinos serían adaptados a los diferentes niveles de las actividades terrenales de cada hombre y a su grado de rectitud. El enseñó que:

Dios es el autor de muchas creaciones aparte de aquellas que son celestiales. *El preparará una creación adaptada a las condiciones de tal gente. Aquellos que no son santificados por el evangelio en toda su plenitud, y que no perseveren hasta el fin, se encontrarán asignados en una de las menores creaciones,* donde la gloria de Dios no será manifestada en la misma magnitud. *Allí ellos serán gobernados por leyes adaptadas a su capacidad inferior y a la condición a la cual ellos mismos se sometieron.* No sólo sufrirán después de esta vida, sino que no recibirán gloria, poder y exaltación en la presencia de Dios el Eterno Padre. No recibirán la herencia sempiterna de esta tierra en su estado glorificado e inmortal.[18]

De modo que cada uno de los tres grados generales de gloria son adaptados al mayor o menor grado de perfección de sus habitantes eternos. El hombre puede anticipar que su galardón final lo colocará entre otros de un carácter, conocimiento, capacidad, y grado de

---

[15]D. y C. 88:17-24. Los versículos 28-31 muestran que en la resurrección aquellos que heredan estos reinos recibirán cuerpos de gloria comparable a la celestial, terrestre o telestial, de acuerdo al lugar que se les haya asignado.

[16]JD 9:315, 13 de julio de 1862.

[17]Al. 41:5.

[18]JD 18:323, 3 de diciembre de 1876.

progreso similar al de él. Tal ambiente bien puede ser considerado como el mejor adaptado para su felicidad eterna.

La llave del conocimiento de mundos eternos se encuentra en la gran serie de visiones dadas a José Smith y a Sidney Rigdon, el 16 de febrero de 1832, en Hiram, Ohio. Estas cinco visiones extraordinarias se encuentran hoy en la Sección 76 de Doctrina y Convenios, colectivamente conocidas como "La Visión." Su mayor valor se encuentra en el conocimiento y entendimiento que le proporcionan al hombre concerniente a los tres grados de gloria y a la clase de individuos que heredarán cada grado.[19]

Un estudio cuidadoso de "La Visión," muestra que esta revelación trata sistemáticamente cada uno de los tres grados de gloria. Por cada uno de los tres niveles eternos de galardón, esta visión:

1. dice qué tipo de individuo heredera el reino,
2. traza la ruta del individuo a través del plan eterno, desde la vida mortal hasta que llega a su gloria asignada, y
3. hace un bosquejo de la naturaleza de su galardón final.

"La Visión" se entiende mejor cuando el lector comprende su organización y presentación.

La Gloria de lo Telestial, la cual Supera todo Entendimiento

Aunque la gloria telestial será reservada para los peores individuos que vivieron aquí en esta tierra, Dios juzgó conveniente hacer de esa gloria un galardón muy superior a la clase de vida que el hombre conoce actualmente sobre esta tierra. Por eso José Smith escribió, después de recibir "La Visión:" "Y así vimos en la visión celestial *la gloria de lo telestial, que sobrepuja toda comprensión;* y ningún hombre la conoce sino aquel a quien Dios la ha revelado."[20]

Una descripción extensa del tipo de individuo que heredará el reino telestial es dada en esa revelación. Aquí se presentará esa descripción en forma de lista, con comentarios apropiados:

1. *Ellos no reciben el evangelio de Cristo. (D. y C. 76:82, 101)*

---

[19]Unos interesantes comentarios sobre estos hechos por Philo Dibble, quien observó a José Smith y a Sidney Rigdon durante e inmediatamente después de "La Visión," se encuentran en el capítulo 1.

[20]D. y C. 76:89-90.

2. *Ellos no reciben el testimonio de Jesús. (D. y C. 76:82, 101)*

3. *Ellos no reciben el testimonio de los profetas. (D. y C. 76:101)*

4. *Ellos no reciben el convenio sempiterno. (D. y C. 76:101)*

Aunque en el juicio final cada hombre se verá obligado a inclinarse ante Cristo y a reconocer Su divinidad,[21] esta gran masa de humanidad, *"los habitantes del mundo telestial . . . tan innumerables como las estrellas en el firmamento del cielo, o como las arenas en las playas del mar,*[22] no habrá rendido obediencia a la ley del evangelio. Durante su estado mortal preparatorio y su estancia en la prisión espiritual, ellos rechazarán el evangelio hasta que pierdan el privilegio de escucharlo y sean echados al infierno donde pagarán por sus pecados. El reconocimiento de la divinidad de Cristo en el día del juicio no implica que habrán aceptado el evangelio, ya que conocer no significa aceptar.[23] Tal vez estos individuos habrán seguido otras iglesias o grupos apóstatas en la vida mortal, pero eso será en vano y serán asignados a la gloria telestial.[24]

5. *Ellos son los mentirosos que aman y obran mentira. (D. y C. 76:103)*

6. *Ellos son los hechiceros. (D. y C. 76:103)*

7. *Ellos son los adúlteros. (D. y C. 76:103)*

8. *Ellos son los fornicarios. (D. y C. 76:103)*

Estos son aquellos que fueron viles y abominables durante su estado mortal, los que nunca se levantaron más allá del hombre carnal, y que permanecieron enemigos de Dios en sus pecados.[25]

9. *Ellos son los que no niegan al Espíritu Santo. (D. y C. 76:83)*

Así como la visión revela la enormidad de su depravación, también revela que estos individuos no han cometido el pecado imperdonable, y que no son hijos de perdición. Ya que jamás aceptaron por completo, y por lo tanto no se rebelaron contra el evangelio, se salvan del peor de los destinos y pueden alcanzar una porción limitada de los galardones de Dios.

---

[21] D. y C. 76:110.
[22] D. y C. 76:109.
[23] Como Santiago escribió: "También los demonios creen y tiemblan." (Stg. 2:19)
[24] Véase D. y C. 76:99-101; Mt. 7:21-23.
[25] Véase Mos. 16:12; 26:3-4; Al. 41:11, 13.

"La Visión" también identifica a los habitantes del reino telestial al trazar su curso a través de los mundos eternos,

10. *Ellos son los que padecen la ira de Dios. (D. y C. 76:104)*
11. *Ellos son arrojados al infierno. (D. y C. 76:84, 106)*
12. *Ellos no se levantan en la primera resurrección. (D. y C. 76:102)*
13. *Ellos sufren la ira del Dios Todopoderoso en el infierno hasta la segunda resurreción. (D. y c. 76:85, 105-106)*
14. *Ellos son redimidos del diablo. (D. y C. 76:85)*
15. *Ellos finalmente se inclinan ante Cristo, confiesan, y son asignados a su dominio eterno. (D. y C. 76:110-111)*

En esta gran revelación, el Señor también da un bosquejo de la naturaleza del galardón que reciben:

1. *Ellos reciben una gloria que sobrepuja. todo entendimiento mortal, aunque es menor que la gloria de lo terrestre. (D. y C. 76:89-90, 81)*
2. *Ellos, adonde Dios y Cristo moran, no podrán venir por los siglos de los siglos. (D. y C. 76:112)*
3. *Ellos reciben el ministerio del Espíritu Santo y de ángeles del reino terrestre. (D. y C. 76:86-88)*

Esos ángeles terrestres son dirigidos por seres celestiales.[26]

4. *Ellos serán herederos de salvación. (D. y C. 76:88)*
5. *Ellos serán siervos del Altísimo. (D. y C. 76:112)*

Los puntos 3, 4, y 5 mencionados arriba parecen indicar que estos individuos telestiales podrán aceptar una porción limitada del mensaje del evangelio disponible en el reino telestial, y ahí crecerán y progresarán hasta un grado limitado.

Parley P. Pratt entendió que, en realidad, la posición de siervo del Altísimo significa servir a aquellos en reinos más altos. El escribió que: "Estos nunca pueden venir donde Dios y Cristo moran, *sino que serán siervos en los dominios de los Santos, quienes anteriormente fueron sus víctimas.*"[27]

---

[26]D. y C. 76:87.

[27]Parley P. Pratt. *Key to the Science of Theology, op. cit.*, pág. 83.

La Gloria Terrestre

En "La Visión," el profeta José Smith relató: "Y así vimos la gloria de lo terrestre *que excede la gloria de lo telestial en todas la cosas, sí, en gloria, en poder, en fuerza y en dominio.*"[28] Esta herencia gloriosa será otorgada a una clase más alta de personas que la de aquellos consignados al reino telestial. Mientras que los habitantes del reino telestial serán aquellos que fueron inicuos y corruptos durante su vida mortal, el reino terrestre será habitado por aquellos que, en la mortalidad, obedecieron un nivel más alto de ley. Sin embargo, porque a estos individuos les faltó valor en servir a Jesús, "No obtienen la corona en el reino de nuestro Dios."[29]

Las llaves reveladas en cuanto a su identidad y condición son;

1. *Ellos son los hombres honorables de la tierra. (D. y C. 76:75)*
2. *Ellos no son valientes en el testimonio de Jesús.*[30] *(D. y C. 76:79)*

Así como para los habitantes de los otros reinos, el recorrido de los habitantes del reino terrestre es trazado en "La Visión" para ayudarnos a identificarlos:

3. *Ellos son los hombres honorables de la tierra que fueron cegados por las artimañas de los hombres.*[31] *(D. y C. 76:75)*
4. *Ellos son los que murieron sin ley.*[32] *(D. y C. 76:72)*

[28]D. y C. 76:91.

[29]D. y C. 76:79. Debido a su falta de diligencia y valor, dejaron de prepararse y purificarse no haciendo uso completo del programa del evangelio, el cual estuvo a su disposición. Según el Señor ha revelado, "Y aquellos que *no son santificados por la ley que os he dado,* a saber, la ley de Cristo, deberán heredar otro reino, ya sea un reino terrestre o un reino telestial."(D. y C. 88:21)

[30]Algunos han enseñado erróneamente en la Iglesia que si los Santos de los Ultimos Días reciben algún reino de gloria irán solamente al reino celestial o al reino telestial. Sin embargo, contrario a tales enseñanzas, muchos de los santos, según el élder Spencer W. Kimball, heredarán el reino terrestre:

> Este es un evangelio de trabajo individual. Ojalá que nuestros Santos de los Ultimos Días lleguen a ser más valientes. Al leer la sección 76 de Doctrina y Convenios, la gran visión dada al Profeta José Smith, *recuerdo que ahí, el Señor dice que a la gloria terrestre irán aquellos que no son valientes en el testimonio, lo que significa que muchos de nosotros que hemos recibido el bautismo por la debida autoridad, muchos que hemos recibido otras ordenanzas, aún las bendiciones del templo, no alcanzaremos el reino de gloria celestial a menos que vivamos los mandamientos y seamos valientes.*
>
> ¿Qué significa ser valiente? . . . Hay muchos en la Iglesia hoy día que piensan que viven, pero están muertos en cuanto a las cosas espirituales. Y aún creo que muchos que pretenden ser activos, también están muertos espiritualmente. Su servicio es más de la letra que del Espíritu. (*Conference Report,* abril de 1951, págs. 104-105)

[31]Véase Moro. 8:28-41; 2 Ne. 28:1-16.

[32]Aunque muchos mueren sin ley y por lo tanto escapan a la primera condenación al infierno por causa de la expiación de Cristo, (véase 2 Ne. 9:25-27; Mos. 3:11-12; 15:24-25) no significa que también serán resucitados sin ley en la primera resurrección, "Porque por esto

5. *Ellos fueron encerrados en la prisión espiritual, oyeron el evangelio allí, y lo recibieron.*[33] *(D. y C. 76:73-74)*

Esos cinco puntos son algo ambiguos y dejan sin contestar un número de preguntas, a menos que uno las interprete privadamente. Como sucede con los habitantes de los reinos telestiales, la palabra revelada no nos da una explicación completa concerniente a la naturaleza de estos seres terrestres.

Sin embargo, una conclusión predomina. Aunque las intenciones de esta gente fueron buenas mientras estuvieron en la tierra, en el último día, estarán limitados porque sus deseos no fueron totalmente

---

también ha sido predicado el evangelio a los muertos; *para que sean juzgados en carne según los hombres,* y vivan en espíritu según Dios. (1 P. 4:6) Las escrituras repetidamente afirman que el evangelio eventualmente será predicado "a toda nación y tribu y lengua y pueblo," a "toda gente" y a "todas las naciones." (Véase Ap. 14:6; D. y C. 133:6-9, 37; 42:58; 1:4; 90:11; Al. 30:8; etc.) En algún punto en su progreso eterno (ya sea en la vida pre-mortal, la vida mortal, o en el mundo de los espíritus) todo hombre debe tener la oportunidad de escuchar el evangelio y de colocarse en una posición de conformidad completa con él, rebelarse en contra de él o aceptar sus preceptos en forma limitada.

Aunque la expiación de Cristo liberá de los sufrimientos del infierno a aquellos que murieron sin el conocimiento de la ley del evangelio, hasta que hayan oído el evangelio en el mundo espiritual, esto no significa que el gran número de gente que pertenecen a esta categoría, quedará automáticamente libre de los peligros del infierno y tiene garantizada al menos una resurreción terrestre. Algún día tendrán que hacer una decisión con respecto al evangelio y cosechar el resultado de su decisión.

La justicia de Dios no condena a ningún hombre a vivir en una gloria más alta de la que verdaderamente merece, así como no condena a nadie a sufrir en el infierno sin razón. Por ejemplo, una persona que desea lo malo, y que murió sin el evangelio, no sería feliz en la gloria terrestre, donde se recibe "de la presencia del Hijo."(D. y C. 76:77) Como Moroni enseñó:

> *Seríais más miserables, morando en la presencia de un Dios santo y justo, bajo la sensación de vuestra impureza ante él, que si viviérais con las almas condenadas en el infierno.*
>
> Porque he aquí, cuando se os haga ver vuestra desnudez delante de Dios, y también la gloria de Dios y la santidad de Jesucristo, ello encenderá una llama de fuego inextinguible en vosotros. (Moro. 9:4-5. Véase también Al. 41:11-13; 42:25-26; Mos. 2:38-39)

[33]A este grupo, el Señor ha prometido que tendrá el privilegio de levantarse en la primera resurrección, cuando Cristo venga en Su gloria:

> Otro ángel tocará, y será la *segunda* trompeta; y entonces viene la redención de los que *son de Cristo* en su venida, los *que han recibido su parte en aquella prisión preparada para ellos, a fin de que recibiesen el evangelio y fuesen juzgados según los hombres en la carne.* (D. y C. 88:99)

De lo anterior se puede deducir (véase también D. y C. 76:73-74) que este grupo aceptó el evangelio. ¿De qué otra forma podrían ser de Cristo? ¿De qué otra manera podrían ser justos y levantarse en la resurrección de los justos sin venir a Cristo? (Véase D. y C. 84:50-53; 35:12; Jn. 3:18-21, 36) Nótese la declaración de Juan, que aquellos que se levantarán en la primera resurreción serán sacerdotes y reinarán con Cristo, lo que seguramente implica la aceptación del evangelio. (Ap. 20:4-6) ¿Qué propósito se lograría al tener gentes que no sean siervos útiles de Cristo, viviendo en la tierra como seres resucitados durante el milenio? El evangelio y sus ordenanzas, se han diseñado para preparar a los hombres para el grado más alto de los tres reinos. Sin embargo, muchos que aceptan esas ordenanzas caerán debajo de ese nivel y tendrán que morar en el mundo terrestre.

convertidos en obras y servicio. En palabras se allegaron a principios de justicia, pero no los aplicaron totalmente en sus propias vidas. Habrán llevado la bandera de Jesús pero no le sirvieron con valor.

"La Visión" define la naturaleza del galardón preparado para los habitantes del reino terrestre:

1. *Ellos tienen cuerpos terrestres, no celestiales, y difieren en gloria de lo celestial como la luna difiere del sol. (D. y C. 76:71, 78)*
2. *Ellos reciben de la gloria de Cristo pero no de su plenitud. (D. y C. 76:76)*
3. *Ellos reciben de la presencia del Hijo, pero no de la plenitud del Padre. (D. y C. 76:77)*
4. *Ellos no obtienen la corona en el reino de nuestro Dios. (D. y C. 76:79)*
5. *De entre ellos son designados ángeles ministrantes para gobernar a los reinos telestiales. (D. y C. 76:86-88)*
6. *Su reino excede lo telestial en gloria, poder, fuerza y dominio. (D. y C. 76:91)*

El apóstol Orson Pratt explicó lo siguiente concerniente a su galardón:

> Concerniente a los seres terrestres ¿pueden ellos subir al reino celestial? *¡No! Su inteligencia y conocimiento no los ha preparado y adaptado para morar con aquellos que reinan en la gloria celestial. Por consiguiente, no pueden ni siquiera ser ángeles en esa gloria. No han obedecido la ley que pertenece a esa gloria, por lo tanto no pueden morar en ella.* Pero ¿habrá bendiciones para ellos administradas por aquellos que moran en la gloria celestial? *¡Sí! Del mundo celestial se enviarán ángeles para ministrar a aquellos que hereden la gloria de la luna, trayendo mensajes de gozo y paz y de todo aquello calculado para exaltar, redimir y ennoblecer a los que hayan resucitado a la gloria terrestre.* Ahí pueden recibir el Espíritu del Señor y la ministración de ángeles.[34]

La Gloria Celestial

Como anteriormente se vio en este capítulo, "En la gloria celestial hay tres cielos o grados."[35] En esta sección se considerará el estado de aquellos que hereden el más bajo de estos grados. La condición de aquellos que reciban el grado más alto, o exaltación, será el tópico del capítulo XI. Como todavía no hay información suficiente para

[34] JD 15:322, 19 de enero de 1873.

[35] D. y C. 131:1.

delinear la naturaleza del grado de gloria intermedio, ese tema no se tratará en este libro.

Una vez más las escrituras establecen los requisitos que uno tiene que satisfacer para obtener esta gloria:

1. *Ellos tienen que haber sido bautizados por immersión.* (D. y C. 76:51)

El bautismo es la "puerta estrecha" por medio de la cual los hombres llegan a ser elegibles para entrar en el reino celestial.[36] El ser bautizado es esencial para todo hombre que busca "cumplir con toda justicia,"[37] porque el Salvador ha mandado que *"el que no naciere del agua y del Espíritu, no puede entrar en el reino de Dios."*[38] El bautismo tiene que ser precedido de ciertos actos y deseos, para que sea eficaz:

> Todos los que *se humillen ante Dios,* y *deseen bautizarse,* y vengan con *corazones quebrantados* y con *espíritus contritos,* y *testifiquen ante la iglesia* que se han *arrepentido verdaderamente* de todos sus pecados, y que están *dispuestos a tomar sobre sí el nombre de Jesucristo, con la determinación de servirle hasta el fin,* y verdaderamente manifiesten por sus obras que han recibido del espíritu de Cristo para *la remisión de sus pecados, serán recibidos en su iglesia por el bautismo.*[39]

2. *Ellos reciben el Espíritu Santo por la imposición de las manos de un miembro autorizado del Sacerdocio.* (D. y C. 76:52)

3. *Ellos reciben el testimonio de Jesús.* (D. y C. 76:51)

No sólo reciben la ordenanza de la confirmación, sino que también buscan y reciben la dirección del Espíritu Santo. "El testimonio de Jesús es el espíritu de la profecía."[40] Y ese testimonio viene solamente a través del Espíritu Santo. Jesús enseñó que "cuando viniere el Consolador . . . el Espíritu de verdad, el cual procede del Padre, *él dará testimonio de mí.* Y vosotros daréis testimonio."[41] Estos son individuos que han buscado y recibido revelación y dirección divina y la han usado para dirigir sus vidas.

4. *Ellos se han arrepentido de todos sus pecados.* (Moisés 6: 57)

El Señor ha revelado que *"todos los hombres, en todas partes, deben*

---

[36] Mt. 7:13-14.
[37] 2 Ne. 31:5-9.
[38] Jn. 3:5.
[39] D. y C. 20:37. Véase también Mos. 18:8-11.
[40] Ap. 19:10.
[41] Jn. 15:26-27.

arrepentirse, o de ninguna manera heredarán el reino de Dios, porque ninguna cosa inmunda puede morar allí."[42] A los Nefitas El proclamó: *"Nada impuro puede entrar en su reino;* por tanto, nada entra en su reposo, sino aquellos que se han lavado sus vestidos en mi sangre, mediante su fe y el arrepentimiento de *todos sus pecados."*[43] Han hecho su arrepentimiento completo porque Santiago advirtió: *"Porque cualquiera que hubiere guardado toda la ley, y ofendiere en un punto, es hecho culpable de todos."*[44]

5. *Ellos han guardado los mandamientos. (D. y C. 76:52)*

6. *Ellos son justos y fieles. (D. y C. 76:53)*

Han buscado la palabra de Dios, aprendido lo que El quiere que hagan, y diligentemente procuraron cumplir con ello. Son motivados por amor a Dios y un deseo de ir a Su reino. Según lo reveló el Salvador:

> *El que tiene mis mandamientos y los guarda, aquél es el que me ama;* y el que me ama, será amado de mi Padre, y yo le amaré, y me manifestaré a él. . . .
>
> *El que ama, mi palabra guardará;* y mi Padre le amará, y vendremos a él, y haremos con él morada.[45]

7. *Ellos han vencido por medio de la fe. (D. y C. 76:53)*

He aquí el principio de valor que separa a los habitantes de la gloria celestial de aquellos que heredarán el mundo terrestre. Estos últimos fueron hombres honorables con buenas intenciones; sin embargo, fracasaron porque no se esforzaron en la causa del evangelio. José Smith comentó que "salvación significa que un hombre sea colocado más allá del poder de todos sus enemigos."[46] Aquella persona que desea entrar en el reino celestial debe vencer diligentemente a todo enemigo, toda falta e imperfección de su carácter, toda tentación y deseo perverso, hasta que esté más allá de ellos. Debe tener en cuenta lo que Pablo enseñó: "Ocupaos en vuestra salvación con temor y temblor."[47]

8. *Ellos han perseverado hasta el fin. (3 Nefi 27:16-19)*

Han continuado laborando en la obra del Señor, y a través de su

---

[42]Moisés 6:57.
[43]3 Ne. 27:19. Véase Alma 11:37.
[44]Stg. 2:10. Véase Mt. 5:29-30.
[45]Jn. 14:21, 23.
[46]HC 5:392, 17 de mayo de 1843.
[47]Fil. 2:12.

vida se han esforzado por guardar Sus mandamientos. Como Nefi explicó:

> Y oí la voz del Padre que decía: Sí, las palabras de mi Amado son verdaderas y fieles. *Aquel que persevere hasta el fin éste será salvo.*
>
> Y ahora, amados hermanos míos, por esto sé que *a menos que un hombre persevere hasta el fin, siguiendo el ejemplo del Hijo del Dios viviente, no puede ser salvo.*[48]

Al igual que con los otros reinos, el Señor nos ha ayudado a identificar a los que recibirán la gloria celestial, trazando su curso a través de los diferentes grados de progresión en el plan eterno. Además de su diligencia mortal,

9. *Ellos tienen sus nombres escritos en los cielos en el libro de la vida del Cordero.*[49] *(D. y C. 76:68)*
10. *Ellos, al morir, irán al paraíso donde estarán entre los justos hechos perfectos.*[50] *(D. y C. 76:69)*
11. *Ellos se levantarán en la resurrección de los justos, la primera resurrección. (D. y C. 76:50, 63-65)*
12. *Ellos son hechos perfectos a través de la expiación de Cristo. (D. y C. 76:69)*

Vienen a Cristo y son participantes de Su gracia y misericordia en el juicio final, y el Señor los tendrá por inocentes ante el Padre.[51]

Es difícil definir completamente el galardón y el estado final de estos seres celestiales, usando sólo "La Visión" como base, porque ese panorama de la gloria celestial es solamente un vislumbre de la exaltación, el grado más alto de ese reino. Sin embargo, aquellos que heredan la porción menor de la gloria celestial, recibirán ciertas bendiciones que tanto superarán las bendiciones de los habitantes del reino terrestre como la gloria del sol supera a la de la luna. Sus bendiciones son:

1. *Ellos tendrán cuerpos resucitados que serán celestiales. (D. y C. 76:70)*
2. *Ellos habrán reinado en la tierra con Cristo durante el milenio. (D. y C. 76:63)*

---

[48] 2 Ne. 31:15-16.
[49] Véase el capítulo VIII.
[50] Véase el capítulo IV.
[51] Véase 3 Ne. 27:16.

3. *Ellos viven en la presencia del Padre, del Hijo y del Espíritu Santo.*[52] *(D. y C. 76:62)*

4. *Ellos gozan de la compañía y asociación de seres celestiales. (D. y C. 76:67)*

5. *Ellos pueden ser asignados para ministrar en el reino terrestre. (D. y C. 76:87)*

6. *Ellos tendrán la función de ministrar a los seres exaltados. (D. y C. 132:16)*

Estos individuos serán siervos fieles y de confianza. Como embajadores capaces y escogidos de los dioses, desempeñarán un servicio valioso y cosecharán el gozo que éste brinda, a través de toda la eternidad. El señor ha revelado que tales individuos:

> . . . *Son nombrados ángeles en el cielo, ángeles que son siervos ministrantes* para servir a aquellos que son dignos de un peso de gloria, mucho mayor, y predominante, y eterno.
>
> . . . No se les puede engrandecer, sino que *permanecen separada y solitariamente, sin exaltación, en su estado de salvación, por toda la eternidad;* y en adelante no son dioses, sino ángeles de Dios para siempre jamás.[53]

Orson Pratt relató concisamente la posición que estos seres ocuparán en el reino celestial:

> Las otras categorías . . . han sido negligentes del nuevo y sempiterno convenio del matrimonio. Ellos no pueden heredar esa gloria y esos reinos. No pueden ser coronados en el mundo celestial. ¿Qué propósito servirán? *Serán enviados en asignaciones especiales—enviados a otros mundos como misioneros para ministrar o para servir en cualquier otro asunto que el Señor considere propio. En otras palabras, serán siervos.* ¿De quién serán siervos? De aquellos que han obedecido y permanecido fieles al nuevo y sempiterno convenio, y han sido exaltados a tronos; de aquellos que han hecho convenio ante Dios con sus esposas para que se levanten y se multipliquen como seres inteligentes a través de toda la eternidad. *Esta es la distinción de clases, pero todos pertenecen a la misma gloria, llamada la gloria celestial.*[54]

Esos seres celestiales han sido vistos en varias visiones de los cielos. En "La Visión" por ejemplo, José Smith y Sidney Rigdon relataron:

> Y vimos la gloria del Hijo, a la diestra del Padre, y recibimos de su plenitud;

[52] Véase el capítulo I.
[53] D. y C. 132:16-17.
[54] JD 15:321-322, 19 de enero de 1873.

> y *vimos a los santos ángeles, y a los que son santificados delante de su trono, adorando a Dios y al Cordero, y lo adoran para siempre jamás.*[55]

En su visión de los cielos, el profeta Lehi "creyó ver a Dios sentado en su trono, rodeado de *innumerables concursos de ángeles, en actitud de estar cantando y adorando a su Dios.*"[56]

Juan el Revelador, recibió varias visiones de la gloria celestial. En una de ellas, él vio:

> . . . un trono que estaba puesto en el cielo, y sobre el trono estaba uno sentado. . . .
>
> Y alrededor del trono había *veinticuatro sillas:* y vi sobre las sillas veinticuatro ancianos sentados, *vestidos de ropas blancas; y tenían sobre sus cabezas coronas de oro. . . .*
>
> Los veinticuatro ancianos se postraban delante del que estaba sentado en el trono, y adoraban al que vive para siempre jamás, y echaban sus coronas delante del trono diciendo:
>
> Señor, digno eres de recibir gloria y honra y virtud: porque tú criaste todas las cosas, y por tu voluntad existen y fueron criadas.[57]

Después él vio un concurso innumerable de ángeles o seres celestiales que servían al Señor y a los élderes (los élderes eran, aparentemente, seres exaltados):

> Después de estas cosas miré, y he aquí *una gran compañía, la cual ninguno podía contar,* de todas gentes y linajes y pueblos y lenguas, que estaban delante del trono y en la presencia del Cordero, *vestidos de ropas blancas, y palmas en sus manos;*
>
> Y clamaban en alta voz, diciendo: Salvación a nuestro Dios que está sentado sobre el trono, y al Cordero.
>
> Y todos los ángeles estaban alrededor del trono, y de los ancianos y los cuatro animales; y postráronse sobre sus rostros delante del trono, y adoraron a Dios,
>
> Diciendo: Amén: La bendición y la gloria y la sabiduría, y la acción de gracias y la honra y la potencia y la fortaleza, sean a nuestro Dios para siempre jamás. Amén.
>
> Y respondió uno de los ancianos, diciéndome: Estos que están vestidos de ropas blancas, ¿quiénes son y de dónde han venido?
>
> Y yo le dije: Señor; tú lo sabes. Y él me dijo: *Estos son los que han venido de grande tribulación y han lavado sus ropas, y las han blanqueado en la sangre del Cordero.*
>
> *Por ésto están delante del trono de Dios, y le sirven día y noche en su templo: y*

---

[55] D. y C. 76:20-21

[56] 1 Ne. 1:8.

[57] Ap. 4:2, 4, 10-11. Una revelación interpretativa dada a José Smith, reveló que "estos ancianos que Juan vio habían sido fieles en la obra del ministerio, y habían muerto. Pertenecían a las siete iglesias y estaban entonces en el paraíso de Dios. (D. y C. 77:5)

> *el que está sentado en el trono tenderá su pabellón sobre ellos.*
>
> No tendrán más hambre, ni sed, y el sol no caerá más sobre ellos, ni calor alguno.
>
> Porque el Cordero que está en medio del trono los pastoreará, *y los guiará a fuentes vivas de aguas: y Dios limpiará toda lágrima de los ojos de ellos.*[58]

Juan el Revelador describió aún a un tercer grupo de seres celestiales a los que vio en los cielos:

> Y oí una voz del cielo como ruido de muchas aguas, y como sonido de un gran trueno: y *oí una voz de tañedores de arpas que tañían con sus arpas:*
>
> *Y cantaban como un cántico nuevo delante del trono,* y delante de los cuatro animales, y de los ancianos; y ninguno podía aprender el cántico sino aquellos ciento cuarenta y cuatro mil, los cuales fueron comprados de entre los de la tierra.
>
> Estos son los que con mujeres no fueron contaminados; porque son vírgenes. *Estos, son los que siguen al Cordero por donde quiera que fuere. Estos fueron comprados* de entre los hombres por primicias para Dios y para el Cordero.
>
> *Y en sus bocas no ha sido hallado engaño; porque ellos son sin mácula delante del trono de Dios.*[59]

De esas revelaciones, uno puede al menos imaginar algo de la vida que llevan estos seres celestiales y de cuán deseable sería asociarse con ellos.

Condenación Significa un Límite de Progreso.

Todos aquellos que heredan la gloria telestial, la gloria terrestre, y aún los grados menores de la gloria celestial son condenados, ya que hay límites establecidos más allá de los cuales nunca podrán pasar por toda la eternidad. En el caso de los habitantes de los reinos telestial y terrestre, sus cuerpos resucitados son adaptados para vivir sólo en estos grados de gloria. Por lo tanto, sus cuerpos mismos no les permitirán entrar en un reino más alto, para siempre jamás. La ley que han escogido vivir ha fijado sus límites, y "el que no es capaz de soportar la ley de un reino celestial, no puede soportar una gloria celestial."[60]

Las actividades mortales del hombre sirven para abrir o cerrar las puertas de su progreso eterno. Hablando del bautismo, que es la entrada al reino celestial, el Señor advirtió:

---

[58] Ap. 7:9-17.

[59] Ap. 14:2-5. Algunos creen que esas vírgenes sin pecado alguno, murieron en su infancia y han entrado en el reino celestial.

[60] D. y C. 88:22.

> . . . Aquellos que no crean en vuestras palabras, ni se bauticen en el agua en mi nombre para la remisión de sus pecados, a fin de que puedan recibir el Espíritu Santo, *serán condenados y no entrarán en el reino de mi Padre, donde mi Padre y yo estamos.*
>
> Y esta revelación y mandamiento dado a vosotros *está en vigor desde esta misma hora en todo el mundo.*[61]

Concerniente a aquellos en los reinos menores, el Señor ha revelado que: *"a donde Dios y Cristo moran no podrán venir, por los siglos de los siglos."*[62]

Sin embargo, la condenación no se refiere sólo a los no-miembros de la Iglesia. Una revelación que amonesta a los Santos sobre los peligros de la pereza o negligencia, los advierte que, por falta de valor, pueden perder su galardón, implicando la condenación de los que heredan la gloria terrestre:

> . . . *no conviene que yo mande en todas las cosas;* porque el que es compelido en todo es un siervo negligente y no sabio; por tanto, *no recibe galardón alguno.*
>
> De cierto digo que *los hombres deben estar anhelosamente empeñados en una causa buena, y hacer muchas cosas de su propia voluntad y efectuar mucha justicia;*
>
> porque el poder está en ellos, y en esto vienen a ser sus propios agentes. *Y en tanto que los hombres hagan lo bueno, de ninguna manera perderán su recompensa.*
>
> Mas el que no hace nada hasta que se le manda, y *recibe un mandamiento con corazón dudoso, y lo cumple desidiosamente, ya es condenado.*[63]

Aún aquellos en el reino celestial que no llenen los requisitos de exaltación, estarán limitados en su progreso y serán relegados a una posición de servidumbre en lugar de una posición de liderazgo en ese reino. Por ejemplo, el no entrar en el divino convenio del matrimonio celestial los limita y "no se les puede engrandecer,"[64] ya que, si no logran entrar al grado más alto de gloria, deberán ir a otro menor donde no podrán tener progenie.[65] Y aunque participan de una porción de la gloria celestial, no pueden tener la experiencia de la gloria completa de los seres exaltados, porque el Señor ha advertido, "los ángeles y los dioses son nombrados para estar allí, y no podrán pasar; de modo que, no pueden heredar mi gloria."[66] Al revelar el convenio del matrimonio eterno, el Señor dio este mandamiento a la Iglesia:

[61] D. y C. 84:74-75. Véase también 42:60; 68:9; 112:29; 49:5.
[62] D. y C. 76:112.
[63] D. y C. 58:26-29.
[64] D. y C.132:17.
[65] D. y C. 131:4.
[66] D. y C. 132:18.

Prepara tu corazón para recibir y obedecer las instrucciones que estoy a punto de darte, porque todos aquellos a quienes se revela esta ley, tienen que obedecerla.

Porque he aquí, *te revelo un nuevo y sempiterno convenio; y si no lo cumples, serás condenado, porque nadie puede rechazar este convenio y entrar en mi gloria.*

Porque todos los que quieran recibir una bendición de mi mano han de obedecer la ley que fue decretada para tal bendición, así como sus condiciones, según fueron instituídas desde antes de la fundación del mundo.

Y en cuanto al nuevo y sempiterno convenio, se instituyó para la plenitud de mi gloria; y el *que reciba la plenitud de ella deberá cumplir, y cumplirá la ley, o será condenado, dice Dios el Señor.*[67]

Mientras José Smith contestaba una serie de preguntas presentadas por varios individuos, se le hizo esta pregunta, "¿Serán condenados todos con excepción de los mormones?" Su respuesta fue significativa: *"Sí, y una gran porción de ellos también, a menos que se arrepientan y trabajen en justicia."*[68]

Esto no quiere decir que no habrá progreso para los que hereden una gloria menor; sólo que habrá límites establecidos más allá de los cuales no podrán pasar. Los pasajes antes mencionados implican fuertemente que no hay progreso de un reino de gloria a otro de grado mayor, aunque la Iglesia jamás ha tomado una posición formal en cuanto a este punto de doctrina. Debe recordarse que aquellos en el reino Telestial reciben esa gloria debido a su firme rechazo del programa de crecimiento establecido en el evangelio, y que los habitantes del reino terrestre reciben ese grado de gloria principalmente por su falta de diligencia y valor en aplicar los principios de progreso eterno. No buscaron el progreso, y la resurrección los restaura a un estado similar en los mundos eternos.

El progreso que se llevará a cabo en reinos menores será mucho menor que el que se puede lograr en la gloria celestial. No hay ninguna base en las escrituras que apoye el argumento de que aquellos

---

[67]D. y C. 132:3-6.

[68]HC 3:28, 8 de mayo de 1838. Véase también JD 9:315. El presidente Brigham Young, en cuanto a la salvación y condenación sectaria, dijo:

> Las sectas no tienen el sacerdocio. Pero los que de entre ellos viven de acuerdo a la mejor luz e inteligencia que puedan obtener por medio de su fidelidad a lo que creen y como les haya sido enseñado, *recibirán un reino y gloria, que trascenderá todo lo que se puedan imaginar en sus mejores momentos,* ya sea cuando brincan, gritan, o se sacuden de emoción. Todo lo que jamás hayan deseado o anticipado, eso recibirán y mucho más. *Pero con el Padre y el Hijo no pueden morar, a menos que pasen por las pruebas que son ordenadas para la Iglesia del Primogénito. Las ordenanzas de la casa de Dios son expresamente para la Iglesia del Primogénito.* (JD 8:154, 26 de agosto, 1860)

en los reinos telestial y terrestre algún día puedan progresar hasta donde Dios ahora se encuentra. Ellos son condenados, y nunca podrán someterse a una ley y gloria celestial.

El apóstol Melvin J. Ballard hizo un buen resumen de esta situación:

> A menudo alguien pregunta: '¿Es posible que una persona, después de obtener la gloria telestial, viva tan bien en el mundo eterno que pueda primero graduarse de esa gloria a la terrestre, y eventualmente hacerse digno de la gloria celestial?' Esa es una pregunta que muchos han hecho. *Acabo ahora de leer la respuesta al menos en lo que concierne al grupo telestial: 'Donde Dios y Cristo moran, no podrán venir, por los siglos de los siglos.' Y basándose en la misma escritura, la misma contestación se aplica a la gloria terrestre.* Aquellos cuyas vidas les han hecho merecer la gloria terrestre nunca podrán ganar la gloria celestial. *Alguien que obtenga un grado menor en la gloria telestial eventualmente tal vez pueda llegar al grado más alto de esa gloria. Pero no hay promoción de una gloria a otra.* Ni hay necesidad de discutir el punto.
>
> Para ilustrar, me gustaría preguntarles: si tres hombres empezaran una carrera sin fin, uno de ellos con una ventaja de una milla, el otro con dos millas, y los tres corriendo con la misma rapidez, ¿cuándo alcanzaría el último al primero? Si me podéis decir eso, yo os podré decir cuándo alguien de la gloria telestial podrá entrar en la gloria celestial. *Cada uno crecerá, pero su desarrollo será prescrito por su ambiente, y hay una razón para ello.*
>
> Aplicando este ejemplo a aquellos que tengan derecho a diferentes grados de gloria, *el que entra en la gloria celestial tiene la ventaja sobre todos los demás porque mora en la presencia del Padre y del Hijo. ¡Sus maestros son lo más alto que hay!* Los otros recibirán todo lo que aprendan de lo celestial a lo terrestre, y de lo terrestre a lo telestial. *Eso es, recibirán su conocimiento de segunda y tercera mano. ¿Cómo podrían esperar crecer tan rápido como aquellos que beben de la fuente principal?* También aquellos que van a la gloria celestial tienen cuerpos más refinados. Son diferentes. *La fibra de un cuerpo celestial es más pura y santa que la de un cuerpo terrestre o telestial, y sólo un cuerpo celestial puede aguantar una gloria celestial.*[69]

La parábola de los talentos contada por Cristo, también debería ser mencionada aquí. Aquellos que obraron diligentemente por su Señor, fueron recompensados en abundancia por su valor. Sin embargo, concerniente al siervo inútil, el Señor mandó:

> *Quitadle pues el talento,* y dadlo al que tiene diez talentos.
>
> Porque a cualquiera que tuviere, le será dado, y tendrá más; *y al que no tuviere, aún lo que tiene le será quitado.*[70]

[69] N. B. Lundwall, *The Vision, op. cit.*, págs. 48-49.
[70] Mt. 25:28-29.

RESUMEN

1. Dios ha creado tantos mundos que éstos son incontables para el hombre. Sin embargo, El está al tanto del progreso de todos ellos y los visita a su debido tiempo. Muchos de ellos ya han "dejado de existir" y han alcanzado su condición y gloria eterna. Se supone que ahora son habitados por seres resucitados.
2. Dios controla el movimiento y rotación de los mundos eternos. Ha sido revelado que la llave del movimiento de estos cuerpos celestes es el gran Kólob, una estrella localizada cerca de la residencia de Dios. Varias galaxias más allá de la posición actual de la tierra.
3. Los mundos eternos son divididos principalmente en tres niveles o grados de gloria: telestial, terrestre, y celestial. Aquellos que heredan estos reinos tendrán cuerpos resucitados con una gloria correspondiente.
4. Los tres grados generales de gloria son adaptados a los grados de mayor o menor perfección de sus habitantes eternos.
5. La ley bajo la cual el hombre se somete en el estado mortal, determina el reino y grado de gloria que heredará para toda la eternidad. El hombre morará en la eternidad con aquellos que tengan deseos y capacidades semejantes a los suyos.
6. La gloria de lo telestial es tan grandiosa que supera todo entendimiento humano. Sin embargo, es reservada para lo peor de la sociedad terrenal, exceptuando a los hijos de perdición. Será la herencia de los pecadores y malvados y de los que han rehusado repetida y enfáticamente el evangelio, pero que no son hijos de perdición. Este reino será ministrado por el Espíritu Santo y por ángeles del reino terrestre.
7. La gloria del reino terrestre supera altamente a la del reino telestial. Será el galardón de hombres honorables a quienes les faltó el valor y la determinación para cumplir con los preceptos del evangelio y servir a Cristo y a Su Iglesia. Aunque algunos de ellos habrán rechazado el evangelio durante su vida mortal, parece ser que este grupo habrá tenido la oportunidad de recibir las enseñanzas del evangelio a tiempo para levantarse en la primera resurrección, la resurrección de los justos. Serán visitados por Cristo y ángeles ministrantes del reino celestial.
8. La gloria celestial supera a la terrestre en gloria, poder y dominio. Está dividida en tres niveles. La admisión a la gloria celestial es otorgada solamente a aquellos que han aceptado el evangelio por medio del bautismo y confirmación, que han recibido un testimonio bajo la dirección del Espíritu Santo, y que

valientemente han vencido los muchos obstáculos y tentaciones por medio de la fe. Reciben la misericordia y el perdón de Cristo y por eso pueden entrar en Su reino sin pecado. Aquellos que heredan el menor de los grados celestiales serviran de ministros y siervos a aquellos que ganan la exaltación.

9. Condenación significa un límite al progreso eterno. Toda persona en la gloria telestial, terrestre y celestial, es hasta cierto punto, condenado excepto aquellos que merecen y reciben exaltación en el más alto de los niveles de la gloria celestial.

10. Evidencia en las escrituras indica que aquellos en reinos menores nunca podrán ascender de una gloria a otra más alta. Los habitantes de una gloria menor, tampoco podrán progresar al punto de ser iguales en gloria y habilidad a los de la gloria celestial. En realidad, parece ser que los habitantes del reino telestial y terrestre tienen poca motivación y poco deseo de progresar.

CAPITULO XI

LA EXALTACIÓN

La Exaltación es Perfección y Divinidad

UN PRINCIPIO FUNDAMENTAL DEL EVANGELIO DE JESUCRISTO ES QUE el hombre puede ser exaltado y obtener el más alto de todos los galardones: divinidad. Sin la idea de que es posible llegar a ser un Dios, el hombre no puede comprender el alcance y propósito del gran plan del evangelio, y el divino plan de salvación no puede llevarse a cabo. La verdadera meta del hombre no solamente consiste en "ir al cielo," "entrar al reino celestial" y "obtener una vez más la presencia de Dios." El hombre ha de enfrentarse a un desafío más grande. el lograr la perfección personal y el de llegar a ser un Dios.

La admonición de buscar la perfección no es un desafío vano. La meta no es un sueño imposible. Más bien, es un principio que debe guiar la vida de todo aquel que verdaderamente ha aceptado a Cristo y Su evangelio. *"Sed, pues, vosotros perfectos, como vuestro Padre que está en los cielos es perfecto,"*[1] fue la meta que Jesús estableció para la humanidad. Las escrituras a menudo repiten Su mandamiento. Por ejemplo, Pablo enseñó que la Iglesia fue establecida,

> *Para perfección de los santos. . . .*
> Hasta que todos lleguemos a la unidad de la fe y del conocimiento del Hijo de Dios, *a un varón perfecto, a la medida de la edad de la plenitud de Cristo.*[2]

Pablo escribió a los Colosenses que la meta de sus obras era *"que presentemos a todo hombre perfecto* en Cristo Jesús."[3] A Timoteo le dijo que el propósito de las escrituras era *"para que el hombre de Dios sea perfecto,* enteramente instruído para toda buena obra."[4] A los Hebreos les dio la admonición de progresar más allá de los principios fundamentales,

---

[1]Mt. 5:48.
[2]Ef. 4:12-13.
[3]Col. 1:28.
[4]2 Ti. 3:17.

hacia un nivel más alto de vida, y se unió a ellos en el desafío, diciendo: *"Vamos adelante a la perfección."*[5] El sabía bien la necesidad de establecer la exaltación como la verdadera meta del hombre, y también sabía que ninguna otra meta guiaría al hombre a la perfección. El vio que "nada perfeccionó la ley, más hízolo la introducción de mejor esperanza."[6] Y a los Hebreos les deseó que Dios, "os haga aptos en toda obra buena."[7]

Este mandamiento de buscar y alcanzar la perfección es la más difícil de todas las responsabilidades del hombre, y sólo algunos hombres y mujeres tendrán la determinación de perseverar hasta el fin en su afán por cumplirlo. Según lo explicó el apóstol Melvin J. Ballard, "Quiero decir que *pocos hombres llegarán a ser como Dios es. Y sin embargo, todos los hombres pueden llegar a ser como El es, si pagan el precio."*[8] Aquellos que prematuramente se dan por vencidos y abandonan su esperanza de lograr la exaltación, harían muy bien en memorizar y aceptar totalmente la resolución de Nefi:

> *Y sucedió que yo, Nefi, dije a mi padre: Iré y haré lo que el Señor ha mandado, porque sé que él nunca da mandamientos a los hijos de los hombres sin prepararles la vía para que puedan cumplir lo que les ha mandado.*[9]

Las Ricas Bendiciones de la Exaltación

Seguramente el alcanzar la perfección, y por lo tanto, la exaltación y la divinidad, es la meta más significativa a la cual el hombre puede aspirar. La exaltación, o vida eterna como a menudo se le llama en las escrituras, es la meta que Dios desea que toda la humanidad alcance. Así como todo padre desea lo mejor para sus hijos, el Padre Eterno en los cielos desea que todo individuo comparta Su gozo eterno. Su plan de salvación está enteramente dirigido hacia ese fin, y El ha revelado, *"Porque he aquí, ésta es mi obra y mi gloria: Llevar a cabo la inmortalidad y la vida eterna del hombre."*[10] Seguramente El que da las buenas dádivas[11] sabe lo que es de mayor valor para Sus hijos, y El ha reservado este galardón como el mayor de Sus dones[12] para los que sean más justos de entre Sus hijos.

---

[5]He. 6:1.
[6]He. 7:19.
[7]He. 13:21. Véase también 1 P. 5:10.
[8]N. B. Lundwall, *The Vision, op. cit.*, pág. 45.
[9]1 Ne. 3:7.
[10]Moisés 1:39.
[11]Véase Mt. 7:11.
[12]Véase 1 Ne. 15:36; D. y C. 6:13.

Aquellos que no están familiarizados con esta idea se burlarán y pensarán que el Padre nunca compartirá Sus dominios con Sus hijos. Sin embargo, las escrituras testifican que Dios, el Padre de los espíritus de toda la humanidad,[13] ha planeado exaltar al hombre y darle tal dominio. El salmista reconoció este hecho cuando preguntó:

> ¿Qué es el hombre, para que tengas de él memoria, y el hijo del hombre, para que lo visites?
>
> *Pues le has hecho poco menor que los ángeles, y coronástelo de gloria y de lustre.*
>
> *Hicístelo enseñorear de las obras de tus manos:* todo lo pusiste debajo de sus pies.[14]

Y Dios ha revelado Su palabra: "Yo dije: Vosotros sois dioses, e hijos todos vosotros del Altísimo."[15] El Padre desea que Sus hijos progresen al grado de que puedan compartir Su asociación, Sus poderes, y dominio a través de toda la eternidad.

Las escrituras revelan una explicación detallada de la naturaleza de la exaltación. Aquellos que obtengan éste, el más grande de todos los galardones, recibirán:

La Divinidad

Los que reciben este galardón habrán "entrado en su exaltación, de acuerdo con las promesas, y se sientan sobre tronos, *y no son ángeles sino dioses.*"[16]

De acuerdo con el presidente Brigham Young, la divinidad se logra a través del proceso de ordenación:

> Mientras estemos en la carne, no podremos recibir las llaves para formar y diseñar reinos, y para organizar materia, porque están más allá de nuestra capacidad y llamamiento, más allá de este mundo. En la resurrección, aquellos que han sido fieles y diligentes en todas las cosas, mientras estuvieron en la carne, que han guardado su primer y segundo estados, y que *son dignos de ser coronados Dioses, aun los hijos de Dios, serán ordenados para organizar materia.*[17]

Una Asociación Eterna con El Padre y El Hijo

"Estos morarán en la presencia de Dios y su Cristo para siempre jamás."[18] Esto no se entiende como una indicación de que los seres

---

[13]Véase Nm. 16:22; He. 12:9.
[14]Sal. 8:4-6. Véase también He. 1:4-7.
[15]Sal. 82:6.
[16]D. y C. 132:37. Véase también 76:58.
[17]JD. 15:137, 24 de agosto de 1872.

exaltados estarán siempre en proximidad física con el Padre y el Hijo, sino que tendrán el privilegio de conversar con ellos aún a través de las inmensidades del espacio según sea necesario. Orson Pratt explicó:

> ¿Qué hemos de entender por estar en la presencia de Dios? *Para estar en Su presencia, ¿será necesario que estemos en la vecindad cercana a El, a unos cuantos metros de El? Yo creo que no.* Ahora obramos bajo las imperfecciones de la caída, y debido a ello un velo nos separa de Su presencia. Pero *cuando sean removidos los efectos de la caída y podamos una vez más mirar hacia la cara de nuestro Padre y Creador, estaremos en Su presencia*. . . . La construcción de las obras del Omnipotente son de tal perfección que le permiten al hombre entrar en Su presencia en cualquier parte del universo donde se encuentre. El velo puede ser quitado y Su presencia se hace visible para nosotros.
>
> *¿Se puede conversar con El aún cuando esté a esas inmensas distancias? Sí. ¿Cómo? A través de esas perfectas facultades que Dios le dará al hombre inmortal.* Es tan fácil para los hijos, cuando son perfeccionados y hechos como El, conversar con El a través de estas inmensas distancias y penetrar con los ojos todas esas creaciones como lo es para Su Dios y Padre.[19]

Ser Miembro en la Iglesia del Primogénito

Una organización especial existe en la gloria celestial, y el ser miembro de ella es permitido solamente a aquellos que ganan su exaltación ahí.[20] Mientras revelaba el galardón de aquellos que heredarán la exaltación en la gloria celestial, el Señor dijo que "estos son los que constituyen la iglesia del Primogénito."[21] No hay evidencia en las escrituras que otros, aparte de los seres exaltados, participarán en esta sagrada asociación. Por el contrario, el Señor ha revelado que los que participan en esa Iglesia, han ganado la plenitud de la divinidad:

> Os digo estas palabras para que podáis comprender y saber cómo adorar, y sepáis lo que adoráis, para que podáis venir al Padre en mi nombre, y *en el debido tiempo recibir de su plenitud.*
>
> Porque si guardáis mis mandamientos, *recibiréis de su plenitud, y seréis glorificados en mí como yo lo soy en el Padre;* por lo tanto, os digo, recibiréis gracia por gracia.
>
> Y ahora, de cierto os digo, yo estuve en el principio con el Padre, y soy el Primogénito;
>
> *y todos los que por medio de mí son engendrados, son participantes de la gloria del mismo, y son la iglesia del Primogénito.*[22]

---

[18] D. y C. 76:62.
[19] JD. 16:364, 367, 27 de enero de 1874.
[20] Véase D. y C. 76:71, 94; 88:4-5.
[21] D. y C. 76:54. Véase también 76:67, 102; 77:11.
[22] D. y C. 93:19-23.

Coherederos con Cristo

Aquellos que logran la exaltación llegarán a ser coherederos con Jesucristo al heredar los poderes y la gloria que pertenecen a la deidad. Pablo enseñó:

> Porque todos los que son guiados por el Espíritu de Dios, *los tales son hijos de Dios.*
>
> Porque no habéis recibido el espíritu de servidumbre para estar otra vez en temor; mas *habéis recibido el espíritu de adopción, por el cual clamamos, Abba, Padre.*
>
> Porque el mismo Espíritu da testimonio de nuestro espíritu que *somos hijos de Dios.*
>
> *Y si hijos, también herederos; herederos de Dios, y coherederos de Cristo; si empero padecemos juntamente con él, para que juntamente con él seamos glorificados.*
>
> Porque tengo por cierto que lo que en este tiempo se padece, no es de comparar con *la gloria venidera que en nosotros ha de ser manifestada.*[23]

En los reinos eternos, la humanidad seguirá uno de dos senderos: serán siervos, o serán coherederos con Cristo. Sólo los coherederos podrán gobernar y reinar en los cielos. Aunque sean coherederos con el Salvador, teniendo igual poder y dominio, la organización eterna todavía situará al hombre bajo la jurisdicción de Jesús, porque "ellos son de Cristo, y Cristo es de Dios."[24]

La Plenitud de Gloria de un Cuerpo Celestial

Mientras hablaba de las bendiciones de los seres exaltados, el Señor reveló que "Son aquellos en cuyas manos el Padre ha entregado todas las cosas . . . que han *recibido de su plenitud y de su gloria.*"[25] El Señor reveló la naturaleza de la maravillosa gloria que los seres exaltados recibirán, cuando dijo que *"la gloria de Dios es la inteligencia, o en otras palabras luz y verdad."*[26] En "La Visión" se revela que, "estos son aquellos *cuyos cuerpos son celestiales, cuya gloria es la del sol, sí, la gloria de Dios, el más alto de todos, de cuya gloria* está escrito que tiene como tipo *el sol del firmamento.*"[27]

---

[23]Ro. 8:14-18. Véase también Gal. 3:26-29; 4:1-7. El término "hijo de Dios," cuando se usa en el sentido de una herencia conjunta con Cristo, se refiere a aquellos que han aceptado a Cristo y a Su iglesia en la tierra. (Véase D. y C. 39:4-6; 11:30; 35:2; Moisés 5:7) En ese sentido, el poder del sacerdocio parece ser un requisito para aquellos que llegan a ser "hijos de Dios." (Véase Moisés 6:67-68; D. y C. 45:8) La implicación en estos pasajes es que el hombre, ya un hijo espiritual de Dios el Padre, puede también llegar a ser hijo de Cristo en el sentido de que es un discípulo de El y que eventualmente heredará un lugar en Su Iglesia celestial, la Iglesia del Primogénito. Esto se llama nacer otra vez espiritualmente. (Véase Mos. 5:7; 27:24-27; Al. 5:14, 49; 22:15; 36:23-26; 38:6; Jn.1:12-13; 3:3-6; Tit. 3:5-7.)

[24]D. y C. 76:59.

[25]D. y C. 76:55-56.

[26]D. y C. 93:36. Véase también Jn. 1:14.

[27]D. y C. 76:70.

La Autoridad del Sacerdocio

Aquellos que obtienen la exaltación serán "sacerdotes del Altísimo, según el orden de Melquisedec, que fue según el orden de Enoc, que fue según el orden del Hijo Unigénito."[28] "Los derechos del sacerdocio están inseparablemente unidos a los poderes del cielo,"[29] y el poder del sacerdocio es la base para que un hombre exaltado pueda funcionar como un dios, porque "este sacerdocio mayor administra el evangelio, y *posee la llave de los misterios del reino, sí, la llave del conocimiento de Dios.*"[30]

El Compañerismo Eterno de un Cónyugue

El Señor ha revelado:

> Si un hombre se casa con una mujer por mi palabra, la cual es mi ley, y por el nuevo y sempiterno convenio, y les es sellado por el Santo Espíritu de la promesa, por conducto del que es ungido, a quien he otorgado este poder y las llaves de este sacerdocio, . . . les será cumplido en todo cuanto mi siervo haya declarado sobre ellos, por tiempo y por toda la eternidad; y *estará en pleno vigor cuando ya no estén en el mundo; y pasarán por los ángeles y los dioses que están allí, a su exaltación y gloria en todas las cosas, según lo que ha sido sellado sobre su cabeza.*[31]

La unión del matrimonio, cuando es consumada en el santo templo de Dios por Sus siervos autorizados, permanece válida en la resurrección celestial. Esto es algo básico para el programa eterno de Dios. Según el principio que declaró Pablo: *"Mas ni el varón es sin la mujer, ni la mujer sin el varón, en el Señor."*[32]

Es un principio glorioso ya que provee la base del entendimiento de los Santos de los Ultimos Días concerniente al exaltado estado de la mujer. Sin el principio del matrimonio eterno, la mujer estaría

[28]D. y C. 76:57.
[29]D. y C. 121:36.
[30]D. y C. 84:19.
[31]D. y C. 132:19.
[32]1 Cor. 11:11. El mundo sectario de vez en cuando ha promovido su interpretación errónea de Mt. 22:23-30, (también Mr. 12:18-25; Lc. 20:27-36) en oposición a esta enseñanza. Se cita a Jesús cuando dice "en la resurrección . . . ni se casarán, ni serán dados en casamiento," y esto se interpreta como evidencia de que nadie disfruta de la relación matrimonial después de esta vida: una interpretación falsa. El Señor les ha revelado a los Santos de los Ultimos Días, que el más alto grado del reino celestial sólo puede ser obtenido a través del matrimonio eterno. (Véase D. y C. 131:1-4) Sin embargo, se entiende que este tipo de matrimonio sólo puede llevarse a cabo en esta vida o vicariamente en los templos por los que se encuentran en el mundo de los espíritus. Si el matrimonio eterno se lleva a cabo bajo estas condiciones, aparentemente los seres resucitados no podrán obtener el grado más alto del reino celestial y estarán limitados a ser ángeles y siervos en el reino celestial o en un reino menor. De hecho, ésta fue la intención en las palabras del Salvador cuando dijo: "*Cuando resucitarán de los muertos,* ni se casarán ni serán dados en casamiento, *mas son como los ángeles que están en los cielos.*"

excluída del privilegio de la exaltación, pero como compañera de un hombre exaltado ella puede compartir todos los privilegios y bendiciones de la divinidad. Según lo expresó el Presidente John Taylor,

> *Ser reina y sacerdotisa en el trono de tu Padre Celestial y una gloria para tu esposo y progenie, engendrar las almas de hombres, poblar otros mundos* (como engendraste cuerpos en la vida mortal) mientras la eternidad continúa, y si lo aceptas, mujer, ésta es la vida eterna.[33]

Parley P. Pratt escribió: "He aprendido que *la dignidad más grande de la mujer es el levantarse como reina y sacerdotisa para su marido y reinar por siempre jamás como reina y madre de su numerosa progenie.*"[34]

Poderes Eternos de Procreación

Los seres exaltados gozarán del poder de procreación y continuarán el proceso de engendrar hijos, el cual comenzó durante el estado mortal. El Señor ha revelado que los seres exaltados

> pasarán por los ángeles y los dioses que están allí, a su exaltación y gloria en todas las cosas, según lo que ha sido sellado sobre su cabeza, *y esta gloria será una plenitud y continuación de las simientes por siempre jamás.*
>
> *Entonces serán dioses, porque no tienen fin; por consiguiente, existirán de eternidad en eternidad, porque continúan.*[35]

El poder de engendrar hijos en el estado resucitado es fundamental al plan eterno de salvación, porque es por medio de esos hijos que los seres exaltados progresarán y serán exaltados. Dios ha revelado que la esposa o esposas de un hombre

> son dadas a él para multiplicarse y henchir la tierra, de acuerdo con mi mandamiento, y para cumplir la promesa dada por mi Padre antes de la fundación del mundo, y *para su exaltación en los mundos eternos, a fin de que puedan engendrar las almas de los hombres; pues en esto se perpetúa la obra de mi Padre, a fin de que él sea glorificado.*[36]

En realidad, el ser Dios significa gozar de paternidad eterna, porque la relación de Dios a hombre es realmente una relación de padre a hijo. Un dios gobierna a sus propios hijos, y su reino aumenta según crece su familia eterna. Como Orson Pratt lo expresó,

> ¿Quiénes serán los súbditos en el reino que será gobernado por los que

---

[33] N. B. Lundwall, *The Vision, op. cit.*, pág. 147.

[34] Parley P. Pratt, *Autobiography of Parley P. Pratt* (Sexta edición, Salt Lake city, Utah: Deseret Book Company, 1966), pág. 298.

[35] D. y C. 132:19-20.

[36] D. y C. 132:63.

son exaltados en el reino celestial de nuestro Dios? ¿Reinarán ellos sobre los hijos de su vecino? ¡No! ¿Sobre quién gobernarán? *Sobre sus propios hijos. Su propia posteridad serán los ciudadanos de sus reinos. En otras palabras, el orden patriarcal prevalecerá ahí hasta la eternidad sin fin, y los hijos de cada patriarca de familia serán suyos durante todas las eternidades.*[37]

Así como el hombre nació primero como hijo espiritual del Padre Eterno y Su compañera,[38] los hijos que les nacen a los seres resucitados son seres espirituales[39] y deben ser enviados, cuando les toque su turno, a otro mundo para que pasen por las pruebas de la vida mortal y obtengan un cuerpo físico. Una declaración doctrinal publicada por la Primera Presidencia de la Iglesia, el 30 de junio de 1916, afirmó en parte:

> De lo que se ha dado a conocer por revelación divina sobre los pasos del eterno progreso y desarrollo, debemos entender que *solamente los seres resucitados y glorificados pueden ser padres de progenie espiritual.* Solamente estas almas exaltadas han alcanzado la edad madura en el curso señalado de la vida eterna; y *los espíritus que de ellos nazcan en los mundos eternos pasarán, en el orden debido, por los varios pasos o estados a través de los cuales sus padres glorificados han alcanzado la exaltación.*[40]

Según algunos líderes de la Iglesia, el proceso de procrear seres espirituales es idéntico al proceso de concebir y crear hijos en la tierra. Una declaración de la Primera Presidencia enseña que *"el hombre como espíritu, fue engendrado y nació de padres celestiales,* y fue criado hasta su madurez en las mansiones eternas del Padre antes de venir a esta tierra para ser probado y pasar por la experiencia de la vida mortal."[41] El apóstol Orson Pratt describió este proceso:

---

[37]JD. 15:319, 19 de enero de 1873.

[38]Véase Nm. 16:22, He. 12:9. Sobre este tema el Presidente Brigham Young dijo:

> No hay espíritu que no haya sido puro y santo cuando llegó aquí del mundo celestial. No hay ningún espíritu entre la familia humana que haya sido engendrado en el infierno; ninguno que haya sido engendrado por los ángeles, o por algún ser inferior. *No fueron creados por ningún ser inferior a nuestro Padre que está en los cielos. El es el Padre de nuestros espíritus.* Y si pudiéramos aprender, entender y hacer Su voluntad, estaríamos preparados para regresar a Su presencia. Y al llegar ahí nos daríamos cuenta que ya habíamos vivido ahí anteriormente por mucho tiempo, y que conocemos cada rincón de los palacios, senderos, y jardines. Y abrazaríamos a nuestro Padre y El *nos abrazaría y diría: 'Hijo mío, Hija mía, te tengo otra vez.' Y el hijo diría: '¡Oh Padre, Padre mío, aquí estoy otra vez!'* (JD. 4:268, 8 de marzo de 1857)

[39]Los seres espirituales son exactamente como los mortales, porque "el espíritu del hombre (es) a semejanza de su persona." (D. y C. 77:2. Véase también 131:7-8)

[40]James E. Talmage, *Artículos de Fe* (Salt Lake City, Utah: La Iglesia de Jesucristo de los Santos de los Ultimos Días,) págs. 519-520.

[41]Joseph F. Smith, John R. Winder, Anthon H. Lund (La Primera Presidencia de la Iglesia), "The Origin of Man." *Improvement Era,* Vol. XIII, Núm. 1, pág. 80, Noviembre de 1909.

Si nacimos en los cielos antes de que existiera este mundo, nos podríamos preguntar acerca de la naturaleza de ese nacimiento. ¿Acaso fue por un mandato que substancia espiritual, la cual se hallaba esparcida en el espacio, fue juntada milagrosamente y organizada en forma espiritual y llamada espíritu? ¿Es así como nacimos? ¿Es así como Jesús, el primogénito, llegó a existir? ¡No! *Todos nacimos allá en la misma forma en que nacemos aquí. Es decir, toda persona que ha existido antes de venir aquí tuvo padres literales: una madre personal y un padre personal.* Por eso el apóstol Pablo, al hablar a los Efesios, dijo: 'Nosotros somos su progenie.'[42]

Así que el contrato de matrimonio eterno y la bendición del crecimiento eterno son las llaves para la exaltación. Aquellos que obtienen el reino celestial pero que no cumplen con estas obligaciones estarán limitados a ser siervos de sus hermanos exaltados. Como los dioses reinan sobre su propia progenie, no hay exaltación sin la habilidad de tener hijos espirituales. Esta ley es inmutable. Solamente unos pocos podrán recibir las bendiciones de esa ley puesto que el Señor ha revelado:

> Porque estrecha es la puerta y angosto el camino que conduce a la exaltación y continuación de las vidas, y *pocos son los que la hallan,* porque no me recibís en el mundo ni tampoco me conocéis.[43]

Relaciones Familiares con Progenitores y Descendientes

Se preparará una gran reunión de familiares para aquellos que entren en la exaltación.[44] Todos los que moran entre los dioses participarán de este gran orden patriarcal, pero los que no merecen la exaltación serán excluídos del orden familiar y existirán en un estado soltero.[45] Esta última dispensación, la dispensación del cumplimiento de los tiempos, es el tiempo para unir esta línea patriarcal:

> *Pues sin ellos nosotros no podemos perfeccionarnos,* ni ellos pueden perfeccionarse sin nosotros. Ni tampoco podemos nosotros ni ellos perfeccionarnos sin los que han fallecido en el evangelio también; porque al iniciarse la dispensación del cumplimiento de los tiempos, dispensación que ya está comenzando, es menester que *una unión entera, completa y perfecta, así como un encadenamiento de dispensaciones, llaves, poderes y glorias, se realicen* y sean revelados desde los días de Adán hasta el tiempo presente.[46]

---

[42] JD 15:246, 15 de Diciembre de 1872. Véase también Parley P. Pratt, *Key to the Science of Theology, op. cit.*, págs. 56-57, 125; y JD 15:320.

[43] D. y C. 132:22.

[44] Esta relación familiar se discute en el capítulo VI

[45] Véase D. y C. 132:15-18.

[46] D. y C. 128:18.

Todo hombre tomará su lugar en el orden patriarcal y mostrará respeto y reverencia a aquellos que lo preceden en ese orden. Como lo explicó Orson Pratt:

> Que uno tenga vei-ntiun años o veinte y un mil años, ahí nunca habrá tal cosa como estar libre del gobierno del padre. La edad no hará ninguna diferencia. Todos estarán sujetos a las leyes de su Patriarca o Padre y tendrán que observar esas leyes y obedecerlas a través de toda la eternidad.[47]

Cuando cada ser exaltado desarrolle sus propios reinos y su exaltación, estas glorias se añadirán al honor, gloria y gozo de sus progenitores que están antes de él en el orden patriarcal. José Smith explicó el principio de esta manera:

> ¿Qué hizo Jesús? Pues, hago las cosas que vi a mi Padre hacer cuando los mundos se crearon. Mi Padre logró su reino con temor y temblor, y yo debo hacer lo mismo. Y *cuando obtenga yo mi reino, se lo presentaré a mi Padre, para que El pueda obtener reino sobre reino, para Su exaltación y gloria. El entonces recibirá una exaltación más alta, y yo tomaré Su lugar, de esa manera ganando exaltación yo mismo. Así que Jesús sigue las huellas de Su Padre, y hereda lo que Dios mismo hizo antes. Y de ese modo Dios se glorifica y se exalta por medio de la salvación y exaltación de todos Sus hijos.* Es simple y sin necesidad de argumento, y así aprendemos algunos de los primeros principios del evangelio, sobre los cuales tanto se ha dicho.[48]

Una parte de la línea de autoridad como existirá en la gloria celestial ha sido revelada. Dios el Padre estará a la cabeza y enseguida de El, próximo en autoridad, estará Su Unigénito, Jesucristo, el cual dijo, "Voy al Padre, *porque el Padre mayor es que yo.*"[49] Cristo va a perfeccionar Su obra sobre la tierra para cuando "entregue al reino y lo presente sin mancha al Padre,"[50] entonces será "coronado con la corona de su gloria, para sentarse sobre el trono de su poder y reinar para siempre jamás"[51] sobre otros seres exaltados como "Rey de Reyes Y Señor de Señores."[52]

---

[47]JD 15:320, 19 de enero de 1873. El élder Pratt continúa explicando la única alternativa cuando se rechaza el orden patriarcal:

> Hay sólo un camino por el cual los hijos pueden ser libres de la ley celestial y del orden de las cosas, y ese camino es la rebelión. Siendo agentes de sí mismos, ellos pueden rebelarse en contra de Dios, y en contra del orden que El ha instituído, de la misma manera que Satanás y sus ángeles caidos lo hicieron.

[48]HC 6:306, 7 de abril de 1844.

[49]Jn. 14:28.

[50]D. y C. 76:107. Véase también 1 Co. 15:22-26, 28.

[51]D. y C. 76:108.

[52]Ap. 19:16. Véase también 1:5-6; D. y C. 130:9

El siguiente en la línea de autoridad será Adán, a quien el Señor prometió: "Te he puesto para estar a la cabeza; multitud de naciones saldrán de ti, y *tú les serás por príncipe para siempre.*"[53] Al hablar sobre el papel de Adán en el grandioso concilio en Adán-ondi-Ahman, en los últimos días, el profeta José dijo: *Adán entregará su mayordomía a Cristo: aquello que le fue entregado en cuanto a las llaves del universo, pero retendrá su posición a la cabeza de la familia humana.*"[54] En el mismo discurso, el profeta extendió la línea de autoridad hasta Noé:

> *El sacerdocio fue dado primeramente a Adán; a él se lo dió la Primera Presidencia, y tuvo las llaves de generación en generación.* Lo recibió en la creación, antes de ser formado el mundo, como se ve en Génesis 1:26, 27, 28. Le fue dado el dominio sobre toda cosa viviente. Adán es Miguel, el Arcángel, de quien se habla en las Escrituras. En seguida viene *Noé, que es Gabriel; éste sigue a Adán en la autoridad del sacerdocio.* Dios confirió este oficio sobre Noé que fue el padre de todo ser viviente en sus días, y a él le fue dado el dominio. Estos hombres tuvieron las llaves, primero en la tierra y luego en los cielos.[55]

Entonces, como Parley P. Pratt lo explicó, la línea de autoridad del sacerdocio pasa al representante de cada dispensación en su debido tiempo. Cada uno de esos representantes gobernará a la gente que viva en su dispensación o época en la vida mortal. Y bajo su dirección los padres que hayan vivido durante ese período presidirán sobre sus familias en el orden patriarcal:

> Hemos establecido el hecho de que el orden celestial se ha designado no sólo para proveer vida eterna sino también para establecer un orden eterno de gobierno familiar fundamentado sobre los principios más puros y santos de unión y afecto. Ahora haremos un repaso de la familia celestial del hombre, según ésta existirá en la restauración de todas las cosas habladas por los santos profetas. Primero, su más venerada majestad, *el Rey Adán, con su cónyugue real, la Reina Eva, aparecerá a la cabeza de la gran familia de los redimidos, y será coronado en medio de ellos, como un rey y sacerdote, según el Orden del Hijo de Dios.* Entonces serán vestidos con vestiduras tan blancas como la nieve y tomarán sus asientos en el trono en medio del paraíso de Dios sobre la tierra, para reinar para siempre jamás, mientras miles y miles se presentarán delante de él, y diez mil veces diez mil le servirán. Y si lo aceptáis, éste es el orden del Anciano de Días.
>
> El reino estará preparado y organizado para recibir a Jesús cuando El venga. *Adán, el venerable patriarca y soberano, poseerá jurisdicción legal sobre*

---

[53] D. y C. 107:55. Véase también 78:15-16.
[54] HC 3:387, 2 de julio de 1839.
[55] HC 3:385-86, 2 de julio de 1839.

> *Abel, Noé, Enoc, Abraham, Isaac, Jacob, José, Moisés, los profetas, apóstoles y santos de todas las épocas y dispensaciones.* Y todos le rendirán reverencia y le obedecerán como su venerable padre y soberano legal. . . . *Entonces serán organizados cada uno sobre su propio departamento de gobierno, de acuerdo a su primogenitura y oficio,* en sus familias, generaciones y naciones. . . . Cada uno obedecerá y será obedecido de acuerdo a la relación que tenga como miembro de la gran familia celestial.[56]

Todo hombre que gana exaltación tomará su lugar en la línea patriarcal y gobernará y reinará en la eternidad como parte del orden patriarcal.

La participación de los padres en el convenio eterno del matrimonio en la vida mortal, sella a los hijos dentro de la unidad familiar por la eternidad. De este modo se le permite a la familia conservar la misma relación familiar en el reino celestial si todos han llenado los requisitos de mérito personal. Este parece ser el mensaje que se encuentra en la declaración hecha por José Smith en el funeral del hermano Higbee:

> Cuatro ángeles destructores (están) reteniendo su poder sobre los cuatro cabos de la tierra hasta que los siervos de Dios sean sellados en la frente, *que significa sellar las bendiciones sobre sus cabezas, el convenio sempiterno y hacer su llamamiento y elección seguros. Cuando se pone este sello sobre el padre y la madre, se asegura que su posteridad no se perderá sino que será salvada en virtud del convenio de sus padres.*[57]

En contraste con lo anterior, aquellos que no participen del convenio del matrimonio eterno perderán la familia con la cual vivieron en la vida mortal, y se verán obligados a vivir solteros. Según lo explicó Orson Pratt a las mujeres que se casan fuera de la Iglesia:

> Si os casáis con un hombre que no recibe el Evangelio, estáis estableciendo cimiento de dolor en este mundo, además de *perder la*

[56]Lynn A. McKinlay, *Life Eternal, op. cit.,* págs. 173-74.

[57]HC 5:530, 13 de agosto de 1843. Según el apóstol, Melvin J. Ballard, seres exaltados pueden tener hijos que no merecerán el reino celestial, pero podrán elegir visitarlos en reinos menores:

> Varias veces se me ha preguntado cómo es posible que aquellos que obtengan la gloria celestial jamás puedan ser felices y satisfechos sabiendo que sus hijos están en el mundo Telestial, y que nunca tendrán el privilegio de subir con sus padres al Reino Celestial.
>
> *No debemos pasar por alto el hecho de que aquellos que obtengan la gloria más alta podrán ministrar, visitar y asociarse con los que se encuentran en reinos menores. Aunque los que están en lugares menores no pueden ascender, podrán disfrutar del compañerismo de sus seres queridos que se encuentran en lugares más altos.* También no debemos olvidar que aún el último grado de gloria, según lo expresó el Señor, está más allá de nuestro entendimiento actual. De modo que estarán en la presencia de condiciones gloriosas aunque obtengan el último lugar. (N. B. Lundwall, *The Vision, op. cit.,* págs. 49-50)

sociedad de un esposo en la eternidad. Abandonáis vuestro derecho a un aumento sin fin de vidas inmortales. Y aún los hijos con los cuales fuerais favorecidas en esta vida, no se os encomendarán en la eternidad, sino que seréis dejadas en ese mundo, sin un esposo, sin familia, sin un reino—sin ningún medio para aumentar, quedando sujetas a los principados y poderes que sean contados dignos de familias, reinos, tronos y de aumento de dominio para siempre. Seréis siervas y ángeles de ellos—esto es, bajo la condición que vuestra conducta sea tal que asegure tal grado de gloria.[58]

Tronos, Reinos, Principalidades, Poderes y Dominios

El plan de Dios, desde el principio, ha sido que sus hijos reinarán con El. Este principio le fue enseñado a Abraham cuando vio que Dios estaba en medio de los espíritus pre-mortales y dijo de "los nobles y grandes," "A éstos haré mis gobernantes."[59] Aquellos que ya han ganado la exaltación han sido recompensados con sus dominios y ahora se sientan sobre tronos exaltados. Por ejemplo, hablando de Abraham, Isaac y Jacob, el Señor reveló que "han entrado en su exaltación, de acuerdo con las promesas, y *se sientan sobre tronos,* y no son ángeles sino dioses."[60] El Salvador les ha prometido a los fieles que "Al que venciere, yo le daré que se siente conmigo en mi trono; así como yo he vencido, y me he sentado con mi Padre en su trono."[61] Una revelación moderna promete que *"todos los tronos y dominios, principados y potestades, serán revelados y manifestados* a todos los que valientemente hayan padecido por el evangelio de Jesucristo . . . cuando todo hombre ha de entrar en su eterna presencia y en su reposo inmortal."[62] Parecería que los seres exaltados tendrán jurisdicción sobre reinos menores de gloria,[63] sin embargo, su responsabilidad mayor finalmente será gobernar los mundos que hayan creado y sobre los cuales habrán colocado a su progenie.

Admisión a la Ciudad del Dios Viviente

Dios mora en una ciudad gloriosa, fuera de esta tierra, la cual los herederos de la gloria celestial podrán visitar. El Señor ha revelado que la admisión a esta ciudad celestial estará limitada a los seres celestiales y a los ángeles que les sirvan. Otros descubrirán que "los ángeles y los dioses son nombrados para estar allí, y no podrán pasar;

[58] Orson Pratt, "Marriage," *Millenial Star*, Vol. XV, Núm. 36, pág. 584, 3 de septiembre de 1853.

[59] Abraham 3:23.

[60] D. y C. 132:37. También véase Ap. 20:4.

Ap. 3:21.

D. y C. 121:29, 32. También véase 132:19, 49.

Véase D. y C. 76:87.

de modo que, no pueden heredar mi gloria, porque mi casa es una casa de orden, dice Dios el Señor."[64] Parece que habrá una selección minuciosa de aquellos a quienes se les permita entrar, porque el profeta Jacob advirtió:

> Allegaos al Señor, el Santo. Recordad que sus sendas son justas. He aquí, la vía para el hombre es angosta, mas se halla en línea recta ante él; y *el guardián de la puerta es el Santo de Israel; y allí él no emplea ningún sirviente, y no hay otra entrada sino por la puerta; porque él no puede ser engañado, pues su nombre es el Señor Dios.*
>
> *Y al que llamare, él abrirá;* y los sabios, y los instruídos, y los que son ricos, que se inflan a causa de su conocimiento y su sabiduría y sus riquezas, sí, éstos son los que él desprecia; y a menos que renuncien a estas cosas, y se consideren insensatos ante Dios y desciendan a las profundidades de la humildad, *él no les abrirá.*[65]

Aunque el Maestro no emplea a ninguno de Sus siervos ahí, parece ser que los encargados de las dispensaciones serán llamados para verificar el grado de mérito de aquellos que hayan estado bajo su jurisdicción. Heber C. Kimball habló de una visión dada a José Smith en la cual se le mostró a Adán admitiendo a gente una por una a la ciudad:

> El vio a los Doce predicando y parecía que estaban en una tierra lejana. . . . Vió como, después de haber terminado su obra, *llegaban a la entrada de la ciudad celestial. Ahí el Padre Adán les abrió la puerta, y al entrar los abrazó y los besó, uno por uno. Entonces Adán los guió al trono de Dios,* y ahí el Salvador los abrazó, los besó, y los coronó a cada uno en la presencia de Dios. *El profeta vio que todos tenían hermosas cabelleras y que se parecían mucho.* La impresión que dejó esta visión en el Hermano José, fue tan intensa que jamás podía contener sus lágrimas cuando la relataba.[66]

Brigham Young enseñó que José Smith, como el encargado de esta dispensación, tendría que aprobar el mérito de todo Santo de los Ultimos Días que es candidato a la exaltación:

> Según yo les he dicho con frecuencia, *ningún hombre en esta dispensación*

---

[64] D. y C. 132:18. También véase el versículo 19. La investidura está diseñada para preparar al hombre y a la mujer para pasar estos centinelas divinos. Véase el capítulo VI.

[65] 2 Ne. 9:41-42.

[66] Orson F. Whitney, *Life of Heber C. Kimball, op. cit.*, pág. 106. Esto parece ser una referencia a las visiones que José Smith recibió el 21 de enero de 1836. (véase HC 2:380-382) con algunos detalles extras que José Smith no había registrado. El 17 de marzo de 1861, el presidente Kimball, describió una vez más la visión de José de la siguiente manera:

> Esto me trae a la mente la visión que tuvo José Smith cuando *vio a Adán abrir la puerta de la Ciudad Celestial y admitir a la gente una por una. Entonces vio al Padre Adán conduciéndolos al trono de Dios uno por uno, y fueron coronados Reyes y Sacerdotes de Dios.* Hago referencia a ésto con el propósito de grabar en sus mentes los principios de orden que se aplicarán a todo miembro de la Iglesia. (JD 9:41, 17 de marzo de 1861)

entrará en las cortes de los cielos sin la aprobación del Profeta José Smith. ¿Quién lo ha decidido así? ¿He sido yo? ¿Ha sido esta gente? ¿Ha sido el mundo? No. *El Señor Jehová lo ha decretado así. Y si algún día llego a las cortes celestiales, será por medio del consentimiento del Profeta José.* Si llegáreis a pasar por el portal de la Ciudad Santa, *será con su aprobación que sois dignos de pasar. ¿Podéis pasar sin su inspección? No, ni tampoco puede ninguna otra persona de esta dispensación,* la cual es la dispensación del cumplimiento de los tiempos. En esta generación, y todas las generaciones que están por venir, cada uno tendrá que pasar el escrutinio de este profeta.[67]

Heber C. Kimball creyó que solamente unos cuantos Santos tendrían la oportunidad de entrar en la ciudad celestial:

> ¿Entrará a la ciudad celestial uno de cada veinte de los que os encontráis aquí reunidos hoy? Como lo mencioné a algunos de vosotros hoy a mediodía, cuando paséis por la puerta estrecha sobre la cual hemos leído, no pasaréis por ahí amontonados por cientos como lo hacéis ahora.[68]

A varios individuos en la Iglesia se les ha sido mostrada la ciudad celestial de Dios y sus descripciones son útiles para aquellos que desean visualizar la grandiosidad y belleza de ese lugar. Por ejemplo, José Smith relató lo siguiente:

> Los cielos nos fueron abiertos, y vi el reino celestial de Dios y su gloria, mas si fue en el cuerpo o fuera del cuerpo, no puedo decir. *Vi la incomparable belleza de la puerta por la cual entrarán los herederos de ese reino, y era semejante a llamas circundantes de fuego; también vi el refulgente trono de Dios,* sobre el cual se hallaban sentados el Padre y el Hijo. *Vi las hermosas calles de ese reino, las cuales parecían estar pavimentadas de oro.*[69]

Es posible que el Presidente David O. Mckay haya visto la ciudad celestial el 10 de mayo de 1921, a bordo de un barco que se acercaba a Apia en Samoa. En esa fecha, en el diario de su viaje por el mundo, él escribió lo siguiente:

> Y entonces me quedé dormido, y en una visión contemplé algo infinitamente sublime. Contemplé a la distancia una hermosa *ciudad blanca.* Aunque estaba muy distante, sin embargo, me pareció que *abundaban por doquier, árboles de deliciosas frutas, arbustos con hojas de magníficos colores, y flores en perfecto crecimiento. Y arriba, el cielo cristalino parecía reflejar todos estos hermosos tonos.* Entonces vi a una gran multitud acercarse a la ciudad. *Cada uno llevaba puesta una túnica blanca, y un tocado blanco en sus cabezas.* Al instante mi atención pareció concentrarse en su Líder, y aunque sólo podía verle de perfil, al momento lo reconocí como mi

---

[67] JD 8:224, 21 de octubre de 1860.
[68] JD 3:230, 2 de marzo de 1856.
[69] HC 2:380, 21 de enero de 1836.

Salvador. El color y el aspecto radiante de su apariencia era glorioso de contemplar. Había una paz en él que parecía sublime—¡Todo era divino!

Entendí que la ciudad era suya. *Era la Ciudad Eterna.* Y la gente que le seguía moraría ahí en paz y felicidad eterna.

Pero, ¿quienes formaban esa multitud?

Como si el Salvador hubiera leído mis pensamientos, respondió señalando un semicírculo que apareció por encima de la gente, sobre el cual, en letras de oro estaba escrito:

'Estos son los que Han Vencido al Mundo—Los que Verdaderamente Han Vuelto a Nacer.'

Cuando desperté, estaba amaneciendo en el puerto.[70]

A Lorenzo Dow Young, se le mostró una ciudad que corresponde con la descripción de la ciudad celestial de Dios. Después de habérsele mostrado la prisión espiritual y el infierno, el mensajero celestial que lo conducía, lo llevó a otra parte—un lugar de gran belleza:

Mi guía me dijo, 'Vámonos'

En seguida estábamos a la *puerta* de una hermosa ciudad. Un *portero* nos abrió y entramos. La ciudad era más *grandiosa y hermosa* de lo que puedo describir. Estaba *revestida de la más pura y brillante luz, sin resplandor desagradable.*

Todos ahí, hombres y mujeres parecían estar *contentos y felices* en sus ocupaciones y ambiente. Reconocí a todos los que me encontré aunque no se me dijo quienes eran. *Jesús y los antiguos apóstoles estaban ahí. Vi y hablé con el apóstol Pablo.*

Mi guía no me permitió detenerme por mucho tiempo en el camino sino que me apresuró para pasar *por este lugar y otro más alto, pero conectado con el anterior.* Este lugar era aún más hermoso y glorioso que todo lo que había visto antes, de una dimensión y magnificencia incomprensibles.

Mi guía me mostró una mansión que superaba todo en perfección y belleza. Estaba cubierta con fuego y una luz intensa. Parecía como una fuente de luz, lanzando brillantes reflejos de gloria a su alrededor y yo no podía concebir los límites de estas emanaciones de luz. Mi guía me dijo: *'Ahí es donde Dios reside!* El me permitió entrar en esa gloriosa ciudad por sólo una corta distancia. Sin hablar, me indicó que debíamos retroceder.

Pronto estuvimos en una *ciudad adjunta.* Ahí me encontré con mi

---

[70]Clare Middlemiss (comp.), *Cherished Experiences from the Writings of David O. McKay* (Salt Lake City, Utah: Deseret Book Co., 1955), pág. 102.

madre, y con una hermana que había muerto cuando tenía seis o siete años de edad. Las reconocí tan pronto como las vi.

Después de asociarme por un corto tiempo con los puros y felices seres de ese lugar, mi guía me dijo una vez más, 'Vámonos.'

Pronto pasamos la *puerta* por la cual habíamos entrado a la ciudad. Entonces mi guía dijo, 'Ahora regresaremos.'

Yo podía ver con claridad el mundo mortal del cual habíamos venido. *Parecía estar a una gran distancia debajo de nosotros. Me parecía nublado, triste y oscuro.* Me sentía extremadamente decepcionado, casi con terror por la idea de volver ahí. Yo supuse que había venido para quedarme en ese lugar celestial que tanto había deseado ver. Y hasta este momento no se me había ocurrido que tendría que regresar.

Le rogué a mi guía que me dejara permanecer ahí. El respondió que *solamente se me había permitido visitar estas ciudades celestiales, pues todavía no había terminado mi misión en el mundo mortal.* Por lo tanto, tenía que regresar y tomar mi cuerpo. Pero si yo era fiel a la gracia que Dios me impartiría, si al volver daba a los habitantes de la tierra un testimonio fiel del Salvador sacrificado y resucitado y de Su expiación por el hombre, en poco tiempo se me permitiría volver y permanecer.[71]

Otros han visto ciertos edificios en la ciudad celestial. Por ejemplo, el presidente Wilford Woodruff relató lo siguiente:

Vi algunas de las mansiones en el reino celestial de Dios, construídas de hermosas piedras y de materiales que eran tan reales como cualquier cosa en la tierra. Y los mejores arquitectos de los cielos estaban ocupados en la construcción de esos edificios.[72]

En un sueño inspirado, el élder que velaba a Briant Stevens poco antes de que éste muriera, aparentemente vio un edificio celestial:

La noche antes de que Briant muriera, uno de los élderes que habían estado velándolo al lado de su cama, se quedó dormido pensando en el niño enfermo. Soñó que él y tres de sus compañeros que también habían velado a Briant, estaban de viaje hacia un hermoso y distante país. Parecía que tenían en perspectiva un objetivo específico, pero durante el viaje este objetivo no estaba claro en sus mentes.

Cuando llegaron al lugar donde iban, vieron un *edificio magnífico el*

---

[71] Lorenzo Dow Young, *Fragments of Experience, op.cit.*, págs 28-29.

[72] Matthias F. Cowley, *Wilford Woodruff, op. cit.*, pág. 543. Esto no es sino la última parte de un sueño que se le dio al presidente Woodruff. La entrada en su diario con fecha 30 de diciembre de 1882, precede lo anterior con estas palabras:

Anoche soñé que el Capitán William H. Hooper había muerto. Le dije a mi familia esta mañana que cuando supiera de él, oiría que había muerto. Más tarde, el Hermano Jacques me informó en la oficina del Historiador que el Capitán había muerto a las ocho y veinte. En mi sueño, había visto al Capitán Hooper en el mundo de los espíritus.

cual enseguida adivinaron era el templo del Dios viviente. Todavía no estaba terminado, pero sus proporciones ya demostraban la más esplendorosa grandeza. El edificio estaba construído de piedra blanca y brillante, y tan dura como el granito. Parecía que muchos obreros estaban ocupados en la construcción y uno de ellos, vestido con una túnica blanca, con la cabeza, manos y pies descubiertos, estaba parado cerca a la entrada de la estructura.

En la *pared blanca de afuera, a un lado del grandioso arco de la entrada* y a la altura de los ojos, parecía que recientemente se había fijado una inscripción en la piedra. Estaba formada por tres letras. La de arriba era una B, la cual se distinguía claramente, pero las otras dos apenas se veían. En seguida los viajeros se dieron cuenta de que ésto era por lo que habían venido. El élder que soñaba, extendió su mano para quitar la inscripción de su lugar. Pero el obrero en la túnica blanca lo detuvo diciendo:

'No puedes tomarla. Ha sido fijada aquí *por orden del Maestro* como un ornamento a Su templo.'

Entonces los élderes caminaron alrededor del edificio, y *entraron a través de un magnífico portón, y vieron que mucha mano de obra de fino diseño adornaba la estructura.* Salieron y una vez más trataron de desprender la inscripción de la resplandeciente pared. Pero otra vez la voz del guardián les detuvo la mano. Por segunda vez caminaron alrededor del templo y entraron por el arco y vieron el magnífico interior. Entonces dijeron:

'Tratemos una vez más.'

La tercera vez el élder extendió su mano para tomar la inscripción; pero como en las ocasiones anteriores, se le dijo que desistiera. Cada vez el guardián le había hablado con perfecta amabilidad aunque en tono firme. En este esfuerzo final, una voz que sonaba como una trompeta, descendió desde arriba del edificio, diciendo:

'Hermano (llamándolo por su nombre), tienes que regresar. Tu deseo no se te puede conceder.'

Entonces se retiraron. El élder se despertó de inmediato y sintió con certeza que las oraciones que se habían ofrecido a favor de Briant Stevens—aunque *habían llegado al trono del Padre Eterno*—no tenían el poder de cambiar lo que ya había sido decretado en el cielo concerniente al muchacho, y que Briant tendría que dejar la tierra muy pronto.[73]

Herencia en la Tierra Celestializada.

El Señor ha revelado que esta tierra llegará a ser el lugar de descanso final para aquellos que merecen la exaltación, después de cumplir aquí con su probación mortal. En la revelación conocida como la "Hoja de Olivo," se establece la siguiente enseñanza:

[73]Kennon, *Helpful Visions, op. cit.*, págs. 32-33.

> Se ha decretado que los pobres y los mansos de la tierra la heredarán.
>
> Por lo tanto, es menester que sea santificada de toda injusticia, *a fin de estar preparada para la gloria celestial;*
>
> porque después de haber cumplido la medida de su creación, *será coronada de gloria, sí, con la presencia de Dios el Padre;*
>
> *para que los cuerpos que son del reino celestial puedan poseerla para siempre jamás;* porque para este fin fue hecha y creada, y para este fin ellos son santificados.[74]

Juan el Revelador vio que la tierra celestializada llegaría a ser "como un mar de vidrio semejante al cristal,"[75] o un "mar de vidrio mezclado con fuego."[76] Cuando el profeta José Smith preguntó al Señor concerniente al mar de vidrio visto por Juan, se le reveló que "es la tierra en su estado santificado, inmortal y eterno."[77]

La tierra celestializada servirá como un gran Urim y Tumim, para los seres exaltados que morarán en ella, de acuerdo a las enseñanzas establecidas por José Smith:

> Esta tierra, en su estado santificado e inmortal, *llegará a ser semejante al cristal, y será un Urim y Tumim para los habitantes que moren en ella, mediante el cual todas las cosas pertenecientes a un reino inferior, o todos los reinos de un orden menor,* serán manifestados a los que la habiten; y esta tierra será de Cristo.[78]

Al visualizar la gloria celestial de esta tierra, Juan reportó: "Y vi un cielo nuevo y una tierra nueva: porque el primer cielo y la primera tierra se fueron, y el mar ya no es."[79] En su visión él vio dos ciudades, la Nueva Jerusalén [80] y la Santa Jerusalén[81], "que descendían del cielo de Dios, teniendo la claridad de Dios."[82] Este aspecto de la visión de Juan, lo explicó detenidamente el apóstol Orson Pratt:

74D. y C. 88:17-20.

75Ap. 4:6.

76Ap. 15:2.

77D. y C. 77:1.

78D. y C. 130:9. Este cambio convertirá a la tierra en una esfera similar a la esfera en la cual el Padre ahora mora:

> Los ángeles no moran en un planeta como esta tierra;
>
> sino que *viven en la presencia de Dios, en un globo semejante a un mar de vidrio y fuego,* donde se manifiestan todas las cosas para su gloria, pasadas, presentes y futuras, y están continuamente delante del Señor.
>
> *El lugar donde Dios reside es un gran Urim y Tumim.* (D. y C. 130:6-8)

79Ap. 21:1.

80Ap. 21:2-7. Los Santos de los Ultimos Días entienden que ésta es la ciudad que se va a edificar en los últimos días en el Condado de Jackson, Misuri. Véase D. y C. 105:5; 133:56; 57:1-5; 84:2-5, 97:10-19; 124:51.

81Esto se entiende que es la Jerusalén situada en la tierra de Israel.

82Ap. 21:10-11.

> La justicia permanecerá sobre su faz por mil años, y el Salvador la bendecirá con su presencia personal. Después de lo cual el fin pronto viene, y la *tierra misma morirá, y sus elementos serán disueltos* por el poder del fuego. . . .
>
> Pero todos los hombres serán vivificados de la primera muerte por medio de la resurrección. Del mismo modo, *la tierra también será renovada. Sus elementos serán juntados otra vez, serán recombinados y reorganizados como lo fueron originalmente cuando la tierra fue creada del caos.* . . .
>
> Mientras la tierra pasa por este último gran cambio, *dos de sus ciudades principales, la Vieja Jerusalén del oriente y la Nueva Jerusalén del continente occidental, serán preservadas de la conflagración general, porque serán recogidas en el cielo. Esas dos ciudades, con todas sus multitudes glorificadas, descenderán sobre la tierra ya redimida y serán las grandes capitales de la nueva creación.* 'Afuera' (al exterior de esas ciudades santas, y sobre otras creaciones de un orden inferior, lejos y separadas de la tierra glorificada) 'estarán los perros, los hechiceros, los disolutos, los homicidas, y los idólatras, y cualquiera que ama y hace mentira.' (Ap. 22:15) *Estos son los que son desterrados de la presencia de Dios y de la gloria de la tierra celestializada.*[83]

Juan el Revelador describió la santa Jerusalén, a la que vio descender sobre la tierra redimida como una enorme ciudad de gran belleza:

> Y su luz era semejante a una piedra preciosísima, como piedra de jaspe, resplandeciente como cristal.
>
> Y tenía un *muro grande y alto con doce puertas;* y en las puertas, doce ángeles, y nombres escritos, que son los de las doce tribus de los hijos de Israel.
>
> Al oriente tres puertas; al norte tres puertas; al mediodía tres puertas; al poniente tres puertas.
>
> Y el muro de la ciudad tenía doce fundamentos, y en ellos los doce nombres de los doce apóstoles del Cordero.
>
> Y el que hablaba conmigo, tenía una medida de una caña de oro para medir la ciudad y sus puertas, y su muro.
>
> Y *la ciudad está situada y puesta en cuadro, y su largura es tanta como su anchura: Y él midió la ciudad con la caña, doce mil estadios: la largura y la altura y la anchura de ella son iguales.*
>
> *Y midió su muro, ciento cuarenta y cuatro codos,* de medida de hombre, la cual es del ángel.
>
> *Y el material de su muro era de jaspe: mas la ciudad era de oro puro, semejante al vidrio limpio.*
>
> *Y los fundamentos del muro de la ciudad estaban adornados de toda piedra preciosa.* El primer fundamento era jaspe; el segundo zafiro; el tercero, calcedonia; el cuarto, esmeralda;
>
> El quinto, sardónica; el sexto, sardio; el séptimo, crisólito; el

[83] JD 1:331-332.

> octavo, berilo; el nono, topacio; el décimo, crisopraso; el undécimo, jacinto; el duodécimo, amatista.
>
> Y las doce puertas eran doce perlas, en cada una, una; cada puerta era de una perla. Y la plaza de la ciudad era de oro puro como vidrio trasparente.[84]

Una herencia en la ciudad santa será la recompensa de los seres resucitados que heredarán la tierra cuando Cristo venga en su gloria:

> *Bienaventurados los muertos que mueran en el Señor* desde ahora en adelante. Cuando el Señor venga, y las cosas viejas dejen de ser, y todas la cosas se tornen nuevas, se levantarán de los muertos y no morirán después, *y recibirán una herencia ante el Señor en la ciudad santa.*[85]

Aunque muchos de los seres exaltados eligirán vivir en estas ciudades santas, otros recibirán herencias eternas en áreas menos pobladas. A David John, un converso de Gales quien más tarde llegó a ser presidente de la estaca de Utah, se le mostró en enero de 1856, una visión de este tipo de herencia eterna que le sería dada a él:

> Soñé que vi a un ángel del Señor. Después de hablar un poco conmigo, puso su mano derecha sobre mi hombro izquierdo. Sus ojos eran de un color café oscuro y llenos de gloria. Su voz era clara y llena de poder y autoridad. . . .
>
> 'Mira,' dijo, 'a tu lado derecho.' Miré, y he aquí *un grande y extenso valle, la más hermosa tierra que jamás había visto.* Estábamos parados en un lado que era plano y *donde crecían árboles altos y hermosos.* Nos paramos bajo la sombra de uno de ellos, fuera del calor del sol que era muy fuerte. *Al otro lado del valle, había montañas o cerros no muy altos, que se extendían hasta el extremo del valle. La belleza y gloria del valle, que era de unos cinco o seis kilómetros de ancho, era indescriptible.* '¡Oh, mi Dios!' exclamé, '¡Nunca pensé que una escena tan hermosa como ésta perteneciera a nuestra tierra!' *'Esto,' dijo el ángel, 'será tu herencia y la de tu simiente para siempre jamás, si obedeces los mandamientos de Dios y haces lo justo en la carne.* 'Contémplate,' me dijo. Entonces me encontré en un grande y hermoso edificio. Ahí vi en el púlpito a uno que yo conocía, predicando los principios de vida. 'Esta,' dijo mi guia, *'es la casa del Señor.'* En ese momento me desperté, y pensé que ángeles y el espíritu del Señor llenaban la habitación.[86]

A Orson Pratt le gustaba analizar ideas y él hizo este interesante

---

[84]Ap. 21:11-21. Al describir la ciudad, él dijo que tenía la misma longitud, anchura, y altura: doce mil estadios. Varias fuentes dan la longitud de un estadio en esos tiempos como de 200 metros, 202 metros, o 220 metros. Basándonos en la más corta de estas medidas, Juan está profetizando de una ciudad eterna de más de 2200 kilómetros de largo, ancho y alto, con paredes que se levantan a unos cuarenta y tres metros de altura. Muchos expertos en la Biblia se burlan de su testimonio debido al enorme tamaño y dimensiones de la ciudad.

[85]D. y C. 63:49.

[86]Andrew Jenson, *Latter-day Saint Biographical Encyclopedia, op. cit.*, 1:489-90.

comentario concerniente a la tierra que está disponible para los justos para su herencia eterna:

> Algunos han conjeturado que la tierra no tendrá suficiente lugar para acomodar a las naciones de los justos. Pero tal conjetura le parecerá errónea a cualquiera que use sus poderes de razonar para calcular la superficie de nuestra esfera, y la compare con el número probable de los habitantes que son destinados a esta creación.
>
> En números redondos, *la superficie de nuestra esfera terrestre contiene quinientos diez millones de kilómetros cuadrados, o como cincuenta y un mil millones de hectáreas.* Ahora bien, si desde la creación de la tierra, hasta su glorificación final, transcurriera un período de ocho mil años, u ochenta siglos, y si supusiéramos que el promedio de población fuera de mil millones por siglo, (lo que es un promedio demasiado grande), aún así habría una abundancia de espacio sobre la tierra para toda esta vasta multitud. *Habría más de la mitad de una hectárea para cada alma.* Pero cuando reflexionamos sobre los pocos que serán salvos—es decir, los pocos que han aceptado el plan de redención, aun cuando se les ha sido proclamado con autoridad, y cuantas generaciones han pasado sin recibir el mensaje del Todopoderoso, *nos vemos forzados a creer que ni una persona en cien recibirá una herencia sobre la nueva tierra.* Pero aún suponiendo que el uno por ciento de toda esta inmensidad de población, por medio de su obediencia al evangelio, llegan a ser herederos legítimos de la nueva tierra, *entonces habrá más de sesenta hectáreas para cada alma.* Si el nuevo mundo contuviera la misma proporción de tierra que el viejo, todavía habría como dieciséis hectáreas para cada alma redimida. *Pero la tierra nueva, según la representó el Apóstol Juan, será sin mares, lo cual aumenta su capacidad cuatro veces más sobre la anterior.* El agricultor que está anticipando la nueva tierra para recibir su herencia sempiterna, no tiene que preocuparse de que su patrimonio esté muy limitado. Habrá bastante tierra para que el agricultor siga su agradable ocupación. Podrá tener terreno para su deleite—sus huertos con los más deliciosos frutos; sus jardines decorados con las flores más encantadoras, y todavía tendrá tierra suficiente para cultivar artículos de primera necesidad, tales como el maná para alimentarse, y lino para la hechura de finas túnicas, etc.[87]

El Señor ha revelado que la tierra será como una tierra de la que fluye leche y miel para aquellos que la hereden:

> Y he hecho rica a la tierra, y he aquí, es el estrado de mis pies; por tanto, de nuevo pondré mi pie sobre ella.
>
> *Y os extiendo y condesciendo daros riquezas más grandes, sí, una tierra de promisión, una tierra que fluye leche y miel, sobre la que no habrá maldición cuando el Señor venga;*
>
> *Y os la daré como tierra de vuestra herencia,* si es que la procuráis con todo vuestro corazón.

[87]Orson Pratt, *The Millenial Star*, Vol. XII, págs. 68-72.

> Y éste será mi convenio con vosotros, la recibiréis *como tierra de vuestra herencia y como herencia de vuestros hijos para siempre, mientras dure la tierra, y la poseeréis otra vez en la eternidad, para nunca más volver a pasar.*[88]

La herencia no sólo estará a la disposición de los seres exaltados, sino también a la disposición de sus hijos espirituales hasta que llegue el tiempo de que sean enviados a otros mundos. Cristo ha revelado: "La grosura de la tierra será suya . . . y *su posteridad heredará la tierra de generación en generación perpetuamente.*"[89] Y conforme las familias crezcan, será necesario crear nuevos mundos y enviar a la progenie espiritual a pasar por la prueba de la vida mortal. Como Orson Pratt dijo:

> *La población de mundos, o el aumento sin fin aún de una sola familia requeriría un aumento sin fin de mundos.* Si una familia fuera unida en el convenio eterno del matrimonio, con el propósito de cumplir ese gran mandamiento de multiplicar su especie y propagarla y si no hubiera fin al aumento y su posteridad, un aumento sin fin de nuevos mundos sería requerido. Ahora bien, *si una sola familia requiere todo ésto, ¿qué no requerirían innumerables millones de familias?* Requerirían tantos mundos como ya han sido descubiertos por el telescopio. Sí, *el mundo debe de ser multiplicado a la infinidad a fin de proveer lugar para la herencia de los hijos e hijas de los dioses.*
>
> ¿Empezáis a comprender cómo estos mundos obtienen sus habitantes? ¿Habéis entendido que los hijos e hijas de Dios que se encuentran ante mí este día son su progenie, creados a su propia imagen? Y que como hijos de Dios, han de multiplicar su especie hasta que lleguen a ser innumerables?[90]

Asociación con Seres Celestiales

El privilegio de tener buenos amigos es una rica bendición en esta tierra. ¡Cuánto mejor no será, para los seres exaltados, regocijarse en la compañía de los dioses en la gloria celestial! El Señor ha revelado que los seres exaltados "se han allegado a una hueste innumerable de ángeles, a la asamblea general de la iglesia de Enoc y del Primogénito."[91] Se supone que algún día tomarán su lugar designado o serán representados en el "Concilio del Dios Eterno de todos los otros dioses,"[92] y encontrarán satisfacción en ello. ¡Y qué gran privilegio será el compartir el compañerismo de aquellos que uno haya ayudado a lo largo del sendero a la exaltación!

> Y si acontece que trabajáis todos vuestros días proclamando el

---

[88]D. y C. 38:17-20. Véase también 45:58; 63:20.
[89]D. y C. 56:18, 20.
[90]Orson Pratt, *The Millenial Star,* Vol. XV, suplemento, pág. 23.
[91]D. y C. 76:67.
[92]D. y C. 121:32.

> arrepentimiento a este pueblo y me traéis, aún cuando fuere una sola alma, *¡Cuán grande será vuestro gozo con ella en el reino de mi Padre!*
>
> Ahora, si vuestro gozo será grande con un alma que me hayáis traído al reino de mi Padre, *¡Cuán grande no será vuestro gozo si me trajereis muchas almas!*[93]

Es interesante notar que los habitantes de la gloria celestial tendrán el privilegio de disfrutar no sólo del compañerismo del hombre, sino también del reino animal resucitado. Uno de los primeros compañeros de José Smith, Benjamín F. Johnson, escribió que el profeta *"enseñó que todo el reino animal sería resucitado, y nos hizo entender que permanecería bajo el dominio de aquellos que, usando poderes creativos, buscan dominio por medio de vidas eternas."*[94] Comentando sobre los animales que Juan el Revelador vio en los cielos, el Profeta José Smith dijo,

> Supongo que Juan vio ahí seres con miles de formas, seres que han sido salvados en diez mil veces diez mil mundos como éste, *bestias extrañas de las cuales no tenemos concepción alguna; todas ellas podrían verse en el cielo.* El gran secreto fue mostrarle a Juan lo que había en los cielos. Juan aprendió que *Dios se glorificó a Sí mismo al salvar todo lo que sus manos han creado, ya sean bestias, aves, peces u hombres, y El se gratificará con ellos.*[95]

Un Conocimiento Perfecto

El Señor ha prometido que cuando "el hombre entre en su presencia eterna y en su descanso inmortal," todo el conocimiento que le haga falta le será dado y "nada le será retenido." Este conocimiento perfecto es necesario para que el hombre exaltado obre como Dios y Creador:

> *Dios os dará conocimiento por medio de su Santo Espíritu, sí, por el inefable don del Espíritu Santo,* conocimiento que no se ha revelado desde el principio del mundo hasta ahora;
>
> el cual nuestros antepasados con ansiosa expectación han aguardado que se revelara en los postreros tiempos, hacia los cuales sus pensamientos fueron orientados por los ángeles, como que se hallaba reservado para la plenitud de su gloria;
>
> *una ocasión futura en la que nada se retendrá,* sea que haya un Dios o muchos dioses, serán manifestados.
>
> Todos los tronos y dominios, principados y potestades, serán

---

[93] D. y C. 18:15-16. Véase también 15:6; 16:6.

[94] "An Interesting Letter," carta inédita de Benjamín F. Johnson a George S. Gibbs, 1903. Biblioteca de la Universidad de Brigham Young, pág. 8.

[95] B. H. Roberts, *The Rise and Fall of Nauvoo, op. cit.,* p. 213. Su comentario se refiere a Ap. 5:13. También véase Ap. 4:6-9 y D. y C. 77:2-4.

revelados y señalados a todos los que valientemente hayan padecido por el evangelio de Jesucristo.

Y también, si se han fijado límites a los cielos, los mares o la tierra seca, o el sol, la luna o las estrellas,

todos los tiempos de sus revoluciones, todos los días, meses y años señalados; y todos los días de sus días, meses y años, y todas sus glorias, leyes y tiempos fijos, serán revelados en los días de la dispensación del cumplimiento de los tiempos,

conforme con lo decretado en medio del Concilio del Dios Eterno de todos los otros dioses, antes que este mundo fuese, *que habría de reservarse para su cumplimiento y fin, cuando todo hombre ha de entrar en su eterna presencia y en su reposo inmortal.*[96]

Cuando los seres exaltados participan en la promesa de Jesús de que "el que recibe a mi Padre, recibe el reino de mi Padre; por tanto, *todo lo que mi Padre tiene le será dado,*"[97] llegan a ser igual a Dios en el conocimiento absoluto de todas las cosas que poseen. Sobre ese conocimiento se ha revelado que,

El comprende todas las cosas, y todas las cosas están delante de él, y todas las cosas están alrededor de él; y él está sobre todas las cosas, y en todas las cosas, y por en medio de todas las cosas, y circunda todas la cosas; y todas las cosas son por él, y de él, sí, Dios para siempre jamás.[98]

Mucho del conocimiento será revelado por la piedrecita blanca o el Urim y Tumim, que ha sido prometido a cada ser exaltado. El Señor hizo referencia a este don cuando le reveló a Juan el Revelador que "Al que venciere, daré a comer del maná escondido, y le daré *una piedrecita blanca, y en la piedrecita un nombre nuevo escrito,* el cual ninguno conoce sino aquel que lo recibe.[99] Mientras el profeta José Smith explicaba que la tierra celestializada serviría como un Urim y Tumim para revelar las cosas de los reinos menores,[100] enseñó que,

Entonces la piedrecita blanca mencionada en Apocalipsis, capítulo 2, versículo 17, se convertirá en *un Urim y Tumim para toda persona que reciba una, y por ese medio se darán a conocer cosas pertenecientes a un orden superior de reinos;*

y a cada uno de los que entran en el reino celestial se da una

[96]D. y C. 121:26-32.

[97]D. y C. 84:38.

[98]D. y C. 88:41. El testimonio continuo de las escrituras es que el conocimiento de Dios es absoluto—que El sabe *todas* las cosas. (Véase 2 Ne. 9:20; Al. 26:35; D. y C. 38:1-2; 93:26; Sal. 147:5, etc.) En las escrituras no hay ninguna indicación de que este conocimiento sea relativo o limitado en su perfección a las cosas de este mundo. Dios progresa por medio de la "continuación de vidas" y por la expansión de Sus creaciones pero no, según lo que El ha revelado, en la adquisición de conocimiento, sabiduría y poder.

[99]Ap. 2:17. Véase también 3:12; Is. 56:5; 62:2; 65:15.

[100]D. y C. 130:9.

> piedrecita blanca, en la cual está escrito un nombre nuevo que ningún hombre conoce, sino el que lo recibe. El nombre nuevo es la palabra clave.[101]

El conocimiento que cada ser exaltado recibirá es lo que debe haber motivado al profeta José Smith a decir, "es imposible que el hombre se salve en la ignorancia."[102]

Jurisdicción Legislativa y Gubernativa

Los seres exaltados "son aquellos en cuyas manos el Padre ha entregado todas las cosas."[103] Son los que van a recibir poder para legislar y gobernar, un poder similar al que la deidad posee actualmente. De ellos también se dirá que "el juicio va ante la faz de aquel que se sienta sobre el trono y *gobierna y ejecuta todas las cosas* . . . El ha dado una ley a todas las cosas."[104]

El Señor ha revelado que aquel que así es ordenado "es poseedor de todas la cosas; *porque todas las cosas le están sujetas,* tanto en *los cielos como en la tierra,* la vida y la luz, el Espíritu *y el poder."*[105] Este poder de gobernar se extiende sobre los mismos ángeles del cielo, porque de aquellos que obtienen la exaltación, el Señor ha revelado, "Entonces estarán sobre todo, *porque todas las cosas les están sujetas.* Entonces serán dioses, porque tienen todo poder, y *los ángeles están sujetos a ellos."*[106]

Los Poderes de Deidad

Cuando llegue el tiempo de que los seres exaltados reciban el cumplimiento de la promesa de que "todas las cosas son suyas,"[107] serán bendecidos con todo el esplendor del poder divino. Como coherederos con Cristo, compartirán la misma totalidad de poder que se le ha dado a El, porque se ha revelado que,

> *Y recibió todo poder, tanto en el cielo como en la tierra,* y la gloria del Padre fue con él, porque moró en él. . . .
>
> Os digo estas palabras para que podáis comprender y saber cómo adorar, y sepáis lo que adoráis, *para que podáis venir al Padre en mi nombre, y en el debido tiempo recibir de su plenitud.*[108]

---

[101] D. y C. 130:10-11.
[102] D. y C. 131:6.
[103] D. y C. 76:55.
[104] D. y C. 88:40, 42.
[105] D. y C. 50:27.
[106] D. y C. 132:20.
[107] D. y C. 76:59.
[108] D. y C. 93:17, 19.

Para entender lo que significan estos poderes, analicemos los poderes de Cristo y del Padre. Estos poderes incluyen:

1. *El poder de crear mundos. (Moisés 1:33; D. y C. 93:10)*
2. *El poder de exaltar mundos. (Moisés 1:35-39)*
3. *El poder de contar Sus creaciones. (Moisés 1:37)*
4. *El poder de crear cuerpos mortales para seres espirituales. (Moisés 2:26-27; Abraham 5:7)*
5. *El poder sobre la vida y la muerte del hombre mortal. (D. y C. 76:59)*
6. *El poder de juzgar. (Jn. 5:22, 27)*
7. *El poder de recompensar y castigar. (Mt. 25:31-46)*
8. *El poder de resucitar (1 Co. 15:22)*
9. *El poder sobre los elementos. (Abraham 4:14-18, Mr. 4:39)*
10. *El poder de discernir las intenciones y los pensamientos del hombre. (D. y C. 33:1)*
11. *El poder de ver todas la cosas pasadas, presentes y futuras. (D. y C. 76:59; 38:1-3)*
12. *El poder de saber todas la cosas. (D. y C. 38:2)*
13. *El poder de determinar los límites de la habitación del hombre. (Hch. 17:26-27)*
14. *El poder de perdonar. (Mi. 7:18-20; D. y C. 64:10)*
15. *El poder de oir y contestar oraciones. (Mt. 6:6)*
16. *El poder de revelar Su voluntad. (D. y C. 76:7)*

Estos son sólo unos ejemplos de los poderes de la deidad. De hecho, ya que un Dios es omnipotente, esta lista debería ser aumentada para incluir todos los poderes de la eternidad, porque todos ellos son de Dios. Cuando el hombre gana la exaltación, algunos de estos poderes le serán conferidos por medio de una ordenanza. Pero el hombre exaltado tendrá poderes aún más allá de aquellos que se le hayan conferido, porque se ha revelado que, "el Padre os ha dado el reino y *el poder de vencer todas las cosas que de él no son ordenadas.*"[109]

---

[109] D. y C. 50:35.

La Pluralidad de Dioses

Es obvio que ahora hay y que continuará habiendo muchos dioses que gobernarán y reinarán a través de toda la eternidad sobre un creciente número de mundos que ellos mismos crearán. Esto de ninguna manera se opone al concepto Bíblico de "un Dios," porque El sólo reina ahí sobre sus hijos, como Padre y Dios. El puede buscar y usar la ayuda de otros como lo ha hecho el Padre Eterno de esta tierra con Su Unigénito, Jesucristo, y con el Espíritu Santo. Sin embargo, El reina como Padre de toda la humanidad sobre esta tierra. El apóstol Pablo entendía muy bien este principio cuando escribió:

> Porque aunque haya algunos que se llamen dioses, o en cielo, o en la tierra (como *hay muchos dioses y muchos señores,)*
>
> *Nosotros empero no tenemos más de un Dios, el Padre,* del cual son todas las cosas, y nosotros en él: y un Señor Jesucristo, por el cual son todas las cosas, y nosotros por él.[110]

Un discurso de José Smith dado el 16 de junio de 1844, sólo catorce días antes de su martirio, provee entendimiento sobre la pluralidad de Dioses. Como base José tomó Apocalipsis 1:6, "*Y nos ha hecho reyes y sacerdotes para Dios y su Padre; a él sea gloria e imperio para siempre jamás.* Amén." Después explicó:

> *La traducción es enteramente correcta.* Pues bien, como vosotros sabéis, últimamente se han levantado y apostatado de la Iglesia de Jesucristo de los Santos de los Ultimos Días algunos hombres perversos, los cuales declaran que el Profeta cree en una pluralidad de Dioses; 'y he aquí—gritan ellos—hemos descubierto un secreto importantísimo; el profeta dice que hay muchos Dioses, y ésto prueba que ha caído.'
>
> He tenido la intención desde hace mucho de tratar este asunto y exponerlo al pueblo, y mostrar cuál es mi fe respecto de esta interesante doctrina. He pensado en las palabras de Jesús (Lucas 17:26): 'y como fue en los días de Noé, así también será en los días del Hijo del hombre.' Y aunque llueva, predicaré esta doctrina, porque se debe predicar la verdad.
>
> Predicaré sobre la pluralidad de Dioses. He escogido este pasaje precisamente con tal objeto. *Deseo aclarar que en todas las congregaciones en que he hablado sobre el tema de Dios, siempre he tratado la pluralidad de los Dioses. Los élderes lo han predicado por quince años.*
>
> Yo siempre he declarado que Dios es un personaje distinto, que Jesucristo es un personaje aparte y distinto de Dios el Padre, y que el Espíritu Santo es otro personaje distinto y es Espíritu; y *estos tres constituyen tres personajes distintos y tres Dioses.* Si esta proposición concuerda

[110] 1 Co. 8:5-6.

con el Nuevo Testamento, *he aquí, tenemos tres Dioses, y son una pluralidad; ¿y quién puede contradecirlo?*

Nuestro pasaje dice: 'Y nos ha hecho reyes y sacerdotes para Dios y su Padre.' Los apóstoles descubrieron que había Dioses en el cielo, pues S. Pablo dice que Dios es el Padre de nuestro Señor Jesucristo. Tengo por objeto predicar según las Escrituras y enseñar la doctrina que contienen que *hay un Dios en el cielo, el Padre de nuestro Señor Jesucristo.* Declaro sin temor que he presentado todas las doctrinas profundas en público, y siempre enseño doctrinas más profundas en público que en privado.

S. Juan fue uno de los hombres, y los apóstoles declaran que fueron hechos reyes y sacerdotes para Dios, el Padre de nuestro Señor Jesucristo. Así lo dice en Apocalipsis. *De manera que la doctrina de la pluralidad de Dioses ocupa tan prominente lugar en la Biblia como cualquier otra doctrina. Está en toda la Biblia. Se halla fuera del alcance de toda controversia.* El errante, aun cuando fuere un necio, no tiene porqué errar respecto de ella.

S. Pablo dice que hay muchos Dioses y muchos Señores. Deseo presentarlo de una manera clara y sencilla; pero para nosotros no hay sino un Dios, es decir, en lo que a nosotros concierne; y El es en todo y por en medio de todo. Pero si José Smith proclama que hay muchos Dioses y muchos Señores, sus enemigos gritan: '¡Quitadlo! ¡Crucificadlo! ¡Crucificadlo!'

El género humano ciertamente dice que las Escrituras están entre ellos. Escudriñad las Escrituras, porque ellas testifican de las palabras que estos apóstatas gravemente quieren tachar de blasfemia. Pablo, si José es blasfemo, también tú lo eres. *Digo que hay muchos Dioses y muchos Señores, pero para nosotros no hay más que uno; y a El tenemos la obligación de estar sujetos, y ningún hombre puede fijar los límites o la existencia eterna del tiempo infinito.* ¿Acaso el hombre ha contemplado el mundo eterno, y está autorizado para decir que no hay sino un Dios? El que piensa o dice tal cosa es un necio, y su carrera o desarrollo en el conocimiento está limitado. No puede lograr todo el conocimiento, porque le ha cerrado la puerta.

Algunos dicen que yo no interpreto las Escrituras como ellos. Dicen que se refiere a los dioses paganos. El apóstol Pablo dice que hay muchos Dioses y muchos Señores; y esto significa una pluralidad de Dioses a pesar de los caprichos de todos los hombres. Sin revelación, no voy a darles el conocimiento del Dios del cielo. *Vosotros sabéis, y yo testifico, que Pablo no hablaba de los dioses paganos. Lo he recibido de Dios, gústeles o no les guste. Tengo el testimonio del Espíritu Santo y el testimonio de que S. Pablo no se estaba refiriendo a los dioses paganos en ese pasaje.*[111]

[111]HC 6:473-475. 16 de junio de 1844

Aunque el hombre ha recibido algunos vislumbres del tipo de relación que existe entre los dioses,[112] Dios, sin embargo, ha escogido limitar el conocimiento del hombre, mientras esté en la tierra, a las cosas de este mundo. Aún Moisés a quien se le mostraron los muchos reinos creados por el Padre, estuvo limitado en su conocimiento de Dios. Cuando preguntó sobre los otros mundos, el Señor Dios le dijo, "He aquí sabiduría, y en mí permanece. . . . *Pero sólo te doy un relato de esta tierra* y sus habitantes."[113] El hombre debe esperar hasta que gane su propia exaltación para tener un conocimiento completo de las huestes exaltadas.[114]

Como el Hombre es Ahora, Dios una Vez Fue

Los Santos de los Ultimos Días saben que el conocimiento que se les ha revelado concerniente a los Dioses en los cielos es limitado. Saben muy poco de lo que no pertenece a esta tierra, y todavía no tienen una visión del panorama entero de la eternidad. Sin embargo, a través de las enseñanzas de sus líderes inspirados, tienen a su disposición ciertos indicios sobre la eternidad. En su discurso del 16 de junio de 1844, José Smith clarificó que hay otros Dioses que precedieron al Padre Eterno de esta tierra y a Su hijo Jesucristo, en el orden patriarcal de los Dioses:

> *Si Jesucristo es el Hijo de Dios, y Juan el Revelador descubrió que Dios, el Padre de Jesucristo, tenía Padre, bien podemos suponer que El también tuvo Padre.* ¿Ha habido jamás un hijo sin un padre? ¿Y hubo jamás un padre, sin que primero fuese hijo? ¿Cuándo ha nacido un árbol, o ha tenido existencia cualquier otro objeto, sin tener progenitor? Y así se desarrolla todo. El apóstol Pablo dice que lo terrenal es a semejanza de lo celestial. *De modo que si Jesús tuvo Padre, ¿No podemos creer que El también tuvo Padre? Me repugna la idea de atemorizarme por causa de esta doctrina, porque la Biblia está llena de ella.*
>
> Quiero que os fijéis particularmente en lo que estoy diciendo. *Jesús dijo que el Padre obraba precisamente en la misma manera en que su Padre había obrado antes de El. Así como el Padre había obrado, Jesús puso su vida y la volvió a tomar tal como su Padre lo había hecho antes.* Cumplió con el fin para el cual fue enviado; puso su vida y la volvió a tomar; y entonces le fueron entregadas las llaves.[115]

En el mismo discurso, mientras discutía el significado de Génesis 1:1,

[112]Véase Abraham 5:2-3, D. y C. 121:32.

[113]Moisés 1:31, 35.

[114]Véase D. y C. 121:28, 32.

[115]HC 6:476-77, 16 de junio de 1844.

el Profeta afirmó que otros Dioses poseen jurisdicción sobre el Dios y Padre de esta tierra:

> Desde su principio la Biblia muestra que hay una pluralidad de Dioses, y nadie tiene el poder para refutarlo. Es un tema importantísimo que estoy tratando. La palabra *Eloheim* debería entenderse en la acepción plural, Dioses, en todo el libro. *Los principales de los Dioses nos señalaron un Dios;* y cuando uno considera el tema desde ese punto de vista, queda uno libre para percibir toda la belleza, santidad y perfección de los dioses. Todo lo que quiero hacer es dar con la verdad sencilla, manifiesta y completa.[116]

El Profeta José Smith no enseñó que el Dios de esta tierra siempre ha sido un ser exaltado. Al contrario, él dijo: "Os voy a decir cómo llegó a ser Dios. Hemos imaginado y *supuesto que Dios fue Dios por todas las eternidades. Voy a refutar esa idea,* y haré a un lado el velo para que podáis ver."[117]

José Smith explicó que el Padre Eterno de esta tierra pasó por un estado mortal de probación en otro mundo igual a lo que Jesucristo hizo aquí:

> El primer principio del evangelio es saber con certeza la naturaleza de Dios, y saber que podemos conversar con El como un hombre conversa con otro, y que *en un tiempo fue hombre como nosotros; sí, que Dios mismo, el Padre de todos nosotros, habitó sobre una tierra, como Jesucristo mismo lo hizo;* y voy a probarlo por medio de la Biblia.[118]

Jesús, mientras discutía con los Judíos, les dijo que:

> *No puede el Hijo hacer nada de sí mismo, sino lo que viere hacer al Padre:*

---

[116]HC 6:476, 16 de junio de 1844. En su discurso pronunciado en el funeral de King Follett, Joseph Smith también discute la traducción de este pasaje diciendo:

> *El principal de los Dioses juntó a los Dioses en el gran concilio. . . .*
>
> *El Dios principal convocó a los Dioses y se reunieron en concilio para crear el mundo.* Estos grandes consejeros se sentaron a la cabecera, allá en los cielos, y contemplaron la creación de los mundos que habían sido creados en esa época. . . .
>
> En el principio, *el principal de los Dioses convocó un concilio de los Dioses; y se reunieron y proyectaron un plan para crear el mundo y poblarlo.* Cuando empezamos a aprender estas cosas, empezamos a conocer al solo Dios verdadero, y qué clase de ser tenemos que adorar. Si tenemos un conocimiento de Dios, comenzamos a entender cómo allegarnos a El, y cómo hemos de pedir a fin de recibir una respuesta.
>
> Cuando entendemos la naturaleza de Dios, y aprendemos cómo allegarnos a El, entonces El empieza a manifestarnos los cielos y a explicar todas las cosas. Cuando estamos dispuestos a venir a El, también El estará dispuesto a venir a nosotros. (HC 6:307, 308, 7 de abril de 1844)

El lector haría bien en comparar las similitudes y paralelos entre los dos discursos dados por José Smith el 7 de abril y el 16 de junio de 1844.

[117]HC 6:305, 7 de abril de 1844.

[118]*Ibid.*

porque todo lo que él hace, esto también hace el Hijo juntamente. Porque el Padre ama al Hijo, *y le muestra todas las cosas que él hace.*[119]

Aparentemente usando este pasaje como base, el Profeta José enseñó:

> ¿Qué hiciste tú, Jesús? Hice aquellas cosas que vi hacer a mi Padre cuando tuvieron su existencia los mundos. *Mi Padre labró su reino con temor y temblor, y yo debo hacer lo mismo.* . . . De modo que Jesús sigue los pasos de su Padre y hereda lo que Dios hizo antes.[120]

Jesús enseñó que "como el Padre tiene vida en sí mismo, así dio también al Hijo que tuviese vida en sí mismo."[121] José Smith vio que el proceso por medio del cual Cristo pudo levantarse de los muertos como un ser resucitado, fue una duplicación de la experiencia por la que Dios el Padre había pasado anteriormente cuando pasó de Su estado mortal a la inmortalidad:

> Las Escrituras nos hacen saber que Jesús dijo: "Como mi Padre tiene poder en sí mismo, así también el Hijo tiene poder"—*¿Para hacer qué? Pues lo que el Padre hizo. La respuesta es obvia: poner su cuerpo y volverlo a levantar. Jesús, ¿qué vas a hacer? Poner mi vida como la puso mi Padre, y volverla a tomar.* ¿Lo creéis? Si no lo creéis, no creéis la Biblia. Las Escrituras lo dicen, y yo desafío a toda la sabiduría y la ciencia, y a todas las fuerzas combinadas de la tierra y del infierno juntos, a que lo impugnen.[122]

El presidente Brigham Young también enseñó que Dios el Padre de esta tierra pasó por una probación mortal y caminó el sendero que el hombre todavía debe seguir hoy:

> *El padre, después de haber estado una vez en la carne y vivir como nosotros vivimos, obtuvo Su exaltación, ascendió a tronos, ganó ascendencia sobre poderes y principados, y obtuvo el conocimiento y poder para crear—* para producir y organizar los elementos sobre principios naturales. *Esto lo hizo El después de Su ascención, Su gloria, Su eternidad. Entonces fue realmente clasificado con los Dioses, con los seres que crean,* con aquellos que guardaron una ley celestial en la carne y que volvieron a obtener sus cuerpos. Después de eso, según las escrituras, Dios estaba preparado para comenzar la obra de la creación.[123]

Por eso creemos que el Padre Eterno de esta tierra fue enviado por Su Padre, a otro mundo, en alguna época del pasado, con el fin de pasar por una probación mortal. El pudo someterse a una ley celestial y ganar su exaltación. Como dijo José Smith: *"Dios una vez fue como*

[119]Jn. 5:19-20.
[120]HC 6:306, 7 de abril de 1844.
[121]Jn. 5:26.
[122]HC 6:305-306, 7 de abril de 1844
[123]JD 4:217, 8 de febrero de 1857.

nosotros ahora somos; es un hombre glorificado, y está sentado sobre su trono en los cielos del más allá."[124]

Cuatro años antes el élder Lorenzo Snow, por revelación, recibió impresiones que lo motivaron a expresar esa doctrina en el ya bien conocido verso: "Como el hombre ahora es, Dios una vez fue; como Dios es, el hombre puede llegar a ser."[125]

Aunque Dios no haya revelado en su totalidad los detalles del pasado o el futuro de los mundos eternos, el hombre puede comprender hasta cierto punto el pasado y el futuro de esta tierra. Puede entender su papel y participación en el plan eterno, y sabe cuál es la meta que debe buscar. No hay razón para tener incertidumbres— el sendero que el hombre debe seguir está claro. Como lo resumió el profeta José Smith:

> Esta pues es la vida eterna: conocer al solo Dios sabio verdadero; y *vosotros mismos tenéis que aprender a ser Dioses, y a ser reyes y sacerdotes de Dios, como lo han hecho todos los Dioses antes de vosotros, es decir, por avanzar de un grado pequeño a otro, y de una capacidad pequeña a una mayor; yendo de gracia en gracia, de exaltación en exaltación, hasta que logréis la resurrección de los muertos y*

---

[124]HC 6:305, 7 de abril de 1844.

[125]LeRoi C. Snow, "Devotion to a Divine Inspiration," *Improvement Era,* Vol. XXII, Núm. 8, pág. 656, junio de 1919. Las circunstancias bajo las cuales esta enseñanza fue revelada son interesantes:

> En mayo de 1836, después de una reunión de bendición a la que él había sido invitado en el templo de Kirtland, el Patriarca, José Smith padre, le dijo a Lorenzo Snow: 'Pronto te convencerás de la verdad de la obra de los últimos días y serás bautizado, y llegarás a ser tan grande como Dios, y no podrás desear ser mayor.'
>
> ¡Qué promesa tan memorable! Impresionó al joven y despertaron en su mente pensamientos que jamás había soñado. Dos semanas después, en junio de 1836, a la edad de veintidós años, fue bautizado por el apóstol John Boynton.
>
> . . . En la primavera de 1840, poco antes de salir para su primera misión en Inglaterra, Lorenzo Snow pasó una noche en la casa de su amigo, el élder H. G. Sherwood, en Nauvoo. El élder Sherwood trataba de explicar la parábola del Salvador sobre el amo que envió a sus siervos a diferentes horas del día para trabajar en su viña. Concentrado en sus pensamientos, ocurrió este evento importantísimo, como lo relató el presidente Snow:
>
> 'Mientras escuchaba atentamente la explicación del élder Sherwood, el Espíritu del Señor descansó poderosamente sobre mí. Los ojos de mi entendimiento fueron abiertos, y vi tan claro como el sol del mediodía, con maravilla y asombro, el sendero de Dios y del hombre. Y concebí el siguiente verso que expresa la revelación, como se me fue mostrada. Esto explicó para mí lo que el Padre Smith me había dicho en la reunión de bendición en el templo de Kirtland, antes de mi bautismo, según lo que mencioné en mi primera entrevista con el Patriarca:
>
> Como el hombre ahora es, Dios una vez fue;
Como Dios es, el hombre puede llegar a ser.
>
> Sentí que ésta es una comunicación sagrada la cual no relaté a nadie, con la excepción de mi hermana Eliza, hasta que llegué a Inglaterra, cuando en conversación confidencial y privada con el presidente Brigham Young en Manchester, le relaté esta manifestación extraordinaria.'(*ibid.*)

podáis morar en fulgor eterno y sentaros en gloria, como aquellos que se sientan sobre tronos de poder infinito. Y quiero que sepáis que en los últimos días, Dios no está jugando ni con vosotros ni conmigo, aunque ciertos individuos anden proclamando su nombre.[126]

RESUMEN

1. El principio fundamental del evangelio de Jesucristo es que el hombre puede ser exaltado y llegar a ser un Dios. La verdadera meta del hombre debe de ser la perfección completa.
2. Parece que pocos alcanzarán la exaltación. Sin embargo, cada individuo puede lograrla si paga el precio de vivir la ley celestial.
3. Dios desea que el hombre alcance la exaltación. Su obra y gloria es llevar a cabo la inmortalidad y vida eterna del hombre.
4. La exaltación consiste de lo siguiente:

   A. Divinidad,

   B. Asociación eterna con el Padre y Cristo,

   C. Ser miembro de la Iglesia del Primogénito,

   D. Ser coherederos con Cristo,

   E. La plenitud o gloria de un cuerpo celestial,

   F. La autoridad del sacerdocio,

   G. El compañerismo eterno de un cónyugue,

   H. Poderes eternos de procreación,

   I. Lazos familiares de los antepasados y descendientes,

   J. Tronos, reinos, potestades, poderes y dominios,

   K. La admisión a la ciudad del Dios Viviente,

   L. Herencia en la tierra hecha celestial,

   M. Asociación con seres celestiales,

   N. Un conocimiento perfecto,

   O. Jurisdicción para gobernar y legislar la ley,

   P. Los poderes de la divinidad.
5. La diferencia básica entre aquellos que llegan a ser siervos en el reino celestial, y aquellos que son exaltados, radica en el cumplimiento y la fidelidad a las ordenanzas del templo y sus convenios.

---

[126]HC 6:306, 7 de abril de 1844.

6. Divinidad es paternidad, porque la relación entre Dios y el hombre es en realidad una relación de padre a hijo. Un Dios preside sobre los hijos que resultan de su matrimonio eterno. Seres resucitados engendran hijos espirituales, quienes son enviados a los mundos que ellos crean para pasar por una vida mortal.
7. Los hijos espirituales son engendrados y nacen de la misma manera que los hijos mortales.
8. Los Santos de los Ultimos Días creen en una pluralidad de dioses. Creen que Dios el Padre, Jesucristo y el Espíritu Santo son seres separados y distintos. También creen que otros han llegado a ser dioses y que el hombre verdaderamente puede llegar a ser un Dios.
9. Los Santos de los Ultimos Días creen que Dios el Padre fue una vez un hombre que moró en una tierra. "Como el hombre ahora es, Dios una vez fue. . . ." Dios el Padre tuvo un padre que también pasó por el proceso de probación mortal.
10. El hombre sabe muy poco acerca de otros dioses y de sus creaciones, porque Dios ha escogido sólo darle al hombre información sobre esta tierra y sobre lo que le concierne.
11. Es el propósito y responsabilidad del hombre aprender a ser un Dios, como otros lo han hecho antes que él, progresando de un grado a otro, hasta que obtenga una resurrección celestial y pueda morar en fuegos eternos.

BIBLIOGRAFIA

Escrituras de la Iglesia de Jesucristo de los Santos de los Ultimos Días

The Book of Mormon. trans. Joseph Smith. Salt Lake City, Utah: The Church of Jesus Christ of Latter-day Saints, 1949.

The Doctrine and Covenants of The Church of Jesus Christ of Latter-day Saints. Salt Lake City, Utah: The Church of Jesus Christ of Latter-day Saints, 1948.

The Holy Bible. King James Version; Salt Lake City, Utah: The Church of Jesus Christ of Latter-day Saints, 1950.

The Pearl of Great Price. Salt Lake City, Utah: The Church of Jesus Christ of Latter-day Saints, 1950.

Libros y Folletos Históricos y Doctrinales de la Iglesia de Jesucristo de los Santos de los Ultimos Días

A Book of Remembrance — A Lesson Book for First Year Junior Genealogical Classes. Salt Lake City, Utah: The Genealogical Society of Utah, 1936.

Bennett, Archibald F. *Saviors on Mount Zion*. Salt Lake City, Utah: The Deseret News Press, 1950.

Cowley, Matthias F. *Wilford Woodruff — History of His Life and Labors*. Salt Lake City, Utah: Bookcraft, Inc., 1964.

Crowther, Duane S. *Gifts of the Spirit*. Salt Lake City, Utah: Bookcraft, Inc., 1965.

Crowther, Duane S. *Prophecy — Key to the Future*. Salt Lake City, Utah: Bookcraft, Inc., 1962.

Crowther, Duane S. *Prophets and Prophecies of the Old Testament*. Salt Lake City, Utah: Deseret Book Company, 1966.

Crowther, Duane S. *The Prophecies of Joseph Smith*. Salt Lake City, Utah: Bookcraft, 1963.

Dibble, Philo. "Philo Dibble's Narrative," *Early Scenes in Church History*. Salt Lake City, Utah: Juvenile Instructor Office, 1882.

The Forefather Quest — A Lesson Book for Third Year Junior Genealogical Classes. Salt Lake City, Utah: The Genealogical Society of Utah, 1936.

Hackworth, Dorothy South. *The Master's Touch*. Salt Lake City, Utah: Bookcraft. Inc., 1961.

The Handbook for Genealogy and Temple Work. Salt Lake City, Utah: Genealogical Society of The Church of Jesus Christ of Latter-day Saints, 1956.

Hinckley, Bryant S. *The Faith of Our Pioneer Fathers*. Salt Lake City, Utah: Deseret Book Co., 1959.

Hinckley, Bryant S. *Heber J. Grant, Highlights in the Life of a Great Leader*. Salt Lake City, Utah: Deseret Book Co., 1951.

Hinckley, Bryant S. *Sermons and Missionary Services of Melvin J. Ballard*. Salt Lake City, Utah: Deseret Book Co., 1949.

Jenson, Andrew. *Latter-day Saint Biographical Encyclopedia*. 4 vols. Salt Lake City, Utah: Published by the Andrew Jensen History Company and printed by the Deseret News, 1901.

Journal of Discourses. 26 vols. Los Angeles: General Printing and Lithograph Co., 1961. (Photo lithographic reprint of exact original edition published in 1882.)

Kennon. "Briant S. Stevens," *Helpful Visions*. Salt Lake City, Utah: Juvenile Instructor Office, 1887.

Kimball, Abraham A. "Finding a Father," *Gems For the Young Folks*. Salt Lake City. Utah: Juvenile Instructor Office, 1881.

Kimball, Spencer W. *Tragedy or Destiny*. Address to the Brigham Young University studentbody at Provo, Utah, December 6, 1935. Provo, Utah: BYU Extension Division.

Lambert, George C. "A Modern Stoic," *Treasures In Heaven*. Salt Lake City, Utah: by the author, 1914.

Life Story of Parley Thomas Richins and Fannie Judd. Published by their family. (No publication data given.)

Little, James A. *Jacob Hamblin.* Salt Lake City, Utah: Juvenile Instructor Office, 1881.

Ludlow, Daniel H. *Latter-day Prophets Speak.* Salt Lake City, Utah: Bookcraft.

Lundwall, N. B. (comp.) *Faith Like the Ancients.* Salt Lake City, Utah: Paragon Printing Co., 1950.

Lundwall, N. B. (comp.) *Temples of the Most High.* 10th ed. Salt Lake City, Utah: Bookcraft.

Lundwall, N. B. (comp.) *The Vision.* Salt Lake City, Utah: Bookcraft Publishing Co.

McConkie, Bruce R. (comp.) *Doctrines of Salvation — Sermons and Writings of Joseph Fielding Smith.* 3 vols. Salt Lake City, Utah: Bookcraft, 1954-1956.

McKinlay, Lynn A. *Life Eternal.* By the author, 1950.

Middlemiss, Clare (comp.) *Cherished Experiences from the Writings of David O. McKay.* Salt Lake City, Utah: Deseret Book Co., 1955.

Nibley, Preston (comp.) *Sharing the Gospel with Others, Excerpts from the Sermons of President Smith.* Salt Lake City, Utah: Deseret Book Co., 1948.

Parley P. Pratt. *Autobiography of Parley P. Pratt.* 6th ed. Salt Lake City, Utah: Deseret Book Company, 1966.

Pratt, Parley P. *Key to The Science of Theology.* 9th ed. Salt Lake City, Utah: Deserêt Book Co.

Richards, Franklin D. and Little, James A. *A Compendium of the Doctrines of the Gospel.* Salt Lake City, Utah: Geo. Q. Cannon & Sons Co., Printers, 1898.

Richards, Le Grand. *A Marvelous Work And a Wonder.* Salt Lake City, Utah: Deseret Book Company, 1953.

Roberts, B. H. *The Rise and Fall of Nauvoo.* Salt Lake City, Utah: Bookcraft, Inc., 1965.

Shreeve, Thomas A. "Finding Comfort," *Helpful Visions.* Salt Lake City, Utah: Juvenile Instructor Office, 1887.

Smith, Joseph. *History of the The Church of Jesus Christ of Latter-day Saints.* 7 vols., 2nd ed. Salt Lake City, Utah: Deseret Book Company, 1959.

Smith, Joseph F. *Gospel Doctrine.* Salt Lake City, Utah: Deseret Book Co., 1919.

Smith, Joseph Fielding (comp.) *Teachings of the Prophet Joseph Smith.* Salt Lake City, Utah: The Deseret News Press, 1938.

Smith, Joseph F., Jr. *Blood Atonement and The Origin of Plural Marriage.* Salt Lake City, Utah: The Deseret News Press.

Smith, Lucy Mack. *History of Joseph Smith by His Mother.* Salt Lake City, Utah: Bookcraft, Inc., 1958.

Sperry, Sidney B. *Doctrine and Covenants Compendium.* Salt Lake City, Utah: Bookcraft, Inc., 1960.

Stokes, Jeremiah. *Modern Miracles.* Salt Lake City, Utah: Bookcraft, Inc., 1945.

Tagg, Melvin S. *The Life of Edward James Wood.* Master's Thesis, College of Religious Instruction, Brigham Young University (published by the author).

Talmage, James E. *Articles of Faith.* Salt Lake City, Utah: The Church of Jesus Christ of Latter-day Saints, 1952.

Tyler, Daniel. "Incidents of Experience," *Scraps of Biography.* Salt Lake City, Utah: Juvenile Instructor Office, 1883.

Whitney, O. F. "A Terrible Ordeal," *Helpful Visions.* Salt Lake City, Utah: Juvenile Instructor Office, 1887.

Whitney, Orson F. *Life of Heber C. Kimball.* Salt Lake City, Utah: Published by the Kimball family; printed at the Juvenile Instructor Office, 1888.

Whitney, Orson F. *Through Memory's Halls.* Independence, Mo.: Zion's Printing and Publishing Co., 1930.

Woodruff, Wilford. *Leaves From My Journal.* 4th ed. Salt Lake City, Utah: The Deseret News, 1909.

Young, Lorenzo Dow. "Lorenzo Dow Young's Narrative," *Fragments of Experience.* Salt Lake City, Utah: Juvenile Instructor Office, 1882.

Revistas

Carpenter, J. Hatton. *Utah Genealogical and Historical Magazine.* Salt Lake City, Utah: The Genealogical Society of Utah, vol. XI (July, 1920).

"Discourse Delivered at the Weber Stake Conference, Ogden, Monday, October 19th, 1896, by Prest. Wilford Woodruff," *The Deseret Weekly,* vol. 53, no. 21 (November 7, 1896).

Huntington, O. B. "The Prophet on Old Houses," *Young Woman's Journal,* vol. II (July, 1891).

Johnson, Peter E. "A Testimony," *The Relief Society Magazine,* vol. VII, no. 8 (August, 1920).

"Manifestation About Building of Temples," *Deseret Evening News,* May 18, 1918.

"Many Remarkable Cures and Other Instances of God's Power Attest That His Spirit Attends Church." Address delivered in the Tabernacle, Salt Lake City, Sunday, February 29, 1920, by President Heber J. Grant, *Deseret News,* April 24, 1920.

Penrose, Charles W. "The Witch of Endor," *Improvement Era,* vol. I, no. 7, (May, 1898).

Pomeroy, F. T. "A Genealogical Development and Testimony," *The Genealogical and Historical Magazine.* Mesa, Arizona, vol. VII, no. 3 (July, 1935).

Pratt, Orson. "Celestial Marriage," *The Seer,* vol. I, no. 9 (September, 1853).

Pratt, Orson. "Celestial Marriage," *The Seer,* vol. I, no. 10 (October, 1853).

Pratt, Orson. "Marriage," *Millennial Star,* vol. XV, no. 36 (September 3, 1853).

Pratt, Orson. "Questions and Answers," *Millennial Star,* vol. I.

"Prophecy of Heber C. Kimball," Church Section, *The Deseret News,* May 23, 1931.

Smith, Joseph F.; Winder, John R.; and Lund, Anthon H. "The Origin of Man," *Improvement Era,* vol. XIII, no. 1 (November, 1909).

Snow, LeRoi C. "Devotion to a Divine Inspiration," *Improvement Era,* vol. XXII, no. 8 (June, 1919).

Snow, LeRoi C. "Raised From the Dead," *Improvement Era,* vol. XXXII, no. 12 (October, 1929).

Taylor, John. "The Mormon." New York City, August 29, 1857.

"'Unseen Force' Even Moves His Furniture," *The Herald Journal.* Logan, Cache County, Utah, October 11, 1966.

Wilson, Lerona A. "My Testimony Concerning Temple Work," *Relief Society Magazine,* vol. III, no. 2 (February, 1916).

Woodruff, Wilford. "Obtaining the Spirit of God," *Millennial Star,* vol. 67, no. 39.

Young, Brigham. "Preaching to Spirits in Prison," *The Contributor.* Salt Lake City, Utah: The Deseret News Company, vol. X, no. 9 (July, 1889).

Materiales Inéditos

"An Interesting Letter." Unpublished letter of Benjamin F. Johnson to George S. Gibbs, 1903. (typewritten copy in the B.Y.U. Library)

"A Testimony Received by John Mickelson Lang in the St. George Temple in the Year 1928." (mimeographed)

Brooks, David Lynn. "Personal Records of David Lynn Brooks, Morgan, Utah." (mimeographed)

Crowther, Duane S. "Personal History." (manuscript)

Hale, Heber Q. "A Heavenly Manifestation by Heber Q. Hale, President of Boise Stake of The Church of Jesus Christ of Latter-day Saints." (mimeographed)

LeSueur, James W. "A Peep into The Spirit World." (mimeographed)

"Personal Records of Fern R. Morgan." (manuscript)

Peterson, Cora Anna Beal. "Biography of William Beal." (mimeographed)

Weiss, Marie W. "The Hearts of the Fathers." (mimeographed)

Zollinger, Henry. "My Experience in the Spirit World." (manuscript)

About the Author

Duane S. Crowther is a well-known author, theologian, teacher, and lecturer. He graduated with honors from Brigham Young University with a BA in music education and an MA in Old and New Testament. Brother Crowther also holds an MBA and completed course work for a PhD in music education at the University of Utah.

In his professional life he served as a Latter-day Saint Seminary instructor and principal, taught university classes, and still teaches music and writing classes in public schools. Brother Crowther was also President and Senior Editor of Horizon Publishers in Utah.

A creative and prolific author, Brother Crowther has written more than fifty books, including such well-known favorites as *Prophecy—Key to the Future*, *Life Everlasting*, *The Prophecies of Joseph Smith*, *Inspired Prophetic Warnings*, *Gifts of the Spirit*, *Prophets and Prophecies of the Old Testament*, *Jesus of Nazareth: Savior and King*, *How to Understand the Book of Mormon*, *How to Write Your Personal History*, *Key Choral Concepts*, *You Can Read Music,* and *The Godhead*. He is also the author of more than three dozen cassette talk tapes, numerous magazine articles and music compositions, and several national-award-winning patriotic pageants. He has lectured at numerous business and writers' seminars, BYU Education Weeks, youth conferences, and other Church events.

He has led a life of continued and varied service within the Church. He has served two full-time and three stake missions. A gifted and knowledgeable teacher, he has served as a Gospel Doctrine class instructor for more than twenty-five years. Other Church assignments have included callings as a temple worker in the Salt Lake Temple and as a guide on Temple Square. He and his wife currently serve as temple workers in the Bountiful Utah Temple.

Brother Crowther is married to Jean Decker, who is also an author, editor, teacher, and musician. The parents of eight children and grandparents of twenty-eight grandchildren, the Crowthers reside in Bountiful, Utah.

0 26575 01855 4